Giovanni Reale

Re[illegible]o do Pl[illegible]smo e do Pitagorismo

Giovanni Reale

Renascimento do Platonismo e do Pitagorismo

História da Filosofia Grega e Romana
Vol. VII

Tradução

Henrique Cláudio de Lima Vaz
Marcelo Perine

Edições Loyola

Título original:
Storia della filosofia antica, in cinque volumi
1ª edição da obra completa: 1975-1980
9ª edição: janeiro de 1992

Largo Gemelli, 1 — 20123 Milano
ISBN 88-343-2561-3

Dados Internacionais de Catalogação na Publicação (CIP)
(Câmara Brasileira do Livro, SP, Brasil)

Reale, Giovanni
Renascimento do platonismo e do pitagorismo / Giovanni Reale ; tradução Henrique Cláudio de Lima Vaz, Marcelo Perine. -- 2. ed. -- São Paulo : Edições Loyola, 2014. -- (História da filosofia grega e romana ; v. 7)

ISBN 978-85-15-03496-3

1. Filosofia antiga - História I. Título. II. Série.

14-06851 CDD-180

Índices para catálogo sistemático:
1. Filosofia antiga 180

Capa: Mauro C. Naxara
Obra *A Escola de Atenas* (detalhe),
Raphael Sanzio
Revisão: Cristina Peres

Edições Loyola Jesuítas
Rua 1822, 341 – Ipiranga
04216-000 São Paulo, SP
T 55 11 3385 8500/8501 • 2063 4275
editorial@loyola.com.br
vendas@loyola.com.br
www.loyola.com.br

ISBN 978-85-15-03496-3

2ª edição: 2014

109133

SUMÁRIO

A meu filho, Francesco

Esta é uma bela cabeça-retrato, quase certamente de Plotino, conservada (com outras semelhantes) no Museu de Óstia.

ADVERTÊNCIA

Este sétimo volume da História da Filosofia Grega e Romana *trata das escolas filosóficas e dos movimentos de pensamento filosófico-religioso no arco de tempo que vai, salvo algumas exceções, do final da era pagã aos inícios do século III d.C. Como o precedente período, que vai da morte de Alexandre Magno ao final da era pagã (ou seja, o período helenístico propriamente dito), também este período da história da filosofia greco-pagã tem sido descuidado e não foi apreciado nem avaliado a fundo, pelos mais variados motivos.*

Muitos estudiosos viram nesses séculos pouco mais que uma repetição monótona de velhas idéias, ou seja, a inexorável involução do gênio helênico, que se extinguiu no curso de uma exasperante dissolução, e preferiram voltar a atenção ao nascente paralelo pensamento cristão e, sob muitos aspectos, bem mais estimulante.

Com efeito, o quadro complexivo das escolas deste período, visto do exterior, parece apresentar nada mais que uma seqüência de tentativas de repropor e repensar velhas posições, que raramente parecem avançar. Assistimos, no curso desses séculos, à redescoberta do aristotelismo, aos últimos testemunhos do epicurismo, ao renascimento do estoicismo, à retomada do pirronismo, à revivescência do cinismo, ao renascimento do pitagorismo e, sobretudo, a uma retomada do platonismo, que, por meio de etapas sucessivas, torna-se uma espécie de filosofia ecumênica (à qual os próprios cristãos recorrem para elaborar e fundar criticamente as suas concepções). Portanto, parece que, nesse caso, as novidades se restringem ao adjetivo "neo" que distingue as várias correntes de pensamento: neo-aristotelismo, neoestoicismo, neoceticismo, neocinismo, neopitagorismo, neoplatonismo (não se pode falar de neo-epicurismo, dado que os dogmas da escola permanecem imutáveis e, como observam os antigos, jagem "em grande paz"). E parece tratar-se de um adjetivo que, no caso, não modifica, a não ser em medida limitada, o substantivo que acompanha.

Na verdade, uma autêntica originalidade é reconhecida quase exclusivamente ao neoplatismo, mais ainda, ao neoplatismo de Plotino. A propósito deste autor, os consensos são quase unânimes. Com efeito, algumas páginas das Enéadas *alcançam vértices comparáveis apenas aos de alguns diálogos platônicos ou de alguns tratados aristotélicos. E, por outro lado, o grande influxo que Plotino teve ao longo de todo o curso do pensamento ocidental — da Antigüidade tardia à Idade Média, do Humanismo e do Renascimento à era romântica, bem como às diferentes formas do espiritualismo contemporâneo — é a melhor prova disso.*

Mas exatamente este é o ponto sobre o qual queremos chamar a atenção do leitor, o qual, provavelmente, olhará diretamente para Plotino, reservando para ele toda ou quase toda a sua atenção. Plotino só é compreensível no quadro histórico no qual se situa e em função das correntes que o precedem e lhe preparam as vias. As Enéadas *pressupõem muitas coisas que não são demonstradas, mas simplesmente pressupostas. E isso ocorre porque, no século III d.C., aquelas coisas eram consideradas efetivamente tais pela unanimidade dos filósofos. As* Enéadas, *ademais, caracterizam-se por um clima de intensíssima religiosidade e por uma têmpera espiritual impregnada de forte misticismo. Mas também esse clima e essa têmpera já se encontram preparados e difundidos, em larga medida, por outras correntes de pensamento.*

Exatamente nisso consiste a originalidade do presente volume: na tentativa de reconstruir a história das componentes espirituais que levaram à última genial criação da especulação grega (até agora feita apenas ou prevalentemente no âmbito dos estudos altamente especializados, e, ademais, em nível prevalentemente filológico, mais que histórico-filosófico), de modo a explicitar todo o "não-dito" que acompanha de modo — por assim dizer — subterrâneo, o que é dito explicitamente nas Enéadas. *E o leitor que tiver a paciência de nos seguir dar-se-á conta — cremos — de que em nenhum caso, mais do que neste, é verdadeira a afirmação de que o segredo para compreender os "maiores" encontra-se, justamente, nos "menores".*

Todavia dito nestes termos, o nosso argumento poderia parecer redutivo. Com efeito, aos muitos pensadores "menores" tratados neste volume não atribuímos apenas o significado de preparar Plotino, mas também um significado em si, como demonstraremos amplamente, embora acreditando firmemente em certas hierarquias e nas dife-

renças de níveis, que hoje se tende obstinadamente a diminuir, dando a toda a antigüidade (e especialmente a esta parte da antigüidade) o significado de museu ou de antiquário.

Revisitados a partir de dentro, todas as escolas e os antigos autores tratados neste volume revelaram-nos a sua mensagem específica, que tentamos trazer progressivamente à luz, convencidos de que a história da filosofia não é constituída apenas pelas novas idéias, mas também pelo modo como se transmitem as antigas, pelo modo como elas se restringem e desaparecem, ou se ampliam e se reforçam, crescendo também pela absorção de outras e gerando, desse modo, as novas.

O volume segue passo a passo as últimas revicescências das antigas escolas e a sua dissolução, paralelamente ao nascimento, à afirmação e à clamorosa vitória do platonismo, com todo o complexo jogo de osmose interna e externa entre as várias correntes na medida em que, em nível de síntese, torna-se possível.

A idéia de fundo que guia toda a reconstrução é a seguinte.

As grandes escolas surgidas na era helenística, logo após a morte de Alexandre Magno (como já demonstramos nos volumes anteriores), caracterizam-se pelo esquecimento do significado e enfraquecimento das conquistas da "segunda navegação" e pela conseqüente tentativa de reconstruir uma visão materialístico-corporeísta e imanentista da realidade. Ademais, as filosofias do primeiro helenismo são grandes profissões de fé no homem e na possibilidade de alcançar, sozinho, o fim supremo, que era, para o grego, substancialmente, a "eudamonia", ou, como dizemos com um termo não totalmente adequado, a felicidade. Ao contrário, na era imperial, essas convicções lentamente se diluem e no magma eclético produzido pela mistura das idéias das várias escolas (que, como demonstramos, eram apenas relativamente e não absolutamente opostas), emergem de novo pouco a pouco, justamente daquelas concepções ligadas à "segunda navegação" platônica, penetram de vários modos em quase todas as escolas e se tornam, enfim, o mínimo denominador comum entre todas elas.

Voltam assim a impor-se os conceitos de incorpóreo e de transcendência; a natureza (imanentisticamente e corporeisticamente concebida) deixa de ser parâmetro para a dedução da lei moral; Deus (transcendente e incorpóreo) volta a ser declarado a verdadeira "medi-

da", e a regra do viver é posta na "imitação de Deus", no "seguimento de Deus", ou, até mesmo, na "união extática" com Ele.

Em suma, a retomada, a continuação e o fim da "segunda navegação": eis o que nos oferece o pensamento grego desses últimos séculos.

Essa idéia condutora nos ofereceu — parece-nos — um verdadeiro fio de Ariadne para nos mover no labirinto das escolas, dos movimentos e das correntes de pensamento que caracterizam a tardia antigüidade greco-pagã, e nos permitiu também reiventar uma série de linhas de força, a maioria delas desconhecidas ou inadequadamente destacadas.

Ver-se-á, por exemplo, como, na maioria dos casos, as correntes de pensamento diferentes da platônica, nesses séculos, diferenciam-se do tronco originário prevalentemente (embora não exclusivamente) na medida em que acolhem instâncias platônicas. O neo-aristotelismo dos últimos peripatéticos e de Alexandre de Afrodísia, com base nas mais recentes descobertas dos estudos especializados, está se revelando tal, isto é, "novo", justamente na medida em que acolhe as instâncias platônicas e até mesmo místicas. Algo análogo foi reconhecido por alguns estudiosos também a propósito dos neo-estóicos, nos quais, embora entre muitas aporias, algumas instâncias platônicas tornam-se determinantes, e a "imitação de Deus" torna-se preceito moral explicitamente tematizado. Filo relê e reinterpreta a Bíblia em função de algumas categorias gregas, entre as quais dominam soberanas as platônicas (ele chega mesmo a sustentar que a teoria das Idéias é uma verdade que se reporta a Moisés). O neopitagorismo repropõe uma síntese entre doutrina dos números e categorias platônicas, que já na Antiga Academia (embora de maneira diferente) teve certo sucesso. E o platonismo, junto com o pitagorismo, domina nos documentos filosófico-místico-religiosos tão típicos daquela era, como o Corpus Hermeticum *e os* Oráculos Caldaicos.

Da metade do século I a.C. até Plotino, o platonismo se desenvolve com características "intermédias" entre as do velho e as do novo platonismo, de onde a denominação de "médio platonismo", hoje em dia definitivamente aceita. É a esse platonismo "do meio" que se remetem os Padres da Igreja para elaborar racionalmente a mensagem evangélica.

Mas, antes de concluir, julgamos necessárias ainda algumas advertências.

Esse período da filosofia tardo-antiga foi o menos adequadamente historicizado e é, portanto, lógico que se encontrem divergências de tratamento e também de estrutura assaz notáveis entre as diversas Histórias da filosofia. (Os clichês adotados pela manualística mais vulgar são totalmente inadequados.) Ao invés, as pesquisas científicas de vanguarda e as novas contribuições resultam sempre mais precisas e circunstanciadas em definir os traços peculiares dessa fase do pensamento da antigüidade e impõem novas sistematizações historiográficas.

Essas constribuições de vários estudiosos (dos quais daremos notícia), além das pesquisas analíticas que há tempo conduzimos sobre esse período para poder compreender Plotino, permitiram-nos redesenhar algumas seções e alguns capítulos de modo inovador. O leitor encontrará, por exemplo, exposições do médio-platonismo e do neopitagorismo conduzidas com novos critérios. Do médio-platonismo, de fato, buscamos uma reconstrução que tenta fazer emergir a homogeneidade dos problemas e das intenções acima da variedade das soluções e das correntes. Do neopitagorismo propusemos uma releitura que, distinguindo duas fases — a da era helenística, que se poderia chamar de médio-pitagórica, e a da era imperial, ou seja, a propriamente neopitagórica —, parece-nos oferecer a possibilidade de melhor compreender a sua especificidade. O leitor encontrará, ademais, junto com uma exposição relativamente ampla do hermetismo, também uma exposição das doutrinas dos Oráculos Caldaicos *igualmente pormenorizada. Isso foi considerado necessário pelo fato de que os estudos especializados demonstraram que tais documentos, nos quais a filosofia parece ter função não apenas auxiliar, na verdade espelham de maneira exemplar os sentimentos, os anseios e as aspirações místico-religiosas da época, com os quais a filosofia tende sempre mais a fundir-se e a confundir-se. Ademais, como veremos, especialmente os* Oráculos Caldaicos, *justamente na tórbida componente mágico-teúrgica que os distingue, além do seu substrato teorético, constituem a fonte de inspiração dos neoplatônicos tardios, como uma espécie de "Bíblia pagã", e também o ponto de referência que permite estabelecer a diferença fundamental entre o neoplatonismo de Plotino e da sua escola e o dos sucessivos neoplatônicos.*

Também o substancial tratamento da "filosofia mosaica" de Filo justifica-se nessa nova ótica. Filo, nas recentes pesquisas, não se mostra mais como o eclético misturador de idéias do passado, mas, por um lado, o fundador da "filosofia religiosa" (antes, quase um precursor da filosofia cristã), e, por outro lado, um pensador que, através do confronto com a teologia bíblica, trouxe para a área grega, particularmente no ambiente alexandrino, novas idéias destinadas a dar precisos frutos também no âmbito da filosofia grecopagã subseqüente, dos quais se beneficiam numerosos pensadores e até mesmo Plotino.

Nunca como no caso dos pensadores desses cinco séculos resulta mais verdadeira a afirmação de Emerson: "Platão é a filosofia", ou, se preferimos, o que afirmava Montaigne, com inimitável ironia: "Mexei e remexei Platão: cada um, honrando-se de apropriá-lo para si, coloca-o onde quer".

***

Recordamos ao leitor que, sobretudo depois da publicação da primeira edição do presente volume, concentramos algumas das nossas pesquisas e as de nossos alunos sobre as temáticas nele tratadas, ou solicitamos intervenções ou ainda acolhemos preciosas contribuições de colegas sobre os mesmos pontos, na seção de uma coleção das Edições Rusconi por nós dirigida, com a finalidade de lançar mais luz sobre esse período, tão descuidado pelos estudiosos no passado e, no entanto, tão interessante sob diferentes aspectos.

Deixando de lado as contribuições menores, recordamos o seguinte.

Foram publicados todos os tratados de Filo de Alexandria do grande comentário alegórico da Bíblia, distribuídos em cinco volumes, pelas Edições Rusconi, 1981-1988 (com uma antecipação preparatória em 1978, e com a edição definitiva em 1981, 1984, 1986, 1987 e 1988 com monografia introdutória de G. Reale–R. Radice). Ademais, R. Radice publicou uma fundamental bibliografia filoniana comentada: Filone di Alessandria, Bibliografia generale *(Bibliopolis, Nápoles, 1983, já traduzida para o inglês) e o volume:* Platonismo e creazionismo in Filone di Alessandria, *Vita e Pensiero, Milão, 1989.*

Sobre o médio platonismo, C. Mazzarelli publicou a primeira bibliografia geral comentada (publicada na Rivista di Filosofia neoscolastica, *em 1980 e em 1982) e a primeira edição dos fragmentos do neoplatônico Eudoro (na mesma revista, em 1985).*

GIOVANNI REALE

RENASCIMENTO DO PLATONISMO E DO PITAGORISMO

φεύγωμεν δὴ φίλην ἐς πατρίδα, ἀληθέστερον ἄν τις παρακελεύοιτο [...]. πατρὶς δὴ ἡμῖν, ὅθεν παρήλθομεν, καὶ πατὴρ ἐκεῖ.

Fujamos, pois, para a querida pátria: eis o conselho que devemos receber como o mais correspondente à verdade [...]. Mas a nossa pátria está lá, de onde viemos, lá onde está o Pai.

Plotino, *Enéadas*, I, 6,8

DER ARISTOTELISMUS BEI DEN GRIECHEN

VON ANDRONIKOS BIS ALEXANDER VON APHRODISIAS

ERSTER BAND
DIE RENAISSANCE DES ARISTOTELISMUS IM I. JH. V. CHR.

VON

PAUL MORAUX

1973

WALTER DE GRUYTER · BERLIN · NEW YORK

Frontispício do primeiro volume da obra fundamental de P. Morause, que elevou as pesquisas sobre a história do aristotelismo no mundo antigo a um nível científico de primeira ordem, com uma série de conquistas essenciais. O segundo volume foi publicado em 1984. O terceiro não foi concluído, devido à morte do autor em 1985 (Morause nascera em 1919).

PRIMEIRA PARTE

OS ÚLTIMOS DESENVOLVIMENTOS E A DISSOLUÇÃO DA ESCOLA PERIPATÉTICA E DAS GRANDES ESCOLAS HELENÍSTICAS

οἷς μέλει τοῦ ἔχειν τι θεῖον ἐν αὑτοῖς, τούτοις προνοητέον τοῦ δύνασθαι νοεῖν τι καὶ τοιοῦτον.

Aqueles a quem importa ter algo de divino em si mesmos devem procurar ser capazes de pensar algo semelhante.

Alexandre de Afrodísia, *De anima*, 91, 5s.

ἔκκοψον τὸ τεθνηκὸς τῆς ψυχῆς, καὶ γνώσῃ τὸν θεόν.

Cancela o que está morto na tua alma e conhecerás a Deus.

Musônio Rufo, fr. 53

COMMENTARIA IN ARISTOTELEM GRAECA

EDITA CONSILIO ET AUCTORITATE

ACADEMIAE LITTERARUM REGIAE BORUSSICAE

VOL. I

ALEXANDRI APHRODISIENSIS

IN ARISTOTELIS METAPHYSICA

COMMENTARIA

EDIDIT

MICHAEL HAYDUCK

BEROLINI

TYPIS ET IMPENSIS GEORGII REIMERI

MDCCCLXXXXI

Esta é a capa do célebre *Comentário* à *Metafísica* aristotélica de Alexandre de Afrodísia. Este volume abre a célebre coleção dos "Comentários gregos a Aristóteles".

PRIMEIRA SEÇÃO

A REDESCOBERTA DOS ESOTÉRICOS DE ARISTÓTELES, O NEO-ARISTOTELISMO E OS LIMITES DO SEU ALCANCE HISTÓRICO-FILOSÓFICO

ὅν [sc.: νοῦν ποιητικόν] ὁ νοῶν νοῦς, ὅταν αὐτὸν νοῇ, ἐκεῖνός πως γίνεται, εἴ γε τὸ νοεῖν ἐν τῷ λαβεῖν τὸ εἶδος τὸ νοούμενον καὶ ὁμοιωθῆναι αὐτῷ.

O intelecto [humano] que pensa o Intelecto produtivo [divino] transforma-se, em certo sentido, nele, na medida em que o pensar consiste em receber a forma inteligível e em tornar-se semelhante a ela.

Alexandre, *De anima*, 89, 21ss.

δοκεῖ θεῖον τι εἶναι ἡ ἀρετὴ καὶ ὁμοίωσίς τις τῷ θεῷ · τὸ γὰρ θεῖον οὐ κατὰ τὸ εὖ πάσχειν ἀλλὰ κατὰ τὸ εὖ ποιεῖν νοεῖται.

A virtude parece ser algo divino e uma espécie de assimilação a Deus; de fato, é característica do divino não receber, mas fazer o bem.

Aspásio, *In Arist. Eth, Nic.*, 99, 4s.

DIE SCHULE DES ARISTOTELES

TEXTE UND KOMMENTAR

herausgegeben von

FRITZ WEHRLI

Benno Schwabe & Co., Verlag
Basel

Este é o frontispício da obra de Wehrli, que recolhe os fragmentos dos aristotélicos da era helenística. A obra divide-se em dez fascículos e dois suplementos, e constitui um essencial ponto de referência.

I. O BISSECULAR ECLIPSE DO PERÍPATO NA ERA HELENÍSTICA

1. Lícon

De aproximadamente 270 a.C. até a metade do século I a.C., a vida do Perípato prosseguiu num clima de mediocridade e desconfortável opacidade. A escola continuou desfrutando algum sucesso como instituição de caráter educativo, mas esteve praticamente ausente dos grandes debates. Os homens que conduziram o seu destino mostraram ter capacidades filosóficas de escasso relevo e, em substância, souberam apenas operar tímidas acomodações de caráter eclético com algumas das concepções dominantes da época.

Em torno de 270 a.C., Lícon tornou-se escolarca, sucedendo a Estratão, e manteve a direção da escola por quase meio século[1]. Escreveu obras que se assinalaram pela beleza do estilo, mas não pela profundidade de conteúdo, como refere Cícero:

> Lícon foi rico em palavras, mas muito mesquinho nos conceitos[2].

Seus interesses filosóficos limitaram-se à ética. Definiu o sumo bem como "alegria espiritual" ou "alegria da alma"[3], e, obviamente influenciado pelo Pórtico, procurou reduzir consideravelmente a relevância da aflição que procede das coisas estranhas à alma, como, por exemplo, as aflições procedentes do corpo e da sorte. Refere Cícero:

> Ouçamos Lícon: para desvalorizar a aflição ele sustenta ser ela produzida por coisas sem importância: incômodos derivados do corpo e da sorte, não males da alma[4].

---

1. Lícon nasceu em Trôade, nos inícios do século III a.C. Foi designado pelo próprio Estratão seu sucessor. Dirigiu o Perípato, aproximadamente, de 270/268 a 226/224 a.C. (cf. Diógenes Laércio, V, 68). Foi hábil e refinado homem público. O Perípato, durante o escolarcado de Lícon, apoiou-se mais sobre os dotes pessoais do chefe do que sobre o seu pensamento filosófico, que deve ter sido muito frágil. Os fragmentos de Lícon foram recolhidos e comentados por F. Wehrli, *Die Schule des Aristoteles*, Heft VI: *Lykon und Ariston von Keos*, Basiléia 1952 (1969[2]).

2. Cícero, *De finibus*, V, 5, 13 (= Wehrli, *Lycon*, fr. 17).

3. Cf. Clemente, *Stromata*, II, XXI, 129, 9 (= Wehrli, fr. 20).

4. Cícero, *Tusc. disput.*, III, 32, 78 (= Wehrli, fr. 19).

Os interesses principais e dominantes de Lícon não foram de caráter propriamente filosófico, mas de caráter pedagógico e educativo, como se conclui dos testemunhos explícitos dos antigos[5].

2. Jerônimo de Rodes

Um contemporâneo de Lícon, Jerônimo de Rodes[6], sustentou, ao invés, doutrinas claramente impregnadas de epicurismo. Por esse motivo, Lícon, que se inspirava no rigorismo do Pórtico, tornou-se seu feroz inimigo. Jerônimo sustentava, de fato, que o sumo bem é a *ausência de dor*, considerando, portanto, a dor como o supremo mal. Eis, a propósito, alguns dos numerosos testemunhos de Cícero, que é muito crítico com relação a Jerônimo:

> — Recordas a definição que Jerônimo de Rodes dá do sumo bem, ao qual considera que se devam referir todas as coisas?
> — Sim; para ele o termo extremo é a ausência de dor.
> — E pensa o mesmo do prazer?
> — Afirma que ele não é desejável por si mesmo.
> — Portanto considera que uma coisa é experimentar alegria, outra coisa é não sentir dor[7].
>
> E não se deve dar crédito a Jerônimo, para quem o sumo bem se identifica com o que algumas vezes, ou melhor, muito amiúde, dizeis ser tal: não sentir dor. Assim, se a dor é um mal, não é suficiente para viver bem carecer de tal mal[8].

É evidente que, sustentando tal concepção do sumo bem, Jerônimo corria o risco de pôr-se, em última instância, fora da filosofia peripatética, como já o próprio Cícero claramente observava:

---

5. Cf. Diógenes Laércio, V, 65 (= Wehrli, fr. 22); cf. também V, 66 (= Wehrli, fr. 23).

6. Muitas fontes dizem que Jerônimo nasceu em Rodes. A sua *acmé* deve ser posta em torno da metade do século III a.C. Foi contemporâneo, além de Lícon, de Tímon (Diógenes Laércio, IX, 112) e de Arcesilau (ibid., IV, 41). Os seus fragmentos foram recolhidos e comentados por F. Wehrli, *Die Schule des Aristoteles,* Heft X: *Hieronymos von Rhodos, Kritolaos und seine Schüler*, Basiléia 1959 (1969²).

7. Cícero, *De finibus*, II, 3, 8 (= Wehrli, *Hieronymos*, fr. 8a).

8. Cícero, *De finibus,* II, 13, 41 (= Wehrli, *Hieronymos*, fr. 8b).

Deixo de lado a muitos, e entre estes, Jerônimo, douto e atraente, *mas não sei por que deverei chamá-lo peripatético*, dado que propôs como sumo bem a ausência de dor; e quem discorda sobre o sumo bem, discorda sobre todo o sistema filosófico[9].

3. Aristo de Céos

Aristo de Céos[10] sucedeu a Lícon, e os seus escritos, assim como os do mestre, destacaram-se pela elegância, mas não pelo vigor especulativo, como se deduz do testemunho de Cícero:

> Foi harmonioso e refinado o seu [de Lícon] sucessor Aristo, mas não teve a seriedade que se exige de um grande filósofo: os seus escritos são na verdade muito elegantes, mas de algum modo a sua maneira de expor carece de autoridade[11].

Com efeito, as suas reflexões éticas, a julgar pelos poucos fragmentos que nos chegaram, devem ter sido um tanto superficiais e, particularmente, de índole caracteriológica. Aristo seguiu, portanto, a tendência fenomenológica inaugurada por Teofrasto com os seus *Caráteres*, ou seja, uma tendência especulativamente frágil e prevalentemente descritiva[12].

4. Critolau de Faslide

O seguinte escolarca do Perípato (talvez logo depois de Aristo) foi Critolau de Faselide[13], o qual, malgrado as expressas intenções de

---

9. Cícero, *De finibus*, V, 5, 14 (= Wehrli, *Hieronymos*, fr. 8c).

10. Aristo nasceu em Iuli, na ilha de Céos. A sua *acmé* cai provavelmente em torno do final da segunda metade do século III a.C. Os seus fragmentos foram recolhidos e comentados por F. Wehrli, *Die Schule des Aristoteles*, Heft VI: *Lykon und Ariston von Keos*, Basiléia 1959 ([2]1969).

11. Cícero, *De finibus*, V, 5, 13 (= Wehrli, *Ariston von Keos*, fr. 10).

12. Cf. Wehrli, *Ariston von Keos*, frs. 14-16.

13. Critolau nasceu em Faselides na Lícia, em torno de 200 a.C. Sabemos com certeza que em 156/155 foi a Roma, junto com Carnéades, escolarca da Academia, e com Diógenes, escolarca do Pórtico. Luciano (*De longaevis*, 20, 223) refere-nos que ele morreu aos 82 anos. Os seus fragmentos foram recolhidos e comentados por F. Wehrli,

manter-se fiel à doutrina dos fundadores da escola, mostrou-se mais sensível aos influxos do Pórtico. De fato, se, por um lado, ele defendeu a idéia aristotélica da eternidade do mundo e do gênero humano[14], por outro, traiu o Estagirita e desviou-se para posições próximas às do Pórtico, sustentando a materialidade da alma e identificando a *psyché* com a "quinta substância" (como nos é referido explicitamente), vale dizer, com o éter[15].

Ademais, contrariamente a Aristóteles, Critolau sustentou a tese segundo a qual o prazer é um mal:

> Critolau peripatético sustenta que o prazer é um mal e que gera por si muitos outros males[16].

Uma típica tentativa de acomodação eclética entre Perípato e Pórtico é perceptível na doutrina dos bens. Critolau reafirmou a doutrina peripatética segundo a qual existem três classes de bens, mas sustentou que os *bens exteriores* e os *bens do corpo* (embora sendo, justamente, bens e não "indiferentes") são incomensuravelmente inferiores à virtude, ou seja, aos *bens da alma e do espírito*. Refere Cícero:

> E aqui eu me pergunto que valor pode ter a famosa balança de Critolau. Sobre um prato Critolau põe os bens espirituais, sobre o outro, os físicos e exteriores: o prato dos bens espirituais, diz ele, descerá de tal modo que nem a terra e o mar conseguiriam, com seu peso, restabelecer o equilíbrio[17].

Mas essa solução, por mais que se esforçasse em aproximar o Perípato do Pórtico, estava estruturalmente destinada a fracassar na sua tentativa, porque o Pórtico não podia aceitar de nenhum modo a qualificação de "bem" dada a qualquer coisa que não fosse a virtude.

Die Schule des Aristoteles, Heft X: *Hieronymos von Rhodos, Kritolaos und seine Schüler,* Basiléia 1959 (^{2}1969). Sobre a embaixada a Roma, cf. ibid., frs. 5-10.

14. Cf. Wehrli, *Kritolaos,* frs. 12, 13 e 15.
15. Cf. Wehrli, *Kritolaos,* frs. 16 e 17.
16. Gélio, *Noct. Att.*, IX, 5, 6 (= Wehrli, *Kritolaos*, fr. 23).
17. Cícero, *Tusc. disput.*, V, 17, 50 (= Wehrli, *Kritolaos,* fr. 21).

5. Diodoro de Tiro

Discípulo e sucessor de Critolau no cargo de escolarca foi Diodoro de Tiro[18].

Como o mestre, Diodoro considerou que a alma e o intelecto eram constituídos de éter, sendo, portanto, materiais[19].

Na ética buscou, ao invés, um curioso compromisso que tentava dar razão, ao mesmo tempo, tanto às instâncias peripatéticas como às estóicas, assim como também às epicuristas. Provavelmente Diodoro sentia-se peripatético ao identificar o sumo bem com a virtude, pensava dar razão às instâncias estóicas ao pôr a virtude num plano nitidamente superior a todos os outros bens e considerava responder às instâncias epicuristas ao afirmar (como também Jerônimo) que a felicidade exige a "ausência de dor"[20].

Diodoro de Tiro é o último dos peripatéticos dessa época do qual podemos dizer com certeza que exerceu a função de escolarca.

É possível que o sucessor de Diodoro tenha sido Irineu, do qual sabemos muito pouco. A este peripatético foram ligados personagens que tiveram certa importância nas vicissitudes políticas de Atenas, como, por exemplo, Atenião, que se tornou depois tirano, e sobretudo Apelicão de Teo, o qual conseguiu recuperar as obras esotéricas de Aristóteles e as publicou[21]. Mas sobre esse ponto devemos estender o nosso discurso, porque nos encontramos não só diante de uma reviravolta fundamental da história do Perípato, mas, em certo sentido, diante de uma reviravolta de todo o pensamento ocidental, que foi condicionado de modo essencial pelos "esotéricos" de Aristóteles.

---

18. De Diodoro sabemos apenas que nasceu em Tiro, foi discípulo de Critolau e escolarca do Perípato. Os poucos testemunhos que nos chegaram sobre ele foram recolhidos e comentados por Wehrli no volume citado na nota 13 acima.

19. Cf. Aécio, *Plac.*, I, 7, 21 (= Wehrli, *Diodoros von Tyros*, fr. 2).

20. Cf. Wehrli, *Diodoros von Tyros,* frs. 3a; 4a; 4f.

21. Cf. Possidônio, em Ateneu, V, 211 d ss. (= Edelstein-Kidd, *Posidonius*, fr. 253, pp. 221, 12ss. = Theiler, *Poseidonios*, fr. 247, p. 180).

II. A REDESCOBERTA DOS ESCRITOS "ESOTÉRICOS" DE ARISTÓTELES, A GRANDE EDIÇÃO DE ANDRÔNICO DE RODES E O LENTO RENASCIMENTO DA FILOSOFIA ARISTOTÉLICA NO SÉCULO I A.C.

1. As vicissitudes dos escritos "esotéricos" de Aristóteles e a sua publicação

Como já acenamos em volume precedente[1], estamos bem informados acerca das vicissitudes dos escritos aristotélicos. Aristóteles publicou apenas obras destinadas ao grande público (as chamadas exotéricas), na sua maioria em forma dialógica, compostas quase todas nos anos em que permaneceu como membro da Academia. Essas obras (que hoje conhecemos apenas por fragmentos, na sua maioria indiretos) tiveram larga difusão e foram, salvo devidas exceções, as únicas acessíveis na era helenística, nos anos que vão da morte de Teofrasto aos inícios do século I a.C.

As assim chamadas "obras de escola" (vale dizer, os escritos que Aristóteles preparou para as suas lições, compostas já a partir do período em que o Estagirita fundou uma primeira escola em Assos), por causa do seu conteúdo altamente especializado e técnico, não só não foram publicadas, mas não foram sequer revisadas e sistematizadas do ponto de vista literário. Elas permaneceram no estado de material bruto, que devia servir apenas no interior da escola (e por isso foram chamadas obras "esotéricas"). Certamente foram feitas cópias dessas obras, pelo menos de algumas delas ou de partes de algumas delas; mas essas cópias devem ter sido em número muito limitado, dado que se tratava de trabalhos que não foram concebidos para ser divulgados e, ademais, escritos de maneira praticamente incompreensível aos que não pertenciam à escola. No seu conjunto, essas obras permaneceram como patrimônio da biblioteca do Perípato só até a morte de Teofrasto, o qual estabeleceu, antes de morrer, que o único herdeiro da biblioteca fosse Neleu, e que os edifícios e o jardim da escola fossem herdados

1. Cf. vol. IV, pp. 7ss., nota 1.

por toda a comunidade. Eis um trecho do testamento de Teofrasto, que nos foi transmitido por Diógenes Laércio:

> [...] A Neleu lego toda a minha biblioteca. Lego o jardim e o Perípato e todas as casas vizinhas ao jardim àqueles dentre os amigos aqui mencionados que, permanecendo ali, queiram estudar juntos e juntos cultivar a filosofia, dado que não é possível a todos permanecer sempre ali, sob a condição de que ninguém aliene esses bens e que ninguém se sirva deles como coisa privada, mas que todos os possuam em comum como um templo e se sirvam deles com solidário espírito de familiaridade e de amizade, como é conveniente e justo. A comunidade seja composta de Hiparco, Neleu, Estratão, Calino, Demótimo, Demarato, Calístenes, Melante, Pacreonte, Nicipo [...][2].

Não conhecemos os motivos pelos quais Teofrasto julgou que podia tomar uma decisão de tamanha gravidade, ou seja, tornar privado e, portanto, alienável um bem tão importante quanto a biblioteca, e, ao contrário, afirmar o caráter comunitário e inalienável dos bens imóveis da escola, dado que uma escola tem muito mais necessidade daquela do que destes. É possível que ele quisesse, desse modo, garantir a Neleu a sucessão na direção da escola, o que, ao invés, como sabemos, coube a Estratão.

É verdade que a um antigo discípulo do Perípato como Neleu, o novo curso doutrinal dado à escola por Estratão devia ser muito desagradável e, mais ainda, intolerável. Provavelmente explodiu um franco dissídio entre Neleu e Estratão e a decisão, de gravidade verdadeiramente extrema, de retirar do Perípato e de Atenas a biblioteca foi, muito provavelmente, conseqüência de tal dissídio. E, assim, a biblioteca do Perípato, que continha também todos os livros colecionados por Aristóteles e por Teofrasto, além dos manuscritos originais das suas obras, passou de Atenas a Squepsi, na Ásia Menor. Neleu provavelmente vendeu muitas obras à biblioteca de Alexandria, mas conservou zelosamente os preciosos escritos de Aristóteles e de Teofrasto. Os herdeiros de Neleu, privados de interesse pela filosofia e pela cultura, preocuparam-se unicamente com salvaguardar aqueles manuscritos da avidez dos reis atálidas (que procuravam livros para a biblioteca de Pérgamo) e não souberam encontrar outra solução

---

2. Diógenes Laércio, V, 52s.

senão a de escondê-los numa cantina (isso deve ter acontecido na primeira metade do século II a.C.). Entre o final do século II e os inícios do século I a.C., Apelicão de Teo, do qual já falamos, conseguiu comprá-los (por um preço considerável) e trazê-los de volta a Atenas, onde tentou remediar os estragos (produzidos pelo mofo e pelas traças), mas de modo arbitrário e amadorístico, como nos é explicitamente referido, e assim publicou os preciosos textos (editados, então, pela primeira vez) cheios de erros e, portanto, muito pouco compreensíveis[3].

Mas as aventuras dos escritos aristotélicos não terminam aqui. Pouco depois da sua publicação por Apelicão, Atenas foi conquistada e saqueada por Silas, em 86 a.C., e também o Liceu (assim como a Academia) sofreu danos muito graves[4]. Alguns chegam a pensar até mesmo na destruição e no fechamento do Perípato[5]. O certo é que os nossos melhores testemunhos não falam mais de escolarcas depois de Diodoro de Tiro e as fontes mais recentes, que voltam a falar de escolarcas do Perípato, deixam um vazio exatamente neste período[6].

---

3. Ver o documento de Estrabão (XIII, 1, 54) que apresentamos na p. 15s.

4. Eis o que nos refere Plutarco, *Vida de Silas*, 12: "Silas, tão logo pôs os pés na Hélade, recebeu deputações e convites de todas as cidades do país, exceto de Atenas, constrangida pelo tirano Aristrião a ficar do lado do rei. Contra ela Silas lançou todas as suas forças simultaneamente: circundou o Pireu e o assediou, ergueu ao redor máquinas de guerra de todos os tipos e empreendeu toda espécie de combates para tomá-la. Se tivesse tido um pouco mais de paciência, teria podido tomar também a cidade alta com toda tranqüilidade, dado que então a fome a reduzira ao desespero e faltavam víveres. Mas Silas tinha pressa de voltar a Roma, onde temia que estourasse a revolução; foi, portanto, constrangido a acelerar a guerra, afrontando o risco de muitas batalhas e de ingentes despesas. Além do equipamento costumeiro, a ação das máquinas exigia dez mil pares de mulas, usados todos os dias para fazê-las funcionar. Quando veio a faltar lenha, dado que muitas máquinas se quebravam, ou desabavam sob o seu próprio peso, ou eram destruídas pelo fogo que os inimigos lançavam ininterruptamente, lançou mão dos bosques sagrados e mandou cortar as árvores da Academia, o mais verde dos subúrbios da cidade, assim como as do Liceu". Ver, ademais, o que refere Plutarco no cap. 14.

5. Cf. J. P. Lynch, *Aristotle's School. A Study of a Greek Educational Institution,* Berkeley-Los Angeles-Londres [University of California Press] 1972, pp. 205s.

6. A sucessão dos escolarcas que conhecemos é esta: Aristóteles, Teofrasto, Estratão, Lícon, Critolau, Diodoro, Irineu. Ora, Amônio (*In Arist. De Interpret.*, 5, 28) e Elias (*In Arist. Categ.*, 117, 22s.; cf. também 113, 18ss.) dizem que Andrônico foi o undécimo escolarca (o décimo sucessor depois de Aristóteles); portanto, faltam certamente pelo menos dois nomes entre Irineu e Andrônico.

Silas apropriou-se, entre outros, também dos preciosos manuscritos de Aristóteles recuperados por Apelicão e os levou a Roma[7].

Em Roma, o gramático Tiranião conseguiu ganhar a simpatia do bibliotecário que guardava os livros de Silas e começou a transcrevê-los. Sabemos também que alguns livreiros tinham conseguido transcrições amadorísticas, feitas por amanuenses incapacitados, de alguns desses escritos, que, portanto, circularam, mais uma vez, muito incorretas. Sobre a qualidade e sobre os êxitos do trabalho de Tiranião não sabemos quase nada. Ao contrário, refere-se-nos que Andrônico de Rodes obteve, justamente de Tiranião, o precioso material do qual se valeu para a sua monumental edição das obras de Aristóteles (e de Teofrasto), destinada a fazer época, porque destinada a mudar a sorte, como dissemos, não só do Perípato, mas da filosofia ocidental, na medida em que foi justamente esta edição que garantiu a conservação e a difusão das obras de Aristóteles que ainda hoje lemos[8].

Essas notícias nos são dadas por testemunhos dignos de confiança, ou seja, pelo geógrafo Estrabão, que foi educado na escola dos peripatéticos e, portanto, dispunha de informações de primeira mão, e por Plutarco. Algumas confirmações nos chegam também por Possidônio. Antes de prosseguir, queremos transcrever integralmente as passagens desses autores, porque são documentos de importância verdadeiramente excepcional.

Falando da cidade de Squepsi, refere Estrabão:

> De Squepsi vieram os socráticos Erasto, Corisco e Neleu, filho de Corisco, o qual foi discípulo tanto de Aristóteles como de Teofrasto, e que herdou a biblioteca de Teofrasto, na qual estava contida também a de Aristóteles. De fato, Aristóteles deixou a sua biblioteca a Teofrasto, ao qual deixou também a escola; ele foi o primeiro do qual sabemos que recolheu livros e ensinou os reis do Egito a sistematizar a biblioteca. Teofrasto deixou a biblioteca a Neleu, o qual a transportou para Squepsi e a deixou aos seus herdeiros, que eram homens incultos, os quais mantiveram os livros fechados e não adequadamente sistematizados. Mas quando souberam do zelo com o qual os reis atálidas, sob cujo domínio estava a cidade, buscavam livros para a construção da biblioteca de Pérgamo, esconderam os livros numa cava.

---

7. Sobre isso concordam plenamente Estrabão e Plutarco, como se lê nos dois documentos que apresentamos logo em seguida, pp. 16ss. e relativas notas.

8. Cf. mais adiante, pp. 18s.

Algum tempo depois, quando os livros já estavam danificados pelo mofo e pelas traças, os descendentes de Neleu venderam por muito dinheiro os livros de Aristóteles e de Teofrasto a Apelicão de Teo. Mas Apelicão era um bibliófilo, mais que um filósofo; por isso, tentando reconstruir as partes corrompidas para fazer novas cópias, alterou o texto, completando-o de modo incorreto, e publicou os livros cheios de erros. Assim aconteceu que os antigos peripatéticos depois de Teofrasto não tiveram mais livros, exceto alguns e, ademais, obras exotéricas, de modo que não estavam mais capacitados para filosofar de maneira pertinente, mas apenas para fazer grandiloqüentes afirmações. Ao invés, os sucessivos peripatéticos, a partir do momento em que saíram esses livros, encontraram-se em melhores condições de filosofar e de professar a filosofia aristotélica, mas permaneceram constrangidos a afirmar muitas coisas unicamente no nível de probabilidade, por causa do grande número de erros. Roma também contribuiu muito para isso. Com efeito, logo depois da morte de Apelicão, Silas conquistou Atenas, tomou para si e levou consigo para Roma a biblioteca de Apelicão. Ali o gramático Tiranião, admirador de Aristóteles, conseguiu ter acesso à biblioteca fazendo a corte ao bibliotecário, e assim também procederam alguns livreiros, servindo-se de maus copistas e não conferindo as suas cópias com os originais, coisa que acontece também em outros casos, quando os livros são copiados para fins comerciais, seja aqui, seja em Alexandria[9].

Plutarco repete algumas dessas importantíssimas informações e as completa da seguinte maneira:

> [Silas] portanto, zarpou de Éfeso com toda a frota, e no terceiro dia aportou no Pireu. Ali foi iniciado aos mistérios e se apropriou da biblioteca de Apelicão de Teo, na qual se encontravam quase todos os livros de Aristóteles e de Teofrasto, este último até então pouco conhecido do grande público. Ela foi levada a Roma e reordenada em grande parte, como se conta, pelo gramático Tiranião. Dele Andrônico de Rodes obteve as cópias das obras dos filósofos que publicou e das quais redigiu os catálogos agora em uso. Os antigos peripatéticos parece terem sido respeitáveis eruditos, mas conheciam pouco e sem rigor crítico os escritos de Aristóteles e de Teofrasto. Isso porque a herança de Neleu de Squepsi, a quem Teofrasto deixou os seus livros, acabou nas mãos de pessoas privadas de interesse por essas coisas e ignorantes[10].

Enfim, importantes testemunhos sobre Apelicão remontam até mesmo a Possidônio: ele nos confirma, entre outras coisas, que,

9. Estrabão, XIII, 1, 54.
10. Plutarco, *Vida de Silas*, 26.

efetivamente, Apelicão esteve ligado ao círculo dos aristotélicos e que adquiriu a biblioteca de Aristóteles, pois "era muito rico"[11].

Em conclusão, as complexas vicissitudes dos "esotéricos" de Aristóteles podem ser resumidas do seguinte modo: *a*) Neleu (nomeado por Teofrasto herdeiro da biblioteca do Perípato) levou consigo os escritos para a sua cidade natal, Squepsi, onde, porém, não foram nem sistematizados nem utilizados. *b*) De alguns desses escritos (ou pelo menos de algumas partes deles) certamente tinham sido feitas algumas cópias (além de Atenas, também a biblioteca de Alexandria[12] e, provavelmente, a de Rodes, pátria de Eudemo, devia possuir cópias dos esotéricos), mas elas permaneceram letra morta, pois não resulta que tenham sido lidas, estudadas a fundo e assimiladas por nenhum filósofo da era helenística. *c*) A exumação dos esotéricos aristotélicos foi obra de Apelicão, o qual também os publicou, mas de modo muito incorreto, de maneira que eles permaneceram muito pouco compreensíveis. *d*) Os preciosos manuscritos de Aristóteles foram depois confiscados por Silas e levados a Roma, onde o gramático Tiranião dedicou-se a um sistemático trabalho de reordenamento (que, contudo, não foi levado a termo). *e*) Algumas cópias de obras esotéricas foram postas em circulação em Roma por obra de livreiros, mas tratava-se, mais uma vez, de cópias muito incorretas, feitas apenas com finalidade comercial, por amanuenses incapacitados. *f*) A edição sistemática dos escritos de Aristóteles foi obra de Andrônico de Rodes, o qual compilou também os catálogos comentados, realizando o trabalho que devia constituir a indipensável premissa, senão o fundamento, do renascimento do aristotelismo.

2. Os critérios seguidos por Andrônico na sua edição do *Corpus Aristotelicum*

Como procedeu Andrônico no seu trabalho de editor? Ele não se limitou a fornecer uma leitura inteligível dos textos, mas preocupou-

11. Cf. Ateneu, V, 211 d-215 b (= Edelstein-Kidd, *Posidonius*, fr. 253 = Theiler, *Poseidonios*, fr. 247, p. 180).

12. Cf. sobre isso as obras de Moraux, que citamos adiante, na nota 16.

se também em reagrupar os escritos que tratavam da mesma matéria e em reordená-los, justamente, com base no seu conteúdo. De grande valor é um testemunho de Porfírio a respeito disso. Escreve Porfírio, explicando os critérios seguidos por ele ao publicar os escritos plotinianos:

> Dado que ele mesmo [Plotino] confiou-me a ordem e a correção dos seus livros — prometi a ele, ainda vivo, e comuniquei aos outros amigos sobre a execução —, considerei em primeiro lugar que não devia conservar a ordem cronológica numa obra cujos livros apareceram sem qualquer ordem. Ao invés, *imitei* Apolodoro de Atenas e *Andrônico, o peripatético*: o primeiro recolheu todo Epicarmo, o comediógrafo, distribuindo a sua obra em dez volumes; *o segundo dividiu em tratados as obras de Aristóteles e de Teofrasto, reunindo, no mesmo lugar, os conteúdos afins*. Ora, do mesmo modo, também eu, dispondo de cinqüenta e quatro livros de Plotino, os reparti em seis eneidas, feliz por ter alcançado, junto com o nove das eneidas, a perfeição do número seis; a cada eneida assinalei o âmbito próprio de argumentos e depois as juntei, reservando o primeiro lugar às questões mais fáceis[13].

Do texto acima lido se extrai, evidentemente, apenas o princípio geral seguido por Andrônico. Mas os estudiosos modernos, examinando os antigos catálogos (isto é, os que foram feitos anteriormente à edição de Andrônico)[14], puderam fornecer importantes especificações. Andrônico reuniu alguns pequenos tratados que eram mais ou menos autônomos (e que tinham também, cada um, um título particular) com tratados de maior dimensão dedicados ao mesmo assunto. Algumas vezes ele também deu novos títulos às obras assim constituídas[15].

É muito provável, por exemplo, que a ele se deva a organização de todas as obras lógicas num único *corpus* e o próprio título de *Organon* dado a este[16]. Com efeito, ele pensava que o estudo sistemático da filosofia devia começar pela lógica aristotélica[17]. Procedeu de modo análogo com os vários escritos de caráter físico,

---

13. Porfírio, *Vida de Plotino*, 24.

14. Cf. P. Moraux, *Les listes anciennes des ouvrages d'Aristote*, Lovaina 1951 e, sobretudo, do mesmo autor, *Der Aristotelismus bei den Griechen von Andronikos bis Alexander von Aphrodisias*, Erster Band: *Die Renaissance des Aristotelismus im I. Jh. v. Chr.*, Berlim 1973.

15. Cf. Moraux, *Der Aristotelismus...*, p. 93.

16. Cf. I. Düring, *Aristotle in the Ancient Biographical Tradition*, Göteborg 1957, p. 423.

17. Cf. Filipono, *In Arist. Categ.*, 5, 18-23; Elias, *In Arist. Categ.*, 117, 22-24.

metafísico, ético, político, estético e retórico. A ordenação geral e particular que Andrônico imprimiu ao *Corpus Aristotelicum* tornou-se definitiva. Ela condicionou toda a tradição sucessiva e, portanto, também as modernas edições. Em suma, a edição de Andrônico estava, verdadeiramente, destinada, como já dissemos acima, a "fazer época" em todos os sentidos[18].

3. Expoentes e tendências da filosofia peripatética no século I a.C.

Deixando à parte Apelicão e Tiranião, que não foram filósofos (o primeiro, segundo Estrabão, era mais bibliófilo que filósofo, o segundo era um gramático)[19], os expoentes do pensamento peripatético no século I a.C. dos quais temos notícias são os seguintes: Estaséia de Nápoles, Aristo de Alexandria, Crátipo de Pérgamo, Andrônico de Rodes, Boeto de Sídon, Senarco de Selêucia e Nicolau de Damasco. A posição cronológica de muitos destes personagens dentro do século I a.C. é incerta, e as hipóteses dos estudiosos são discordantes. Seria sobretudo importante poder determinar com certeza as datas de nascimento e de morte de Andrônico e, portanto, da sua edição do *Corpus Aristotelicum*, porque, como já dissemos, a ela está ligado o renascimento do aristotelismo e dela depende a mudança de qualidade nos conteúdos e no método que se registra em parte dos filósofos peripatéticos dessa época. Já vimos que só uma datação aproximada de Andrônico e da sua edição das obras aristotélicas resulta plausível, se aceitamos o que dizem nossas fontes e se levamos em conta tanto a grave situação na qual se encontrava Atenas depois da conquista de Silas, como os graves danos sofridos pelo Perípato e ainda o transporte a Roma dos manuscritos aristotélicos. Ora, também uma atenta consideração da atividade dos filósofos acima citados confirma o que dissemos e faz emergir uma série de elementos que depõem a favor da nossa data aproximada da edição de Andrônico, que, verossimilmen-

18. Para um aprofundamento sobre esses problemas, cf. Moraux, *Der Aristotelismus...*, pp. 58-94.

19. Sobre Tiranião, cf. Düring, *Aristotle in the Ancient Biographical Tradition*, pp. 393ss. e 412s.

te, deve ter tido lugar no curso das duas décadas sucessivas à morte de Cícero[20].

Note-se a seguinte circunstância, particularmente eloqüente: Cícero não só não conhece Andrônico, como também não conhece qualquer um dos filósofos acima nomeados, os quais, pelo que resulta dos testemunhos que nos chegaram, puderam beneficiar-se da edição de Andrônico. Cícero conhece, ao invés, Estaséia, Aristo e Crátipo, que atuam na primeira metade ou nos primeiros anos da segunda metade do século[21]. E o pensamento desses peripatéticos não revela o conhecimento dos esotéricos de Andrônico. Ademais, Cícero fala de Crátipo (ao qual tinha confiado a educação do filho) como o único peripatético relevante no momento, e fala dele como se ensinasse privadamente e não como escolarca do Perípato[22]. É verdade que o nome de um desses três filósofos, Aristo, é mencionado por Simplício na lista do comentadores antigos das *Categorias*[23], mas não é certo que seja o nosso, dado que se tem notícia de outro Aristo, que atuou na época de Augusto[24]; por outro lado, mesmo que o Aristo comentador fosse o nosso, as coisas não mudariam, dado que ele provinha de Alexandria, cuja biblioteca possuía várias cópias das *Categorias*, e dado que também em Atenas, no início do século, como sabemos, Apelicão tinha publicado os esotéricos aristotélicos, embora de modo incorreto.

Por outro lado, deve-se observar que Andrônico e os peripatéticos do século I a.C. influenciados por ele, com toda a probabilidade, lançaram apenas as premissas ao método e ao sistema do "comentário"

---

20. O leitor encontrará o estado da questão muito bem apresentado por Moraux, *Der Aristotelimus...*, pp. 45-58. Moraux, seguindo a tradição alemã inaugurada por F. Litig *(Andronikos von Rhodos*, 3 vols., Munique-Erlangen 1890), defende a datação alta. Ver, ao contrário, as argumentações de I. Düring, *Aristotle in the Ancient Biographical Tradition,* pp. 420ss., que Moraux não consegue desmantelar. O fato de Cícero não conhecer Andrônico, como veremos, é um elemento a favor da datação baixa.

21. Cf. Cícero, *De orat.*, I, 22, 104; *De finibus*, V, 3, 8; V, 25, 75; *Acad. pr.,* II, 4, 12; *De officiis,* I, 1; III, 2, 5; etc.

22. Cf. Cícero, *Epist.*, XII, 16 e XVI, 21; cf. as corretas observações que faz a respeito Lynch, *Aristotle's School,* pp. 204s.

23. Simplício, *In Arist. Categ.*, 159, 31ss.

24. Cf. Estrabão, XVII, 5, 790. Moraux, embora hipoteticamente, também o admite: *Der Aristotelismus...*, p. 182.

aos esotéricos, que se tornará o traço típico do aristotelismo dos séculos sucessivos. Andrônico parece ter escrito paráfrases, mais que comentários. Boeto de Sídon, seu discípulo, ocupou-se de vários problemas e de várias obras do Estagirita, mas a sua atividade de comentador é atestada com segurança apenas para as *Categorias*. Senarco parece ter sido autor de monografias e não de comentários específicos, enquanto Nicolau de Damasco é autor de uma exposição com caráter de compêndio doxográfico[25].

Uma breve caracterização da atividade e do pensamento de cada um desses personagens confirmará o que dissemos e nos permitirá extrair conclusões mais profundas.

Estaséia de Nápoles, que nasceu nos últimos decênios do século II a.C.[26], foi retórico além de filósofo. A temática da qual tratou remete ao clima das dicussões que já conhecemos como peculiares ao Perípato dos séculos III e II a.C. Ele destacou, provavelmente em polêmica contra o rigorismo do Pórtico, que para garantir a posse da felicidade são muito importantes os bens externos (em particular a boa sorte), assim como os bens corporais. Cícero julgou as considerações de Estaséia sobre a felicidade nitidamente inferiores às de Antíoco[27].

Aristo de Alexandria foi, primeiro, discípulo de Antíoco, e Lúculo o conheceu nos anos 86/87 a.C., justamente em Alexandria, no círculo dos acadêmicos[28]. Que este seja o comentador das *Categorias* do qual fala Simplício, como já dissemos, é provável, mas não é seguro[29]. (Deste comentador os antigos recordam algumas observações sobre a categoria de *relação*.)[30] Aristo ocupou-se, ademais, da silogís-

25. Este é um dado que nos parece emergir claramente se deixamos de lado as suposições e se nos baseamos apenas no que é expressamente atestado.

26. A datação acima indicada provém de algumas indicações que Cícero (*De orat.*, I, 22, 104; *De finibus*, V, 25, 75) fornece sobre as relações que o nosso filósofo teve com destacados personagens contemporâneos seus (foi amigo de Licínio Crasso e mestre de Pisão).

27. Cf. Cícero, *De finibus*, V, 25, 75.

28. Cf. Cícero, *Acad. pr.*, II, 4, 12.

29. Cf. *supra*, p. 20, nota 23.

30. Estas observações podem ser vistas em Moraux, *Der Aristotelismus...*, pp. 182ss.

tica e acrescentou três modos à primeira figura do silogismo e dois à segunda figura[31]. Não sabemos o que levou Aristo a abandonar Antíoco: a descoberta das obras de Aristóteles e a edição de Apelicão (e não necessariamente a de Andrônico) poderiam ter constituído um bom motivo.

Crátipo de Pérgamo foi também, primeiro, discípulo de Antíoco. Desenvolveu atividade docente em Mitilene e, a partir de 47/46 a.C., em Atenas, onde teve como aluno o filho de Cícero[32]. Deve ter conquistado notável prestígio, dado que o próprio Cícero o considera a suma autoridade e o melhor dos peripatéticos da época[33]. Entretanto, ninguém nos diz que tenha sido escolarca[34]. Deve ter-se ocupado prevalentemente de ética (dos deveres morais). As únicas informações que temos dele dizem respeito, porém, à mântica, o que indica claramente que ele se remetia a uma psicologia platônico-aristotélica, que encontramos nos exotéricos de Aristóteles. A mântica de Crátipo não é a dos *Parva naturalia* de Aristóteles e a sua doutrina da *psyché* não é a do *De anima*. Crátipo, portanto, não conheceu os esotéricos do Estagirita e, em todo caso, não os utilizou[35].

Já nos referimos a Andrônico e à sua atividade editorial[36]. Fontes neoplatônicas dizem que foi o undécimo escolarca do Perípato, mas deixam um vazio (de pelo menos dois nomes) entre Diodoro e Andrônico[37]. Ora, se consideramos o fato de que justamente no período correspondente a esse vazio tiveram lugar o assédio de Silas a Atenas, a danificação do Liceu, o confisco e o transporte a Roma das obras esotéricas de Aristóteles e a forçada interrupção da atividade da escola, é razoável conjeturar que justamente Andrônico tenha podido reconstruir o Perípato[38]. Quanto à sua atividade filosófica, deve-se

31. Sobre este ponto da doutrina de Aristo encontramos acuradas informações num escrito atribuído a Apuleio (cf. *Apulei Opera quae supersunt*, vol. III, *De philosophia libri*, recensuit P. Thomas, Lípsia 1908, pp. 176-194).

32. Ver a indicação de todos os documentos úteis para reconstruir a cronologia e a vida de Crátipo em Moraux, *Der Aristotelismus...*, pp. 223ss.

33. Cf. Cícero, *De officiis*, I, 1, 1; III, 2, 5.

34. Cf. *supra*, a nota 22.

35. Cf. Cícero, *De divinatione*, I, 3, 5; I, 32, 70s.

36. Cf. *supra*, pp. 15ss.

37. Cf. *supra*, p. 14, nota 6.

38. Lynch (*Aristotle's School*, pp. 198-207) afirma que o Perípato, como instituição, deve ter deixado de existir em 96 a.C. Esta tese é, sem dúvida, errada. É

observar que ela não se reduziu à simples exegese e ao mero comentário do texto aristotélico. Hoje em dia ainda podemos fazer uma idéia da liberdade com que Andrônico deslocava a problemática aristotélica, sobretudo do que nos foi transmitido relativamente à sua interpretação das *Categorias*[39]. Também em psicologia parece que Andrônico se tenha distanciado de Aristóteles, concebendo a alma como a relação numérica que liga os elementos do corpo e, portanto, como número, e até mesmo como *número automotivo*, como já o fizera Xenócrates. Ademais, nos é transmitido ainda que Andrônico oscilou entre essas concepções e a que faz da alma não a causa, mas o efeito da composição dos elementos do corpo[40].

Discípulo e sucessor de Andrônico foi Boeto de Sídon[41], que, a julgar pelos testemunhos que nos chegaram, parece ter interpretado Aristóteles, em alguns pontos-chave, de maneira naturalística. De fato, enquanto Andrônico propunha começar o estudo da filosofia a partir da lógica (que é como um insrumento e que, portanto, deve ser previamente conhecido), Boeto propunha começar pela física, porque

---

verdade que, como já observamos outras vezes, nesse período de tempo, em conseqüência dos danos provocados por Silas aos lugares nos quais a escola surgira e do duro golpe infligido a Atenas, o Perípato quase certamente deixou de funcionar por certo tempo, que não deve ter sido breve. Mas é também verdade que a atividade dos peripatéticos deve ter recomeçado justamente nos lugares em que surgira o antigo Perípato, como demonstra, entre outros, uma passagem de Luciano (século II d.C.). Citando os motes pungentes do filósofo cínico Demônates (do qual falaremos adiante) ele escreve textualmente: "Vendo Rufino de Chipre — o coxo do Perípato — *que gastava a maior parte do tempo discutindo no Perípato*, Demônates disse: 'Não há nada que seja mais inconveniente do que um peripatético coxo'". Ora, com o termo περίπατος (usado duas vezes, no singular e no plural) Luciano indica, sem dúvida, a escola (cf. *Vida de Demônates*, 56).

39. Cf. Moraux, *Der Aristotelismus...*, pp. 97-113.

40. Cf. Temístio, *In Arist. De anim.*, 31, 1ss.; 32, 24ss.; cf. também Galeno, *Quod an. mor. temper. sequantur*, c. 4 (IV, 782s. Kühn = 44, 12ss. Müller).

41. De Estrabão, XVI, 2, 24, p. 757, resulta que Boeto foi seu contemporâneo (Estrabão nasceu em 63 a.C. e morreu em 21 d.C.). Estrabão diz também que "estudou Aristóteles junto com ele", usando a expressão συμφιλοσοφεῖν, que foi entendida tanto no sentido de "estudar sob a guia de", como no sentido de "estudar junto com" (no sentido de ser co-discípulo). Que Boeto tenha sido discípulo de Andrônico é testemunhado por Filipono (*In Arist. Categ.*, 5, 18); que tenha sido também seu sucessor se deduz de Amônio (*In Arist. Anal. pr.*, I, 31, 12).

esta nos põe em contato com as coisas que nos são mais familiares e conhecidas, e a pesquisa filosófica deve, justamente, ir do que é mais familiar e conhecido ao que é menos familiar e menos conhecido[42]. As tendências naturalísticas de Boeto resultam evidentes também do que nos é referido sobre o seu *Comentário às Categorias*, em particular sobre a sua interpretação da primeira categoria, ou seja, a substância, que, para ele, é a matéria e o composto, não a forma. Com efeito, parece que, segundo o nosso filósofo, a forma não entrava na categoria de substância e sim no âmbito de outras categorias. Compreende-se, conseqüentemente, que ele considerasse o indivíduo como a realidade primeira, não só *para nós*, mas também *por natureza*[43]. Enfim, ele tentou extrair dos textos de Aristóteles a doutrina da *oikeiosis*, que o Pórtico tinha posto como fundamento da própria ética (mas que talvez já tenha sido antecipada por Teofrasto): o termo originário ao qual tendemos (o πρῶτον οἰκεῖον) somos nós para nós mesmos; de fato, não amamos a ninguém antes de nós mesmos e amamos, posteriormente, os outros referindo-os a nós mesmos[44].

Senarco de Selêucia[45] levou a sua dissidência com relação a Aristóteles aos limites da ruptura. Isso se mostra evidente sobretudo em dois pontos: ele negou a existência do éter, tendo escrito todo um tratado *Contra a quinta substância*[46] e negou também a existência do supra-sensível (e, portanto, o Motor Imóvel). Eis as explícitas palavras de Senarco:

> [...] Não se deve recorrer ao inteligível, que, na realidade, não é nada em si mesmo e não é mais que uma noção vazia[47].

---

42. Cf. Filipono, *In Arist. Categ.*, 5, 16ss.; Elias, *In Arist. Categ.*, 117, 22ss.

43. Cf. Simplício, *In Arist. Categ.*, 78, 4ss.; Dessípio, *In Arist. Categ.*, 45, 12ss.

44. Cf. Alexandre, *De anim. mantissa*, 150, 19-153, 27. Para uma discussão e interpretação de todos os testemunhos que nos chegaram sobre Boeto, cf. Moraux, *Der Aristotelismus...*, pp. 144-179.

45. Por Estrabão (XIV, 5, 4, 670) sabemos que Senarco deixou muito cedo a nativa Selêucia, que ensinou em Alexandria, Atenas e Roma, que foi amigo de Ario Dídimo e do imperador Augusto, e que morreu em idade avançada. Deve ter sido, portanto, um contemporâneo de Boeto, com o qual, entre outras coisas, teve em comum algumas teses estoicizantes.

46. Cf. a reconstrução da doutrina contida nesse escrito em Moraux, *Der Aristotelismus...*, pp. 198ss.

47. Juliano, *Orat.*, V, VIII [V], 162 c (vol. II, 1, p. 107 Rochefort).

Senarco, ademais, indubitavelmente sob o influxo da doutrina do Pórtico, junto com Boeto de Sídon, sustentou que somos para nós mesmos o objeto primeiro do nosso desejo[48].

Digno de menção é, por último, Nicolau de Damasco, que foi conselheiro do rei Herodes e teve ótimas relações com Augusto[49]. A sua obra *Sobre a filosofia de Aristóteles*, dividida em muitos livros, devia ser uma exposição relativamente fiel do pensamento de Aristóteles, ou, mais exatamente, das seguintes partes do pensamento do Estagirita: física, metafísica, cosmologia, doutrina dos elementos, meteorologia, zoologia, psicologia, botânica. (De Nicolau é também um pequeno tratado *Sobre as plantas*, que na Idade Média foi traduzido do árabe ao latim e tido como obra de Aristóteles: não se exclui, porém, que ele constitua parte da obra geral *Sobre a filosofia de Aristóteles*)[50].

A julgar pelo que observamos, deve-se concluir o seguinte. No século I a.C. existiram ainda peripatéticos que não se beneficiaram da redescoberta dos esotéricos aristotélicos e que continuaram a debater problemas análogos aos que foram debatidos pelos peripatéticos dos séculos precedentes, e com um método substancialmente idêntico. Ao contrário, quase todos os peripatéticos que se beneficiaram da redescoberta dos esotéricos parecem depender da edição de Andrônico. Comum a quase todos esses filósofos é a tendência a interpretar Aristóteles, em alguns pontos-chave do seu sistema, de modo tendencialmente naturalístico (senão, como no caso de Senarco, de modo acentuadamente naturalístico), com algumas concessões ao estoicismo. Não será, entretanto, esta a direção que seguirá o Perípato: o Aristóteles esotérico permanecerá o ponto de referência e a exegese dos esotéricos tornar-se-á canônica, mas mudará — e de modo bastante sensível — a têmpera teorética, como logo veremos.

---

48. Cf. *supra*, a nota 44. Sobre Senarco, ver Moraux, *Der Aristotelismus...*, pp. 197-214.

49. Para uma reconstrução da vida e da obra de Nicolau, ver Moraux, *Der Aristotelismus...*, pp. 445-514 e o volume que citamos na nota seguinte.

50. Os fragmentos dos primeiros cinco livros, que nos chegaram numa tradução síria, foram recolhidos, publicados, traduzidos para o inglês e comentados por H. J. Drossaart Lulofs, *Nicolaus Damascenus on the Philosophy of Aristotle*, Leiden 1965 (^{2}1969). Na ampla introdução (pp. 1-57), Drossaart Lulofs discute a fundo os vários problemas relativos a Nicolau, à sua obra, seu pensamento e influência no Oriente.

III. O NOVO CURSO DO ARISTOTELISMO NOS DOIS PRIMEIROS SÉCULOS DA ERA CRISTÃ

1. Consolidação e difusão do comentário aos esotéricos

Dos peripatéticos que viveram nos dois primeiros séculos da era cristã e no início do terceiro, não nos chegou muita coisa, exceto de Alexandre de Afrodísia, figura de exceção com a qual se encerra, de fato, a história do Perípato. Ademais, os documentos e os testemunhos que nos chegaram não foram no passado adequadamente interpretados e aprofundados e só recentemente chamaram a atenção de alguns estudiosos. Os resultados até agora obtidos são bastante surpreendentes e suficientes para transformar os esquemas impostos e canonizados pela historiografia do século passado e dos primeiros decênios do nosso século[1].

Quais são as características do Perípato daquela época?

Em primeiro lugar, deve-se observar — e isso foi sempre reconhecido corretamente e até mesmo tematizado pelos próprios filósofos dos quais tratamos — que a filosofia, para os peripatéticos dessa época, coincide quase totalmente com o trabalho de interpretação e comentário dos textos aristotélicos. A exegese e o comentário dos esotéricos, iniciados por Andrônico e seus discípulos, tornaram-se em certo sentido o método do filosofar e o gênero literário peculiar dos que se reconheciam como seguidores do Estagirita. Mesmo depois do advento e do predomínio quase absoluto do neoplatonismo, o único modo segundo o qual se continuou a ler e a entender Aristóteles permaneceu o do comentário e da paráfrase dos esotéricos[2].

---

1. A interpretação que se impôs foi a de Zeller, *Die Philosophie der Griechen,* III, 1, pp. 805-830. A obra de ruptura, que pôs em crise aquela interpretação, foi a de Ph. Merlan, *Monopsychism, Mysticism, Metaconsciousness. Problems of the Soul in the Neoaristotelian and Neoplatonic Tradition,* Haia 1963; 1969². Na Itália, P. L. Donini seguiu a interpretação de Merlan no seu trabalho, *Tre studi sull'aristotelismo nel II secolo d.C.*, Turim 1974. Decisivo é agora o vol. II de P. Moraux, *Der Aristotelismus bei den Griechen.* Zweiter Band: *Der Aristotelismus im I. Jh. n. Chr.*, Berlim 1984.

2. Sobre esses comentários neoplatônicos falaremos adiante.

Com efeito, quase todos os peripatéticos dessa época são recordados como autores de exegeses e de comentários.

Alexandre de Ege (que foi mestre de Nero) escreveu provavelmente um comentário (ou uma exegese) às *Categorias* e talvez também um tratado *Sobre o céu*[3].

Aspásio, que viveu na primeira metade do século II d.C., é recordado como comentador das *Categorias*, do *De interpretatione*, do *De caelo*, da *Física*, da *Metafísica*. Escreveu também um comentário à *Ética Nicomaquéia*, que em boa parte chegou até nós (e que, como veremos, contrariamente ao que se pensava, constitui um documento muito importante)[4].

Adrasto de Afrodísia foi também um apreciado autor de comentários às *Categorias* e à *Física*. Este filósofo cultivou também a matemática e a astronomia e se ocupou a fundo do *Timeu* (ou de uma parte deste), provavelmente com um comentário (ao qual são devedores — parece — pensadores como Teon de Esmirna, Proclo e Calcídio)[5].

Em torno da metade do século II d.C., surgiu Hermínio, que comentou as *Categorias*, o *De interpretatione*, os *Primeiros Analíticos* e os *Tópicos*, e se ocupou de maneira crítica, como veremos, também dos problemas relativos à *Física*[6].

Aristocles de Messina, ao contrário, escreveu uma vasta obra *Sobre a filosofia*, que devia oferecer um amplo panorama de caráter histórico e teorético de todo o arco da história da filosofia[7].

---

3. Cf. Simplício, *In Arist. Categ.*, 10, 19s.; *In Arist. De caelo,* 430, 29ss. Cf. Moraux, *Der Aristotelismus...*, vol. II, pp. 222-225.

4. O que restou desse comentário foi publicado por G. Heylbut, *Aspasii in Ethica Nicomachea quae supersunt commentaria,* na grande coleção "Commentaria in Aristotelem Graeca", t. XIX, Pars 1, Berlim 1889. Cf. Moraux, *Der Aristotelismus...*, vol. II, pp. 226-293.

5. Cf. Zeller, *Die Philosophie der Griechen,* III, 1, pp. 809s. Cf. Moraux, *Der Aristotelismus...*, vol. II, pp. 294-332.

6. Luciano o apresenta como um celerado: "É digno de recordação o que [Demônates] disse de Hermínio. Ele era o maior dos celerados, o qual, tendo feito milhares de estultices, tinha sempre na ponta da língua Aristóteles e as suas dez categorias. 'Ó Hermínio', disse ele, 'para ti estariam verdadeiramente bem dez categorias [que em grego significam também dez acusações]'" (*Vida de Demônates*, 56). Cf. Moraux, *Der Aristotelismus...*, vol. II, pp. 361-368.

7. Sobre esse escrito de Aristóteles, do qual Eusébio (na sua *Praep. evang.*,) nos conservou fragmentos, ver F. Trabucco, *Il problema del "De philosophia" di Aristocle*

Grande número de comentários escreveu, enfim, Alexandre[8], mas dele devemos tratar à parte, porque supera nitidamente todos os outros peripatéticos[9].

Essa intensa consolidação do método do comentário aos esotéricos e a sua surpreendente difusão (o número de comentários às mesmas obras parece que até mesmo estimulava a produção de novos) demonstram que, então, os interesses dos seguidores de Aristóteles tinham-se concentrado sobre as obras de escola e que, em comparação com elas, as obras publicadas, isto é, as exotéricas, tinham perdido quase totalmente o seu antigo encanto. Pouco a pouco, elas foram relegadas ou escassamente utilizadas, até caírem no esquecimento: e assim se explica por que se tenham perdido, chegando-nos apenas as obras de escola. Depois de terem gozado de tanta admiração e notoriedade, os exotéricos foram condenados ao esquecimento, enquanto os esotéricos, que permaneceram por tanto tempo quase totalmente desconhecidos, foram consignados à história como uma "conquista definitiva".

Ettore Bignone explicou muito bem os motivos espirituais (dos quais falaremos longamente nas partes restantes desta obra) que contribuíram para produzir a reviravolta da qual falamos. Os homens dos primeiros séculos do helenismo — observa ele — amavam a simplicidade e a lúcida clareza. A este cânon não respondiam, de algum modo, os escritos de escola do Estagirita; portanto, os poucos estudiosos que puderam dispor de alguns dos escritos esotéricos de Aristóteles não foram atraídos por eles, que apresentavam características exatamente contrárias às que o gosto da época exigia. "Mas — prossegue Bignone — os tempos mudam, e com eles os espíritos. O que para um tempo é defeito, para outro é qualidade. E a lúcida clareza, que na era precedente foi o mérito do Aristóteles exotérico, nos séculos do império devia parecer a muitos vulgar. Os espíritos estão agora apaixonados pelo recôndito e pelo misterioso. A lei do estilo é o esforço; mais idéias que palavras, sentenças que escondam

---

di Messene e la sua dottrina, in "Acme", XI (1958), pp. 97-150. Cf. Moraux, *Der Aristotelismus...*, vol. II, pp. 83-207.

8. Ver, mais adiante, p. 34, nota 2.

9. Dois grandes cientistas são influenciados pelas doutrinas peripatéticas desta época: o astrônomo e geógrafo Cláudio Ptolomeu e o médico Galeno, os quais, porém, não deram apreciáveis contribuições no âmbito das pesquisas propriamente filosóficas.

uma significação oculta. Os encantos das doutrinas herméticas do Oriente penetraram os espíritos. A obscuridade não mais espanta, fascina. Se as novas religiões têm mistérios para os iniciados, por que não os teria a religião da verdade, a filosofia? Também o deus do pensamento filosófico não deve aparecer a todos, mas revelar-se apenas aos merecedores em meio à penumbra da cela, nos interiores do templo. À semelhança do pitagorismo, que está no auge, toda filosofia deve ter dogmas secretos, e sacras 'orgias' da mente, às quais apenas os iniciados são admitidos. Onde não existem, se os supõe. Clemente Alexandrino [...] detecta-os inclusive na escola de Epicuro: tanto mais, portanto, em Aristóteles. Luciano, nos seus *Filósofos à venda* [...], enquanto se vende Aristóteles, faz declarar pelo vendedor, para aumentar o seu preço, que quem o compra encontrará dois Aristóteles num só, um para os leigos e outro para os iniciados. Tal amor pelo recôndito chama aos poucos sobre as obras de Aristóteles a atenção dos séculos tardios da era clássica então declinante. Vencidas as primeiras asperezas, compreende-se a sua profundidade e a beleza. Compreende-se, finalmente, que aqui está o seu pensamento mais profundo e mais maduro. Mas para isso foi necessária uma longa experiência de séculos e que as mentes se fizessem mais vazias de infinito e mais habituadas às sutilezas metafísicas"[10].

2. Influências platônicas e médio-platônicas sobre os peripatéticos da era cristã

Quais foram as peculiaridades teoréticas do aristotelismo dessa época?

Vimos como o Perípato pós-aristotélico, já a partir de Teofrasto (e sobretudo com Estratão) e mesmo depois da descoberta dos esotéricos durante o último século da era pagã (e talvez também em parte durante o primeiro século da era cristã), assumiu posições naturalísticas e mesmo materialistas, e como alguns dos seus expoentes se deixaram influenciar pelo Pórtico[11]. Ao contrário, o aristotelismo

10. Bignone, *L'Aristotele perduto...*, vol. I, pp. 35s.

11. Cf. *supra*, pp. 7-25.

da época da qual nos ocupamos, e de modo particular o aristotelismo do século II d.C., revela precisos influxos do platonismo e, sobretudo, daquela forma particular de platonismo que renasceu entre o final da era pagã e os dois primeiros séculos da era cristã e (como veremos) alcançou a sua *acmé* no século II d.C., e que hoje em dia quase todos os historiadores da filosofia antiga denominam concordemente "médio-platonismo"[12].

As simpatias pelo platonismo foram reconhecidas há muito tempo, mas apenas limitadamente a um dos filósofos acima mencionados: Aristocles de Messina.

Na verdade, o juízo de Aristocles sobre Platão e sobre a sua filosofia é tão claramente favorável que não poderia não chamar a atenção. Escreve Aristocles:

> Platão, e talvez ninguém mais, filosofou de modo autêntico e perfeito[13].

Dos fragmentos de Aristocles não só transparece o juízo positivo sobre Platão, mas também o substancial acordo com ele. Platão teria tido, de fato, o mérito de ter compreendido que a filosofia, embora sendo uma ciência das coisas humanas e divinas, deve ser dividida em três partes, vale dizer, uma relativa à natureza do Todo, outra relativa às coisas humanas, e a terceira, aos raciocínios, e teve também o mérito de ter compreendido que a primeira é a condição e o fundamento da segunda. Platão, noutros termos, teria tido o mérito de ter compreendido que não era possível conhecer as coisas humanas sem primeiro conhecer as coisas divinas[14].

Essa incondicional aprovação da filosofia platônica (pelo menos entendida nessa forma influenciada pela reelaboração médio-platônica) deve ter nascido da convicção de Aristocles de que ela é plenamente conciliável com a aristotélica, como parece demonstrar — entre outros — o fato de Aristocles chamar a Academia de "Perípato de Platão"[15].

Mas o caso de Aristocles não é único. De todos os filósofos peripatéticos do século II d.C. acima recordados, atesta-se uma precisa

12. Ver, *infra*, pp. 269ss.
13. Aristocles, em Eusébio, *Praep. evang.*, XI, 3, 1.
14. Aristocles, em Eusébio, *Praep. evang.*, XI, 3, 6.
15. Aristocles, em Eusébio, *Praep. evang.*, XV, 2, 1.

relação com Platão. Adrasto de Afrodísia, como já recordamos, ocupou-se a fundo do *Timeu*[16], que, como veremos, foi quase a *Bíblia* do médio-platonismo. Hermínio retomou o conceito platônico da alma como princípio automotivo e tentou explicar com ele os movimentos celestes[17]. Mas o documento mais significativo é constituído pelo comentário à *Ética Nicomaquéia* de Aspásio, que por muito tempo foi considerado de escasso valor e que, à luz das mais recentes pesquisas, resulta, ao contrário, de inestimável importância histórica[18].

Vejamos alguns dos mais significativos elementos platônicos e médio-platônicos presentes no comentário de Aspásio.

Ao destacar a excelência da vida contemplativa e da contemplação, Aspásio se apóia numa concepção dualista do homem, segundo a qual não é natural a união de alma e corpo, e que tem precisos paralelos em textos de Plutarco e de outros autores médio-platônicos. Escreve, de fato, o nosso autor:

> Se [...] fôssemos livres do corpo, nenhuma outra tarefa caberia à nossa natureza além da contemplação; ora, o corpo, enquanto vinculado aos prazeres e às dores físicas, necessariamente nos constrange a observar a temperança e a continência e muitas outras virtudes do gênero, das quais não é verossímil que participe a divindade pelo simples fato de que ela não participa de prazeres e dores corporais. É, pois, claramente, pela necessidade a nós imposta pelo corpo que temos tanta preocupação com a moralidade [...][19].

Veremos, ademais, que os médio-platônicos põem o supremo fim do homem no *fazer-se semelhante a Deus*. Pois bem, Aspásio concorda justamente com essa concepção tipicamente médio-platônica e a reafirma com extrema clareza, indo claramente além do texto aristotélico que comenta. Para explicar o princípio aristotélico segundo o qual "o bem foi justamente definido como aquilo a que tudo tende", Aspásio escreve:

> Se [Aristóteles] entende o bem no sentido da causa primeira e no sentido mais próprio [ou seja, no sentido de Deus], a proposição é correta, porque

16. Grande parte da Astronomia de Teon de Esmirna (ver, adiante, pp. 283, nota 37), segundo os estudiosos modernos, derivaria desse comentário de Adrasto.

17. Cf. Simplício, *In Arist. De caelo,* 380, 3ss.

18. Cf. Donini, *Tre studi...,* pp. 98s.

19. Aspásio, *In Arist. Eth. Nicom.*, 1, 14-20.

todas as coisas tendem a ele e a *fazer-se semelhante a ele*. Deve-se, então, interpretar o tender no sentido em que cada ser foi disposto pela natureza para *fazer-se semelhante enquanto possível à causa primeira e perfeitíssima*: cada um, de fato, é movido instantemente pela própria natureza na direção da própria perfeição; e é movido a ela pela sua inclinação àquele ser que entre todos é perfeitíssimo[20].

E da afirmação aristotélica de que é mais próprio do homem virtuoso fazer o bem do que recebê-lo, Aspásio, ainda mais claramente, extrai a seguinte tese médio-platônica:

> Por isso a virtude parece ser algo divino e *uma espécie de assimilação a deus*; a noção do divino implica, com efeito, não o receber, mas o fazer o bem[21].

Ademais, para indicar deus, Aspásio usa a expressão "o primeiro Deus"[22], que deriva da nova concepção hipostático-hierárquica do divino própria do médio-platonismo. Ele amplia, depois, o conceito aristotélico da divindade em função das categorias do bem e do belo, e atribui à mesma um conhecimento e um cuidado preciso diante das coisas do mundo, que o Estagirita não admitia, pelo menos no nível temático explícito:

> Por natureza, o divino é belo e bom e sempre exerce as atividades mais belas, e [os Deuses] *conhecem os entes como são e conservam no seu estado o mundo presente*[23].

Estas e outras tangências entre a doutrina de Aspásio e o médio-platonismo levam, portanto, a concluir que "na obra de Aspásio [...] conservou-se, senão justamente uma interpretação médio-platônica da ética de Aristóteles, pelo menos certamente uma exegese fortemente influenciada pelo médio-platonismo"[24].

À luz desses elementos, que indicam uma forte tendência do aristotelismo do século II d.C. a subsumir e a fazer próprias teses e

---

20. Aspásio, *In Arist. Eth. Nicom.*, 4, 4-10.

21. Aspásio, *In Arist. Eth. Nicom.*, 99, 4-5. Eis o verso originário: δοκεῖ θεῖόν τι εἶναι ἡ ἀρετὴ καὶ ὁμοίωσίς τὶσ τῷ θεῷ.

22. Cf. Aspásio, *In Arist. Eth. Nicom.*, 157, 12ss. Cf. Donini, *Tre studi...*, pp. 118s.

23. Aspásio, *In Arist. Eth. Nicom.*, 33, 10s.; cf. Donini, *Tre studi...*, pp. 112ss.

24. Donini, *Tre studi...*, p. 124.

concepções típicas do paralelo movimento médio-platônico, não surpreenderão as conclusões a que chegaram as novas releituras de Alexandre, que parecem pôr definitivamente em crise os clichês nos quais o nosso filósofo viu-se aprisionado por muito tempo, revelando-nos um secreto rosto não só desconhecido, mas também insuspeitado.

Tentemos reconstruir e interpretar, embora sinteticamente, os fundamentos do pensamento teorético de Alexandre[25].

---

25. Nessa época, muitos estudiosos situam o escrito, que nos chegou sob o nome de Aristóteles, com o título *Tratado sobre o cosmo para Alexandre*, e lhe dedicam certa atenção, considerando-o, ademais, uma tentativa de conciliar ecleticamente doutrinas peripatéticas e doutrinas estóicas. Recentemente se quis ver nele, ao invés, o influxo do neopitagorismo e até do médio-platonismo (o tratado foi traduzido por Apuleio em língua latina). Num recente trabalho, tentamos (fornecendo também ao leitor o texto, a tradução e o comentário) mostrar que ele é recuperável na área do primeiro Perípato (avançando também a hipótese, sustentada por numerosas provas, de que possa ser efetivamente obra de Aristóteles, retocada por Teofrasto); ele, de fato, reflete as idéias e o clima espiritual das obras do primeiro Aristóteles de maneira muito acentuada. Ver Reale, *Aristotele, Trattato sul cosmo per Alessandro..., passim*. Moraux, *Der Aristotelismus...*, vol. II, pp. 5-82, volta, ao invés, a sustentar a tese da inautenticidade desse escrito. De fato, Moraux, embora reconhecendo o nosso volume como "indispensável" (p. 6, nota 3) e declarando-se "grato" pelas informações e pelo material que oferecemos e que foi aproveitado por ele, e mesmo citando-o e discutindo-o continuamente, declara não estar convencido das nossas argumentações. Todavia, ele não responde às questões filosóficas e metafísicas levantadas por nós, e, portanto, não muda o nosso parecer.

IV. O NEO-ARISTOTELISMO DE ALEXANDRE DE AFRODÍSIA

1. Os fundamentos da ontologia de Alexandre e o seu significado

Alexandre de Afrodísia[1], como já recordamos, foi por muito tempo o maior comentador de Aristóteles; pela acribia e pela inteligência dos seus comentários, foi até mesmo denominado "segundo Aristóteles", e é com razão considerado o "comentador" por excelência.

Todavia, Alexandre não se limitou ao trabalho de comentar e escreveu também obras de caráter teorético, muitas das quais chegaram até nós, que têm um certo significado e uma indubitável, embora circunscrita, originalidade. É verdade que ele não teve a ambição de apresentar-se como filósofo em primeira pessoa e que quis ser simplesmente intérprete fiel do pensamento do Estagirita, mas também é verdade que, na realidade, ele foi além do Estagirita e que as suas inovações tiveram notável eco também no pensamento medieval e, por fim, no do Renascimento[2].

Quais são as novidades de Alexandre e qual o seu significado?

Até pouco tempo, considerava-se que o repensamento do aristotelismo por parte de Alexandre tivesse sido conduzido em chave "naturalista" e até mesmo "nominalista", e pensava-se que esse

---

1. Sobre a vida de Alexandre sabemos pouquíssimo. Parece que teve uma cátedra de filosofia em Atenas entre 198 e 211 d.C., sob Septímio Severo.

2. Dos numerosos comentários escritos por Alexandre, chegaram-nos os seguintes: aos *Primeiros Analíticos* (livro I), aos *Tópicos*, aos *Meteorológicos*, à *Metafísica* (segundo os estudiosos, porém, só a parte relativa aos livros I-V seria autêntica), ao pequeno tratado *Sobre a sensação*. Todos esses comentários foram publicados na grande coleção "Commentaria in Aristotelem Graeca": o aos *Analíticos*, por M. Wallies em 1883, o aos *Tópicos* também por M. Wallies em 1891, o aos *Meteorológicos* por M. Hayduck em 1899, o à *Metafísica* também por M. Hayduck em 1891 e o ao *De sensu* por P. Wandeland em 1901. Chegaram-nos ainda algumas das obras teóricas de Alexandre (dentre as quais se destaca o *De anima*), também publicadas na coleção acima citada: *Alexandri Aphrodisiensis Praeter commentaria scripta minora: De anima liber cum mantissa*, edidit I. Bruns, "Supplementum Aristotelicum", II, 1, Berlim 1887; *Alexandri Aphrodisiensis Praeter commentaria scripta minora: Quaestiones, De fato, De mixtione*, edidit I. Bruns, "Supplementum Aristotelicum", II, 2, Berlim 1892.

repensamento fosse, de algum modo, assimilável ao que foi operado em seu tempo por Estraton de Lâmpsaco, terceiro escolarca do Perípato. Mas, a partir de alguns lustros vai-se descobrindo um rosto totalmente novo do nosso filósofo e, sob muitos aspectos, surpreendente. Fala-se até mesmo de um Alexandre antinaturalista, místico e platônico, e, por alguns aspectos, pré-neoplatônico.

Os fundamentos ontológicos de Alexandre sobre os quais se apoiavam os intérpretes tradicionais para motivar os seus juízos, e que agora são, ao contrário, interpretados segundo uma perspectiva oposta, são os seguintes.

a) Aristóteles afirmara que o *indivíduo particular* tem a máxima realidade, enquanto o *universal* tem a máxima verdade, e que, enquanto o indivíduo é primeiro *para nós* (ou seja, primeiro para a sensação e para a experiência sensorial), o universal é primeiro *por natureza* (o indivíduo é primeiro subjetivamente, o universal o é objetivamente). Ao contrário, Alexandre afirmou que o indivíduo é primeiro em todos os sentidos, não só para nós, mas também por natureza. Refere Simplício:

> Alexandre pretende que as substâncias individuais (τάς ἀτόμους οὐσίας) sejam por natureza anteriores aos universais; de fato, se não existissem as individuais, não poderia existir qualquer outra coisa[3].

b) Aristóteles afirmara que as formas inteligíveis (as que informam os sensíveis) não subsistem "separadamente" a não ser por obra do pensamento e no pensamento, mas tinha claramente atribuído às formas uma espessura ontológica. Alexandre, ao invés, sustenta que o ser dos inteligíveis consiste unicamente no seu "ser pensado", e que, portanto, os inteligíveis (as formas inteligíveis das realidades sensíveis) deixam de ser, desde que se deixe de pensá-los[4].

c) A negação da autonomia da forma e a afirmação de que esta só pode existir na matéria (ou no pensamento como abstração) levam Alexandre a afirmar, contra Aristóteles, a impossibilidade para aque-la, forma particular que é a alma, de subsistir independen-

---

3. Simplício, *In Arist. Categ.*, 85, 6.
4. Cf. Alexandre, *De anim.*, 89, 13ss.; 90, 6ss.; 108, 3.

temente do corpo e, portanto, a afirmar a corruptibilidade e a mortalidade da mesma[5].

Ora, eis de que modo esses fundamentos, que pareceram por tanto tempo expressão inequívoca de *empirismo*, de *nominalismo* e de *naturalismo*, são hoje reinterpretados como expressão de uma ontologia de sinal exatamente oposto.

a) Deve-se logo observar que Alexandre não atribui absolutamente realidade e verdade somente ao indivíduo empírico. Por substância individual (indivisível), de fato, ele entende seja a substância física feita de matéria e de forma, seja, também, a realidade metaempírica que é pura forma, puro inteligível (antes, inteligível puro que coincide com a inteligência pura, como veremos), como referem de modo inequívoco as fontes antigas:

> Alexandre diz que também a forma inteligível e transcendente (χωριστὸν εἶδος) é substância individual[6].
>
> Alexandre interpreta a substância individual tentando pôr no seu âmbito o primeiro motor[7].

Estamos, pois, bem distantes das posições de um Estraton, já que os resultados da "segunda navegação" são reconquistados e, como veremos, reafirmados pela denúncia das concessões materialistas de alguns peripatéticos, aos quais nos referimos acima. *Como para Platão e para Aristóteles, também para Alexandre não só existe o ser imaterial e imóvel, mas ele e só ele pode ser a causa e a explicação do material e do móvel.*

b) Também o pretenso "nominalismo" de Alexandre deve ser redimensionado. O nosso filósofo, de fato, com as afirmações que referimos acima, não pretendeu absolutamente negar a existência de formas por si subsistentes, ou seja, a existência de *formas puramente inteligíveis* e, portanto, transcendentes; ele pretendeu apenas reafirmar a inseparabilidade ontológica das *formas dos sensíveis* da matéria e a não-substancialidade dos universais. Ele radicalizou (de modo um

---

5. Cf. Alexandre, *De anim.*, 12, 7; 17, 9; etc.
6. Simplício, *In Arist. Categ.*, 82, 6.
7. Simplício, *In Arist. Cat.*, 90, 31s.

tanto unilateral) certas afirmações de Aristóteles, mas não inverteu as suas posições. (De resto, como os estudos recentes trouxeram à luz, quando o Estagirita diz que os universais são primeiros por natureza, não entende os universais abstratos, os universais no sentido lógico, mas os princípios universais, os princípios que explicam todas as coisas; e quando Alexandre nega que o universal seja primeiro por natureza não se refere aos princípios universais, mas aos universais abstratos, e com isso o próprio Aristóteles concorda plenamente)[8].

c) Em terceiro lugar, é verdade que Alexandre negou a imortalidade da alma humana, a qual, para ele, só pode viver e agir unida ao corpo, e, portanto, com ele deve nascer e dissolver-se. Todavia, se isso é verdade, é igualmente verdade que ele reintroduziu uma forma de imortalidade totalmente inusual, que permanece única na história do pensamento antigo, e sobre a qual só recentemente se fez luz[9]. Mas disso falaremos adiante.

d) Ademais, deve-se observar que Alexandre introduziu um caráter físico na alma e no intelecto humano e que, paralelamente, atribuiu expressamente ao intelecto humano a transcendente capacidade de captar o Intelecto divino e de "tornar-se divino", ou seja, de "assimilar-se a Ele" e, portanto, admitiu uma forma de *unio mystica*, que é mais platônica que aristotélica e até mesmo pré-neoplatônica[10].

e) Enfim, deve-se notar que, mesmo ao interpretar as relações entre a forma inteligível primeira (que, como veremos, é o Intelecto agente, ou seja, Deus) e as formas das coisas sensíveis, Alexandre se remete a Platão, adotando um tipo de explicação que, mais uma vez, prepara o neoplatonismo[11].

O que dissemos resultará mais claro a partir do exame das principais teses da noética do nosso filósofo.

---

8. É preciso, portanto, distinguir bem o sentido *lógico* do universal (universal abstrato) do sentido *ontológico* (universal = primeiro princípio). Cf., por exemplo, Aristóteles, *Met.*, E 1, final.

9. O primeiro estudioso que lançou luz sobre este problema foi P. Moraux, *Alexandre d'Aphrodise, exégète de la noétique d'Aristote*, Liège-Paris 1942.

10. Note-se o uso do termo *assimilação* (a Deus) que é tipicamente médio-platônico.

11. Cf. mais adiante, pp. 42-44.

2. A doutrina do "Nous" e a sua novidade

Alexandre distinguiu três espécies de intelectos[12]:

a) o intelecto *físico* ou *material*, vale dizer, o intelecto que é pura possibilidade ou *potência* de conhecer todas as coisas (quer sensíveis, quer inteligíveis);

b) o intelecto *adquirido* ou *in habitu*, vale dizer, o intelecto que, mediante a realização da potencialidade, possui a sua perfeição, ou seja, o *hábito* (ἕξις) do pensar (pode-se também dizer que o intelecto *in habitu* é o intelecto que conquistou a capacidade de abstrair a forma da matéria);

c) o Intelecto *agente* ou *produtivo* (νοῦς ποιητικός), vale dizer, a causa que torna possível ao intelecto material separar a forma e, portanto, tornar-se intelecto *in habitu*.

Portanto, o intelecto material é pura potencialidade de abstrair; o intelecto *in habitu* é capacidade adquirida de abstrair; o Intelecto agente ou produtivo é a causa dessa capacidade.

Ora, Alexandre se separa do Estagirita, não admitindo que o Intelecto agente esteja "na nossa alma" e fazendo deste uma entidade única para todos os homens, e até mesmo identificando-o com o primeiro princípio, ou seja, com o Motor Imóvel, que é Pensamento de pensamento. (E daqui deriva a necessidade da distinção, que não existe em Aristóteles, entre intelecto material e intelecto *in habitu*). Eis a passagem mais explícita a respeito:

> O Intelecto agente é separado [χωριστός], é impassível e não misturado com outra coisa, e todas essas características lhe pertencem porque existe separado da matéria. Por isso é separado e existente em si e para si. De fato, nenhuma das formas que existem na matéria é separada, ou o é apenas pelo pensamento, e a separação da matéria é a sua corrupção. E é também impassível, porque em todas as coisas o que padece é a matéria e o substrato. E sendo impassível e não sendo misturado com qualquer matéria, é também incorruptível, sendo ato e forma separados da potencialidade e da matéria.

---

12. Para uma breve, mas bem documentada análise da noética de Alexandre, ver: G. Movia, *Alessandro di Afrodisia tra naturalismo e misticismo*, Pádua 1972.

Ora, Aristóteles demonstra que justamente essas características pertencem à causa primeira, a qual é também por excelência Intelecto. De fato, a forma sem matéria é por excelência Intelecto. Por isso esse Intelecto é mais valioso do que o intelecto que existe em nós e que é material, porque o agente é sempre superior ao paciente, e o que é separado da matéria é superior ao que é misturado com a matéria[13].

Põe-se assim o problema de como pode o Intelecto agente, que é Deus, fazer com que o intelecto material se torne intelecto *in habitu*, ou seja, que o intelecto material adquira o hábito abstrativo. Que diz Alexandre a respeito? Ele fornece duas diferentes respostas ao problema, que não só não estão em contraste entre si, mas se integram mutuamente.

Vimos que o Intelecto agente é, por sua natureza, ou *inteligível supremo*, ou *Intelecto supremo*, e além disso é causa do hábito abstrativo do intelecto material, seja, justamente, como inteligível supremo, seja, também, como Intelecto supremo.

Como *inteligível supremo,* o Intelecto produtivo é causa ou condição do hábito abstrativo do nosso intelecto enquanto, sendo ele o inteligível por excelência, é causa da inteligibilidade de todas as outras coisas, é a forma suprema doadora de forma a todas as outras coisas. (E o nosso intelecto só conhece as coisas na medida, justamente, em que elas são inteligíveis e têm forma, e o *habito abstrativo* é exatamente a capacidade de captar o inteligível e a forma). Eis a passagem mais explícita sobre este ponto. Depois de ter dito que o Intelecto produtivo é a causa do *hábito* do intelecto material, escreve Alexandre:

> Este é, de fato, a forma inteligível por excelência e em grau máximo, e tal é a forma separada da matéria (τὸ κυρίως τε καὶ μάλιστα νοητὸν εἶδος, τοιοῦτον δὲ τὸ χωρὶς ὕλης). Em todos os casos, de fato, o ser que tem certa propriedade por excelência e em máximo grau é a causa pela qual também as outras coisas têm tal propriedade. Por exemplo, o que é visível em máximo grau, vale dizer, a luz, é a causa do ser visível para todos os outros visíveis; e assim também o bem primeiro e supremo é a causa que faz com que os outros bens sejam tais: de fato, os outros bens são julgados, justamente, com base na contribuição que eles dão relativamente àquele. Assim é claro

13. Alexandre, *De anima*, 89, 11s.

que o que é em grau supremo e por sua natureza inteligível é a causa do conhecimento dos outros inteligíveis. E tal ser será, justamente, o Intelecto produtivo. Com efeito, se não existisse um inteligível por natureza, nenhuma outra coisa poderia tornar-se inteligível, como se disse antes. De fato, em todos os casos em que existe um ser que tem uma propriedade em máximo grau e um outro ser que a possui em grau inferior, este último deriva a sua propriedade do primeiro[14].

Como é evidente, aqui Alexandre, embora explorando teses aristotélicas, dilata-as notavelmente em sentido platônico (recorde-se a doutrina da *República*) e, como se observou, antecipa de algum modo a concepção plotiniana da causalidade, segundo a qual *propter quod alia, id maximum tale*[15].

Mas o Intelecto produtivo é causa do hábito abstrativo do nosso intelecto também como supremo Intelecto, ou melhor, justamente como supremo Inteligível que, por sua natureza, é também supremo Intelecto. É, em suma, uma ação direta e imediata do Intelecto produtivo sobre o intelecto material que é postulada por Alexandre como necessária, além da ação indireta e mediada acima examinada. Eis o texto mais explícito:

> Existe um terceiro intelecto além dos dois dos quais se falou, o Intelecto produtivo, por cuja obra o intelecto material torna-se intelecto *em hábito* [i.é., em posse do hábito noético], e esse Intelecto produtivo, como diz Aristóteles, é análogo à luz. De fato, como a luz é causa que faz com que as cores, visíveis em potência, tornem-se visíveis em ato, assim também esse terceiro Intelecto faz o intelecto potencial e material tornar-se intelecto em ato, infundindo nele o hábito noético [i.é., a efetiva capacidade de pensar][16].

Para que o Intelecto produtivo possa operar desse modo, é preciso que entre na nossa alma e que, portanto, esteja em nós. Mas, dada a identificação operada por Alexandre entre o Intelecto produtivo e a Causa primeira, ou seja, Deus, deve tratar-se de uma presença que *vem de fora*, e que *não é parte constitutiva da nossa alma*. O famoso "Intelecto que vem de fora" (νοῦς θύραθεν, *nous thyrathen*)[17] torna-se, em

14. Alexandre, *De anima,* 88, 24-89, 8.
15. Cf. Merlan, *Monopsychism...*, pp. 39s.
16. Alexandre, *De anim. mantissa*, 107, 29ss.
17. Cf. Aristóteles, *A geração dos animais*, B 3, 736 b 27s.

Alexandre, quase a marca inteligível (a transcendente marca inteligível) do nosso intelecto, que se forma quando pensamos o Intelecto produtivo, ou seja, a presença de um inteligível que é também suprema inteligência (justamente porque o supremo inteligível coincide com a suprema inteligência), e é, justamente, ele que torna o intelecto potencial intelecto *in habitu*.

Escreve Alexandre:

> Este [o Intelecto que vem de fora], que é por sua própria natureza inteligível, tornando-se presente naquele que pensa, por ter sido pensado por ele, torna-se presente como intelecto naquele que pensa e é pensado a partir de fora[18].

A presença em nós do Intelecto que vem de fora, que é ao mesmo tempo inteligível e intelecto, nos dá a capacidade de separar as formas inteligíveis das coisas e de reconhecê-las como inteligíveis, *pondo-se Ele mesmo como termo de referência*:

> Este [o Intelecto produtivo] é por sua natureza inteligível e intelecto em ato, sendo a causa que ao intelecto material, mediante a referência a uma forma tal como é [esse Intelecto produtivo], permite separar, imitar e pensar cada uma das formas imanentes à matéria e torná-la inteligível, e o Intelecto produtivo é denominado Intelecto que vem de fora[19].

Em suma: do Intelecto produtivo depende o fato de que as coisas tenham uma forma e uma inteligibilidade, e também que os nossos intelectos tenham inteligência, ou seja, do fato de que sejamos capazes de captar o inteligível. Estamos, aqui, mais próximos da ontologia da *República* de Platão que do *De anima* e do livro XII da *Metafísica* de Aristóteles[20].

---

18. Alexandre, *De anim. mantissa,* 111, 29ss.
19. Alexandre, *De anim. mantissa,* 108, 19ss.
20. A propósito da doutrina do "intelecto que vem de fora", Alexandre (no *De anim. mantissa*, 110, 4) diz tê-la "ouvido de Aristóteles". Ora, dado o aparente absurdo do texto, pensou-se em corrigir Aristóteles por Aristocles (cf. Zeller, *Die Philosophie der Griechen*, III, 1, p. 815, nota 3, seguido por muitos estudiosos). Moraux, primeiro, no volume *Alexandre d'Aphrodise...,* pp. 144ss., contestou com válidos argumentos a possibilidade de tal correção; num segundo momento, no ensaio *Aristoteles, der Lehrer Alexanders von Aphrodisias*, in "Archiv für Geschichte der Philosophie", 49 (1967), pp. 169-182, demonstrou que, efetivamente, existiu um Aristóteles de Mitilene, no século II d.C., que foi peripatético e que estudou o *De anima*, o *De caelo* e a *Meta-*

3. A presença de uma componente mística na metafísica de Alexandre

A interpretação tradicional insistia sobretudo no fato de que Alexandre negava que o *Nous poietikos* fosse uma função ou parte da nossa alma para afirmar que, portanto, o nosso filósofo tinha rompido a "unidade mística" do nosso intelecto com o Intelecto divino, e para qualificar como "naturalistas" a sua noética e a sua metafísica.

Como os estudos mais recentes demonstraram, não só essa qualificação é infundada, como a afirmação de Alexandre segundo a qual o *nosso* intelecto só pode agir por um contato com o Intelecto divino justifica a qualificação oposta.

Tenha-se em mente, com efeito, o que se segue. O intelecto humano é capaz de abstrair as formas dos sensíveis, ou seja, os inteligíveis imanentes à matéria, não por virtude própria, mas só por uma espécie de participação no Intelecto divino, que, como vimos, é que faz o nosso intelecto passar de intelecto material a intelecto *in habitu*. A participação imediata no Intelecto divino, que é o que Alexandre chama de "Intelecto que vem de fora", é, pois, a condição *sine qua non* do conhecimento humano. Ademais, está claro que, enquanto o conhecimento das formas materiais é de caráter mediado (abstrativo), o contato com o Intelecto divino só pode ser *imediato* e, portanto, *de caráter intuitivo*. Alexandre fala até mesmo de "assimilação do nosso intelecto ao Intelecto divino"[21], usando uma linguagem que lembra a dos médio-platônicos.

Contra essa observação parece depor o fato de Alexandre falar de *mortalidade da alma*. Sendo a nossa alma uma forma ligada a uma matéria, não pode subsistir separada e, portanto, não pode sobreviver à morte do corpo[22].

Mas — note-se —, se isso é verdade, é também verdadeiro que Alexandre não descarta simplesmente o problema e, justamente

---

física, e que foi o verdadeiro mestre e precursor de Alexandre. Veja-se, agora, como Moraux apresenta essas teses em *Der Aristotelismus...*, vol. II, pp. 399-425, reconfirmando-as perfeitamente.

21. Alexandre, *De anima*, 89, 21ss.

22. Cf. Alexandre, *De anima*, 21, 23ss.

enquanto reafirma a mortalidade da *nossa alma*, e, em particular, do intelecto material ou potencial e do intelecto *in habitu* (que é simplesmente a atualização e perfeição daquele), fala também da *imortalidade do "Intelecto que vem de fora"*, sustentando assim uma concepção que, como já dissemos, não tem paralelo nem na história do pensamento grego precedente, nem na seguinte. Quando intuitivamente captamos o *Nous poietikos*, ou seja, o Intelecto divino, nosso intelecto *torna-se* esse Intelecto e se *assimila* a Ele e, portanto, torna-se de certo modo imortal. Mas, porque sabemos que a captação do Intelecto divino por parte do nosso intelecto é o que Alexandre chama "Intelecto que vem de fora", então segue-se daí que imortal é, justamente (e apenas), esse intelecto, enquanto o *nosso intelecto individual* permanece mortal. Alexandre pensava, talvez, numa espécie de *imortalidade impessoal*. É certo que ele chegou a essa concepção como conseqüência da admissão de uma "união mística", ou seja, de uma assimilação e de uma íntima adesão do humano ao intelecto divino. Eis o texto mais significativo:

> O intelecto, portanto, que pensa o Inteligível [o Intelecto divino] é *imortal*; não se trata do intelecto que serve de substrato, ou seja, do intelecto material (este, de fato, se corrompe quando a alma se corrompe, da qual é uma faculdade, e dado que esta se corrompe com ele, corrompe-se também o seu hábito, a sua capacidade e a sua perfeição), mas trata-se do intelecto que se torna como o Intelecto divino quando pensa (dado que, de fato, o intelecto torna-se semelhante a cada uma das coisas pensadas, quando as pensa, e qualquer que seja a coisa pensada, o intelecto, quando a pensa, torna-se semelhante a ela), e esse intelecto é o Intelecto que vem a nós de fora e é incorruptível. Com efeito, vêm de fora também as outras coisas pensadas [= os outros inteligíveis que abstraímos das coisas sensíveis], mas não são intelecto e só se tornam intelecto quando são pensadas. Aquele, ao invés, vem de fora justamente como intelecto. Só este, com efeito, entre todas as coisas que são pensadas, é intelecto por si e independentemente de ser pensado. E é incorruptível porque assim é, justamente, a sua natureza[23].

Portanto, não só o Intelecto divino é incorruptível, mas tal é também tudo o que desse Intelecto vem a nós "de fora", ou, se preferimos, o que daquele Intelecto, pensando-o, acolhemos em nós mesmos.

---

23. Alexandre, *De anima*, 90, 13-23.

Mas, para poder satisfazer a fundo a essas novas exigências místicas, o aristotelismo devia apropriar-se das instâncias do platonismo e, portanto, perder a própria identidade. Compreende-se, portanto, que, depois de Alexandre, o aristotelismo só tenha podido sobreviver à guisa de momento propedêutico ou complementar do platonismo.

SEGUNDA SEÇÃO

OS ÚLTIMOS TESTEMUNHOS DOS SEGUIDORES DA FILOSOFIA DO JARDIM E O DISCURSO DE EPICURO INSCRITO SOBRE PEDRA

"'Epicurus, inquis, dixit: Quid tibi cum alieno?' Quod verum est, meum est. Perseverabo Epicurum tibi ingerere, ut isti, qui in verba iurant, nec quid dicatur aestimant, sed a quo, sciant, quae optima sunt, esse communia".

"Tu me dirás: 'Epicuro afirma isso e pode ser verdadeiramente teu o que tens de comum com um estranho?' Pois bem, eu digo que o que é verdade sempre pode ser meu. Eu continuarei a repetir conceitos de Epicuro: os que julgam a palavra não pelo valor da idéia que exprime, mas pela pessoa que a disse, saibam que o que é verdadeiramente bom pertence a toda a humanidade".

Sêneca, *Epist.*, 12, 11

DIOGENIS OENOANDENSIS FRAGMENTA

EDIDIT

C.W. CHILTON

LIPSIAE IN AEDIBVS B.G.TEVBNERI MCMLXVII

Este é o frontispício da edição dos fragmentos de Diógenes de Enoanda, que substitui a primeira edição completa de William, do início do século. Assinalamos também uma recente nova edição crítica com tradução italiana, publicada por A. Casanova, *I Frammenti di Diogene d'Enoanda*, Florença 1984.

I. REVIVESCÊNCIA DO EPICURISMO NOS DOIS PRIMEIROS SÉCULOS DA ERA IMPERIAL

1. Testemunhos da validade e da difusão da filosofia do Jardim na era imperial

Já examinamos, em volume precedente[1], os desenvolvimentos do epicurismo durante a era helenística e a grande fase que a filosofia do Jardim viveu na Itália com o círculo de Filodemo e, sobretudo, com o grande poema de Lucrécio, na primeira metade do último século da era pagã. Mas Lucrécio morreu nos anos 50 a.C. e Filodemo nos anos 40 a.C., enquanto de uma carta de Cícero de 51 a.C. resulta até mesmo, como já dissemos, que a casa de Epicuro e o relativo terreno foram vendidos e que se tinha projetado construir novos edifícios naquela área. Convém ler a carta de Cícero (pouco conhecida e, no entanto, importantíssima), na qual ele, em nome dos filósofos epicuristas Patro e Fedro e do próprio Pompônio Ático, pedia insistentemente a C. Mêmio, que tinha adquirido o terreno, que poupasse a casa de Epicuro e o lugar no qual grandes homens tinham habitado e caminhado:

> [...] Com Patro epicurista tenho tudo em comum, exceto em filosofia, na qual discordo totalmente dele. Mas já no início, em Roma, quando seguia a ti e aos teus, preocupou-se sobretudo comigo e, ultimamente, quando obteve as vantagens e prêmios que quis, considerou-me praticamente o primeiro entre os seus defensores e amigos; ademais, foi-me recomendado também por Fedro (a quem, quando eu era criança e antes de conhecer a Fílon, estimava muito como filósofo, e, depois, se não como filósofo, pelo menos como homem honesto, agradável e cortês). Patro, portanto, já me escrevera a Roma para conciliá-lo contigo e para que te pedisse que lhe concedesse não sei que famosas ruínas da casa de Epicuro (*nescio quid illud Epicuri parietinarum sibi concederes*). Eu, porém, não te escrevi nada porque não queria que o teu projeto de construção (*aedificationis tuae consilium*) fosse bloqueado pela minha recomendação. Mas o próprio Patro, chegando de Atenas, tendo-me pedido novamente que te escrevesse sobre a mesma questão, conseguiu o que

1. Cf. vol. V.

queria, porque entre os teus amigos se considerava certo que tinhas abandonado aquele projeto de construção. Se isso é certo e se não te ocupas mais da questão, gostaria que tu, se por acaso deixaste nascer em tua alma algum ressentimento contra ele por causa da perversidade de alguns (já que conheço muito bem aquela gente), me tranqüilizasses, seja pela tua suprema benignidade, seja para fazer-me este favor. Na verdade, se queres saber o meu parecer, não vejo a razão pela qual ele deva insistir tanto nesse pedido, nem a razão pela qual devas te opor, para não dizer que contigo, muito mais que com ele, não convém disputar sem razão. De fato, estou certo de que sabes o que Patro pede e sobre o que se funda. Ele diz que deve manter a sua honra, o seu dever, o respeito ao testamento, à autoridade de Epicuro, ao pedido de Fedro, à sede, a casa e aos vestígios de grandes homens (*honorem, officium, testamentorum ius, Epicuri auctoritatem, Phaedri obstentationem, sedem, domicilium, vestigia summorum hominum sibi tuenda esse dicit*). Ora, se não quiséssemos lastimá-lo por esse insistente pedido, deveríamos, no entanto, rir do teor da sua vida e da doutrina filosófica que segue. Ora, na verdade, dado que não somos tão inimigos dele e dos outros daquela seita, não sei por que não se deva perdoar-lhe tanta insistência: se excede nela, o faz mais por leviandade que por maldade. Mas, para não me estender muito (já que é necessário que eu o diga pelo menos uma vez), amo a Pompônio Ático como a um irmão. Nada me é mais caro e mais doce que ele. Ele, não porque seja um deles [i.é., dos epicuristas], já que possui perfeitamente todas as ciências liberais, mas porque ama muito a Patro e muito amou a Fedro, empenha-se como nunca em conseguir isso de mim, não sendo ele um homem ambicioso ou insistente. Não duvida que eu possa obter isso de ti com um gesto apenas, mesmo que tivesses ainda a intenção de construir. Mas, se ele vier a saber que renunciaste à intenção de construir e que, não obstante, eu não te apresentei o pedido, não considerará que tenhas sido descortês comigo, mas que eu tenha sido negligente com ele. Por isso peço-te que escrevas aos teus para que aquele decreto dos Areopagitas, que eles chamam *memoriale*, seja por tua vontade anulado. Mas, volto ao início. Gostaria que, antes de fazeres isso, te persuadisses de fazê-lo de bom grado por mim. E tem por certo que, se fizeres o que te peço, me farás algo muito grato[2].

Ora, dessa carta parece que se pode extrair, com toda probabilidade, que o Jardim tenha sido fechado e que os membros da escola tenham-se dispersado. Patro age e fala como um ex-escolarca que tenta a todo custo salvar da total destruição pelo menos os lugares onde surgira a escola. O fato de que depois de 51 a.C. não se tenha mais notícias de escolarcas do Jardim confirma essa hipótese.

---

2. Cícero, *De fam., XIII, 1.*

A crise da escola epicurista em Atenas, provavelmente, durou por muito tempo e se estendeu, talvez, até grande parte do século I d.C.[3].

De alguns testemunhos do neopitagórico Numênio e do aristotélico Aristocles parece que se pode extrair que o Jardim, no século II d.C., subsistia como instituição, tendo, portanto, renascido[4]. Em todo caso, isso se extrai sem qualquer dúvida de algumas inscrições que nos chegaram, as quais demonstram que eram chamados "diádocos" os membros da escola epicurista em Atenas no século II d.C.[5].

Compreende-se bem, portanto, como Diógenes Laércio, que viveu na primeira metade do século III d.C., além das várias provas que atestavam a probidade de Epicuro e da filosofia epicurista (pela qual ele nutria grandes simpatias), tenha podido aduzir também esta:

> [...] a *ininterrupta continuidade da escola que ainda dura, enquanto quase todas se fecharam,* e as inumeráveis legiões de discípulos, que transmitem uns aos outros a direção da escola [...][6].

Mas o documento mais interessante é, talvez, uma preciosa carta de Plotina[7], viúva de Trajano e pertencente à escola epicurista de Atenas, endereçada ao imperador Adriano, na qual pedia certas concessões para a escola e, particularmente, a livre escolha do sucessor na direção, mesmo no caso de ele não ter a cidadania romana; o que prova, entre outras coisas, que os imperadores precedentes tinham posto severas restrições à liberdade da escola e que, portanto, a própria escola tinha vitalidade suficiente para chamar a atenção deles.

Recordemos, enfim, que o imperador Marco Aurélio mandou financiar com dinheiro público, entre outras coisas, também uma cátedra de filosofia epicurista[8].

---

3. Sêneca, por exemplo, escreve: "Itaque tot familiae philosophorum sine successore deficiunt" (*Nat. quaest.*, VII, 32). É verdade que, logo depois, ele refere-se aos acadêmicos, mas é também verdade que não indica exceções.

4. Os testemunhos de Numênio e de Aristocles, dos quais falamos, foram-nos conservados por Eusébio, *Praep. evang.*, XIV, 5, 3; XIV, 21, 1. Ver o que escreve a este respeito Lynch, *Aristotle's School*, p. 191.

5. Cf. *Inscriptiones Graecae,* II, 1097.

6. Diógenes Laércio, X, 9.

7. Cf. *Inscriptiones Graecae*, II², 1099.

8. Cf. Filostrato, *Vit. soph.*, II, p. 566, e Luciano, *O eunuco*, 3.

A vitalidade dos epicuristas fora de Atenas também é testemunhada por numerosas fontes. Fora de Atenas, o epicurismo provavelmente não conheceu crise. No século I d.C., Sêneca e Plínio, o Velho, falam dos epicuristas como uma seita viva na Itália[9]. Luciano de Samosata, no século II d.C., diz que os epicuristas eram numerosos e muito ativos no Ponto[10]. No mesmo século, Galeno escreve numerosas obras para explicar e combater a filosofia epicurista[11].

Mas o documento mais interessante do século II d.C. é o grandioso pórtico que um rico cidadão de Enoanda (na Ásia Menor), chamado Diógenes, mandou construir para inscrever nas suas paredes as palavras de Epicuro. Mas dessa grandiosa obra, única no seu gênero, falaremos adiante[12]; antes queremos determinar as características do epicurismo dessa época.

2. A permanente estabilidade dogmática do epicurismo e a acentuação do seu caráter de religião leiga

A estabilidade dogmática, a rigorosa ortodoxia e a fidelidade quase total à doutrina do fundador da escola são os traços característicos não só do epicurismo da era helenística[13], mas também do da era imperial. Essa é uma peculiaridade da filosofia epicurista que surpreende não só a nós, modernos, mas que suscitava estupor e admiração também nos antigos, acostumados que estavam a assistir aos vivos contrastes e às rivalidades que se verificavam nas outras escolas. Escreve, por exemplo, Numênio de Apaméia no seu livro *Sobre a infidelidade da Academia de Platão*:

> [...] Ninguém jamais viu os epicuristas porem-se de algum modo contra Epicuro em qualquer doutrina: convencidos de participar dos dogmas de um sábio, eles mesmos extraíram a vantagem de levar aquele nome, e com boa razão. É um fato que há muito tempo os epicuristas posteriores não se contradisseram entre si com relação a Epicuro em nada que mereça ser recorda-

9. Sêneca, *Epist.*, 79, 15ss.; Plínio, *Nat. hist.*, XXXV, 4s.
10. Cf. Luciano, *Alexandre*, 25.
11. Cf. Usener, *Epicurea*, p. LXXIV.
12. Cf. adiante, pp. 55-59.
13. Cf. vol. V.

do. Isso, para eles, é um ato ilegítimo e até mesmo ímpio, e é proibida qualquer inovação. Por isso ninguém ousa fazer isso e os seus dogmas repousam em grande paz, porque permanecem sempre de acordo entre eles. A escola de Epicuro é semelhante a um Estado autêntico, que não tem sedições e possui um único espírito e uma única vontade: o que lhes permitiu ter fiéis seguidores no passado, no presente e, verossimilmente, também no futuro[14].

Numênio vive no século II d.C. e as suas obervações espelham (como emerge claramente do teor das suas palavras) não só uma situação passada, mas também presente: antes, ele constata uma densidade dogmática tão compacta na seita epicurista que não hesita em fazer seguras previsões também para o futuro.

Essa densidade doutrinal (esse "jazer dos dogmas em grande paz", como diz Numênio) deve-se, indubitavelmente, à característica de religião (ainda que de religião "leiga") que todos os fundadores das grandes escolas da era helenística tentaram dar às suas doutrinas[15], mas que Epicuro, mais ou melhor do que outros, conseguiu efetivamente garantir, seja no nível teorético, seja no nível prático, com o particular estilo de vida que soube viver e também com as precisas prescrições que soube impor.

Ainda vivo, Epicuro estabeleceu que o seu aniversário fosse solenemente festejado e no seu testamento prescreveu que essa festa fosse perpetuada (no décimo dia do mês de Gêmeos) todos os anos, e que no vigésimo dia de cada mês houvesse uma reunião de todos os companheiros em filosofia, dedicada à recordação dele e de Metrodoro (e esta foi denominada a festa das *Icades*)[16].

Sabemos por Plínio, o Velho, que, no século I d.C., os epicuristas festejavam ainda as duas datas, exatamente como Epicuro tinha estabelecido:

> [...] Oferecem sacrifícios no dia do seu nascimento e no vigésimo dia de cada mês têm festas que chamam *Icades*, justamente eles que não querem ser conhecidos nem enquanto vivos![17]

Ademais, Epicuro tinha prescrito expressamente:

---

14. Numênio, fr. 24 des Places (pp. 63, 23ss.).
15. Cf. vol. V, *passim*.
16. Cf. Diógenes Laércio, X, 18.
17. Plínio, *Nat. hist.*, XXXV, II, 4.

Age sempre como se Epicuro te visse[18].

E ele, com este preceito, como há tempos se notou, indubitavelmente, embora com a atenuante do "como se", tinha transposto e aplicado a si a prerrogativa de Deus que vê todas as ações do homem, e tinha-se apresentado conscientemente como a suprema autoridade que dita e custodia a norma do bem viver e, conseqüentemente, julga.

Não é, pois, surpreendente o fato de que, em perfeita sintonia com o espírito dessas indicações, como vimos, Lucrécio chame Epicuro de "um Deus", nem o fato de que, no século II d.C., Luciano de Samosata chame Epicuro de "divino sacerdote da verdade" e "libertador dos que seguem suas doutrinas"[19].

Emerge claramente dos testemunhos referidos a acentuação, durante os três primeiros séculos da era cristã, do caráter de religião próprio dessa filosofia, em sintonia com o espírito dos novos tempos, embora com uma diferença de fundo: o espírito dos novos tempos estava voltado para a transcendência, enquanto o epicurismo foi e permaneceu sempre uma religião da imanência.

3. O prestígio adquirido por Epicuro e pelos epicuristas na época imperial

Durante a era helenística, os epicuristas não tiveram um papel de interlocutores no intenso diálogo filosófico e nos acesos debates que tiveram lugar entre os seguidores das várias escolas. Eles foram quase unicamente, ou prevalentemente, rejeitados e lastimados. Todas as formas de ecletismo que conhecemos tentaram fundir as intâncias das várias escolas, exceto as do Jardim. Casos como o do peripatético Jerônimo, como vimos[20], são isolados e de muito escassa relevância. Os epicuristas foram, em suma, condenados a uma espécie de isolamento espiritual quase total.

---

18. Sêneca, *Epist.*, 11, 8 (= Usener, *Epicurea*, fr. 211).
19. Lucrécio, *De rerum natura*, V, 1ss.; Luciano, *Alexandre*, 61.
20. Cf. *supra*, pp. 8s.

Diferente é a situação verificada na era imperial. Sêneca, que acolhera as idéias fundamentais do Pórtico, ou seja, da escola que tinha sido a antagonista por excelência do Jardim, sustentou uma posição de grande disponibilidade e de abertura diante do discurso epicurista. Para ele, muitos pensamentos de Epicuro valem não só para os seguidores da filosofia do Jardim, mas, em geral, para todos os homens, na medida em que dizem a verdade. Eis algumas significativas afirmações:

> Pode ser que me perguntes por que refiro tantos sábios pensamentos de Epicuro, mais do que de nossos filósofos. Mas, da minha parte, te pergunto: tens razão em crer que essas máximas pertencem só a Epicuro e não a todos?[21]

> Tu me dirás: "Epicuro afirma isso e pode ser verdadeiramente teu o que tens de comum com um estranho?". Pois bem, eu digo que *o que é verdade sempre pode ser meu.* Eu continuarei a repetir conceitos de Epicuro: os que julgam a palavra não pelo valor da idéia que exprime, mas pela pessoa que a disse, saibam que o que é verdadeiramente bom pertence a toda a humanidade[22].

Porém, por mais que possa parecer audaciosa ou, pelo menos, inusitada, essa atitude de Sêneca reflete uma mudança de opinião diante de Epicuro e dos epicuristas, que se difundia largamente. O próprio Sêneca no-lo revela nessa passagem:

> A quantos a fama não acolheu logo na sua luz, e em certo momento os tirou da sombra! *Vê como é admirado Epicuro não só pelos homens mais cultos, mas também por uma multidão de ignorantes*: no entanto, enquanto vivia a sua vida retirada nas cercanias de Atenas, ninguém o conhecia. Muitos anos depois da morte do seu discípulo Metrodoro, ele celebra numa carta, com a mais grata recordação, a amizade que o ligava a ele, e acrescenta depois que dentre tantos bens dos quais tinham gozado, ele e o seu discípulo, nada tinham sofrido pelo fato de que na sua nobre pátria não só não gozassem de qualquer fama, mas nem sequer se ouvisse dizer os seus nomes. E isso por acaso impediu que ele fosse descoberto depois da sua morte? E também Metrodoro diz a mesma coisa numa carta, que tanto ele como Epicuro não tinham grande renome, mas que todos os que quisessem seguir os seus passos encontrariam nisso razão de grande fama. Nenhuma virtude permanece definitivamente escondida, e não lhe importa ter ficado escondida por algum tempo: certamente virá o dia em que, do esconderijo no qual a manteve a

---

21. Sêneca, *Epist.*, 8, 8.
22. Sêneca, *Epist.*, 12, 11; cf. também 14, 17; 7, 21, 9.

malignidade dos tempos, sairá para a luz. Quem pensa só nos homens da sua geração está destinado a ter fama entre um restrito número de pessoas: pensa que milhares de anos se seguirão, e para eles deves olhar[23].

Também Marco Aurélio, no século seguinte, não hesitou em citar Epicuro e os epicuristas com aprovação e em convidar, quando se é atingido pelos males, a "imitar Epicuro"[24].

Ainda no século II d.C., Luciano de Samosata, narrando-nos a vida de Alexandre de Abonotéquia, um aventureiro que, explorando as superstições do povo, tinha-se apresentado como profeta de Esculápio e enriquecido enormemente, fala-nos da firme e altiva atitude que os epicuristas — nisso aliados dos cristãos! — assumiram diante dele, denunciando sua má fé e suas mentiras. Epicuristas e cristãos, portanto, tinham-se unido para combater a superstição pagã e os seus exploradores: uma aliança, esta, totalmente contingente e isolada, mas muito significativa. Eis o interessante testemunho de Luciano:

> Estabeleceu ainda [i.é., Alexandre] alguns mistérios com procissões e tochas, e outras cerimônias que duravam três dias. No primeiro se fazia a proclamação, como em Atenas, com essas palavras: se um ateu, um cristão, um epicurista vem olhar os mistérios, foge: os crentes no nosso deus os celebrem com bom agouro. Depois começava a procissão. Ele ia na frente e dizia: fora os cristãos! e a multidão respondia: fora os epicuristas![25].

Esse pretenso profeta, depois, tomado de furor contra os epicuristas, mandou queimar publicamente as *Máximas* de Epicuro na praça e espalhar as cinzas no mar. E, comentando este fato, eis o que escreve Luciano:

> Não sabia o desgraçado os benefícios que aquele livro traz a quem o lê: quanta paz, constância e liberdade põe na alma; como a liberta dos temores, dos vãos fantasmas, das tolices dos prodígios, das vãs esperanças, dos desejos desmedidos: e nela põe a verdade e o juízo; e como purifica a mente não com tochas de pinho e de raízes ou outras inépcias, mas com a razão, a verdade e a palavra franca[26].

E agora vamos ao documento mais significativo do epicurismo da era imperial, ou seja, as inscrições sobre mármore ordenadas por Diógenes de Enoanda.

---

23. Sêneca, *Epist.*, 79, 15ss.
24. Cf. Marco Aurélio, *Solilóquios*, VII, 64; IX, 41.
25. Luciano, *Alexandre*, 38.
26. Luciano, *Alexandre*, 47.

II. DIÓGENES DE ENOANDA

1. O pórtico mandado construir por Diógenes de Enoanda e a sua finalidade

A difusão das idéias filosóficas tinha sido confiada desde sempre à viva voz ou ao livro. Mas na pequena cidade de Enoanda na Lícia (Ásia Menor), um rico convertido à filosofia do Jardim, de nome Diógenes[1], entusiasta do discurso de Epicuro, decidiu difundi-lo de modo totalmente inédito. Adquiriu um vasto terreno num lugar elevado, mandou construir uma praça circundada por um pórtico ornado de estátuas, de forma retangular. Num dos lados menores mandou construir a porta de entrada; no lado oposto mandou construir o seu sepulcro; nos dois lados maiores mandou incidir sobre lápides um resumo, amplo e circunstanciado, de toda a filosofia de Epicuro, contendo também máximas e sentenças tiradas das obras do próprio Epicuro. As inscrições que, provavelmente, eram dispostas à altura do olho, deviam constituir um verdadeiro livro inciso sobre a pedra.

As escavações realizadas na colina de Enoanda no final do século XIX trouxeram à luz amplos fragmentos desse livro mural[2], alguns dos quais possuem certo interesse[3].

---

1. Conhecemos Diógenes de Enoanda só a partir do que foi recuperado das inscrições que ele mandou fazer no seu pórtico (era totalmente desconhecido até a descoberta das inscrições). Quando mandou construir o pórtico, já era velho e enfermo do coração (cf. frs. II, col. 2 e LXVI). O século II d.C. é a época na qual mais verossimilmente pode ser situada a sua vida, mas não temos elementos que nos permitam proceder a uma determinação cronológica mais precisa.

2. Foram dois estudiosos franceses (Holleaux e Paris) que em 1884 descobriram os primeiros fragmentos. Entre 1885 e 1889, as pesquisas foram retomadas por Diehl e por Cousin e, em 1895 foram prosseguidas por Heberdey e por Kalinka.

3. Uma primeira edição completa dos fragmentos foi publicada por William em 1907 (*Diogenis Oenoandensis Fragmenta*, ordinavit et explicavit Johannes William, Leipzig) e, recentemente, foram reeditados por C. W. Chilton, *Diogenis Oenoandensis Fragmenta*, Leipzig 1967. Os fragmentos de Diógenes foram traduzidos e comentados por A. Grilli (*I frammenti dell'epicureo Diogene da Enoanda*, in AA.VV., *Studi di filosofia greca*, aos cuidados de V. E. Alfieri e M. Untersteiner, Bari [Laterza] 1950,

Por que Diógenes decidiu realizar tão imponente empreendimento? Ele tinha encontrado em Epicuro a doutrina que dá a paz e a tranqüilidade à alma e, por amor a todos os homens "dotados de bom senso", a fim de que não se perdessem em pesquisas vãs e não fossem assaltados por vãos temores, quis pôr à sua disposição a mensagem de salvação. Eis as suas palavras:

Estando já no ocaso da vida, quando já falta pouco para o momento de destacar-me da vida com bela elegia, saciado de todas as coisas agradáveis, quis ajudar imediatamente, para não ser impedido pela morte, os que têm bom senso. Se, pois, apenas um, dois ou três, ou quatro, ou cinco, ou seis (ou quantos pensas que sejam, ó homem, o número das pessoas de bom senso, mas certamente não muitos) se encontrassem em má disposição de alma, convocando-os um por um, faria qualquer coisa que estivesse em meu poder para levá-los à ótima deliberação. Mas dado que, como disse acima, a maioria dos homens tem uma doença comum, como uma pestilenta epidemia, as próprias falsas opiniões sobre as coisas, e esses enfermos tornam-se sempre mais numerosos — uma vez que se contagiam uns aos outros como ovelhas pelo seu espírito de imitação —, dado que, ademais, é justo que eu esteja pronto para ajudar também os que viverão depois de nós (enquanto também esses são nossos, embora ainda não tenham nascido), e enfim sendo dever de humanidade cuidar dos estrangeiros que estão entre nós, e porque os socorros trazidos por esse escrito dizem respeito a muitas pessoas, quis pôr em comum por meio desse pórtico os remédios da salvação, dos quais poderia contar, brevemente, todas as formas paulatinamente surgidas. Nós, de fato, dissolvemos os temores, que sem razão se apoderam de nós; quanto às dores, rescindimos até o fim as que são vãs, e as naturais reduzimos a pouco com tratamento, tornando infinitesimal a sua grandeza...[4].

Diógenes não quis restringir essa mensagem aos seus concidadãos, mas desejou estendê-la também aos forasteiros e aos estrangeiros: em suma, a todos os homens sem distinção, sejam gregos ou bárbaros, porque todos os homens são cidadãos da única pátria que é o mundo:

E fazíamos isso tudo também para os assim chamados estrangeiros, que na realidade não são tais: porque, segundo todas as particulares divisões da

---

pp. 345-435. A numeração dos fragmentos (e das colunas) é a de William (quando necessário indicaremos também as linhas).

4. Diógenes de Enoanda, fr. II, col. 2-6.

terra, cada um tem a sua pátria, mas, com relação ao conjunto desse mundo, a terra é a única pátria de todos e a única morada é o mundo[5].

Esse pensamento tinha nascido e crescido sobretudo no âmbito do Pórtico (além de entre os cínicos), mas então, também o epicurismo podia subsumi-lo, pois concordava com os seus princípios básicos.

Portanto, o pórtico com as suas incisões quis ser um livro para todos, para as gerações presentes e para as futuras, um livro que Diógenes quis inscrever em pedra, para que permanecesse indelével. Diógenes só pedia o seguinte aos visitantes do pórtico: em primeiro lugar, não se aproximarem dos escritos de maneira distraída e, em segundo lugar, caso provassem indiferença ou até mesmo um sentimento de aversão, que não se privassem de dar uma olhadela antes de ir embora. Diógenes pedia, em suma, a plena disponibilidade espiritual[6].

2. A exposição das doutrinas físicas

Dos fragmentos que nos chegaram, não parece que Diógenes se tenha ocupado expressamente da *canônica,* mas no curso da exposição da *física*, reafirmava os princípios fundamentais da lógica epicurista e, em particular, o princípio da absoluta validez da sensação e a firme convicção da possibilidade de alcançar a verdade, polemizando contra os que tinham contestado com as suas doutrinas a validez desses princípios: contra Demócrito, que negara a validez das sensações, contra os céticos, que negaram a possibilidade de alcançar a verdade e se abstinham do juízo, e contra o próprio Aristóteles[7] (evidentemente contra o Aristóteles exotérico), que platonicamente negava a cognoscibilidade das coisas físicas. O Aristóteles contra o qual Epicuro polemizou, como se recordará, era sobretudo o Aristóteles dos escritos juvenis[8]. (A descoberta do Aristóteles esotérico não podia, de modo algum, interessar aos epicuristas da era imperial.)

5. Diógenes de Enoanda, fr. XXIV, col. 2.
6. Cf. Diógenes de Enoanda, frs. IV e VI.
7. Cf. Bignone, *L'Aristotele perduto...*, I, pp. 1ss.
8. Cf. vol. V.

A polêmica, que envolvia numerosos filósofos, dos pré-socráticos aos estóicos, era evidentemente considerada essencial por Diógenes, com a finalidade de exconjurar o perigo de cair naqueles erros, nos quais já tinham caído filósofos famosos, e, portanto, para garantir a verdade, como ele diz expressamente:

> Agora, pois, acusaremos os filósofos mencionados não por um sentido de rivalidade contra eles, mas para que seja salva a verdade[9].

Quanto às doutrinas propriamente físicas, pelo menos nos fragmentos que nos chegaram, encontramos as típicas teses do epicurismo: da teoria dos átomos à da infinitude dos mundos, da doutrina da alma à dos simulacros, da demonstração da tese de que a morte não é temível (porque a alma e, portanto, a sensação, perece com o corpo) à reafirmação da tese da naturalidade da linguagem[10]. Ademais, Diógenes reafirmava a tese de que os fenômenos naturais são explicados por múltiplas causas e que não é preciso tomar posição em favor de uma única das possíveis soluções[11].

Digna de nota é a defesa de Diógenes contra as acusações de impiedade e de ateísmo dirigidas contra os epicuristas. Ele mencionava expressamente os nomes dos verdadeiros ímpios e dos verdadeiros ateus (os acusadores de Sócrates e de Anaxágoras, Diágoras, Protágoras)[12] e afirmava energicamente:

> Não nós, mas os outros abatem os Deuses[13].

3. A exposição da ética

Na exposição da ética, Diógenes punha a finalidade da vida (de cujo alcance depende unicamente a felicidade) no prazer:

---

9. Diógenes de Enoanda, fr. V, col. 3.

10. Cf. Diógenes de Enoanda, frs. III-XXI, col. 21; cf. também frs. XXXV-XXXVII.

11. Cf. Diógenes de Enoanda, fr. VIII.

12. Cf. Diógenes de Enoanda, fr. XII, *passim*.

13. Diógenes de Enoanda, fr. XII, col. 1, 5-7.

> [...] Afirmo agora e sempre, gritando a todos, gregos e bárbaros, que o prazer oferece o fim supremo do melhor modo de viver [...][14].

Ademais, ele polemizava vivamente contra os que indicavam tal fim na virtude, que, para ele, é apenas um meio e não um fim[15].

Naturalmente, o meio proposto para alcançar a ataraxia era o quádruplo remédio[16].

E ainda uma cerrada polêmica deve ter sido conduzida contra as várias doutrinas da imortalidade da alma, como provam as explícitas referências à doutrina da metempsicose e às híbridas teses dos estóicos, que sustentavam uma sobrevivência da alma limitada no tempo[17].

Notável devia ser sobretudo a enérgica polêmica contra o Destino e contra a conexa doutrina da adivinhação, bem como a defesa do livre movimento dos átomos e, portanto, da liberdade humana[18].

Diógenes defendia, enfim, a velhice, mostrando como também essa idade trazia vantagens e se opunha firmemente aos que lastimavam a velhice como desgraça. Os fragmentos que nos chegaram sobre esse tema são poucos e mal conservados, mas suficientes para fazer-nos compreender, em todo caso, o sentido da defesa de Diógenes[19]. Ele ensinava, em espírito tipicamente epicurista, que a vida pode sempre ser gozada, até o último momento, se nos damos conta de que ela é um bem que, enquanto existe, não pode ser superado por nenhum mal. Para o epicurista, a vida é sempre, *enquanto tal e enquanto dura*, o bem absoluto: basta vivê-la como se deve, ou seja, usando os "remédios da salvação", para ser sempre feliz.

---

14. Diógenes de Enoanda, fr. XXV, col. 2, 9ss.
15. Cf. Diógenes de Enoanda, fr. XXV, col. 3.
16. Cf. Diógenes de Enoanda, fr. XXIX, col. 1, 6ss.
17. Cf. Diógenes de Enoanda, frs. XXXV e XXXVI.
18. Cf. Diógenes de Enoanda, fr. XXXIII, col. 1-3.
19. Cf. Diógenes de Enoanda, frs. LXVII-LXXXII.

III. DISSOLUÇÃO DO EPICURISMO

O escrito mural de Diógenes de Enoanda é, provavelmente, a última manifestação significativa do epicurismo.

Talvez ao mesmo século pertença o epicurista Diogeniano, do qual nos chegaram fragmentos, de escassa importância, nos quais polemiza contra o Destino e contra a mântica[1].

No início do século III d.C., Diógenes Laércio, se não compartilhou sem mais a doutrina do Jardim, mostrou certamente apreciá-la mais do que todas as outras, dedicando a Epicuro e ao Jardim todo o livro X da sua *Vida dos filósofos*, que é o livro conclusivo de toda a obra. É justamente através deste livro que nos foram conservadas as obras de Epicuro, que ainda podemos ler inteiramente. Diógenes Laércio, de fato, no curso do livro, para expor o pensamento epicurista de maneira adequada, citou por extenso a *Epístola a Heródoto*, a *Epístola a Pitocles*, a *Epístola a Meneceu* e as famosas *Máximas*, que constituem o resumo de toda a filosofia do Jardim[2].

Que, de resto, no século III d.C., o epicurismo estivesse ainda vivo, demonstram-no as polêmicas do bispo Diógenes de Alexandria[3] e os acenos de Lactâncio[4].

No que se refere em particular ao Jardim de Atenas, deve-se observar que, se ele sobreviveu no século III, não pôde em todo caso sobreviver além de 267 d.C., ano em que a invasão dos érulos destruiu os lugares nos quais se considera que estavam situados os edifícios da escola[5].

É, contudo, certo que no século IV d.C. o epicurismo tinha-se dissolvido e que, como nos testemunha o imperador Juliano, os livros de Epicuro tinham sido destruídos e a maior parte deles sumido de circulação[6].

As mensagens do neoplatonismo, por um lado, e do cristianismo, por outro, tinham então conquistado de maneira quase total os espíritos dessa era.

---

1. Os fragmentos de Diogeniano foram recolhidos e publicados por A. Gercke em "Jahrbücher für classische Philologie", Supl. XIV, 1885, pp. 748ss.

2. Para compreender a atitude de grande simpatia de Diógenes Laércio com relação a Epicuro, veja-se, sobretudo, o que ele escreve em X, 9ss.

3. Dionísio, bispo de Alexandria, apud Eusébio, *Praep. evang.*, XIV, 23-27 (Dionísio foi bispo entre 249 e 265).

4. Cf. Lactâncio, *Div. Instit.*, III, 17, 3-6.

5. Cf. Lynch, *Aristotle's School*, p. 192.

6. Cf. Juliano, *Epist.*, 89, 301 c-d (I, 1, p. 169ss. Bidez).

TERCEIRA SEÇÃO

O RENASCIMENTO DA FILOSOFIA DO PÓRTICO EM ROMA E O NEO-ESTOICISMO

"Subsilire in coelum ex angulo licet: exurge modo et te quoque dignum finge deo".

"Pode-se subir ao céu de qualquer mísero ângulo da terra: sobe e faze-te também digno da divindade".

Sêneca, *Epist.*, 31, 11

O imperador Marco Aurélio

I. A ÚLTIMA FASE DO PÓRTICO

1. A vitalidade e a difusão do estoicismo na era imperial

Entre as grandes escolas nascidas na era helenística, o Pórtico, na era imperial posterior, foi a que demonstrou maior vitalidade e maior capacidade de atração espiritual sobre os ânimos.

No campo propriamente filosófico, emergiram figuras de pensadores como Sêneca, Epicteto e Marco Aurélio, ao lado das quais, embora em plano inferior, é justo situar a de Musônio, sobretudo pelo elevado senso moral e pela alta carga educativa do seu ensinamento. (De todos esses filósofos, restou-nos uma vasta herança literária que, em parte, compensa a perda das obras dos antigos estóicos. De Sêneca chegaram-nos muitas cartas, tratados morais e científicos, e tragédias; de Marco Aurélio possuímos os *Solilóquios*; de Epicteto foi-nos transmitido bom número de lições transcritas pelo historiador Arriano, e, de Musônio, foi conservado certo número de discursos transcritos por um tal Lúcio.) Mais modesta, ao contrário, foi a figura de Hierocles (do qual conhecemos os *Elementos de ética*, que nos chegaram através de um papiro, e longos fragmentos dos *Philosophoumena*, conservados por Estobeu), que se limitou a repropor de maneira escolástica e vulgarizante a moral estóica[1].

No campo da interpretação dos mitos e da religião, assinalaramse, no século I a.C., pela aplicação do método alegórico estóico[2], Lúcio Aneu Cornuto (que escreveu um manual destinado a ensinar às crianças como interpretar os nomes, os atributos e os mitos relativos aos deuses, justamente no sentido da teologia natural do Pórtico), o gramático Heráclito (que interpretou Homero em função do método alegórico estóico) e o douto alexandrino Queremon, de origem egípcia (que aplicou a interpretação alegórica à teologia egípcia)[3].

---

1. Esse Hierocles não deve ser confundido com o Hierocles neoplatônico. Que ao Hierocles estóico devam ser atribuídos os fragmentos dos *Philosophoumena* reportados por Estobeu, demonstrou-o K. Praechter, *Hierokles der Stoiker*, Leipzig 1901.

2. Sobre a interpretação alegórica da mitologia politeísta, cf. vol. V.

3. Sobre Cornuto, Heráclito e Queremonte, cf. Pohlenz, *La Stoa*, II, pp. 10ss. e nota 10.

No campo das ciências, assinalaram-se os astrônomos Manílio[4] e, sobretudo, Cleomedes, o qual compôs um manual de introdução à teoria dos fenômenos celestes, no qual, entre outras coisas, atacou violentamente Epicuro[5].

A influência do Pórtico atuou também sobre a poesia, como demonstram Pérsio e Lucano, ambos discípulos de Cornuto (Lucano era sobrinho de Sêneca), e em geral sobre toda a via espiritual do tempo, de modo particular no mundo romano[6].

Em suma, nos dois primeiros séculos da era cristã verificou-se, em todos os níveis, um verdadeiro renascimento do Pórtico, que conduziu a uma série de conquistas de considerável interesse, que devemos analisar de modo pormenorizado.

2. Características do neo-estoicismo

Para compreender a fundo as peculiaridades do neo-estoicismo, é necessário, preliminarmente, considerar o fato de que ele nasceu e floresceu em Roma[7]. Já os pensadores do médio-estoicismo (Panécio e Possidônio) tinham-se beneficiado, pelo menos em certa medida, do influxo do espírito da romanidade[8]; mas o novo Pórtico alimentou-se quase completamente do espírito da romanidade.

Deve-se observar, sobre isso, que o estoicismo foi a filosofia que conquistou em Roma o maior número de seguidores e admiradores, seja no período republicano, seja no período imperial. Antes, o desaparecimento da República, com a conseqüente perda de liberdade para o cidadão e, portanto, com o desaparecimento de todos os

---

4. Manílio foi autor de um poema intitulado *Astronomica*, do qual interessa sobretudo o primeiro livro (os outros quatro se ocupam de astrologia).

5. Sobre Cleomedes, cf. Pohlenz, *La Stoa*, II, pp. 41ss.

6. Basta pensar, por exemplo, nas figuras de Traséia Peto e Baréia Sorano, condenados à morte em 66 d.C. por Nero.

7. Em Atenas, nesse período, o Pórtico sobrevivia, como demonstram certos testemunhos epigráficos que nos transmitiram o nome de alguns escolarcas (sobre isso, ver: Lynch, *Aristotle's School*, p. 190). Todavia, não deixou vestígios na tradição literária.

8. Cf. vol.V.

compromissos públicos e das atividades com eles conexas, reforçou notavelmente nos espíritos mais sensíveis o interesse pelos estudos em geral e pela filosofia estóica de modo particular[9].

Ora, justamente as características gerais do espírito romano, o qual sentia como verdadeiramente essenciais apenas os problemas práticos e não os puramente teoréticos, junto com as características particulares do momento histórico do qual falamos, permitem-nos facilmente explicar a particular inflexão que a problemática da última fase do Pórtico sofreu.

a) Em primeiro lugar, o interesse pela ética, que já tinha sido levado ao primeiro plano pelo médio-estoicismo, no estoicismo romano da era imperial tornou-se predominante e até mesmo, em alguns pensadores, quase exclusivo.

b) O interesse pelos problemas lógicos e físicos se restringiu consideravelmente, e a própria teologia, que era uma parte da física, assumiu coloridos que podem ser classificados, pelo menos como exigência, de espiritualistas.

c) O indivíduo, enfraquecidos notavelmente os laços com o Estado e com a sociedade, buscou a própria perfeição na interioridade da sua consciência, criando assim uma atmosfera intimista anteriormente nunca encontrada na filosofia, pelo menos nessa medida.

d) Desenvolveu-se, por conseqüência, um sentimento de íntima ligação do homem com Deus, que depois chegaria ao ápice no neoplatonismo.

e) O platonismo, que já exercera influência sobre Possidônio, inspirou não poucas páginas dos estóicos romanos, com as suas novas características "médio-platônicas". Em particular, é digno de nota o fato de que justamente o conceito de filosofia e de vida moral como *assimilação a Deus* e como *imitação de Deus* tenha exercido nítido influxo. Como veremos, ele constitui uma das cifras do médio-platonismo. Sêneca aludiu muitas vezes a tal conceito[10]. Musônio falou do homem como "imagem de Deus" e disse expressamente que

9. Cf. Pohlenz, *La Stoa*, II, pp. 3ss.
10. Cf. Sêneca, *De beneficiis*, IV, 25, 1; VI, 31, 2; etc.

filosofar é um "seguir a Zeus"[11]. Pensamentos análogos foram também expressos por Marco Aurélio[12]. Mas eis como prova uma passagem de Epicteto, talvez a mais eloqüente:

> Assim, aproximadamente, nos representamos a tarefa de quem filosofa. Resta buscar, depois disso, como se a realizará. Vemos que o carpinteiro torna-se carpinteiro mediante um ensinamento, o timoneiro torna-se timoneiro mediante um ensinamento. Talvez também em nosso caso não basta querer ser um homem de perfeita virtude, mas é preciso aprender algo? Busquemo-lo, então. Dizem os filósofos que a primeira coisa a aprender é esta: Deus existe, cuida do universo, e não se lhe podem esconder não só as ações, mas tampouco os pensamentos ou os sentimentos. Ademais, [é preciso aprender] quais são os deuses, porque, justamente às qualidades que neles se encontram deve *tentar assemelhar-se, segundo as próprias forças*, quem quer ser a eles agradável e a eles obedecer — se a divindade é fiel, deve também ele ser fiel, se livre, livre também ele, se benéfica, benéfico também ele, se generosa, também ele generoso e assim por diante, *como imitador de Deus deve fazer e dizer todas as coisas*[13].

Em certa medida, a própria antropologia neo-estóica vê-se influenciada pelo médio-platonismo, particularmente a concepção de Sêneca da relação dualista subsistente entre a alma e o corpo e a concepção de Marco Aurélio da nítida supremacia do *nous* sobre a *psyché*, da qual falaremos. E ainda do médio-platonismo deve derivar a interpretação do *nous* em sentido demonológico, como veremos.

f) Enfim, um forte sentimento religioso irrompeu e transformou de modo acentuado a têmpera espiritual do antigo Pórtico. Antes, nos escritos dos novos estóicos encontramos até mesmo toda uma série de preceitos que evocam preceitos evangélicos paralelos, tais como o parentesco comum de todos os homens com Deus, a fraternidade universal, a necessidade do perdão, o amor ao próximo e, enfim, o amor aos que nos fazem mal, como documentaremos amplamente.

g) Enfim, um fato significativo, que encerra em beleza a história do Pórtico, merece ser destacado. Desde o início, os filósofos do Pórtico tinham afirmado que podem ser filósofo tanto o escravo como

---

11. Cf. adiante, pp. 89s.
12. Cf. adiante, pp. 115ss.
13. Epicteto, *Diatribes*, II, 14, 9-13; cf. também I, 12,21.

o senhor. Sêneca reafirmou que uma alma boa e grande poderia encontrar-se tanto no escravo como no chanceler romano. E a história do Pórtico termina com a verificação mais bela e mais perfeita dessa profunda convicção, justamente na sucessão dos seus dois últimos grandes expoentes: Epicteto foi um escravo e, ademais, deficiente físico, enquanto Marco Aurélio, que foi grande admirador daquele filósofo escravo, foi um imperador.

II. SÊNECA

1. Características do pensamento de Sêneca

O Pórtico, que já com Panécio e Possidônio tinha aberto as portas à verdade e a dogmas de outras escolas, foi ainda mais sensível, com Sêneca, às instâncias ecléticas[1]. O filósofo romano reafirmou ener-

1. Lúcio Aneu Sêneca nasceu em Córdoba, na Espanha, entre o fim da era pagã e o início da era cristã. Em Roma, foi iniciado na filosofia estóica pelos mestres Átalo e Socião, que exerceram grande influência sobre ele, e mais tarde por Papírio Fabiano. Por certo período esteve no Egito, por razões de saúde, hóspede de uma tia materna. Voltando a Roma, participou ativamente e com sucesso da vida política. Em 41 d.C., Sêneca, como conseqüência de manobras de Messalina, foi exilado na Córsega. Só em 49 d.C. pôde voltar a Roma, quando, depois da eliminação de Messalina, Agripina o chamou, confiando-lhe a educação do filho Nero. Em 54, Nero subiu ao trono, e a partir de então, por alguns anos, Sêneca, junto com Burro (prefeito do pretório) teve grandíssima influência política e responsabilidades, embora sem assumir oficialmente cargos públicos, simplesmente na qualidade de conselheiro do imperador. Em 62 d.C., morto Burro, Sêneca retirou-se da vida pública, estando já desgastadas as relações com Nero, o qual, tendo descoberto em 65 d.C. a conjuração urdida contra ele por Calpúrnio Pisão, acusou Sêneca de secretas relações com Pisão e o condenou ao suicídio. Sêneca suicidou-se com estóica firmeza e admirável força de ânimo. A produção de Sêneca foi muito rica. Malgrado muitas obras se tenham perdido (e destas se tenham conservado apenas alguns fragmentos), um notável grupo de escritos filosóficos e morais nos chegou, recolhidos sob o título geral de *Dialogorum libri*. Eis os títulos individuais desses escritos: *De providentia, De constantia sapientis, De ira, Ad Marciam de consolatione, De vita beata, De otio, De tranquilitate animi, De brevitate vitae, Ad Polybium de consolatione, Ad Helviam matrem de consolatione*. Além desses, chegaram-nos: *De clementia, De beneficiis, Naturales quaestiones* (em 8 livros) e a imponente coleção das *Epístolas a Lucílio* (124 cartas divididas em 20 livros). Chegaram-nos também algumas tragédias, destinadas mais à leitura que à representação, em cujos personagens se encarna a ética de Sêneca (*Hercules furens, Troades, Phoenissae, Medea, Phaedra, Oedipus, Agamemnon, Thyestes, Hercules Oetaeus*). Marchesi (*Storia della letteratura latina*, II, p. 227) julga Sêneca "o escritor mais moderno da literatura latina... o único que ainda nos fala como se estivesse vivo na língua morta de Roma". As edições e as traduções das obras de Sêneca são numerosas em todo o mundo. Indicamos a edição bilíngüe, muito prática, da editora Zanichelli: *I benefici* foram traduzidos por S. Guglielmino (1968), as outras obras morais, recolhidas sob o título *Operette morali*, por R. Del Re (3 vols., 1971) e as *Lettere a Lucilio*, por B. Giuliano (3 vols., 1969).

gicamente a sua liberdade espiritual diante dos dogmas da escola, a necessidade de ouvir todas as vozes, e de acolhê-las, se válidas, mesmo quando estivessem em contraste com as vozes de Zenão ou de Crísipo; proclamou a necessidade de buscar sempre mais verdades, além das já encontradas, e, em todo caso, a necessidade de repensá-las a fundo, vivificá-las e aprofundá-las.

Eis algumas eloqüentes afirmações:

> [...] Quando digo "nossa", não me ligo a qualquer um dos princípios da escola estóica: também eu tenho direito de exprimir uma opinião pessoal. Portanto, seguirei a um, a outro convidarei a dividir o conteúdo da sua opinião; e talvez mesmo, quando for chamado a dizer a minha depois de todos os outros, não reprovarei nada do que tenham afirmado os outros antes e direi simplesmente: "E eis o que penso além do que foi dito"[2].

> Mostrarei agora que essa opinião é professada também pelos estóicos; e mostrá-lo-ei não porque se me tenha imposto a lei de não empreender nada contra a palavra de Zenão ou de Crísipo, mas porque a própria questão me permite condividir a sua opinião: na verdade, quem segue sempre o pensamento de apenas um comporta-se não como se sentasse no senado, mas como se aderisse a uma facção política[3].

> É-nos consentido disputar com Sócrates, duvidar de Carnéades, repousar com Epicuro, vencer a natureza humana com os estóicos, transcendê-la com os cínicos. Dado que a natureza nos permite entrar em comunhão com qualquer época, por que não deveríamos, partindo dessa exígua e caduca porção de tempo, dedicar-nos com toda a alma às coisas que são imensas, eternas, das quais participamos junto com os melhores espíritos?[4]

Até mesmo certas normas de sabedoria pregadas por Epicuro, por tanto tempo despezado pelo Pórtico, e sobretudo o sentido fundamental da mensagem filosófica do Jardim, são recuperados por Sêneca como conseqüência dessa atitude de total disponiblidade:

> Da minha parte, sou da opinião (quero dizê-lo malgrado os meus colegas de seita) de que Epicuro prescreve normas santas e retas, e também severas, se o consideras mais de perto: de fato, o prazer do qual ele fala se reduz a uma pequena e exígua medida; e ele impõe ao prazer a mesma lei que im-

2. Sêneca, *De vita beata*, III, 2.
3. Sêneca, *De otio*, III, 2.
4. Sêneca, *De brev. vitae*, XIV, 2.

pomos à virtude: ordena-o obedecer à natureza, enquanto o que basta para a natureza é demasiado pouco para a sensualidade desenfreada[5].

É verdade, ademais, que Sêneca não é simplesmente um eclético, porque essa sua liberdade e essa sua abertura às vozes provenientes das várias escolas enraízam-se num sentimento autenticamente estóico, que normalmente dá o próprio colorido ao que subsume. Além disso, se é verdade que Sêneca parte sempre do estoicismo, mas nem sempre permanece fiel a ele, é também verdade que as novas conclusões às quais chega são, na sua maioria, alcançadas em nível puramente intuitivo, sem que ele saiba elaborar categorias teoréticas adequadas para substituir as elaboradas pelo estoicismo.

Mas também Platão, conhecido por Sêneca sobretudo através do movimento médio-platônico que então se difundia, exerce sobre ele forte atração, não só com a sua antropologia e as suas doutrinas morais, mas até mesmo com a sua ontologia, aparentemente muito longínqua do conceito de filosofia como *ars vivendi*, desenvolvido por Sêneca. Eis a passagem mais significativa a esse respeito:

> Costumo fazer o seguinte, caro Lucílio. De qualquer noção, mesmo que muito longínqua da filosofia, procuro extrair algo que possa trazer alguma vantagem. Essas concepções [i.é, da ontologia platônica] que expusemos não têm alguma capacidade de ajudar no progresso moral? Como as idéias de Platão podem me tornar melhor? O que posso tirar delas que me ajude a refrear minhas paixões? Isso pode, de algum modo, nos servir, ou seja, que Platão nega uma realidade própria a todas as coisas sujeitas aos sentidos, e que nos incitam e atraem: todas essas coisas, que segundo a concepção platônica são meras formas imaginárias, só por algum tempo apresentam a sua figura aparente, sem ter nada de estável e de fixo: e nós, entretanto, as desejamos como se devessem durar para sempre e como se pudéssemos sempre possuí-las: débeis e caducos, atemo-nos a coisas vãs. Devemos, ao invés, voltar a alma para as coisas eternas, volver o olhar para o alto, para os exemplares de todas as coisas; às suas formas ideais que se mantêm no alto, voltar o olhar para Deus que vive e age entre elas e preserva da morte o que pelo impedimento da matéria não pôde fazer imortal, e vence com a razão os defeitos das coisas corpóreas. O mundo permanece em vida não porque seja eterno, mas porque um regente tem o cuidado de defendê-lo: se fosse imortal não precisaria de um protetor. O supremo artífice o conserva vencendo com

5. Sêneca, *De vita beata*, XIII, 4.

sua força a fragilidade da matéria. Desprezemos, pois, todas essas coisas que têm tão pouco valor, que nos deixam até mesmo em dúvida sobre se existem verdadeiramente: e ao mesmo tempo, pensemos também que se a divina providência preserva dos perigos o mundo que não é menos mortal que nós, também a nossa providência pode, até certo ponto, prolongar a vida desse nosso pequeno corpo humano, se soubermos governar e frear os prazeres que são causa de morte para a maior parte dos homens[6].

2. Deus e o divino

Sêneca é certamente um dos expoentes do Pórtico no qual são mais evidentes a oscilação a respeito do pensamento sobre Deus, a tendência a sair do panteísmo e as instâncias espiritualistas das quais já falamos acima, acompanhadas de acentuado espírito religioso.

Em muitas passagens, na verdade, Sêneca parece perfeitamente alinhado com o dogma panteísta da escola. Deus é a providência, é a *razão imanente* que plasma a matéria, é a *natureza*, é o *fato*. No *De beneficiis*, depois de ter ilustrado os muitos aspectos da providência, Sêneca escreve expressamente:

"É a natureza", objeta-se, "que me faz esses dons". Não te dás conta de que, ao dizeres isso, não fazes senão chamar Deus com outro nome? E *que outra coisa é a natureza senão Deus e a divina razão que penetra por si o universo na sua totalidade e nas suas partes individuais*? Podes chamar, quantas vezes quiseres, com outro nome a esse autor de todas as nossas coisas; poderás chamá-lo, segundo o rito, seja de Zeus Ótimo Máximo, seja de Trovejante, seja de Sustentáculo, título este que não deriva, como transmitiram os historiadores, do fato de que ele, tendo ouvido as orações que lhe foram dirigidas, tenha feito parar o exército dos romanos em fuga, mas do fato de que *todo o criado existe graças a ele que é o seu "sustentáculo", o que lhe dá estabilidade*. Se, depois, quiseres chamá-lo também *Destino*, não mentirás; porque o *Destino não é mais que uma série de causas em estreita relação recíproca*, e ele representa a *causa primeira da qual todas as outras derivam*. Qualquer nome que escolhas, poderás muito bem adaptá-lo a ele, desde que contenha a *idéia de uma potência que dá vida às coisas celestes*: os seus nomes podem ser tantos quantos são os seus dons[7].

---

6. Sêneca, *Epist.*, 58, 16-22.
7. Sêneca, *De beneficiis*, IV, 7, 1-2.

Deus e *mundo* coincidem: Deus é *tudo o que vemos*; e também *tudo o que vemos e não vemos*, no sentido de que é a totalidade dos fenômenos e das razões destes. Por outro lado, Sêneca tende a acentuar o papel privilegiado de Deus, causa de si e causa de tudo, poderosíssimo criador e regente, e chega mesmo a contrapô-lo à matéria, como a alma ao corpo[8], seguindo, desse modo, as instâncias opostas às imanentistas e materialistas. Sêneca, contudo, não consegue dar voz definida a essas instâncias e tampouco consegue fixá-las e exprimi-las de modo temático, porque não tem nem os instrumentos, nem o vigor especulativo suficiente. Por isso, permanece verídico o que os historiadores da filosofia notam, vale dizer, que ele, em última análise, não sai do panteísmo estóico.

Todavia, o ponto no qual a especulação de Sêneca é mais original está na psicologia, na sondagem das vozes interiores da alma humana, em captar e interpretar o sentimento interior do divino. Pois bem, é preciso reconhecer que, nesse âmbito, o seu Deus assume traços espirituais e até mesmo pessoais, que transbordam indubitavelmente dos quadros da ontologia estóica. Eis algumas das mais belas páginas que ilustram esse ponto. Na carta 41, escreve Sêneca:

> Não se trata de levantar as mãos para o céu ou de pedir ao guardião do templo que nos permita aproximar-nos dos ouvidos dos simulacros, de modo que possamos assim ser mais bem escutados. *Deus te é próximo, está contigo, dentro de ti.* Exatamente isso quero dizer-te, ó Lucílio: *habita dentro de nós um sagrado espírito que observa e guarda, marcando-as, as nossas ações boas e más.* Como é tratado por nós, assim ele nos trata. *Ninguém consegue ser homem verdadeiramente bom sem Deus: ninguém, com efeito, conseguiria sem a sua ajuda elevar-se acima do destino. Ele sugere idéias grandes e retas.* Não se sabe que deus, *mas um deus habita em cada homem virtuoso.* Se se apresenta diante de ti um denso bosque de velhas árvores mais altas do que o normal que, com a ampla extensão dos galhos misturados uns nos outros, impede a visão do céu, sentes que a altura dessa floresta, a solidão do lugar, a maravilha daquela sombra densa e ininterrupta no meio da planície aberta, te atesta a presença de um deus. Se experimentas olhar uma gruta profunda cavada não pelas mãos do homem, mas pelas forças naturais, que sustenta com as rochas corroídas a montanha, *a tua alma é tomada pelo sentido de um religioso mistério.* Nós adoramos as fontes dos grandes rios:

8. Cf. Pohlenz, *La Stoa*, II, p. 92, nota 60.

onde brotam das profundezas da terra as águas de um rio, erguem-se altares: recebem honra e culto as águas termais e se atribui valor sagrado a alguns lagos pela cor intensa da água ou pela sua profundidade: pois bem, não te sentirás tomado de um *sentimento de veneração quando vires um homem impávido diante dos perigos, livre da cupidez, feliz nas adversidades, tranqüilo entre as tempestades, que olha os outros homens do alto e os Deuses face a face como a iguais*? E não me dirás que aqui se trata de coisa demasiado grande e demasiado elevada para que se possa considerá-la semelhante a esse pequeno corpo na qual está encerrada! *Uma potência divina verdadeiramente desceu nele.* Uma alma excelente e moderada, que passa por entre todas as coisas com sentimento de superioridade, que ri de tudo o que nós tememos ou desejamos, *é movida certamente por uma potência superior celeste. Tal grandeza não pode existir sem o sustento de uma divina força: a maior parte dela está lá, de onde desceu.* Como os raios do sol, embora tocando a terra estão, substancialmente, lá de onde partem, assim uma grande e santa alma é enviada aqui para baixo para que possamos ter algum conhecimento direto do mundo divino: *entretém-se conosco, mas permanece sempre ligada à sua origem da qual deriva e para a qual olha e tendem seus esforços, e participa da nossa vida como um ser superior*[9].

Deus escuta, vê e ama os homens, e, em particular, é amigo de quem é bom. Eis como os traços de uma Providência quase pessoal se desenham claramente nessa passagem que ilustra a relação de Deus com o homem bom, e esclarece o sentido providencial das adversidades que golpeiam quem é bom:

Recolocar-te-ei, portanto, em bom acordo com os deuses, que são ótimos para quem é ótimo. De fato, a natureza nunca tolera que o que é bom possa ser nocivo ao que é bom. Entre os homens bons e os deuses há uma amizade que se funda sobre o laço da virtude: mas, que digo, amizade? Antes, há afinidade, há semelhança, dado que o homem bom difere de um deus apenas pela duração, e é seu discípulo, seu emulador, sua verdadeira prole, prole que aquele augusto genitor, rigidíssimo em exigir a virtude, educa duramente, como fazem os pais severos. Portanto, quando vês que os homens bons e bem aceitos pelos deuses são provados, versam suor, sobem por ríspidas pendentes e que, ao invés, os homens maus tripudiam e nadam em meio aos prazeres, pensa que amamos nos nossos filhos a moderação e, ao contrário, a libertinagem nos filhos dos escravos, e que mantemos sob freio os filhos com uma disciplina rígida enquanto, ao invés, encontramos

9. Sêneca, *Epist.*, 41, 1-5.

naqueles outros a descarada temeridade. Faze uma concepção análoga de Deus: *ele não trata com carícias e doçuras o homem bom: põe-no à prova, endurece-o, prepara-o de modo a assemelhar-se a ele*[10].

Como se vê, o Deus que é representado nessa e noutras passagens tem pouco em comum com os traços do Deus *pneuma*, ou sopro ardente.

3. A concepção do homem

Fenômeno análogo ao que agora ilustramos a propósito da teologia encontra-se também na psicologia. Sêneca acolhe a tripartição platônica da alma, que, contudo, subsume no hegemônico; ou, melhor dizendo, considera as três partes da alma como três potências da "parte dominante" do psiquismo, como já o fizera Possidônio.

Mas Sêneca sublinha o dualismo entre alma e corpo bem mais do que o fez o Pórtico médio, com acentos que, não raro, recordam de perto o *Fedro* platônico. O corpo é peso, é vínculo, é cadeia, é cárcere da alma; a alma é o verdadeiro homem, que tende a libertar-se do corpo para alcançar a sua pureza.

Diz o nosso filósofo num dos seus mais célebres tratados morais:

> Todas essas coisas, que os homens de mente inculta e demasiado dedicada ao corpo olham com admiração, digo as pedras preciosas, o ouro, a prata, as grandes e bem acabadas mesas, são apenas massa de *matéria terrena*, pela qual uma alma pura não pode ter amor, *consciente da própria origem, isenta de imoralidades e destinada, quando num certo momento se a porá em liberdade, a elevar-se até as sumas alturas*. Enquanto isso, a própria alma se dispõe, porquanto lhe é consentido pelo *impacto dos membros* e por essa *grave soma* na qual é totalmente envolvida, a explorar, com rápido vôo do pensamento, as coisas do céu. Por isso ela não pode nem sequer ser exilada, *livre como é e em parentesco com os deuses, e igual em grandeza a todo o universo e a toda extensão do tempo*. De fato, o seu pensamento percorre todo o espaço do céu e abraça todo o tempo passado e futuro. Esse *corpinho, cárcere e laço da alma*, debate-se aqui e acolá; sobre ele agem os suplícios, os ladrões, as enfermidades: *ao invés, a alma é por si sagrada e eterna, e feita de tal modo que ninguém pode apoderar-se dela*[11].

---

10. Sêneca, *De providentia*, I, 1, 5.
11. Sêneca, *Ad Helviam matrem*, XI, 6-7.

Na carta 65 lemos:

> [...] Todas essas discussões (de filosofia) [...] reforçam e elevam o espírito que, *oprimido por pesado jugo,* aspira libertar-se dele e a voltar lá para cima de onde desceu. *Este corpo, de fato, é jugo e pena para a alma, que é pressionada pelo corpo e mantida prisioneira* se a filosofia não lhe devolve a serenidade no espetáculo da natureza e não a eleva da terra às regiões celestes. Essa é a liberdade da alma, esse é o seu descanso: subtrai-se assim do *cárcere no qual é mantida* e se reaviva no céu[12].

Na carta 92:

> [...] Mas se alguém tem presente na sua vida corpórea a virtude de um forte ânimo, este é *semelhante aos Deuses e para eles tende a voltar, consciente da sua origem.* Não pode agir mal quem se esforça por *subir de novo para o lugar de onde desceu.* E como se pode crer que não existe algo de divino em quem é parte da divindade?[13]

E na carta 102, Sêneca chega mesmo a afirmar que o dia que tanto tememos como o último da vida é, ao invés, "o dia natalício da imortalidade", o dia no qual, deposto o invólucro corpóreo, se nos desvelarão os mistérios da natureza e uma clara luz nos "envolverá por todas as partes"[14].

É evidente que essas concepções rompem as afirmações estóicas de que a alma é corpo[15], que é substância pneumática e hálito sutil[16], afirmações que, contudo, Sêneca reafirma. A verdade é que, em nível intuitivo, Sêneca vai além do materialismo estóico; mas depois, faltando-lhe as categorias especulativas para fundar e desenvolver tais intuições, deixa-as suspensas no ar, como já dissemos. Com efeito, o nosso filósofo demonstra ter freqüentado com certa assiduidade os escritos de alguns platônicos, mas, ao mesmo tempo, mostra ter extraído deles apenas uma série de corolários, embora muito importantes, e não os fundamentos ontológicos.

---

12. Sêneca, *Epist.*, 65, 12.
13. Sêneca, *Epist.*, 92, 30.
14. Sêneca, *Epist.*, 102, 24-29.
15. Cf. Sêneca, *Epist.*, 106, 4.
16. Cf. Sêneca, *Epist.*, 54, 6.

4. A consciência

Sempre com base na análise psicológica, na qual é mestre, Sêneca descobre a *consciência*, a consciência como força espiritual e moral fundamental do homem e a põe em primeiro plano como, antes dele, ninguém o fizera no âmbito da filosofia grega e romana.

Pohlenz indica como fontes de inspiração de Sêneca a "voz da consciência", conhecida da ética popular romana assim como do próprio Cícero, e em particular o influxo de Séstio, o qual, inspirando-se nos pitagóricos, recomendava o exame de consciência cotidiano[17].

De fato, o *De ira* contém uma indicação claríssima neste sentido:

> Todos os nossos sentidos [...] devem ser levados a uma condição de firmeza: eles são por natureza resistentes, se deixa de corrompê-los o ânimo — *o ânimo que deve todos os dias ser chamado a dar conta*. Séstio fazia assim: terminado o dia, uma vez retirado para o repouso noturno, interrogava o seu ânimo: "Qual dos teus males curaste hoje? A qual vício te opuseste? Em qual das tuas partes és agora melhor?". A ira cessará e será moderada se souber *que deve todos os dias apresentar-se diante de um juiz*. E o que pode nos ser mais belo do que esse hábito de *perscrutar todo dia*? E que tipo de sono segue-se a tal reconhecimento de nós mesmos? Quão tranqüilo, quão profundo e livre é esse sono, quando o ânimo foi louvado ou admoestado, e qual explorador e censor de si julgou os seus próprios costumes! Eu me valho dessa faculdade; *e todos os dias sustento a minha causa diante de mim mesmo*. Quando a lâmpada é retirada da minha vista, e minha mulher, que já conhece os meus hábitos, se cala — *vou perscrutando todo o meu dia e tomo medida dos meus feitos e dos meus ditos*: nada escondo de mim mesmo, nada descuido; e, de fato, por que deveria temer algum dos meus erros, quando posso dizer: "Procura não fazer mais isso; por esta vez te perdôo. Naquela discussão falaste de modo muito combativo; para o futuro, não discutas mais com gente ignorante; os que nunca aprenderam não querem aprender. Admoestaste aquele outro com mais aspereza do que devias; e assim não o corrigiste, mas ofendeste: no futuro olha bem, não só se é verdade o que dizes, mas também se a pessoa a quem o dizes é capaz de acolher a verdade; o homem virtuoso alegra-se ao ser admoestado, enquanto os piores toleram com dificuldade que alguém os dirija"[18].

Além de Deus, o verdadeiro juiz infalível e inexorável da nossa vida moral é a nossa própria consciência. Por isso escreve Sêneca:

---

17. Cf. Pohlenz, *La Stoa*, II, p. 85. Sobre Séstio, cf. pp. 383s.
18. Sêneca, *De ira*, III, 34, 1-5.

Nada farei em função da opinião dos outros, mas *tudo em função da minha consciência*; e tudo o que farei sendo só eu conhecedor, acreditarei fazê-lo diante dos olhos de todo o povo[19].

A consciência do bem e do mal no homem, portanto, é originária e ineliminável: essa estrutural consciência do bem e do mal é, precisamente, a consciência. Dela ninguém pode se esconder, porque o homem não pode esconder-se de si mesmo. O mau pode fugir à punição da lei, mas não à consciência que inexoravelmente remorde, e que é o juiz mais implacável. Na carta 97 lemos:

O delinqüente tem sempre um elevado tribunal que nunca concede graça: a própria consciência. O primeiro e maior castigo do delito é o tê-lo cometido. Mesmo que a sorte o embeleze com seus dons e o subtraia às leis, o delito nunca permanece sem punição porque o suplício da perversidade está na própria perversidade que persegue o delinqüente com o medo e a desconfiança incessante da própria segurança. Epicuro não tem razão quando diz que nada é justo por natureza e que é preciso evitar os delitos porque do contrário não se poderia evitar o temor; tem razão quando afirma que a *consciência é o flagelo dos erros*, atormentada depois do delito por uma perpétua ansiedade que a persegue, espeta e ameaça: e isso prova, contra Epicuro, que nós aborrecemos por natureza as perversidades, porque não há delinqüente que não tema, mesmo em meio à impunidade. A sorte livra a muitos do castigo, mas a nenhum do medo: o sintoma do delito é temer sempre; e seria uma desgraça para a humanidade se, *dada a impotência das leis, dos juízes e dos castigos, os culpáveis não devessem sofrer os graves e rigorosos castigos da consciência, e se não existisse o temor onde falta a pena*[20].

Essa concepção da voz da consciência concorda apenas parcialmente com os princípios estóicos. Na medida em que o Pórtico faz da nossa razão uma emanação ou um momento da razão cósmica, pode explicar essa consciência como a marca da lei do eterno logos no logos humano; mas, enquanto pretende reduzir esse logos a fogo, a sopro quente e a corpo, elimina qualquer possibilidade de compreender a consciência: um fogo ou um sopro consciente e juiz interior do bem e do mal não têm sentido. Como se vê, a concepção *espiritualista* da consciência, expressa por Sêneca, estaria muito mais em harmonia com pressupostos metafísicos antimaterialistas e, portanto, antiestóicos.

19. Sêneca, *De vita beata*, 20, 4.
20. Sêneca, *Epist.*, 97, 12-16.

5. A vontade

Como vimos, o Pórtico insistiu no fato de que a disposição de ânimo determina a moralidade da ação; todavia, essa disposição de ânimo deriva e se resolve, de acordo com a tendência fundamentalmente intelectualista de toda a ética grega, no conhecimento, na *episteme* que é própria do sábio. *Sêneca vai além e fala expressamente de vontade*, e mais ainda, pela primeira vez no pensamento clássico, *fala da vontade como uma faculdade distinta do conhecimento*. Nessa descoberta, Sêneca foi ajudado, de maneira determinante, pela língua latina: o grego não possui, de fato, um termo que corresponda perfeitamente a *voluntas*.

E com o termo *voluntas* o latim expressava uma experiência ética que o grego exprimia diferentemente. Dado que se trata de uma novidade de grande relevo, queremos ilustrá-la com uma página de Pohlenz, o qual, melhor que os outros estudiosos, explicou-a: "Para Sêneca, o fator decisivo da auto-educação é a vontade. *Este é um traço não grego, mas romano, introduzido no Pórtico por Sêneca*. Em Cícero, ele estava ainda contido na perspectiva teórica grega [...], e tampouco tinha-se libertado dela os que, como Musônio, serviam-se do grego no ensinamento da filosofia. Sêneca escreveu e pensou em latim. Quando compôs o *De beneficiis*, [...] substituiu a *dianóia* quase involuntariamente por *voluntas*, e, uma vez encontrada a formulação, o sentimento romano estendeu-se também para os outros campos da ética. O instinto de conservação dos estóicos tornou-se em Sêneca uma instintiva *vontade de viver*. Mas a vontade manifesta a sua força específica sobretudo na educação moral: 'Quid tibi opus est, ut bonus sis? Velle!' (*Epist.*, 80, 4). Diferentemente do que fez com a consciência, Sêneca não introduz a vontade num sistema psicológico. 'Ninguém pode dizer qual é a origem da sua vontade' (*Epist.* 37, 5). Em todo caso, ela não é um fato do intelecto: *velle non discitur*. A vontade do bem irrompe das profundidades da alma e é necessário um assíduo trabalho para que ela chegue a uma clara visão do fim e se transforme em boa intenção. Mas ela sozinha não basta; só com a ciência do bem torna-se possível, na sua forma mais elevada e mais pura, a vontade. Na prática, porém, a vontade adquire mais importância do que o conhecimento, e a exortação moral torna-se um apelo à força de vontade: 'Que antes falte ao néscio o conhecimento que a vontade!'. O antigo Pórtico dividia os homens em sábios e néscios; Sêneca acrescentou outra distinção, entre boa e má vontade. Sêneca, certa feita, faz com complacência a seguinte observação sobre si mesmo: 'Grande parte do progresso consiste na vontade de progredir. Disso estou bem seguro: eu quero, quero com todo o coração'. Portanto, a sabedoria à qual se deve tender consiste agora, para ele, nisso: que 'o homem queira ou não queira sempre as mesmas coisas'. [...] Ao dar grande importância à vontade, Sêneca abriu uma brecha no intelectualismo do antigo Pórtico"[21].

6. O sentido do pecado

Outro traço diferencia Sêneca do Pórtico, bem como da totalidade dos filósofos gregos: o *acentuado sentido do pecado e da culpa que marca todo homem.* O homem é estruturalmene pecador, diz o nosso filósofo. Esta, indubitavelmente, é uma afirmação que se põe em nítida antítese à pretensão de perfeição que o estóico antigo, dogmaticamente, atribuía ao sábio. Mas — pensa Sêneca — se alguém nunca pecasse, não seria homem: o próprio sábio, enquanto homem, não pode não pecar.

Eis uma significativa passagem extraída do *De ira*:

Se queremos ser juízes eqüânimes em todos os casos, persuadamo-nos acima de tudo de que ninguém de nós é isento de culpa; de fato, a nossa máxima indignação nasce de pensamentos como estes: "Em nada pequei"; "não fiz nada". Ou melhor, não confessas nada! Indignamo-nos por ter sido castigados com alguma admoestação ou procedimento punitivo, e ao mesmo tempo incorremos em culpa ao acrescentar aos nossos erros a arrogância e a insolência. Quem é este que se proclama inocente diante de todas as leis? E mesmo que assim fosse, quão restrita é a inocência de ser virtuoso segundo a lei? Quão mais ampla é a regra do dever relativamente à do direito! Quantas coisas são exigidas pelos nossos sagrados laços de afeto, de humanidade, de liberalidade, de justiça, de lealdade, quantas coisas ficam fora das mesas da lei! Mas tampouco podemos satisfazer àquela restritíssima fórmula da ino-

21. Pohlenz, *La Stoa*, II, pp. 89s.; para as últimas duas passagens, cf. Sêneca *Epist.*, 71, 36; 20, 5.

cência: certas culpas, realmente as cometemos, outras desenhamos com o pensamento, a outras desejamos, a outras favorecemos: em tais casos somos inocentes simplesmente por não ter chegado ao fim[22].

Se numa cidade devessem permanecer em vida apenas as pessoas passíveis de serem absolvidas por um juiz severo, nota ainda Sêneca, tal cidade cairia logo na maior desolação, porque todos, ainda que em medida diferente, somos pecadores. E não apenas num limitado período de tempo passado, ou no presente, e sim sempre[23].

Fica claro que, com essa visão do homem, Sêneca só podia atribuir à concepção estóica do "sábio" um significado ideal: o sábio tem apenas o valor de um modelo, isto é, um valor deontológico. Na realidade, o sábio não existe; existe o homem que pouco a pouco pode afastar-se do pecado, sem poder erradicá-lo totalmente[24].

É evidente que esses conceitos estão ligados à descoberta da *voluntas*. Com efeito, se fazemos a moralidade depender exclusivamente do conhecimento e se reduzimos o pecado a um erro de conhecimento, então é evidente que é estruturalmente impossível compreender e afirmar que o homem é e permanece pecador até a morte, porque, na medida em que alcança o conhecimento, cessa *eo ipso* de errar e, portanto, de pecar. Se, ao invés, fazemos depender o mal e o pecado da *vontade*, então as coisas mudam; o pecado não é mais apenas um erro lógico, mas torna-se algo muito mais complexo, e torna-se explicável o fato de que se possa pecar, mesmo conhecendo o bem, justamente *porque a vontade responde a solicitações que não são só as do conhecimento*. É, pois, a vontade que nos torna bons ou maus e é nela que a liberdade tem sua sede. Infelizmente Sêneca captou essa verdade apenas no nível fenomenológico e intuitivo, sem saber fundá-la ontologicamente: todavia, embora nesses limites, o que ele disse sobre isso, dadas as premissas intelectualistas da escola à qual constantemente continua a reportar-se[25], é de notável importância.

---

22. Sêneca, *De ira*, II, 28, 1-3.

23. No *De ira*, II, 10, 3, Sêneca diz até mesmo que é *condição estrutural* do homem *ser sujeito a enfermidades da alma não menos numerosas que as do corpo*.

24. Cf. Pohlenz, *La Stoa*, II, p. 70 e as passagens indicadas aí, na nota 25.

25. Na *Epist.* 31 se lê, por exemplo: "Que é, pois, o bem? O conhecimento das coisas (*rerum scientia*). E vice-versa, que é o mal? A ignorância das coisas (*rerum imperitia*).

7. A igualdade de todos os homens e o amor recíproco

No âmbito do Pórtico, Sêneca foi o pensador que mais acentuadamente rejeitou a instituição da escravidão e as distinções sociais. O verdadeiro valor e a verdadeira nobreza são dados unicamente pela virtude; e a virtude é a disposição de todos indistintamente: ela quer unicamente o *homem nu*.

Escreve Sêneca na carta 44:

> Se algo de bom há na filosofia é o fato de não olhar para os estratos sociais: todos os homens, se se reportam à primeira origem, descendem dos Deuses. És cavaleiro romano, e a tal Ordem elevou-te a tua solerte atividade: mas vê que as catorze cadeiras não são acessíveis a muitos, e vê que o Senado não aceita a todos, e mesmo o exército acolhe com certa relutância até mesmo aos que depois manda ao encontro de fadigas e perigos, enquanto a virtude é possível a todos, *e todos somos nobres para ela*. A filosofia não recusa a ninguém e não faz escolhas especiais: brilha para todos[26].

A nobreza e a escravidão sociais dependem da sorte e do capricho, e todos contam entre os mais antigos antepassados tanto servos como nobres; na origem, todos os homens eram iguais em tudo. A única nobreza que tem sentido é a que o homem constrói na dimensão do espírito:

> Não é um átrio cheio de retratos enfumaçados que nos dá a nobreza: ninguém viveu para a nossa glória e não pertence a nós o que foi antes de nós: *a nobreza é dada pelo ânimo, o qual, em qualquer condição em que se encontre, tem sempre a possibilidade de elevar-se acima da própria sorte.* Supõe que sejas não um cavaleiro romano, mas um escravo liberto: pois bem, poderás viver ao modo dos homens que nasceram livres, tu, escravo libertado, o único verdadeiramente livre. De que modo? perguntar-me-ás. Poderás fazer isso se souberes distinguir os bens e os males sem ter por mestre o vulgo[27].

Falando, depois, do supremo valor que transcende o tempo, na carta 33 escreve Sêneca:

> Que valor é este? É o ânimo, mas o ânimo reto, bom e grande. Não podes chamar tal ânimo senão de *um deus hóspede de um corpo humano.*

---

26. Sêneca, *Epist.*, 44, 1-3.
27. Sêneca, *Epist.*, 44, 5-6.

E tal ânimo *pode ter por sorte habitar num cavaleiro romano, num liberto ou num escravo*. Que é, com efeito, um cavaleiro romano, um liberto, um escravo? São nomes ditados pela ambição ou pela injustiça. *Pode-se subir ao céu de qualquer mísero ângulo da terra*: Sobe e faze-te também digno da divindade[28].

E na carta 47, explicitamente dedicada ao tema de como devemos tratar os escravos, escreve:

São escravos, portanto, homens. São escravos, portanto, companheiros de moradia. São escravos, portanto, humildes amigos[29].

E eis a norma que Sêneca propõe para regrar o modo como os senhores devem comportar-se com os escravos e os superiores com os inferiores:

Comporta-te com os inferiores como gostarias que se comportassem contigo os que te são superiores[30].

Esta máxima não está longe do espírito evangélico[31].

Quanto às relações entre os homens em geral, Sêneca funda-as na fraternidade e no amor:

[...] Como devemos nos comportar com os homens? Que devemos fazer? Que preceitos damos a respeito? Que se poupe o sangue humano? *É muito pouco não fazer o mal a quem deverias fazer o bem!* É verdade que é grande mérito ser simples diante de outro homem. Dar-lhe-emos como norma de vida que estenda a mão ao náufrago, que indique o caminho a quem se perdeu e que divida o pão com o faminto? Quando me será concedido mostrar-lhe claramente as melhores coisas a fazer e as que deve evitar? Quando poderei dar-lhe como fundamental princípio dos deveres humanos esta breve fórmula: o universo que está diante de nós com a sua multiforme realidade de vida humana e divina constitui a unidade de um todo e somos membros desse grande corpo. *A natureza nos fez irmãos gerando-nos dos mesmos elementos e destinados aos mesmos fins.* Ela pôs em nós *um sentimento de recíproco amor* com o que nos fez sociáveis, deu à vida uma lei de eqüidade e de justiça e, segundo os princípios ideais da sua lei, é mais

28. Sêneca, *Epist.*, 31, 11.
29. Sêneca, *Epist.*, 47, 1.
30. Sêneca, *Epist.*, 47, 11.
31. Encontraremos traços evangélicos análogos também em Musônio Rufo, em Epicteto e em Marco Aurélio. Cf. pp. 88ss.; 104ss.; 122ss.

miserável ofender do que ser ofendido. *Ela ordena que as nossas mãos estejam sempre prontas a fazer o bem.* Tenhamos sempre no coração e nos lábios o verso "sou homem e nada do que é humano considero estranho a mim". Tenhamos sempre presente esse conceito, que *nascemos para viver em sociedade. E a nossa sociedade humana é semelhante a um arco de pedra, que não cai justamente porque as pedras, opondo-se umas às outras, sustentam-se mutuamente e, portanto, sustentam o arco*[32].

Superando a ética grega, Sêneca chega a compreender não só que devemos pagar com o bem o bem que nos foi feito e não devemos retribuir com o mal o mal que se nos fez, mas até mesmo que devemos *fazer o bem inclusive a quem nos fez o mal*[33].

8. As presumíveis relações de Sêneca com Paulo

O elevado conceito de Deus, o sentido da espiritualidade do homem, o sentido da fragilidade humana, o da fraternidade e a pregação da benevolência e do amor, que têm em Sêneca a importância que vimos de comprovar, fizeram surgir a conhecida lenda da relação entre o nosso filósofo e São Paulo, e até mesmo deram origem a um epistolário apócrifo entre o filósofo e o Apóstolo[34].

Na realidade, o pensamento de Sêneca e a religião de Paulo correm sobre dois planos sem interseção e as suas tangências são mais aparentes que reais. Concetto Marchesi, que foi um dos mais profundos estudiosos de Sêneca, notou perfeitamente a heterogeneidade das duas doutrinas e expressou-a muito bem na página que se segue: "Entre a doutrina de Sêneca e a religião de S. Paulo há um abismo: para Sêneca, o homem se redime a si próprio com a obra da razão, para S. Paulo, deixa-se redimir por Deus no abandono da fé; no cristianismo, Deus é o salvador dos homens; na doutrina de Sêneca,

---

32. Sêneca, *Epist.*, 95, 51-53.

33. No *De ira*, III, 43, 5, lemos "Não somos para ninguém objeto de temor, para ninguém objeto de perigo, desprezamos os danos, as ofensas, os insultos verbais, as provocações..."; cf. *De vita beata*, 20, 5; *De benef.*, IV, 26, 1ss.

34. O epistolário apócrifo foi editado por C. W. Barlow, *Epistulae Senecae ad Paulum et Pauli ad Senecam*, Roma 1938; cf. sobre o problema: J. N. Sevenster, *Paul and Seneca*, Leiden 1961.

o homem é o salvador de si mesmo; lá o milagre desce do céu em direção da humanidade, aqui sobe da alma humana para o céu. Sêneca crê nas virtudes humanas; para Paulo as virtudes humanas são todas falidas. 'Minha pregação — dizia Paulo aos Coríntios[35] — não consiste em discursos persuasivos de sabedoria humana, mas em demonstração de espírito e de poder, para que a nossa fé não esteja fundada na sabedoria dos homens, mas no poder de Deus'; e mais adiante acrescentava[36]: 'Se alguém dentre vós imagina ser sábio da sabedoria deste século, torne-se louco para vir a ser sábio'"[37]. Mas a sabedoria de Sêneca era apenas uma sabedoria deste século[38].

35. Paulo, *Primeira Carta aos Coríntios* 2,4-5.

36. Paulo, *Primeira Carta aos Coríntios* 3,18.

37. Marchesi, *Storia della letteratura latina*, vol. II, p. 254.

38. Para um aprofundamento do pensamento de Sêneca, sobretudo com relação ao médio-platonismo, cf. P. L. Donini-G. F. Gianotti, *Modelli filosofici e letterari. Lucrezio, Orazio, Seneca*, Pitagora Ed., Bolonha 1979, pp. 149-300, e P. L. Donini, *Le scuole, l'anima, l'impero: la filosofia antica da Antioco a Plotino*, Rosenberg e Sellier Ed., Turim 1982, pp. 181-210.

III. MUSÔNIO RUFO

1. A acentuação do aspecto prático da filosofia

Instâncias ecléticas são claramente encontráveis também em Musônio[1], particularmente algumas instâncias do socratismo (entendido de maneira helenística) e do cinismo (Diógenes e Sócrates são os filósofos mais citados).

As instâncias do cinismo são claramente distinguíveis já na forte redução do aspecto teorético da filosofia em favor do seu aspecto prático. Dizia Musônio:

> Quem exige demonstrações em tudo, mesmo onde as coisas são claras, ou quer muitas demonstrações onde bastam poucas, é, sem dúvida, tolo e obtuso[2].

Estamos, pois, muito distantes do estoicismo de Crísipo, que dedicava grande espaço à lógica. Musônio não desprezava a lógica, antes a considerava necessária e era severíssimo com os discípulos que cometiam erros nessa disciplina. Epicteto, que esteve na escola de Musônio, atesta que, tendo um dia respondido ao mestre, que o repreendia por uma omissão cometida num silogismo, que, afinal de contas, não tinha ateado fogo ao Capitólio, ouviu do próprio Musônio que, naquele caso preciso, no âmbito da lógica, a omissão correspondia

---

1. Musônio nasceu em Volsini, c. 30 d.C. Pertenceu à classe dos cavaleiros, como atesta Tácito (*Hist.*, III, 81). Foi exilado várias vezes. Em 60 d.C., acompanhou Rubélio Plauto, exilado por Nero. Em 65 d.C., foi mandado por Nero à inóspita ilha de Giaro. Em 71 d.C., quando Vespasiano expulsou os filósofos, Musônio foi poupado, mas, pouco depois, sofreu a mesma sorte dos demais. Parece que foi repatriado por Tito. Morreu lá pelo final do século I d.C. As lições de Musônio, *Diatribes*, foram recolhidas por um discípulo chamado Lúcio. Talvez tenha sido recolhido também um livro de *Ditos* do filósofo por um certo Polion, difícil de identificar. O que nos restou do filósofo foi publicado por O. Hense, *C. Musonii Rufi Reliquiae*, Lípsia 1905. R. Laurenti organizou uma tradução italiana com boa introdução: C. Musonio Rufo, *Le Diatribe e i frammenti minori*, Roma [Signorelli] 1967.

2. Musônio, *Diatribes*, I (pp. 1, 17-2, 4 Hense).

exatamente a um incêndio no Capitólio[3]. Musônio considerava, entretanto, que a lógica devia ser reduzida ao mínimo indispensável e que a filosofia só seria verdadeiramente útil na medida em que soubesse calar-se na prática. Eis as suas palavras a respeito:

> [...] Digo que o mestre, quando é verdadeiro filósofo, não deve tentar levar um monte de palavras ou de demonstrações aos seus discípulos, mas tocar cada ponto oportunamente, atingir a mente do ouvinte, apresentar argumentos persuasivos, evitar os difíceis e, sobretudo, atrair para si os ouvintes fazendo ver que fala das coisas mais úteis e age conforme o que fala: o discípulo, por sua vez, deve estar atento ao que se diz e ter o cuidado de não acolher inadvertidamente um erro, e não buscar, por Zeus, ouvir muitas, mas claras demonstrações do que é verdadeiro, e deve seguir na vida os preceitos dos quais esteja convencido serem verdadeiros. Só assim tirará proveito da filosofia, se realizar obras de acordo com os raciocínios que aceitou como verdadeiros[4].

Conseqüentemente, é claro que Musônio devia considerar a *prática* mais eficaz que a *teoria*, e julgar autêntico filósofo não quem sabia apenas *raciocinar bem*, mas quem sabia *viver bem*. Eis algumas significativas afirmações:

> [...] Como poderia ser mais importante conhecer a teoria de todas as coisas do que ter a prática delas e fazer as coisas segundo a indicação da teoria? E, com efeito, a prática leva a poder fazer, enquanto o conhecimento da teoria das coisas leva a poder falar delas. Contribui, sem dúvida, para a ação a teoria que ensina como se deve agir e que, pela ordem, vem antes da prática, pois não é possível que seja prático em fazer alguma coisa de belo quem não se habitua a isso segundo a teoria, mas pelo poder a prática supera a teoria, porque é mais eficaz que a teoria para guiar os homens na ação[5].

2. O exercício como atuação da virtude e do bem

Estreitamente ligada a esta convicção (e, antes, conseqüência coerente dela) é a afirmação da *necessidade do exercício*. A virtude,

---

3. Cf. Epicteto, *Diatribes*, I, 7, 30-33.
4. Musônio, *Diatribes*, I (pp. 5, 11-6, 4 Hense).
5. Musônio, *Diatribes*, V (pp. 21, 17-22, 3 Hense).

que constitui o fim de todo ser humano, homem ou mulher[6], é impossível sem o exercício. Noutros termos, a virtude é como a arte da medicina ou da música; ela não é feita só de teoria, mas postula a prática e quem quer ser virtuoso não deve contentar-se com *aprender* os ensinamentos que conduzem à virtude, mas deve, diligentemente, *exercitar-se* nesses ensinamentos. Esse exercício, próprio do filósofo e que conduz à virtude, é o mais complexo e mais difícil de todos. Contudo, dado que o homem é constituído de corpo e alma, e o corpo serve de instrumento, haverá uma dupla ordem de exercícios: uma que diz respeito ao corpo e à alma juntos e uma que se refere só à alma. Habituar o corpo à fome, à sede, à renúncia aos prazeres, a suportar as fadigas é exercício que robustece o corpo e a alma ao mesmo tempo. O exercício próprio da alma consiste em *demonstrar* quais são os verdadeiros bens e os verdadeiros males e em *saber seguir* os primeiros e *evitar* os segundos[7].

Essa exaltação do exercício já era, indubitavelmente, uma das componentes do socratismo, mas somente o cinismo levou-a ao primeiro plano. Ela constituía, antes, um corretivo do intelectualismo socrático, porém não consciente. O exercício supõe, com efeito, a *vontade*; mas nem os cínicos nem Musônio foram capazes de observar que justamente aqui está o fundamento do exercício.

As coisas "que parecem boas", mas que não o são na realidade, para Musônio, como já para o antigo Pórtico, são o prazer, a riqueza, a própria vida e, em geral, tudo o que não participa da virtude, enquanto as coisas "que parecem más", mas que não o são na verdade, são a fadiga, a pobreza, o exílio, a velhice e a própria morte.

Musônio chegou mesmo a exaltar o elevado valor moral da fadiga, estreitamente conexa com o exercício, e chegou a afirmar que quem não quer afadigar-se "declara-se indigno de qualquer bem"[8].

Quanto ao exílio, Musônio observou, com base em importantes conceitos do cinismo e do estoicismo, que ele só podia, na realidade, privar o homem da sua pátria, quando se entende a pátria de modo muito restrito, dado que o cosmo é que é a verdadeira pátria do homem:

---

6. Cf. Musônio, *Diatribes*, II, IV e V.
7. Cf. Musônio, *Diatribes*, VI (pp. 25, 14-26, 5 Hense).
8. Cf. Musônio, *Diatribes*, VII, *passim* (e, em particular, p. 31, 9-11 Hense).

Não é o mundo pátria comum de todos os homens, como pensava Sócrates? Por isso não corresponde à verdade pensar que estás exilado da pátria se te afastas do lugar onde nasceste e foste educado, mas que apenas estás privado de uma cidade, tanto mais se te consideras verdadeiramente uma pessoa. Um homem assim não aprecia nem despreza um lugar como se fosse causa de felicidade ou de infelicidade. Ele reconduz tudo a si próprio e se considera cidadão da cidade de Zeus, constituída de homens e de deuses. No mesmo sentido exprime-se também Eurípides quando diz:

toda região do céu é acessível à águia
toda terra é pátria para o homem nobre[9].

Digna de nota é a convicção expressa por Musônio de que o meio conveniente ao filósofo para ganhar a vida é a agricultura, que constringe a um tipo de vida natural, favorece em todos os sentidos a prática do exercício e da fadiga, da qual se falou acima, e permite não precisar dos outros para satisfazer às próprias necessidades[10].

Contrariamente aos cínicos e a muitos estóicos, Musônio teve um forte senso social, que herdou do *ethos* da romanidade e que o levou a exaltar a instituição do matrimônio "como algo grande e digno do mais elevado respeito" e como a base da própria sociedade[11].

3. Novos aspectos

Como nos outros representantes do neo-estoicismo, também em Musônio, como já acenamos, ocorrem preceitos que têm paralelos no *Evangelho*, embora justificados com diferentes motivações, em particular o preceito do amor e do perdão. Interrogado sobre se o filósofo devia iniciar uma querela quando ultrajado, Musônio respondeu negando que isso fosse lícito, e justificou a sua asserção não só evocando o cínico desprezo que o filósofo deve ter pelos ultrajes e pelos desprezos, mas também evocando a positividade e a fecundidade do perdão para os que nos ofenderam. Eis a passagem, verdadeiramente notável:

9. Musônio, *Diatribes*, IX (p. 42, 1-13 Hense).
10. Cf. Musônio, *Diatribes*, XI, *passim*.
11. Cf. Musônio, *Diatribes*, XIII e XIV, *passim*.

Aceitar as ofensas sem aspereza e não ser implacável contra os que agem mal, antes, ser para eles motivo de esperança, é próprio de uma índole plácida e cordial. É muito melhor que o filósofo se mostre em disposição de considerar digno de perdão a quem o ofendeu, mais do que tentar se defender recorrendo às discussões e às querelas e, na realidade, diminuir a si próprio com uma conduta que não é coerente com as suas palavras! Isso porque ele, que se considera um homem bom, sustenta que o homem bom não é nunca ofendido pelos homens maus[12].

Também os influxos médio-platônicos em Musônio (e isso foi até agora escassamente observado pelos estudiosos) são operantes, como nos outros neo-estóicos, e não apenas de maneira implícita. Eis, por exemplo, como o conceito do homem como imagem de Deus, embora tradicional nas suas linhas gerais, inclina-se para o sentido médio-platônico:

Em geral, só o homem dentre os seres terrenos é imagem de Deus (μίμημα θεοῦ), tem as virtudes semelhantes a ele, porque nem entre os deuses podemos supor algo superior à prudência, à justiça e ainda à coragem e à temperança. E como Deus, pela presença dessas virtudes, é vitorioso sobre o prazer e sobre a desmedida, é superior às paixões, à inveja e ao ciúme, magnânimo, amoroso para com os homens (porque de tal natureza imaginamos Deus), assim deve-se pensar que o homem, imagem sua, quando vive segundo a natureza, encontre-se nas mesmas condições e assim sendo, seja invejável: sendo invejável, será com isso também feliz, porque não invejamos senão quem é feliz[13].

Ademais, respondendo à questão de: "se deve-se obedecer em tudo aos pais", Musônio, para justificar a sua afirmação de que não se deve obedecer ao pai quando proíba algo de bom (ou quando ordene algo que não seja bom), por exemplo, quando proíba de fazer filosofia, escreve:

[...] Teu pai te proíbe filosofar, mas o pai de todos, homens e deuses, Zeus, o ordena e impõe a ti. A sua ordem, a sua lei é que o homem seja justo, nobre, benéfico, sóbrio, magnânimo, superior às fadigas, superior aos prazeres, puro de toda inveja e de toda insídia: em poucas palavras, a lei de Zeus ordena ao homem ser bom. Mas ser bom é o mesmo que ser filósofo! *Ora, se obedecendo ao pai segues um homem, e, filosando, segues a Zeus, é claro*

12. Musônio, *Diatribes*, X (pp. 56, 6-57, 2 Hense).
13. Musônio, *Diatribes*, XVII (p. 90, 4-17 Hense).

que é melhor filosofar do que não filosofar. Mas, por Zeus, o pai te reprovará, fechará diante de ti a porta da casa, onde não se filosofa. Talvez o faça: mas não poderá afastar-te da filosofia, se não o quiseres, porque não filosofamos com as mãos, ou com os pés ou com uma parte do corpo, mas com a alma e, precisamente, com uma pequena parte da alma que chamamos razão. E Deus pôs a razão no lugar mais seguro para que fosse invisível e inatacável e, além de toda constrição, livre e independente[14].

Além do conceito de filosofar como "seguir a Zeus" (τῷ Διΐ ἕπεσθαι), aqui se acena aos conceitos de interioridade e de liberdade, que também em Sêneca, e, talvez, ainda mais acentuadamente em Epicteto e em Marco Aurélio, são proclamados e reafirmados.

Antes, Musônio parece até mesmo ter antecipado o grande princípio que está na base do sistema de Epicteto e que representa a radicalização mais conseqüente dos princípios morais do antigo Pórtico em sentido mais interior e espiritualista:

Das coisas existentes, Deus pôs algumas em nosso poder, outras não. Em nosso poder, ele pôs a mais bela e a mais importante, *pela qual ele mesmo é feliz, o uso das representações.* Quando se exercita retamente esse uso, tem-se liberdade, serenidade, tranqüilidade, segurança: tem-se também justiça, lei, domínio de si e todas as virtudes. Todas as outras coisas não foram postas em nosso poder. Portanto, *é preciso que sintamos com Deus* e, divididos os objetos segundo a sua visão, busquemos obter de todos os modos aqueles que estão em nosso poder, os que não estão, deixemos ao universo e lhe concedamos o que quer que nos peça, seja filhos, pátria, corpo ou semelhantes[15].

Toda a filosofia de Epicteto não é mais que a sistemática fundação e explicitação desse princípio, como agora veremos.

14. Musônio, *Diatribes*, XVI (pp. 86, 18-87, 18 Hense).

15. Musônio, *Diatribes*, fr. XXXVIII (p. 124s. Hense). Naturalmente é preciso ter presente o fato de que este fragmento nos foi conservado por Estobeu (II, 8, 30), o qual o extrai de uma *Diatribe* de Epicteto (que não possuímos mais). O tom fortemente epictetiano do fragmento explica-se também com base nesta circunstância.

IV. EPICTETO, O ESCRAVO FILÓSOFO

1. Características do estoicismo de Epicteto

Com Epicteto, o Pórtico demonstra concretamente que um escravo pode ser filósofo e pode ser mais livre do que o são os livres no sentido comum do termo, ou seja, livre no espírito. Foi levado a Roma da Frígia e serviu a um liberto de Nero chamado Epafrodito, o qual, depois, o libertou da escravidão[1]. Mas a verdadeira liberdade não lhe veio da alforria do seu estado de escravo, obtido de Epafrodito, mas sim de Musônio[2], que lhe desvelou a mensagem da filosofia do Pórtico; de Sócrates e de Antístenes, que lhe revelaram a liberdade de espírito. E, mais do que em todos os estóicos, em Epicteto vibra constantemente o sentido da liberdade[3],

---

1. Epicteto nasceu em Hierápolis, na Frígia, entre 50 e 60 d.C. Pouco depois de 70, quando ainda era escravo, começou a freqüentar as lições de Musônio, que lhe revelaram a sua própria vocação filosófica. Expulso de Roma por Domiciano junto com outros filósofos (em 88/89 ou 92/93 d.C.), deixou a Itália e retirou-se à cidade de Nicópolis no Épiro, onde fundou uma escola (cf. Gélio, *Noct. Att.*, XV, 11, 5), que teve grande sucesso e atraiu ouvintes de todas as partes. A forte personalidade de Epicteto, a sua inata vocação de educador, a humanidade da sua doutrina e o caráter essencial da sua mensagem foram as causas da excepcional acolhida que sua escola recebeu. Não se conhece a data da sua morte (alguns pensam em 138 d.C.). Epicteto não escreveu nada, querendo ater-se ao modelo socrático de filosofar. Felizmente, freqüentou as suas lições o historiador Flávio Arriano, o qual (talvez no segundo decênio do século II) teve a feliz idéia de escrevê-las. Nasceram assim as *Diatribes*, ao que parece em oito livros, dos quais quatro nos chegaram. Arriano compilou também um *Manual* (*Encheiridion*), extraindo das *Diatribes* as máximas mais significativas. As *Diatribes* são fidelíssimo espelho do pensamento de Epicteto. De fato, Arriano adverte expressamente: "Não redigi as lições de Epicteto como se poderia redigir matéria desse gênero e não fui eu quem as trouxe a público, eu que digo não tê-las nem sequer redigido. *Mas tudo o que ouvi dizer, transcrevendo, o quanto possível com as mesmas palavras, tentei conservar para o futuro como recordação do seu pensamento e do seu franco falar*". Tudo o que nos chegou do nosso filósofo está agora organicamente disponível no volume: Epicteto, *Diatribe, Manuale, Frammenti*, organizado por G. Reale e C. Cassanmagnago, Rusconi, Milão 1982.

2. Sobre Musônio, cf. *supra*, pp. 85ss.

3. Cf. J. Souilhé, *Epictète, Entretiens*, Paris 1948, vol. I, p. LIV; W. A. Oldfather (Epictetus, *The Discourses*, Londres-Nova Iorque, 1925, p. XVII) observa que, nos textos do nosso filósofo, a palavra *liberdade* ocorre pelo menos 130 vezes!

o anelo de alcançá-la e a convicção de que ela só se encontra na filosofia.

Como Sócrates, também Epicteto não quis escrever nada e consignou à palavra viva e ao diálogo com os discípulos todo o seu pensamento.

As características da filosofia de Epicteto são, em grande parte, as mesmas que se encontram em Sêneca, Musônio e Marco Aurélio: o acentuado e quase exclusivo interesse pela ética, um marcado sentido da interioridade, um forte sentimento da ligação do homem com Deus, um notável espírito religioso. Epicteto destaca-se, ao invés, dos outros por uma sentida insistência em *voltar às origens do Pórtico*, sobretudo a Crísipo, a quem ele apreciava mais do que a todos os outros expoentes da escola. Por isso, as tendências ecléticas são nele atenuadas por essa explícita referência ao antigo Pórtico e pelo desejo de fazer reviver a doutrina originária[4]. (Esse fenômeno de retorno às origens verificava-se, paralelamente, também nos expoentes de outras escolas.) Tal retorno, porém, está longe de fazer do pensamento de Epicteto uma simples repetição: torna-o mais purificado das infiltrações doutrinais de outras escolas, mas não o impede de utilizar o método socrático nem de acolher, embora filtrando-a, a mensagem de Diógenes, o Cínico, e tampouco impedindo-o de acolher algumas novas instâncias da sua época, seja as de caráter filosófico (em particular as do médio-platonismo), seja as de caráter religioso e místico-ascético. E assim, essa forte retomada das origens faz com que Epicteto — embora levando a sua religiosidade e o seu sentimento da divindade, assim como as concepções das relações entre Deus e o homem, a limites que parecem, literalmente, tocar o cristianismo — permaneça, em espírito, substancialmente estóico, isto é, nitidamente aquém do cristianismo, ou seja, numa dimensão de pensamento na qual Deus, alma e salvação situam-se teoricamente na dimensão da *physis* estóica, enquanto a existência do sobrenatural e da graça permanecem desconhecidas[5].

---

4. Cf. A. Bonhöfer, *Epiktet und die Stoa*, Stuttgart 1890, e, *idem*, *Die Ethik des Stoikers Epictet*, Stuttgart 1894 (ambas reimpressas, Stuttgart-Bad Cannstatt 1968).

5. Sobre as relações entre Epicteto e Sócrates, cf. F. Sweingruber, *Sokrates und Epictet*, in "Hermes", 78 (1943), pp. 52-79. Sobre as relações entre Epicteto e Platão, cf. A. Jagu, *Epictète et Platon. Essai sur les relations du stoïcisme et du platonisme*

2. O princípio fundamental da ética de Epicteto

O grande princípio da ética estóica consistia na nítida distinção entre *bens, males* e *indiferentes*: bens são unicamente os morais, males são os contrários, indiferentes são todas as outras coisas relativas ao corpo e às coisas externas. Epicteto reformula o princípio, mantendo o seu espírito, mas dando-lhe um corte mais eficaz. As coisas dividem-se em duas grandes classes: *a*) as que *estão em nosso poder* e *b*) as que *não estão em nosso poder*; o bem e o mal situam-se exclusivamente na classe das coisas que estão em nosso poder, justamente porque dependem da nossa vontade, e não na outra, justamente porque as coisas que não estão em nosso poder não dependem da nossa vontade. Eis como é enunciado esse princípio no célebre *Manual*:

> As coisas são de duas maneiras; algumas estão em nosso poder, outras não. Estão em nosso poder a opinião, o movimento da alma, o apetecer, a aversão, em poucas palavras, todas as coisas que são os nossos próprios atos. Não estão em nosso poder o corpo, os bens, a reputação, os outros encargos, em poucas palavras, as coisas que não são nossos atos. As coisas postas em nosso poder são por natureza livres, não podem ser impedidas nem obstaculizadas. As outras são frágeis, escravas, passíveis de impedimento, enfim, coisas de outros[6].

Todas as dificuldades da vida e os erros que se cometem decorrem *de não levar em conta essa distinção fundamental*. De fato, se considerarmos livres e em nosso poder as coisas que, efetivamente, não são livres e são totalmente independentes do nosso querer, seremos continuamente desiludidos, lamentaremos a sorte e imprecaremos contra os homens e contra as coisas. Se, ao contrário, identificarmos as coisas que não estão em nosso poder e, conseqüentemente, agirmos e considerarmos nossas somente as que pertencem efetivamente a nós, não encontraremos impedimentos nem desilusões dessa espécie,

---

à propos de la morale des Entretiens, Paris 1946. Sobre as relações entre Epicteto e o cristianismo, cf. o volume de A. Bonhöfer que citaremos à nota 22. Cf. G. Reale, *La filosofia di Epitteto come messaggio di liberazione*, in Epitteto, *Diatribe, Manuale, Frammenti*, cit. na nota 1, pp. 5-50.

6. Epicteto, *Manual*, 1. As *coisas que estão em nosso poder* são chamadas por Epicteto τὰ ἐφήμῖν, enquanto as *que não estão em nosso poder* são chamadas τά οὐκ ἐφ'ἡμῖν.

porque ninguém poderá obstaculizar-nos nessas coisas, ninguém no-las poderá subtrair ou danificar, na medida em que são inalcançáveis de fora de nós. A passagem acima transcrita prossegue assim:

> Recorda, pois, que se considerares livres as coisas que são por natureza escravas, e como próprias as coisas que são de outros, encontrarás obstáculos, aflições, perturbações e dores por parte dos homens e dos Deuses. Ao contrário, se estimares como próprio somente o que é verdadeiramente teu, e se considerares dos outros o que verdadeiramente é deles, ninguém nunca poderá forçar-te, impedir-te, tu não terás de doer-te por ninguém, não culparás o que quer que seja, não terás inimigos, ninguém te molestará; de fato, não receberás qualquer dano[7].

Nessa distinção não há mais lugar para compromissos com os "indiferentes" e com as "coisas intermédias"; a escolha, portanto, é mais radical, peremptória e definitiva: as duas classes de coisas não podem ser buscadas juntas, porque umas comportam a perda das outras, e vive-versa. Diz Epicteto a um discípulo:

> Essas coisas não vão juntas: deves ser um homem inteiro, bom ou mal, deves exercitar a parte dirigente da tua alma ou as coisas externas, deves trabalhar duro em torno às coisas internas ou às externas: eis o que significa ocupar o lugar de um filósofo ou o de um homem comum[8].

E ainda:

> Não podes continuamente prestar atenção às coisas externas e à parte dirigente da tua alma. Se queres aquelas, deixa esta; se não, não terás nem aquelas nem esta, arrastado nas duas direções. Se queres esta, deves deixar aquelas[9].

Quem escolhe a segunda classe de coisas, a vida física, o corpo e seus prazeres, o bem-estar material, as coisas e os homens que as dispensam, não só vai ao encontro das desilusões e das contrariedades das quais se falou, mas *perde até mesmo a sua liberdade*, e torna-se mais escravo do que o escravo comum, porque terá como senhores, aos quais deverá servir, preferir e adular, justamente todas as coisas

---

7. Epicteto, *Manual*, 1, 3.
8. Epicteto, *Diatribes*, III, 15, 13.
9. Epicteto, *Diatribes*, IV, 10, 25.

e os homens que constituem ou dispensam aqueles bens e vantagens materiais[10].

Quem, ao contrário, rejeita em bloco as coisas que não dependem de nós, torna-se verdadeiramente livre, vive a vida que quer e, conseqüentemente, alcança o contentamento espiritual, a paz de espírito[11].

Epicteto não ousa afirmar que é totalmente livre; confessa que tenta aproximar-se dessa liberdade, embora não consiga ainda encarar de frente todos os "senhores", mas indica um exemplo paradigmático de liberdade em Diógenes, o Cínico. E, com efeito, o grande princípio da ética de Epicteto é uma reformulação do princípio estóico radicalizado, justamente, com base na experiência cínica. Eis a liberdade de Diógenes que, para Epicteto, é a liberdade por excelência:

> Diógenes era livre. De onde lhe vinha tal liberdade? Não, certamente, do fato de ter nascido livre (e na verdade não tinha), mas do que ele mesmo era, porque recindira todos os laços da escravidão, e ninguém podia forçá-lo, nem tinha motivo para prendê-lo, em vista de reduzi-lo à escravidão. Podia desfazer-se facilmente de tudo o que tinha, pois tudo o que tinha levava consigo. Se te lançasses contra os seus bens, ele os teria entregado a ti, antes que ir atrás de ti por eles: se pelas pernas, a perna, se por todo o miserável corpo, todo o seu miserável corpo: o mesmo com relação aos familiares, aos amigos, à pátria. *Porque sabia onde os tinha e de quem e sob que condições os tinha.* Mas os verdadeiros pais, os deuses, e a verdadeira pátria não os teria nunca abandonado, nem teria deixado a outro prestar-lhes mais obediência e mais submissão, e nenhum outro teria mais voluntariamente morrido pela pátria. Não buscava nunca mostrar que suas ações eram feitas em prol do universo, mas recordava que todos os acontecimentos derivam dele e por aquela pátria se realizam, e são ordenados por quem a administra. Portanto, observa como se exprimia e escrevia: "Por essa razão, Diógenes, dizia ele, te é lícito sentir-te à vontade até mesmo diante do rei dos persas e diante de Arquidamos, rei dos lacedemônios". E isso pelo fato de ter nascido de pais livres? Mas, então, todos os atenienses, todos os lacedemônios, todos os coríntios teriam nascido de escravos que não podiam sentir-se à vontade diante deles, antes os temiam e bajulavam! Por que, então, ele diz que lhe é lícito? "Porque não considero meu esse mísero corpo, porque não preciso de nada, porque, para mim, a lei — e nada mais — é tudo". Eis o que lhe permitia ser livre[12].

---

10. Cf. Epicteto, *Diatribes*, IV, 144ss.
11. Cf. Epicteto, *Diatribes*, IV, 1, 1ss.
12. Epicteto, *Diatribes*, IV, 1, 151-158.

É desnecessário observar que a lei da qual ele fala é a lei universal, a lei da realidade, a lei de deus, o próprio Deus.

Desse modo, os "senhores" são desmascarados e rejeitados: o nosso corpo é emprestado e, portanto, não nos pertence; pode ser-nos tirado a qualquer momento e não nos preocuparemos, justamente porque não depende de nós tê-lo, como não depende de nós tudo o que lhe pode acontecer. O mesmo se diga de tudo o que é ligado intrinsecamente ao corpo. E o mesmo, em geral, de tudo o que acontece e não pode ser de algum modo modificado por nós e que, portanto, deve ser aceito, melhor, querido:

> Não busques que os acontecimentos aconteçam como queres, busca, ao invés, querer que eles aconteçam como acontecem[13].

Esta e só esta é a verdadeira liberdade, tanto para o antigo como para o novo estoicismo.

Portanto, devemos ater-nos às coisas que estão em nosso poder; só essas são livres e são bens, bens inalienáveis, são o que basta, o que garante a paz da alma. Tudo o que diz respeito ao corpo e as coisas conexas com o corpo não depedem de nós e, portanto, não nos devem preocupar, porque não nos dizem verdadeiramente respeito e, portanto, não são um mal.

3. Uma tripartição da filosofia de relevância ética

Como sabemos, o Pórtico e, em geral, todas as escolas helenísticas dividiam a filosofia em lógica, física e ética. Epicteto não renega essa divisão, mas (e isso certamente foi conseqüência da diminuição do interesse pelas duas primeiras) formula outra divisão da filosofia, que tem raízes e motivações éticas, e que oferece, em certo sentido, o esquema do seu procedimento. Eis a distinção que ele propõe:

> Três são os campos nos quais deve exercitar-se quem quer adquirir a perfeita virtude:
>
> 1. — o primeiro diz respeito *aos desejos e aversões*, no qual não seja frustrado nos desejos e nem incorra no que rejeita;

---

13. Epicteto, *Manual*, 8. Ver também a passagem que apresentamos na nota 31.

2. — o segundo, *os impulsos e as repulsas*, numa palavra, o dever, no qual se comporte de modo ordenado, com ponderação, sem negligência;
3. — o terceiro, enfim, *a inerrância* [= a ação positiva de evitar o erro] e a circunspecção ao julgar, numa palavra, os casos de assentimento[14].

Como se vê, a distinção não tem um significado teórico, ou seja, não quer fixar os quadros do saber, mas pretende delimitar os âmbitos a serem sucessivamente dominados por quem quer alcançar a liberdade e a perfeição moral, e, portanto, tem significado pedagógico-moral.

1) O primeiro âmbito a dominar é o das paixões, e é "o mais importante e maximamente urgente"[15]. Diz Epicteto:

> A paixão só se produz quando o desejo é frustrado ou a aversão incorre naquilo que rejeita. Eis o que traz convulsões, tumultos, infortúnios, desgraças, dores, gemidos, invejas, o que nos entrega à inveja e aos ciúmes, pelas quais não podemos ouvir a razão[16].

Ora, segundo Epicteto, o domínio e a superação das paixões se obtém com base no grande princípio acima ilustrado, ou seja, dando-se conta de que as coisas que verdadeiramente nos dizem respeito são as da alma, e que essas só dependem da nossa vontade, enquanto todas as outras coisas que não dependem da nossa vontade não nos dizem, absolutamente, respeito e, portanto, não nos devem tocar nem mesmo de leve. Nesse sentido, Epicteto reafirma fortemente a necessidade de renunciar aos desejos e de suprimir as paixões.

2) O segundo âmbito a dominar com a razão é o dos impulsos (ou das repulsões) que nos movem a agir (ou nos impedem de agir). Enquanto temos um corpo, estamos em relação com as coisas e com os outros e devemos, portanto, dirigir corretamente os nossos impulsos e as ações que deles derivam diante deles. Diz Epicteto:

> É certo que não devo ser impassível como uma estátua, mas observar as relações naturais e adquiridas, como homem pio, como filho, como irmão, como pai, como cidadão[17].

---

14. Epicteto, *Diatribes*, III, 2, 1-2.
15. Epicteto, *Diatribes*, III, 2, 3.
16. Epicteto, *Diatribes*, III, 2, 3.
17. Epicteto, *Diatribes*, III, 2, 4.

Essa é a esfera dos *kathekonta*, para falar na linguagem da escola. E os deveres são as ações que devemos realizar relativamente ao nosso corpo, aos pais e a todos os outros homens, *respeitando os ditames da razão*. Eis como se formula a máxima áurea que regula os deveres:

Os deveres em geral se estabelecem em função das relações. Este é teu pai? Então tens o dever de cuidar dele; dar-lhe a preferência em todas as coisas; se te reprova e se te castiga, suporta-o pacientemente. Mas ele é mau pai. Talvez a natureza te obrigue só ao bom pai. Não! Simplesmente ao pai. O irmão te fez um mal? Não deves, contudo, faltar com o teu dever de irmão, e não olhes para o que ele te fez, mas para o que deves fazer para proceder segundo a natureza. De fato, os outros não podem fazer-te dano se não queres; ao invés, receberás danos se considerares que os outros te fazem dano. Portanto, no modo acima indicado, se te habituares a pensar nas relações, encontrarás os deveres que te competem diante do próximo, do cidadão, de quem representa a autoridade e de qualquer outro[18].

Deve-se ainda acrescentar que esse sentido do dever para com os outros se enriquece, em Epicteto, diferentemente do antigo Pórtico, com profunda humanidade e amor: o homem, com efeito — diz ele —, é "animal que ama e quer ser amado"[19].

3) Eis como Epicteto caracteriza o terceiro âmbito:

O terceiro pertence aos que já realizaram progressos e diz respeito à segurança do que se disse, no qual não se insinua, nem mesmo no sono, qualquer representação não examinada, nem mesmo nos estados de alegria produzidos pelo vinho ou pelo furor[20].

Ora, é interessante observar como isso, que é um problema lógico, devendo, portanto, como tal preceder qualquer outra consideração, torna-se último para Epicteto. Explicita-se, desse modo, o que já notamos outras vezes no volume anterior: esses sistemas (dirigidos unicamente a resolver o problema da vida) não deduzem as suas soluções da lógica nem da ontologia, mas de um sentimento da vida, de uma premissa intuída ou admitida por uma espécie de fé, premissa que, depois, explicam de modo razoável e tentam fundar racionalmente. A premissa de Epicteto é uma das mais explícitas confirmações disso.

18. Epicteto, *Manual*, 30.
19. Epicteto, *Diatribes*, IV, 5, 30.
20. Epicteto, *Diatribes*, III, 2, 5.

4. A *proairesis* ou opção moral fundamental

Em lugar de um critério de verdade abstrato, Epicteto põe como fundamento da moral a *proairesis*; e isso confirma ulteriormente o que dissemos na conclusão do parágrafo precedente.

Os antigos estóicos não falaram de *proairesis*; nem Epicteto se remete à aristotélica *proairesis*, que, como sabemos, significa a escolha dos meios imediatos para a realização dos fins (os fins — recordemo-lo —, para Aristóteles, não são *escolhidos*, mas queridos)[21]. A *proairesis* de Epicteto indica uma pré-opção ou pré-decisão que estabelece em geral o que é e o que não é bom[22]. As sucessivas escolhas dos objetos particulares e das ações singulares dependerão, portanto, dessa "pré-escolha" geral. Em suma: a *proairesis* é a decisão e a opção fundamental, que o homem faz de uma vez para sempre e com a qual determina, portanto, a cifra do seu ser moral, da qual dependerá tudo o que fizer e como o fizer.

É claro que a autêntica *proairesis*, para Epicteto, coincide substancialmente com a aceitação do seu grande princípio, que distingue as coisas que estão *em nosso poder* das que *não estão em nosso poder* e estabelece que só as primeiras são boas, enquanto as outras não o são e não nos dizem respeito. E é também claro que, uma vez feita essa opção fundamental, as escolhas particulares, as ações singulares, seguem-se por via de conseqüência[23].

A *proairesis* constitui, portanto, a substância do nosso ser moral. Por conseguinte, Epicteto pode afirmar:

> [...] Não és carne nem pele, mas opção moral: e se esta for bela, serás belo.
>
> Só a *opção moral* [*proairesis*] convenientemente disposta é bem e só a *opção moral* não convenientemente disposta é mal.

Dize-me, pois, quais são as coisas indiferentes: dize-me, também, as conseqüências que delas derivam. — As que *não dependem da minha opção moral* [*aproaireta*] não são nada para mim. — Dize-me, pois, o que consi-

21. Cf. vol. IV, pp. 119ss.

22. Cf. Bonhöfer, *Epiktet und die Stoa*, pp. 118ss., 159ss., e idem, *Epiktet und das neue Testament*, Giessen 1911 (Berlim 1964²), p. 235.

23. Cf. Pohlenz, *La Stoa*, II, pp. 113ss.

deras bens? — A reta *escolha moral* [*proairesis*] e o uso conveniente das representações[24].

Da *proairesis*, em suma, dependem virtude e vício, felicidade e infelicidade: esta é o que de maior existe no homem[25].

Eis a página na qual Epicteto exprime com perfeição esse pensamento:

Ó homem, não sejas ingrato e, ao mesmo tempo, não esqueças o que é ainda maior, mas pela vista e pelo ouvido, e, em nome de Zeus, pela própria vida e pelos bens que ajudam a sua manutenção, pelos sólidos produtos da terra, pelo vinho, pelo óleo, dá graças a Deus: *mas recorda que te deu outra coisa, maior do que todas estas: o poder de usá-las, de julgá-las, de estimá-las no seu valor.* E, na realidade, quem se pronuncia sobre o valor efetivo de cada uma dessas faculdades? Talvez a faculdade mesma, em particular? Ouviste alguma vez a vista emitir um juízo sobre si mesma? Ou o ouvido? Não, mas como servidoras escravas foram postas a serviço da faculdade que usa as representações. E se perguntas o valor de cada uma delas, a quem o perguntas? Quem te responde? Como pode, pois, outra faculdade ser superior a esta, que se serve das prestações das outras, que julga todas as coisas por si e se pronuncia sobre elas? Qual dentre estas conhece a própria efetiva realidade e o próprio valor? Qual delas sabe quando deve ser usada, quando não? Quem é que abre e fecha os olhos, dirige-os para onde deve, desvia-os de onde deve? A vista? Não, mas a faculdade da *escolha moral* [προαιρετική δύναμις]. Quem abre e tampa os ouvidos? Torna os homens atentos e curiosos ou insensíveis a todo discurso? O ouvido? Não; mas a faculdade da *escolha moral.* E então, quando ela se dá conta de estar em meio a outras faculdades, todas cegas e surdas, incapazes de abraçar qualquer outra coisa além dos próprios atos, os quais foram submetidos a seu serviço e postos na sua dependência, enquanto só ela tem a vista aguda e alcança com um único olhar todas as outras no seu valor individual e, ao mesmo tempo, a si mesma, poderá demonstrar-nos que o bem supremo é outra coisa além de si mesma? Que faz o olho aberto senão ver? Mas se se deve olhar a mulher de alguém e de que modo, quem o diz? *A faculdade da escolha moral.* E se se deve dar fé ao que é dito ou não, e, uma vez dada, se se deve lamentar ou não, quem o diz? Não é, por acaso, *a faculdade da escolha moral*? Ora, a faculdade da palavra, com todas as atrações da linguagem, dado que exista verdadeiramente uma faculdade especial, quando o discurso versa sobre algum argumento,

---

24. Epicteto, *Diatribes*, III, 1, 40; IV, 5, 32; I, 30, 3.

25. O antigo Pórtico, recordemo-lo, falava de *justa disposição interior*.

o que faz senão encher de atrativos os vocábulos e harmonizá-los, como fazem os barbeiros com os cabelos? Mas se é melhor falar ou calar, e nessa situação melhor do que naquela, e se isso é conveniente ou não, e o momento oportuno para cada discurso e o seu uso, quem os indica senão *a faculdade da escolha moral*? Queres, pois, que ela mesma venha a pronunciar a sua condenação? Mas como! diz-se. Se as coisas não são assim, é até mesmo possível que quem serve seja superior àqueles a quem serve, o cavalo ao cavaleiro, o cão ao caçador, o instrumento ao citarista, os súditos ao rei. E quem se serve de outras coisas? *A escolha moral* [προαίρεσις]. O que destrói completamente o homem, seja com a fome, seja com o laço, seja precipitando-o num abismo? *A escolha moral.* E o que há de mais poderoso no homem? E como é possível que coisas sujeitas a impedimentos sejam mais poderosas do que as que não são? O que pode, por sua natureza, pôr impedimentos à faculdade da vista? Tanto *a escolha moral* como os objetos independentes dela. Do mesmo modo para o ouvido e para a língua. Mas o que pode, por sua natureza, pôr obstáculos à *escolha moral*? *Nada que não dependa dela, mas só ela, quando é pervertida. Por isso, só ela é vício, só ela é virtude*[26].

A *proairesis* poderia parecer, ao leitor moderno, ato da *vontade*. Se assim fosse, a ética de Epicteto seria uma ética voluntarista. Mas não é assim: a *proairesis* é um ato de razão, é um juízo cognoscitivo.

Diz Epicteto:

Mas se me apresentam o terror da morte, diz-se, me constrangem. — Não, não é o que te apresentam, mas o fato de que *te parece preferível* fazer isso ou aquilo em vez de morrer. Mais uma vez é o teu juízo [*dogma*] que te submete à necessidade, isto é, a tua *proairesis* que impõe necessidade à tua própria *proairesis*[27].

Nessa passagem identificam-se claramente *proairesis* e *dogma*, ou juízo. E ainda:

[...] O que procede dos *juízos* retos está correto, o que procede de *juízos tortos* não está correto. Portanto, enquanto não souberes com que juízo se realiza cada coisa, não deves louvá-la nem lastimá-la[28].

Sobre isso pronuncia-se muito bem Pohlenz: "A *proairesis* é o juízo geral e de princípio sobre o valor das coisas. Não há dúvida de

26. Epicteto, *Diatribes*, II, 23, 5-19.
27. Epicteto, *Diatribes*, I, 17, 25.
28. Epicteto, *Diatribes*, IV, 9, 3.

que ela se traduz, necessariamente, num apetecer, em impulsos práticos, e que implica a escolha de determinado modo de vida. Não obstante, permanece sempre um ato do intelecto, e o 'querer' só é determinado num segundo momento da representação da meta que nos é indicada pela decisão do intelecto. É, portanto, errado traduzir sem mais *proairesis* por 'vontade'; ela é também diferente da *voluntas* de Sêneca. A ética de Epicteto não é voluntarista; ela continua e desenvolve a concepção socrática fundamental"[29].

Como para Sócrates, também para Epicteto todos querem o bem e o útil, e o que cada um escolhe é o que *julga* bem e útil; a virtude é a escolha correta, o vício é escolha errada devida à ignorância do bem e do verdadeiro útil:

> Portanto, ninguém poderá crer que uma coisa lhe seja útil sem escolhê-la?
> — Não.
> — E como Medéia diz: "Sim, entendo os males que estou por realizar, mas o meu pesar supera a minha razão"?
> Porque ela *considera mais útil do que salvar os filhos* assentir ao seu pesar e vingar-se do marido.
> — Certo, mas ela se enganou.
> — *Mostra-lhe claramente que se enganou e não o fará*: mas enquanto não lhe mostrares isso, que poderá seguir senão as aparências?[30]

Portanto, o pensamento grego nunca conseguiu libertar-se do intelectualismo socrático, consignando ao logos praticamente todo o sentido e a grandeza do homem. A intuição voluntarista de Sêneca, pelos motivos acima indicados, não podia ser fecunda.

5. O novo sentimento do divino

Epicteto não rejeita a concepção imanentista própria do Pórtico, nela introduzindo uma fortíssima carga de espiritualidade e de religiosidade. Por outro lado, ele não pode livrar-se do panteísmo e do materialismo estóico, porque lhe falta o conceito do supra-sensível e do transcendente. E assim os fermentos religiosos que ele introduz,

---

29. Pohlenz, *La Stoa*, II, pp. 117ss.
30. Epicteto, *Diatribes*, I, 28, 6-8.

embora não levando a uma superação do panteísmo materialista, levam, todavia, a uma posição que raia o limite da ruptura e modifica a doutrina do antigo Pórtico em muitos pontos.

Deus é inteligência, é ciência, é reta razão, é bem. Deus é providência que se ocupa não só das coisas em geral, mas de cada um de nós em particular. Obedecer ao logos e fazer o bem, portanto, significa obedecer a Deus, servir a Deus, significa, também, louvar a Deus. A liberdade coincide com a submissão ao querer divino[31].

Ademais, para Epicteto, provimos de Deus, somos como fragmentos da divindade e a Deus, ao morrer, retornamos.

Eis uma das páginas que melhor traduzem o novo sentimento de Deus, da sua Providência, da sua onisciência e, ao mesmo tempo, a nova concepção da ligação entre o homem e Deus:

> [Zeus] pôs ao lado de cada um também um guardião, o demônio* próprio de cada um e confiou todo homem à sua proteção — e ele não dorme e não se deixa enganar. A que outro guardião melhor e mais cuidadoso poderia ter confiado cada um de nós? Em conseqüência, *quando fechardes a*

---

31. Eis uma das passagens mais significativas: "Examinado tudo isso [o problema da existência de Deus e das nossas relações com ele], o homem de perfeita virtude submete o seu espírito a quem governa o universo, como os bons cidadãos às leis do Estado. E quem aprende deve apegar-se às lições com essa disposição: '*Como poderei seguir em tudo os deuses, como viver contente sob o governo divino, como me tornar livre?*'. Porque livre é aquele a quem tudo acontece de pleno acordo com a sua opção moral fundamental e ao qual ninguém pode servir de obstáculo. — Mas como? A liberdade é, por acaso, falta de razão? Nunca. Liberdade e loucura não coincidem. Mas eu quero que me aconteça tudo o que me aparece, o que quer que seja. — Mas, estás louco, deliras! Não sabes que é coisa bela a liberdade, uma coisa preciosa? E querer que me aconteça ao acaso o que ao acaso me acontece corre o risco não só de não ser coisa bela, mas até mesmo a mais reprovável de todas. Como nos regulamos quando se trata de escrever? Escrevo ao meu bel-prazer o nome de Díon? Não: aprendo a querer escrevê-lo como se deve. E quanto à música? Do mesmo modo. E, em geral, quando se trata de arte ou de ciência? Do mesmo modo. Caso contrário não valeria a pena aprender qualquer coisa, se cada um devesse regular-se segundo o seu próprio capricho. *E aqui, quando se trata da questão maior e mais importante, a liberdade, ser-me-ia permitido querer ao acaso? De modo algum, mas o ensinamento consiste, justamente, em aprender a querer cada coisa como ela é. E como é? Como a ordenou o Ordenador*" (Epicteto, *Diatribes*, I, 12, 7-16).

* A palavra *demônio* em grego não tem o sentido que lhe foi atribuído pela Teologia Cristã, mas indica um gênio maligno ou benigno que atua sobre a *psyché* humana (n. do T.).

porta e apagardes a lâmpada, recordai-vos de nunca dizer que estais sós: não estais, na realidade, Deus está no interior, e o vosso demônio existe. E que necessidade têm eles de luz para ver as vossas ações? A esse Deus deveríeis também vós prestar juramento como os soldados a César. Mas estes, enquanto recebem o salário, juram pôr acima de tudo a saúde de César, e vós, que fostes considerados dignos de tantos e tão grandes dons, não prestaríeis juramento ou, prestando-o, não o manteríeis? E qual é o juramento? Nunca desobedecer, não acusar nem lastimar nada do que vos tenha concedido Deus, não fazer nem sofrer contra a vontade o que é inevitável. Esse juramento é de algum modo semelhante àquele? Por um lado, os soldados juram não pôr nada acima de César: vós, por outro, *não pôr a vós mesmos acima de todas as coisas*[32].

E a ruptura com o Deus-*physis* é ainda mais evidente na seguinte passagem:

Quanto a mim, desejaria ser colhido [pela morte] enquanto me ocupo exclusivamente com tornar a minha *escolha moral imperturbada*, sem impedimentos, constrições, livre. Totalmente voltado a isso quero ser encontrado para poder dizer a Deus: "Por acaso transgredi alguma das tuas ordens? Usei para outros fins a faculdade que me deste, os sentidos, as pré-noções? Por acaso acusei-te alguma vez? Lastimei alguma vez o teu governo? Adoeci quando quiseste; também os outros, mas eu de bom grado. Tornei-me pobre porque quiseste; mas com alegria. Não assumi encargos, porque assim o quiseste: e eu jamais desejei encargos. Por esta razão me viste alguma vez acabrunhado? Não me apresentei sempre diante de ti com o rosto radiante, preparado a qualquer ordem, a qualquer indicação tua? Agora queres que abandone a festa: faço-o; agradeço-te de todo coração porque me consideraste digno de participar da festa, de ver as tuas obras, de penetrar com a inteligência no teu governo. Oh! Enquanto penso nessas coisas, enquanto as escrevo, enquanto as leio, que me colha a morte![33]

6. O parentesco do homem com Deus e a fraternidade dos homens

Também o tema do parentesco do homem com Deus, que já era tema do antigo Pórtico, assume inflexões fortemente espiritualistas, quase cristãs.

Eis uma passagem particularmente eloqüente sobre isso:

---

32. Epicteto, *Diatribes*, I, 14, 12-17.
33. Epicteto, *Diatribes*, III, 5, 7-10.

Tu [...] és um fim, *és um fragmento de Deus. Tens em ti uma parte dele.* E por que ignoras o teu parentesco? Por que não sabes de onde vieste? Não queres recordar, enquanto comes, que és tu que comes, a quem dás de comer? Quem és quando satisfazes as tuas necessidades sexuais? Quando te dás à vida social, quando exercitas o corpo, quando discutes, *não sabes que nutres um deus, que exercitas um deus? Levas um deus contigo, desgraçado, e o ignoras?* Pensas que me refiro a um deus de prata, exterior, de ouro? Tu o levas em ti mesmo sem dar-te conta, o deturpas com pensamentos impuros, com atos desordenados. Diante da estátua de um deus não ousarias fazer sequer uma das ações que fazes. E diante do próprio Deus, que no teu íntimo tudo observa e ouve, não te envergonhas nem de pensar nem de falar, ó homem inconsciente da tua própria natureza, objeto da cólera divina?[34]

E ainda:

Se alguém chegasse a se compenetrar convenientemente desse pensamento, *que viemos todos de Deus, essencialmente, e que Deus é pai dos homens e dos deuses*, creio que não nutriria em si mesmo pensamentos ignóbeis ou baixos. Mas como! Se César te adota, ninguém poderá afrontar-te: e se sabes que és filho de um Deus, não te exaltarás? Agora, entretanto, não nos comportamos assim: dado que no momento da geração misturam-se esses dois elementos — o corpo, comum com os animais, a razão e o pensamento, comum com os deuses —, alguns se inclinam para o parentesco desafortunado e mortal, e apenas poucos para o parentesco divino e feliz. E dado que cada um usa necessariamente as coisas segundo a opinião que tem delas, aqueles poucos que se crêem nascidos para a lealdade, para o respeito de si, para usar com segurança as representações, não nutrem em si qualquer pensamento baixo ou ignóbil, a maioria, ao contrário, sim. "Que sou eu, enfim? Um mísero homenzinho", ou "a minha pobre carne". Sim, a pobre carne, e, contudo, tens um elemento superior à pobre carne. Por que o descuidas e te apegas àquela? Justamente por tal parentesco, alguns de nós, tendendo para a carne, tornam-se semelhantes a lobos, desleais, pérfidos, danosos, outros semelhantes a leões, grossos, brutais, selvagens: a maioria é como raposa e como tudo o que há de monstruoso entre os animais. Que é, de fato, um homem insolente e vicioso senão uma raposa ou qualquer outra coisa mais monstruosa ou mais baixa? Olha, portanto, e está atento a não te tornares um desses monstros[35].

Daqui Epicteto extrai a mais convincente prova da idéia estóica de que Deus e os homens formam uma única sociedade, a verdadeira

---

34. Epicteto, *Diatribes*, II, 8, 11-14.
35, Epicteto, *Diatribes*, I, 3, 1-8.

sociedade universal, muito superior às pátrias terrenas nas quais nasceu o corpo:

Se é verdade o que dizem os filósofos sobre o parentesco entre Deus e os homens, que lhes resta a fazer senão seguir o exemplo de Sócrates, isto é, nunca responder a quem quer saber qual é a sua cidade: "Sou cidadão de Atenas, cidadão de Corinto", mas "cidadão do universo"? Por que dizes que és ateniense e não simplesmente daquele pedaço de terra no qual o teu pobre corpo foi lançado no momento do nascimento? Ou não é verdade que derivas de um princípio superior, que envolve não só aquele pedaço de terra, mas também toda a tua casa, e, numa palavra, o país no qual se perpetuou até aqui a estirpe dos teus antepassados, e por isso te chamas ateniense ou coríntio? Quem, portanto, penetrou a organização do universo e compreendeu que "de todas as coisas, a maior, a mais importante, a mais universal é a sociedade formada por homens e Deuses, e que dele as forças geradoras descem não só até o meu pai e o meu avô, mas a tudo o que nasce e cresce sobre a terra, especialmente os seres razoáveis, já que só eles participam por natureza da comunhão divina, sendo ligados a Deus pela razão", por que não afirmará que é cidadão do universo? E por que não, filho de Deus? Por que temerá o que pode acontecer entre os homens? Mas enquanto o parentesco com César e com outro dos poderosos de Roma é suficiente para proporcionar uma vida segura, ao abrigo do desprezo e das tribulações, o fato de ter Deus por criador, por pai, por protetor não nos arrancará dos afanos e dos temores?[36]

E daqui deriva, como necessária conseqüência, o sentido da fraternidade de todos os homens: no laço comum com Deus, a distinção entre senhor e escravo não tem mais qualquer sentido:

Foi-lhe perguntado como se pode comer de modo a agradar aos deuses. "Se se pode fazer como se deve — respondeu —, isto é, de maneira razoável, e assim com temperança e medida, por acaso não se faz de modo a agradar aos deuses? Quando pedes água quente e o servo não te obedece, ou, se te obedece, a traz morna, ou nem sequer se encontra em casa, então, o fato de não se enfurecer, de não se exaltar, por acaso não é agradar aos deuses?"

— Mas então, como suportar tais pessoas?

— Escravo, não suportarás o *teu irmão, que tem Zeus por pai, nasceu, como filho, do mesmo germe que tu e da mesma descendência celeste*, mas por teres sido posto numa posição um pouco mais eminente, te comportarás logo como tirano? Não te recordarás de quem és e sobre quem dás ordens? Não são homens da tua estirpe, *irmãos por natureza*, descendentes de Zeus?

36. Epicteto, *Diatribes*, I, 9, 1-7.

— Mas eu tenho direito de aquisição sobre eles, e eles não o têm sobre mim.

— Vês para onde olhas? Não é, por acaso, para a terra, para o abismo, para essas leis infelizes, que são leis dos mortos? Não olhas para as leis dos deuses?[37]

7. Louvor a Deus

Já vimos que, também no âmbito do antigo Pórtico, Cleanto coloria religiosamente a ontologia estóica e introduzia até mesmo a oração como canto de louvor, no seu *Hino a Zeus*. Epicteto leva ao extremo essa atitude. Cantar os louvores de Deus é até mesmo a tarefa precípua que ele se atribui e a parte que considera própria. E relendo o hino de Cleanto e este de Epicteto, tanto mais humilde e resignado, mas igualmente tocante, notar-se-á a considerável inflexão sofrida então pelo conceito de deus: em Cleanto, é a lei impessoal, a Providência impessoal, a Physis, o Destino que merece o hino e, contudo, não o escuta. Epicteto, ao contrário, tende, irresistivelmente, a assumir, embora de modo implícito, os traços espiritualistas de um Deus pessoal que sabe e pode ouvir o hino que lhe é cantado:

> São só estas as obras da providência para conosco? Que palavra é suficiente para louvá-las ou expô-las de modo correspondente? Se tivéssemos juízo, que mais deveríamos fazer, em companhia ou sozinhos, senão louvar a divindade, celebrá-la, enumerar seus benefícios? Não deveremos, enquanto andamos, ou passeamos, ou comemos, cantar o hino a Deus? "Grande é Deus, porque nos concedeu instrumentos aptos para trabalhar a terra: grande é Deus, porque nos deu as mãos, a garganta, o ventre, porque nos faz crescer sem que nos demos conta, porque nos faz respirar enquanto dormimos". Dever-se-ia cantar isso em todas as ocasiões, e cantar o hino mais sublime e mais divino que Ele nos deu, isto é, a faculdade de compreender tais coisas e a via reta para usá-la. Pois bem, já que a maioria de vós é cega, não era necessário que existisse alguém que assumisse esse lugar e em nome de todos cantasse o hino a Deus? E que mais posso eu, velho alquebrado, senão louvar a Deus? Se fosse um rouxinol, faria a minha parte de rouxinol, se um cisne, a de um cisne. No entanto, sou um ser de razão: devo louvar a Deus. Eis a minha parte; eu a realizo e não deserto do meu posto, porquanto me é concedido, e também vos exorto a cantar esse mesmo canto[38].

---

37. Epicteto, *Diatribes*, I, 13, 1-5.
38. Epicteto, *Diatribes*, I, 16, 15-21.

Infelizmente, como vimos verificar-se em Sêneca, também Epicteto não sabe dar às novas instâncias que explicita um adequado fundamento ontológico. Antes, mais do que nunca o materialismo estóico revela nele a sua inadequação: o que nos diz Epicteto sobre o homem seria muito mais teoricamente correto no âmbito de uma metafísica dualista de tipo platônico, do que no âmbito da concepção monístico-materialista do Pórtico, e o que ele diz de Deus suporia até mesmo posições metafísicas mais maduras do que as conquistadas por Platão e Aristóteles nesse domínio.

V. MARCO AURÉLIO, O IMPERADOR FILÓSOFO

1. Características do estoicismo de Marco Aurélio

Fervoroso admirador do "escravo" Epicteto foi Marco Aurélio[1]. Com ele o estoicismo sobe ao trono do maior império: e com ele, também, termina. Marco Aurélio é a última figura de relevo produzida pelo movimento espiritual do Pórtico.

Também em Marco Aurélio são bem visíveis as tendências ecléticas: ele não hesita, como Sêneca, em acolher posições de sabedoria que vêm até mesmo de Epicuro, além das já predominantes instâncias médio-platônicas, e procede também a uma exploração da tese de Heráclito sobre o "tudo flui", inédita no Pórtico, extraída, muito provavelmente, do cético Enesídemo, o qual, como veremos, considera o ceticismo a via que leva ao heraclitismo[2].

---

1. Marco Aurélio Antonino nasceu em 121 d.C. Aproximou-se desde jovem da filosofia e também da retórica, que posteriormente deixou para dedicar-se exclusivamente à filosofia. Freqüentou estóicos romanos e também o estóico grego Apolônio. Particular gratidão Marco Aurélio manifesta por Rústico, o qual, entre outras coisas, o fez conhecer as *Diatribes* de Epicteto (em 146), que constituíram para ele, a partir daí, um constante ponto de referência. Em 161, aos 40 anos, Marco Aurélio subiu ao trono imperial. A situação do império era particularmente delicada, quer pelas pressões externas dos bárbaros, quer pelas tensões internas. Marco Aurélio soube controlar com firmeza a situação, exercendo a autoridade imperial com profundo sentimento estóico do dever. Jamais experimentou a embriaguez, nem a alegria, nem a satisfação de possuir o mais alto cargo existente no mundo; experimentou, ao contrário, o sentido da tremenda responsabilidade que ele comportava, e da fé estóica extraiu as energias para afrontá-la. Marco Aurélio soube verdadeiramente exercitar o poder de imperador como um serviço aos outros. Morreu em 180 d.C. A sua obra filosófica, redigida em língua grega, leva o título de Εἰς ἑαυτόν, normalmente traduzido por *Solilóquios*, e é uma série de máximas, sentenças e reflexões (de fragmentos, diríamos hoje), que compôs inclusive durante as duras campanhas militares (e que não tinham a finalidade de ser publicadas). Indicamos a edição italiana bilíngüe de C. Mazzantini: Marco Aurelio, *Ricordi*, texto grego e tradução italiana com introdução e notas, Turim 1948; cf. também Marco Aurelio, *I Ricordi*, trad. de F. Cazzamini Mussi, revisão, introdução e notas de C. Carena, Turim 1968.

2. Que o heraclitismo de Marco Aurélio derive de Enesídemo o prova particularmente a maneira cética com que são explorados o "tudo flui" e os corolários conexos. Sobre Enesídemo, cf. adiante, pp. 131-156.

Entre os expoentes do novo Pórtico, ele é o que mais restringe a filosofia à problemática moral, colorindo-a, não menos que Sêneca e Epicteto, com fortes tintas religiosas. O Pórtico, durante meio milênio, ajudara os homens a viver com a sua doutrina moral, bem mais que com a sua lógica e com a sua física. Estas foram, progressivamente, extenuando-se e enfraquecendo e até mesmo esclerosando; aquela, ao invés, continuou a reviver e a reflorescer, porque continuou respondendo a efetivas necessidades dos homens, idênticos, malgrado a mudança dos tempos. Com Marco Aurélio estamos no termo da parábola: os *Solilóquios* são a extrema afirmação daquela fé, que, quinhentos anos antes, o semita Zenão de Atenas proclamou ao mundo. Depois dele, esta fé não mais satisfará; o homem aspira agora a uma fé superior.

2. O fluxo cósmico e a caducidade de todas as coisas

Uma das característias do pensamento de Marco Aurélio, que mais impressiona o leitor dos *Solilóquios*, é a insistência com a qual é tematizada e afirmada a caducidade das coisas, a sua inexorável passagem, a sua monotonia, a sua insignificância e substancial nulidade.

Eis alguns pensamentos muito eloqüentes, que dizem respeito ao vorticoso devir, que, segundo Marco Aurélio, arrasta e devora todas as coisas:

> Quão rapidamente, num segundo, desvanecem todas as coisas, os corpos no espaço, e a memória desses no tempo! E o que são todas as coisas sensíveis e, especialmente, as que nos seduzem com a voluptuosidade ou nos amedrontam com a dor ou são exaltadas pelos homens! Quão vis são, desprezíveis, horríveis, corrompidas, mortas![3]

> A vida humana tem a duração de um segundo, a substância é fluída; as sensações, obscuras; a união de todo o corpo, corruptível; a alma, errante; a sorte, incerta; a fama, casual; em poucas palavras, o que se refere ao corpo é uma corrente que passa, o que diz respeito à alma, sonho e vaidade; a existência é luta e estada em terra estrangeira; a glória póstuma é esquecimento[4].

---

3. Marco Aurélio, *Solilóquios*, II, 12.
4. Marco Aurélio, *Solilóquios*, II, 17.

Todas as coisas duram um dia, seja quem recorda, seja quem é recordado[5].

O tempo é uma espécie de rio dos acontecimentos ou torrente impetuosa. Tão logo algo surge, já desaparece e outra é extraída e outra ainda será engolida[6].

Considera amiúde a rapidez com a qual passam e desaparecem todas as coisas que existem e nascem. A matéria é semelhante ao fluir contínuo de um rio; as forças naturais sofrem transformações ininterruptas, as causas, mudanças inumeráveis; nada é estável. E essa imensidão infinita do passado e do futuro, tão próxima a ti, é uma voragem na qual tudo desaparece[7].

Uma coisa se apressa em existir, outra em ter existido, e, do que existe, uma parte já se extinguiu; o movimento e a sua transformação mudam continuamente o universo, como o ininterrupto fluir do tempo torna sempre nova a eternidade infinita. Nesse fluxo de coisas que vêm e vão rapidamente, quem concentrará sobre uma delas os próprios afetos, se não lhe é possível parar sobre nada? Tão logo se começa a amar o passarinho que voa, ele já desaparece do nosso olhar. Assim também a nossa vida não é mais que o fluxo do sangue e a respiração do ar, porque inspirar e expirar uma única vez o ar, como fazemos a cada instante, é o mesmo que o ato pelo qual te diriges uma só vez à fonte, de onde primeiro te veio a possibilidade de respirar que ontem, ou anteontem, tiveste ao nascer[8].

A Ásia, a Europa, ângulos do universo; todo o mar, uma gota do universo; o monte Atos, um torrão do universo; todo segundo, um ponto da eternidade. Tudo é pequeno, mutável, destinado a desfalecer[9].

Tudo se transforma. Tu mesmo mudas continuamente e, de certo modo, te vais dissolvendo, e como tu todo o universo[10].

A substância do universo é uma torrente impetuosa, que tudo arrasta consigo[11].

Todas as coisas que vês se dissolverão num instante, e num instante se dissolverão também os que as vêem dissolver-se. E quem morrer com muitos anos será reduzido ao mesmo ponto que quem morrer prematuramente[12].

---

5. Marco Aurélio, *Solilóquios*, IV, 35.
6. Marco Aurélio, *Solilóquios*, IV, 43.
7. Marco Aurélio, *Solilóquios*, V, 23.
8. Marco Aurélio, *Solilóquios*, VI, 15.
9. Marco Aurélio, *Solilóquios*, VI, 36.
10. Marco Aurélio, *Solilóquios*, IX, 19.
11. Marco Aurélio, *Solilóquios*, IX, 29.
12. Marco Aurélio, *Solilóquios*, IX, 33.

E eis alguns pensamentos sobre a monotonia de todas as coisas:

Ainda que te restasse três mil anos por viver, e outras tantas dezenas de milhares de anos, recorda-te, entretanto, que ninguém pode tomar outra vida além da que possui; nem viver outra vida, a não ser a que perde. Conflui, pois, para o mesmo ponto tanto a vida mais longa como a mais breve, pois o presente é igual para todos, e também o passado, e isso mostra claramente como o tempo que o homem perde é imensamente pequeno. Ninguém jamais perderá nem o passado nem o futuro. De fato, como será possível tirar-lhe o que não tem? Deves, portanto, recordar-te sempre dessas duas coisas: a primeira, que todas as coisas desde a eternidade são iguais, e procedem da mesma maneira como se estivessem encerradas num círculo e, por isso, quem as olhasse por cem, por duzentos anos ou por toda a eternidade não perceberia nenhuma diferença; a segunda, que perde igualmente o que morre muito velho e o que morre muito jovem, porque só o presente nos pode ser tirado, dado que só ele possuímos e ninguém pode perder o que não possui[13].

Quem vê as coisas presentes viu tudo: as que existiram desde a origem dos tempos e as que existirão por toda a eternidade, porque todas são da mesma natureza e da mesma forma[14].

[...] Para o alto, para baixo, sempre, para onde quer que te voltes, encontrarás as mesmas coisas, das quais estão plenas as estórias antigas e as da época intermédia e as novas; das quais hoje estão repletas casas e cidades. Nada de novo: sempre as mesmas e efêmeras coisas[15].

E, nesse "nada de novo" (*ouden kainon*), não é possível não ouvir o eco do *nihil sub sole novi* do Eclesiastes[16].

Mas também o tema da *vaidade de todas as coisas*[17] (que provavelmente, como já dissemos, deriva — pelo menos em parte — de Enesídemo)[18], estreitamente conexo com os temas acima ilustrados, tem fortes relevos em Marco Aurélio:

Como as palavras que se usavam antigamente agora são antiquadas, assim, de certo modo, também os nomes dos que foram tão famosos um tempo: Camilo, Cesão, Voleso, Dentato, e aos poucos também Cipião e Catão,

13. Marco Aurélio, *Solilóquios*, II, 14.
14. Marco Aurélio, *Solilóquios*, VI, 37.
15. Marco Aurélio, *Solilóquios*, VII, 1.
16. *Eclesiastes*, 1–2, *passim*.
17. Cf. *Eclesiastes*, 1, *passim*.
18. Cf. *supra*, nota 2.

e depois Augusto, e enfim Adriano e Antonino, são vazios de sentido. De fato, tudo desaparece e logo se torna legendário, e logo também será arrastado totalmente pelo esquecimento. Naturalmente, aludo aos que, de certo modo, brilharam com extraordinário esplendor; pois, relativamente aos outros, tão logo exalam o último suspiro, desaparecem, ignotos. Mas o que é a própria imortalidade da memória? Nada mais que vaidade[19].

[...] Devem-se olhar as coisas humanas como efêmeras e desprovidas de todo valor: ontem, lodo, amanhã, múmia ou cinza [...][20].

A substância de todo corpo é a putrefação; água, pó, ossinhos, sujeira. Os mármores são calosidades da terra; o ouro e a prata, sedimentos; as vestes, peles; a púrpura, sangue. E assim todo o resto. Também o espírito [= a alma entendida como pneuma] é semelhante e passa, transformando-se, de um ser a outro[21].

Esse sentimento das coisas[22] distancia-se decididamente do sentimento grego, não só da era clássica, mas também do primeiro helenismo. O mundo antigo está se dissolvendo e o cristianismo está, inexoravelmente, conquistando os ânimos. Está agora em ato a maior revolução espiritual, que está esvaziando todas as coisas do seu antigo significado. E é justamente essa revolução que dá ao homem o sentido da nulidade de tudo[23].

Mas Marco Aurélio está profundamente convencido de que o antigo discurso estóico ainda está em condições de mostrar que as coisas da vida, além da sua aparente nulidade, têm um sentido preciso. No plano ontológico e cosmológico, é a visão panteísta do Uno-todo, nascente e foz de tudo, que resgata as existências individuais do insensato e da vaidade. No plano ético e antropológico, é o dever moral que dá sentido ao viver. E neste plano Marco Aurélio termina, em mais de um ponto, por assumir princípios cristãos, ou, em todo caso, por afinar alguns conceitos da ética estóica a ponto de levá-los a tocar conceitos evagélicos. Naturalmente, as tangências permanecem

---

19. Marco Aurélio, *Solilóquios*, IV, 33.
20. Marco Aurélio, *Solilóquios*, IV, 48.
21. Marco Aurélio, *Solilóquios*, IX, 36.
22. Cf., ulteriormente, Marco Aurélio, *Solilóquios*, V, 10; VIII, 24.
23. Para um aprofundamento dessa temática, ver: E. R. Dodds, *Pagan and Christian in an Age of Anxiety*, Cambridge 1965 (traduzido para o italiano por La Nuova Italia, Florença 1970).

na sua maioria extrínsecas, porque permanecem antitéticos os fundamentos das duas posições; mas o velho materialismo estóico fica abalado, como veremos, ainda mais que em Sêneca e em Epicteto.

3. Reafirmação do monismo panteísta estóico

Uma primeira consideração, sobre cuja base o sentimento pessimista das coisas e da vida é superado, dizíamos acima, é de caráter ontológico. Aquele rio que arrasta todas as coisas, *não as leva para o eterno nada*, assim como *não as tira do nada*, mas vem de *um ser eterno e volta para um ser eterno*. Única é a matéria da qual são feitas as coisas e única a alma que tudo vivifica, única a mente que tudo rege. E assim a totalidade das coisas constitui um único e grande organismo, que reflete ordem e harmonia:

> As coisas têm sempre algum estreito vínculo com as que as precedem, porque não se trata de uma série de números governada apenas pela necessidade, mas de uma continuidade racional. E como os seres são coordenados harmonicamente, assim os acontecimentos não demonstram só uma pura e simples sucessão, mas uma maravilhosa relação entre si[24].
>
> [...] Una é a harmonia do universo, e como de todos os corpos se compõe o corpo do mundo, assim de todas as causas se compõe a causa do destino[25].
>
> Medita amiúde sobre a concatenação e a recíproca dependência das coisas que existem no universo, porque, de algum modo, todas se entrelaçam, e por isso estão ligadas entre si por amor. De fato, uma coisa se mantém atrás de outra pelo ritmo sustentado pelo movimento, pela concórdia e pela unidade da matéria[26].
>
> Todas as coisas estão concatenadas reciprocamente e o vínculo que as une é sagrado, e não existe, por assim dizer, nenhuma que seja estranha à outra, porque todas formam um complexo e coordenam a ordem do mundo. Uno é, de fato, o mundo que delas resulta, uno é o Deus que as pervade, una a substância, una a lei, una a razão comum a todos os seres pensantes, una

24. Marco Aurélio, *Solilóquios*, IV, 45.
25. Marco Aurélio, *Solilóquios*, V, 8.
26. Marco Aurélio, *Solilóquios*, VI, 38.

a verdade. Una, portanto, será a perfeição de todos os seres que têm a mesma origem e que participam da mesma razão[27].

Há mais, porém. Nesse todo pacificado e harmônico, o homem ocupa um lugar privilegiado: o sentido da sua vida não brota somente do fato de ser como uma peça de um maravilhoso mosaico; ele possui algo que o eleva acima de tudo e o põe em estreita relação com os Deuses. E sobre esse ponto Marco Aurélio não hesita em infringir a ortodoxia estóica, em vista de garantir a radical distinção entre o homem e as outras coisas e a tangência do homem com os Deuses. Vejamos de que modo isso se dá.

4. Nova antropologia: o homem como corpo, alma e mente

O Pórtico, como sabemos, distinguira no homem o corpo da alma, dando a esta nítida proeminência. Todavia — e isso já foi observado outras vezes — a distinção nunca pôde ser radical, porque a alma permanecia sempre um ser material, um sopro quente, ou seja, pneuma, e, portanto, permanecia da mesma natureza ontológica do corpo. Marco Aurélio rompe esse esquema, assumindo três princípios como constitutivos do homem: *a*) o *corpo* (σῶμα), que é carne; *b*) a *alma* (ψυχή), que é sopro ou pneuma, e *c*) superior à própria alma, o *intelecto* ou *mente* (νοῦς). E enquanto o Pórtico identificava o *hegemônico* ou princípio dirigente do homem com a parte mais elevada da alma, Marco Aurélio o põe fora da alma e o identifica com o *nous*, com o intelecto. Eis as passagens que ilustram essa inovação:

> O que eu sou não é mais que *carne*, um pouco de *hálito* [= pneuma ou sopro] e *o órgão dirigente* [= o hegemônico]. Joga fora os livros e não te ocupes mais com isso! Não há mais tempo para isso! Mas despreza, como quem está prestes a morrer, essa tua carcaça, que não é mais que sangue, pequenos ossos, um tecido de nervos, de veias, de artérias. Considera o que é o teu hálito: vento, e nem sempre igual, pois é constantemente inspirado e expirado. *Resta, portanto, a terceira parte*: o órgão dirigente. Nele fixa a tua mente [...][28].

---

27. Marco Aurélio, *Solilóquios*, VII, 9.
28. Marco Aurélio, *Solilóquios*, II, 2.

Corpo, alma, intelecto. Do corpo são próprias as sensações; da alma, os instintos; do intelecto, as idéias. Sofrer impressões do que se vê é próprio também dos animais; sentir-se mover como um fantoche pelos instintos é também próprio das bestas ou de homens afeminados [...]; seguir a razão para fins estritamente egoístas é também próprio dos que negam a existência dos Deuses, ofendem a pátria, fazem qualquer coisa a portas fechadas. Ora, se tudo isso temos em comum com outros seres, permanece como próprio do homem sábio tanto o amar como o acolher o que lhe acontece e lhe é mandado pela sorte; não contaminar o gênio [δαίμων] que reside em nosso peito, nem perturbá-lo com torpes fantasias, mas conservá-lo sereno, inclinado a seguir a Deus [ἑπόμενος θεῷ], sem nunca proferir mentiras, nem jamais realizar nada de iníquo [...][29].

As coisas das quais és contituído são três: *pequeno corpo, sopro vital, intelecto*. Destas, as duas primeiras te pertencem enquanto deves cuidar delas, *só a terceira é verdadeiramente tua*. Ora, se afastares de ti, ou seja, da tua mente, tudo o que dizem ou fazem os outros, tudo o que fizeste ou disseste, ou que te preocupa enquanto deve acontecer; e tudo o que, pelo pequeno corpo que te envolve, ou o sopro vital que lhe é congênito, te ocorre independentemente da tua determinação; e todos os afanos que o vórtice das coisas exteriores faz girar em torno a ti, de modo que, livre de toda fatalidade, puríssima, liberta das paixões, a força do teu intelecto viva para si mesma, agindo segundo a justiça, aceitando de bom grado qualquer acontecimento, dizendo a verdade; se, digo, tiveres subtraído o teu órgão dirigente das influências que lhe são fortemente ligadas por intermédio do sentido corporal, do futuro e do passado e te tornares semelhante à empedocliana

esfera redonda, em solitário círculo feliz,

e não buscares outra coisa senão viver o que estás vivendo, ou seja, o presente, ser-te-á possível transcorrer o que te resta por viver até a hora da tua morte sem agitações, dignamente e em harmonia com o teu gênio [δαίμων][30].

Diante dessa radical inovação surgem numerosos problemas. Antes de tudo: *a*) De onde Marco Aurélio pôde assumi-la? *b*) Ademais, que é, do ponto de vista ontológico, esse *nous*, esse intelecto? *c*) De onde deriva? *d*) Qual é a sua tarefa? *e*) Qual o seu destino?

Marco Aurélio respondeu apenas em parte, e de modo bastante vago, a essas interrogações.

---

29. Marco Aurélio, *Solilóquios*, III, 16.
30. Marco Aurélio, *Solilóquios*, XII, 3.

a) Em primeiro lugar, quanto à doutrina da qual falamos, deve-se observar o seguinte. Não pode ter sido extraída de Platão ou de Aristóteles, como alguns pensaram, dado que eles não contrapõem desse modo alma e intelecto. Ela se inspira, indubitavelmente, nas tendências espiritualistas que começavam a se impor, que não podiam aceitar a redução do que há de mais elevado no homem a mero pneuma material. Na nossa opinião, é praticamente certo que a doutrina deriva do médio-platonismo, o qual apresenta em nível temático a tese da superioridade do *nous* sobre a *psyché*, como veremos adiante. De todo modo, é evidente que Marco Aurélio se preocupou exatamente com isso: *mostrar que o homem não se reduz, como todas as outras coisas, à componente puramente física e tampouco à vital*; o pensamento (νοῦς) suplanta decididamente a estas, e é por causa dessa superioridade que só nele e com ele se decidem o destino e a felicidade do homem. Antes, Marco Aurélio, como os médio-platônicos, identifica sem mais o nosso *nous* com o nosso *Demônio* e repropõe também o seu mandamento básico, ou seja, "seguir a Deus"[31].

b) Mas se essa função específica do *nous* parece clara, permanece obscura, no contexto dos *Solilóquios*, a sua natureza ontológica. E não podia ser diferente: de fato — e o leitor já o terá compreendido — para poder dar ao intelecto um estatuto ontológico que superasse o da matéria física e pneumática, eram indispensáveis, mais uma vez, as categorias do supra-sensível e do imaterial. Noutros termos, era indispensável sair da esfera da ontologia estóica, que não conhece senão o corpóreo e o material. Mas Marco Aurélio estava longe não só de ser capaz de recuperar criticamente essas categorias, mas simplesmente de dar-se conta das implicações básicas que a admissão de um *nous* acima da *psyché* comportava. E quando o nosso pensador nos diz que o *nous* é um *Demônio* (δαίμων), que é um fragmento da própria substância de Deus, evidentemente não resolve o nosso problema, mas apenas o desloca, porque, em toda a sua doutrina, além da implícita negação de que Deus seja pneuma ou fogo, não encontramos nenhuma determinação positiva da natureza desse Deus.

31. Cf. as passagens apresentadas acima, p. 115 (cf. também, *infra*, p. 119).

Dos médio-platônicos, Marco Aurélio, assim como os outros neoestóicos, acolheu apenas alguns corolários e não os fundamentos.

c) Desse modo respondemos também ao ulterior problema da derivação do intelecto. Escreve Marco Aurélio:

> Se a inteligência é em nós comum, também a razão, pela qual somos razoáveis, é comum em nós; se isso é verdade, é comum também a razão que ordena que coisa se deve, ou não se deve, fazer. Existe, pois, uma lei comum, portanto, somos todos cidadãos, e assim participamos todos de uma espécie de governo, e, portanto, o mundo é como uma cidade; porque de que outra forma de Estado comum podemos dizer que faça parte toda a humanidade? Daqui, dessa comum cidade, derivam para nós a inteligência, a razão, a lei. Ou de que outro lugar poderemos provir? Como tudo o que há em mim de terreno provém da terra, e o que há em mim de úmido provém de outro elemento, e o que há em mim de sopro vital provém de determinada fonte, e o que há em mim de quente, de ígneo, de uma fonte particular, porque nada vem do nada nem volta ao inexistente, assim também a inteligência deve provir de algum lugar[32].

> Uma única alma é distribuída entre todos os seres irracionais e uma única alma intelectual é repartida entre os racionais, como também uma só é a terra para todas as coisas terrestres, uma só a luz pela qual vemos e o ar que nós, viventes, podemos respirar[33].

> Una é a luz do sol, embora dividida por muros, por montes e outros obstáculos semelhantes. Una é a matéria comum, embora dividida numa multidão inumerável de corpos, cada um com características individuais. Una é a alma, embora dividida numa multidão inumerável de naturezas constrangidas em limites individuais. Una é a alma intelectual, embora pareça dividida em muitas partes. Ora, todas as outras coisas agora recordadas, alma respirante e objetos inertes, não têm sensibilidade e ligações recíprocas, conquanto sejam mantidos juntos pela unidade do universo e pela gravitação que aí se concentra. Mas é próprio do intelecto tender para o que lhe é afim e unir-se a ele, nem é possível desenraizar essa comunhão de sentimentos[34].

Como se vê, Marco Aurélio, além de uma *matéria universal* e além de uma *alma pneumática universal*, admite uma *alma intelectiva universal*, da qual as singulares almas intelectuais são fragmentos e

32. Marco Aurélio, *Solilóquios*, IV, 4.
33. Marco Aurélio, *Solilóquios*, IX, 8.
34. Marco Aurélio, *Solilóquios*, XII, 30.

momentos. Esse intelecto universal é Deus: um Deus panteisticamente concebido, que contém tudo e absorve tudo em si. Todavia, pelas mesmas razões acima indicadas, nem são claras as relações desse Deus com a alma pneumática universal e com a matéria universal, nem parece que Marco Aurélio se tenha dado conta de qualquer das aporéticas implicações que essas relações comportam estruturalmente.

d) Se o homem se eleva acima de todas as coisas pela alma racional, então é claro que o sentido da sua vida não poderá decidir-se senão por ela. E a própria natureza do intelecto indica o caminho a seguir. É lei geral da natureza que o semelhante se una ao semelhante[35]. E o semelhante ao intelecto encontra-se em duas direções: em sentido horizontal, por assim dizer, na direção do intelecto dos outros homens, e, em sentido vertical, na direção do intelecto de Deus. E assim a tarefa moral da alma intelectiva se realizará, em dimensão social, amando e ajudando os homens, e, na dimensão religiosa, vivendo com os Deuses. Escreve expressamente Marco Aurélio:

> Viver com os Deuses. Vive com os Deuses quem lhes demonstra estar feliz com a sorte que lhe foi assignada por eles e feliz por obedecer aos mandamentos, quaisquer que sejam, do gênio [δαίμων] que Zeus deu a cada um de nós como seu regente, seu guia, e que é como um fragmento Dele [ἀπόσπασμα ἑαυτοῦ]. E esse gênio é inteligência e razão de todos nós[36].

e) Contrariamente ao que talvez se poderia esperar, Marco Aurélio não afirma a imortalidade do *nous* humano. Em alguns pensamentos, ele repete o dilema socrático de que a morte é uma *dissolução* ou uma *passagem para a outra vida*[37]. Mas o seu pensamento sobre isso deve ter sido o típico do Pórtico, isto é, que as almas se conservam depois da morte, mas apenas por uma duração limitada no tempo, como resulta claramente do seguinte pensamento:

> Se as almas são imortais, como é possível que desde a eternidade o ar possa contê-las todas? E como, por outro lado, a terra pode conter os corpos daqueles que por tantos séculos nela foram sepultados? Do mesmo modo que esses, depois de se terem conservado por algum tempo, transformam-se e se

---

35. Cf. Marco Aurélio, *Solilóquios*, IX, 9; XII, 30.
36. Marco Aurélio, *Solilóquios*, V, 27.
37. Esta é uma alternativa que volta também em Sêneca.

dissolvem, deixando o lugar para outros cadáveres, assim as almas, passadas no ar, tendo-se conservado por algum tempo, transformam-se, dissipam-se, ardem e, reabsorvidas pelo princípio criativo do universo, desse modo dão lugar a outras que surgirão[38].

É verdade que, em primeira instância, Marco Aurélio parece falar da alma pneumática; mas é igualmente verdade que o aceno à reabsorção no Princípio criador do universo, ou seja, no *Logos spermatikós*, leva a crer que seja idêntica a sorte da alma intelectiva. Em todo caso, a imortalidade é um pensamento que permanece fora do horizonte do nosso filósofo[39]. Sobre este ponto, Marco Aurélio permanece rigorosamente estóico: a sorte da alma depois da morte *não entra na decisão acerca do sentido da nossa vida*; o dever moral se impõe por si, absolutamente, e tem em si mesmo o próprio *telos*, pelas razões que vimos.

5. O refúgio na interioridade

Com base no que dissemos, pode-se compreender bem que, para Marco Aurélio, a alma intelectiva (νοῦς) constitui, no nosso verdadeiro eu, o refúgio seguro no qual devemos nos retirar para nos defender de qualquer perigo e para encontrar as energias de que precisamos para viver uma vida digna de homens.

Quando o que acontece ao redor de ti quase te obriga a turbar-te, volta logo para dentro de ti, e não percas o ritmo mais do que é necessário, porque tanto mais te tornarás senhor da harmonia quanto mais freqüentemente para lá retornares[40].

Recorda-te de que o órgão diretivo torna-se invencível quando, recolhido em si mesmo, basta a si mesmo e não realiza ações que lhe desagradam, mesmo quando irracionalmente se opõe a ele. Mas o que acontecerá quando o seu juízo sobre determinado objeto derivar de um exame razoável e bem meditado? Então a mente, livre das paixões, é uma rocha excelsa, e o homem não tem nada de mais forte onde refugiar-se para sempre, sem perigo de ser

---

38. Marco Aurélio, *Solilóquios*, IV, 21.

39. Sobre o problema, cf. Hoven, *Stoïcisme et Stoïciens face au problème de l'au-delà*, cit., pp. 141-148.

40. Marco Aurélio, *Solilóquios*, VI, 11.

preso. Quem não conhece esse abrigo é um ignorante; quem o conhece e não se recolhe nele é um desgraçado[41].

Mas eis o pensamento que resume de modo perfeito esse conceito do refúgio na interioridade e ilustra os princípios essenciais que, segundo Marco Aurélio, se descobrem na interioridade do homem:

Alguns buscam retirar-se nos campos, no mar, sobre os montes, e tu também desejas ardentemente esses lugares, habitualmente; mas tudo isso é digno de um homem vulgar e ignorante, pois podes, quando queiras, retirar-te em ti mesmo. De fato, o homem não pode retirar-se a um lugar no qual haja tranqüilidade maior ou calma mais absoluta do que no íntimo da sua alma, especialmente aquele que tem em si idéias que, apenas com contemplá-las, logo adquire toda a paz do próprio espírito. E por paz não entendo outra coisa senão boa ordem. Recolhe-te, pois, amiúde nessa solidão e renova-te com aquelas meditações às quais recorres.

Estas devem ser concisas e simples e de tal modo que, tão logo as encontres, possam ser suficientes para excluir de ti toda melancolia e deixar-te sem ira. Com que, efetivamente, deverás irar-te? Com a maldade dos homens? Recorda a sentença que afirma que os seres racionais nasceram uns para os outros, que a paciência é parte da justiça, que os seres racionais erram sem o querer; e se pensas em quantos, depois de terem sido combatidos, enganados, detestados, golpeados, são agora reduzidos a cinzas, acalmar-te-ás certamente.

Ou te irarás com o que te é reservado pela ordem universal?

Então recorda-te do dilema: "Ou providência ou átomos", e de todas as razões com as quais foi demonstrado que o mundo é uma cidade.

Ou te perturbará ainda aquilo que diz respeito ao corpo?

Então reflete que a razão, uma vez que se tenha abstraído e se tornado consciente do próprio poder, não se mistura com os movimentos doces ou violentos dos sentidos, e recorda-te do que ouviste e provaste a respeito do prazer e das dores.

Ou te transtornará a ambição?

Então observa que o esquecimento desce rapidamente e tudo devora o abismo sem fim do tempo, a vaidade do eco, a inconstância, a falta de consideração de quem parece distribuir os louvores, e a angústia do lugar no qual está circunscrita a tua fama; pensa que a terra inteira não é mais que um ponto e deste é parte o lugarzinho em que te encontras! E aqui, quantos serão os que te louvarão? Doravante, recorda-te de retirar-te no pequeno campo de

---

41. Marco Aurélio, *Solilóquios*, VIII, 48.

ti mesmo, e antes de tudo, não te afanes, não nutras grandes esperanças, mas sê livre e contempla as coisas com firmeza de homem, de cidadão, de ser mortal. Entre as máximas às quais deverás recorrer, recorda sempre estas duas: primeira, que as coisas exteriores jamais tocam o nosso ânimo, mas permanecem sempre imóveis do lado de fora, e que toda perturbação depende da nossa opinião interior; segunda: que o que vês logo se transformará e não será mais a mesma coisa. De quantas transformações tu mesmo participaste! Pensa nisso sempre.

O mundo é transformação; a vida, opinião[42].

O hegemônico, isto é, a alma intelectiva, que é o nosso Demônio, é invencível, quando quer sê-lo. Nada pode impedi-lo, nada pode dobrá-lo, nada pode atingi-lo, nem fogo, nem ferro, nem qualquer tipo de violência. Só o juízo que ele emite sobre as coisas pode atingi-lo; mas então não são as coisas que o afligem, mas as falsas opiniões que ele produziu[43]. Conservado retamente e incorrupto, o *nous* é o refúgio que dá ao homem a paz absoluta.

6. Espírito novo

Já o antigo Pórtico destacara o vínculo que liga todos os homens, mas só o neo-estoicismo romano elevou esse vínculo ao preceito do amor. E nessa direção Marco Aurélio avançou sem reservas. Eis alguns eloqüentes pensamentos:

E também é próprio da alma racional amar o próximo, o que é verdade e humildade [...][44].

Essa inclinação do homem a amar os outros homens funda-se no fato de que o *nous*, a mente, em tudo está presente e deriva em todos de Deus e é uma parcela divina:

Terás esquecido o estreito vínculo de parentesco que une todo homem ao gênero humano, não parentesco de sangue ou de origem, mas de intelecto; e ainda, que a mente de todo homem é divina e emanada de Deus; que nada é verdadeiramente deste ou daquele, mas o teu filho, o teu corpo, até mesmo

42. Marco Aurélio, *Solilóquios*, IV, 3.
43. Marco Aurélio, *Solilóquios*, V, 9.
44. Marco Aurélio, *Solilóquios*, XI, 1.

a tua pequena alma, tudo saiu de Deus; e, finalmente, que tudo é opinião, que cada um vive somente no presente e este se perde[45].

E há outro conceito em Marco Aurélio que recorda de perto o preceito evangélico de fazer o bem desinteressadamente, sem pôr-se em evidência e sem esperar público reconhecimento e recompensa:

> Há pessoas que, se fazem algum favor a alguém, apressam-se em assinalá-lo em seu benefício; outras não procedem assim, mas, no íntimo do próprio coração, consideram o beneficiado como um devedor, convencidas do que fizeram; enfim, há aquelas que ignoram ter feito um benefício, como o ramo da parreira que produziu um cacho e não exige outro, depois de ter dado finalmente o seu fruto. Cavalo que correu, cão que caçou, abelha que fez o mel, este, que fez o bem ao seu próximo, não conta vantagem do que fez, mas continua a dispensar outros benefícios, como o ramo continua a produzir novos cachos na nova estação. Devemos, pois, ser dos que, por assim dizer, fazem o bem sem sabê-lo[46].

O imperador chega até mesmo a afirmar o seguinte:

> *É próprio do homem amar até os que o ofendem.* Farás isso se te recordares que também eles estão ligados a ti por vínculo de parentesco e pecaram por ignorância e contra a sua vontade, que dentro em breve estareis todos mortos e, acima de tudo, que não te fizeram mal, porque não pioraram a tua natureza racional[47].

O sentimento religioso ultrapassa em Marco Aurélio, de muito, o do antigo Pórtico[48].

"Dá graças a Deus do fundo do teu coração"[49], "tem Deus sempre na tua mente"[50], "invoca os Deuses"[51], "vive com os Deuses"[52] são significativas expressões que aparecem nos *Solilóquios*, carregadas de novas valências. O seguinte pensamento, com relação a isso, é o mais indicativo de todos:

---

45. Marco Aurélio, *Solilóquios*, XII, 26; cf. também II, 13.
46. Marco Aurélio, *Solilóquios*, V, 6.
47. Marco Aurélio, *Solilóquios*, VII, 22 (cf. Mateus 5,44; Lucas 23,44).
48. Esta é uma característica comum também aos neo-estóicos, como vimos.
49. Marco Aurélio, *Solilóquios*, II, 3.
50. Marco Aurélio, *Solilóquios*, VI, 7.
51. Marco Aurélio, *Solilóquios*, VI, 23.
52. Marco Aurélio, *Solilóquios*, V, 27.

Os Deuses não podem nada ou podem alguma coisa. Se não podem, por que lhes diriges preces? Se podem, por que não lhes pedes que te concedam não temer nem desejar qualquer dessas coisas, não te aflijas por qualquer uma delas, em vez de obtê-la ou evitá-la? Isso porque se, de algum modo, podem prestar ajuda aos homens, devem prestá-la também nisso. Talvez digas: — Os Deuses deram-me faculdade de agir com relação a isso —. Então, não é melhor que te sirvas do que está em teu poder, em vez de afanar-te de maneira servil e vã pelo que não está em teu poder? E ademais, quem te disse que os Deuses não nos ajudam também no que está em nosso poder? Começa a rezar para eles nesse sentido e verás[53].

Na boca de um estóico, tão orgulhoso das coisas que estão em nosso poder, essa solicitação de ajuda divina, também nessas coisas, é bastante indicativa da profunda necessidade de Deus que Marco Aurélio, como muitos homens da sua época, sentia.

E embora Marco Aurélio encontrasse na atitude dos cristãos, que enfrentavam a morte para testemunhar a sua fé, algo que julgava teatral[54], na realidade ele recuperava essa atitude, e, de algum modo, a fazia sua, embora noutro sentido:

O tempo que resta é pouco. Vive como sobre um monte, porque não importa estar aqui ou ali, se em toda parte se vive no mundo como numa cidade. Os homens vêem e conhecem o verdadeiro homem que vive segundo a natureza. *Se não podem suportá-lo, que o matem*: melhor morrer do que viver como eles vivem[55].

Mas é difícil que os homens não possam suportar e matem quem vive *segundo a natureza*: não suportam, ao invés, quem vive segundo os princípios que transcendem a natureza.

53. Marco Aurélio, *Solilóquios*, IX, 40.
54. Cf. Marco Aurélio, *Solilóquios*, XI, 3.
55. Marco Aurélio, *Solilóquios*, X, 15.

VI. A DISSOLUÇÃO DA FILOSOFIA DO PÓRTICO

Com Marco Aurélio, o estoicismo celebrou, indubitavelmente, o seu mais elevado triunfo, enquanto, como foi justamente observado, "um imperador, o soberano de todo o mundo conhecido, professou-se estóico e agiu como estóico"[1]. Mas, logo depois de Marco Aurélio, o estoicismo iniciou seu fatal declínio, e, poucas gerações depois, no século III d.C., desapareceu como corrente filosófica autônoma.

Um trecho de uma obra de Longino, reportado por Porfírio na *Vida de Plotino*, contém um precioso documento sobre os últimos estóicos, reduzidos então a repetir cansadamente os dogmas dos antigos, e contém, ao mesmo tempo, o testemunho do seu fim[2].

---

1. Pohlenz, *La Stoa*, II, p. 191.

2. Porfírio, *Vida de Plotino*, 20: "Quantos filósofos, ó Marcelo, na nossa época! Especialmente nos primeiros da nossa juventude! E quanta penúria agora! Mas não convém nem falar. Quando éramos ainda jovens, eram muitos os iniciadores de correntes filosóficas. Foi-me dado vê-los todos — pelo meu perambular, desde pequeno, de um lado para o outro com os meus pais — e, mais tarde, estar em contato com os que ainda sobreviviam, nas muitas relações que estabeleciam com numerosas pessoas, em tantas cidades. Havia os que trataram também por escrito as suas doutrinas, deixando à posteridade o modo de participar nas vantagens que delas derivavam; outros, ao invés, consideraram dever limitar-se a fazer progredir os seguidores na compreensão das suas afirmações filosóficas. Aos da primeira forma pertencem os platônicos Euclides, Demócrito e Proclino, que vivia em Trôade; Plotino e o seu discípulo preferido, Amélio, os quais, até hoje, ensinam publicamente em Roma; *entre os estóicos, Temístocles, Febião; além de Anio e Médio, os quais até bem pouco tempo estavam em pleno vigor*. Entre os peripatéticos, Eliodoro Alexandrino. Entre os do segundo modo se contam os platônicos Amônio e Orígenes, com os quais tive contato por longo tempo; homens, estes, que distanciavam não pouco dos seus contemporâneos por inteligência; e depois, em Atenas, os diádocos Teodoto e Êubulo [...]. *Entre os estóicos recordamos a Hermínio e Lisímaco, que viveram na capital; como também Ateneu e Musônio*; entre os peripatéticos Amônio e Ptolomeu que foram, ambos, os maiores filólogos do seu tempo [...]. Passando, depois, aos que escreveram, alguns apenas copiaram silogismos ou transcreveram sistemas antigos como [os platônicos] Euclides Demócrito e Proclino; outros, aproveitando da *exploração das antigas coisas insignificantes, deram-se a compor livros, plagiando-os: isso vale* [*para os estóicos*] *Anio, Médio e Febião, este último se preocupava mais com a notoriedade derivada do aparato estilístico do que da construção lógica*. A estes se poderia agregar também [o peripatético] Eliodoro; não era ele, certamente, o homem que, para articular com agi-

As razões que provocaram a crise do movimento espiritual mais vigoroso da era helenística são de duas ordens diversas, e já foram por nós indicadas mais de uma vez, de modo que será suficiente retomá-las de maneira sintética.

O maior obstáculo para a sobrevivência do estoicismo foi o seu *materialismo de fundo*, sobre o qual incidiram as correntes espiritualistas de inspiração platônica. Vimos como já no antigo Pórtico, pelo menos em parte, o materialismo corria o risco de se tornar o verdadeiro leito de Procusto, e como, sobretudo no Pórtico romano, as contradições entre as instâncias espiritualistas e os fundamentos materialistas explodiram, provocando uma séria de defasagens e, em particular, comportando a impossibilidade de uma justificação teórica justamente das novidades mais significativas, percebidas quase exclusivamente em nível intuitivo. Toda uma série de corolários teológicos e antropológicos, como vimos, seja em Sêneca, seja em Musônio, seja em Epicteto ou em Marco Aurélio, só podiam justificar-se com base numa ontologia espiritualista. Compreende-se bem, portanto, que os fortíssimos ataques contra os fundamentos materialistas do sistema estóico, conduzidos pelos médio-platônicos, pelos neoplatônicos e pelo próprio Plotino, devessem atingir em cheio o objetivo, tanto mais que esses fundamentos já tinham sido abalados pelos últimos estóicos. Em suma: primeiro, o platonismo e o espiritualismo penetraram no Pórtico com algumas instâncias "corolárias", por assim dizer; depois essas instâncias ampliaram paulatinamente o seu âmbito, e, enfim, desagregaram os fundamentos. Depois do advento do neoplatonismo e do seu incontrastado triunfo, sobreviveram do estoicismo apenas as proposições e doutrinas que não estavam necessariamente ligadas ao materialismo ou que podiam ser libertadas dele.

A outra grande força que contribuiu de maneira determinante para a dissolução do estoicismo foi a religião cristã. Vimos como os antigos estóicos já sustentavam algumas idéias morais que antecipavam

---

lidade a doutrina, teria acrescentado uma vírgula a mais da sua parte, além do que lhe fora dito, nos seus discursos, pelos antigos. Outros, ao invés, seja pela vastidão dos problemas que afrontaram, seja pelo método original de especulação que tiveram, revelaram toda a sua virtude de escritores: Plotino e Gentiliano Amélio".

alguns traços da ética cristã, e como numerosas máximas dos estóicos romanos apresentavam paralelos com algumas máximas evangélicas. Mas, ainda uma vez, encontramo-nos diante de intuições que, em medida diversa, iam além dos quadros teoréticos próprios do estoicismo e que, se adequadamente desenvolvidas, eram capazes de infringir esses quadros. Com efeito, além de uma série de tangências corolárias, subsistia entre cristianismo e estoicismo uma oposição radical nos fundamentos, bem destacada por Max Pohlenz: "Jesus não remete o homem a si mesmo, mas o exorta a ter confiança em Deus, e, não obstante as muitas concidências de pormenores, não podemos não ver o abismo que separa o seu sentimento nitidamente religioso do sentimento humano-ético do Pórtico. A profundidade desse abismo mostra-se sobretudo na seguinte consideração. No pensamento grego, o conceito de natureza é o ponto de partida e o ponto de chegada. A natureza é a força que, com suas eternas leis, regula o grande complexo dos acontecimentos cósmicos, mas é também ela que determina a essência do homem e constitui a norma do seu agir; a moralidade não é mais que o pleno desenvolvimento da natureza racional do homem. A língua na qual Jesus se exprimia não tinha uma palavra que correspondesse ao conceito da *physis* grega e, para ele, o mundo era obra de Deus, o qual — e essa idéia era inconcebível tanto para os estóicos como para os epicuristas — o criara do nada e regulava o curso do seu devir. Não a razão, mas Deus tinha prescrito ao homem o que devia fazer ou não fazer, o que era bem ou mal, o que era moral. A ação imoral aqui não representava mais uma violação das leis da natureza, mas um ato de desobediência a Deus, o pecado; o fim do homem não era uma vida segundo a natureza, em harmonia com o *logos*, mas uma vida em Deus e segundo o mandamento de Deus. A *eudaimonia* do homem, nesse mundo, consistia na paz, superior a toda razão, e se realizava na beatitude do além. Se o Pórtico acreditava na força do homem, que é capaz, com o seu próprio conhecimento e com as suas ações, de realizar o seu destino, Jesus pedia ao homem que se empenhasse na sua obra, mas prometia ao fraco a graça do Deus misericordioso e o perdão dos pecados. Podemos constatar que, nos estóicos da era imperial, cresce a necessidade de estabelecer uma relação com Deus; este, porém, continua sendo a razão universal que, na sua essência, é uma só coisa com o espírito humano, e completamente diversa do Pai que está nos céus, com o qual Jesus encontrava-se em comunhão imediata e ao qual queria guiar todos os homens"[3].

Em conclusão, o estocismo, no plano filosófico, foi vencido pelas correntes especulativas que, tendo recuperado os êxitos da "segunda navegação" platônica, reivindicaram em todos os níveis as instâncias do imaterial, e, no plano religioso, foi vencido pela nova fé que abria para o homem, em todas as suas dimensões, o horizonte do sobrenatural.

---

3. Pohlenz, *La Stoa*, II, pp. 263s.

QUARTA SEÇÃO

O RENASCIMENTO DO PIRRONISMO E O NEOCETICISMO

ὁ σκεπτικὸς διὰ τὸ φιλάνθρωπος εἶναι τὴν τῶν δογματικῶν οἴησίν τε καὶ προπέτειαν κατὰ δύναμιν ἰᾶσθαι λόγῳ βούλεται.

O cético quer, enquanto pode, pelo amor que nutre pelos homens, curar com o raciocínio a presunção e a temeridade dos dogmáticos.

Sexto Empírico, *Esboços pirronianos*, III, 280

ΣΕΞΤΟΥ

ΕΜΠΕΙΡΙΚΟΥ

ΤΑ ΣΩΖΟΜΕΝΑ.

SEXTI EMPIRICI

OPERA QVÆ EXTANT

MAGNO INGENII ACVMINE SCRIPTI,
PYRRHONIARVM HYPOTYPΩΣEΩN LIBRI III. QVIBVS IN tres Philosophiæ partes acerrimè inquiritur, HENRICO STEPHANO Interprete.
Aduersus MATHEMATICOS, hoc est, eos qui disciplinas profitentur, Libri X.
GENTIANO HERVETO AVRELIO Interprete.

Græcè nunc primùm editi.

Adiungere visum est PYRRHONIS ELIENSIS Philosophi vitam; nec non CLAVDII GALENI PERGAMENI de Optimo docendi genere librum, quo aduersus ACADEMICOS PYRRHONIOSQVE disputat.

MS. nostri VARIAS LECTIONES & coniecturas aliquot margini insertas Operi præfiximus.
Indicibus item necessariis opus locupletauimus.

AVRELIANÆ,
Typis ac Sumptibus Petri & Jacobi Chouët.
M. DC. XXI.

Frontispício da *editio princeps* de todas as obras de Sexto Empírico

I. ENESÍDEMO E O REPENSAMENTO DO PIRRONISMO

1. Os motivos do renascimento do pirronismo e as suas características

Após os escolarcados de Carnéades e do seu discípulo Clitômaco, no âmbito da Academia (como vimos no volume precedente), amadureceu gradualmente a persuasão de que era necessário um retorno ao dogmatismo e se impôs a convicção da necessidade de retomar ecleticamente, sobretudo do Pórtico, muitos dos dogmas que no passado tinham sido objeto das mais violentas críticas[1]. Provavelmente foi esse retorno da Academia ao dogmatismo estoicizante que deve ter levado alguns expoentes ainda convencidos da validez das instâncias céticas, introduzidas por Arcesilau e por Carnéades, a destacar-se da escola, não podendo mais compartilhar o novo curso dado a ela por Filo e por Antíoco.

Evidentemente, eles não podiam nem sequer apresentar-se como continuadores ou restauradores da tradição cética da Academia, que entrara definitivamente em crise e que, mais ainda, os acadêmicos tendiam não só a redimensionar, mas até mesmo a desconhecer. Não restava, pois, a eles, senão a alternativa de uma ligação direta com o ceticismo originário, isto é, com o discurso de Pirro e da sua escola.

Essa deve ter sido a tarefa a que se propuseram, em particular, Enesídemo e os seus seguidores, rompendo nitidamente os vínculos com a Academia e abrindo uma escola em Alexandria.

A posição cronológica de Enesídemo, na verdade, é muito discutida, mas a maior parte dos elementos que nos foram transmitidos nos leva (e de maneira decisiva) a situá-lo no tempo de Cícero, ou seja, justamente depois de Antíoco de Ascalona ter transformado a filosofia acadêmica num dogmatismo eclético-estoicizante. O próprio título da obra maior de Enesídemo, *Esboço introdutório à filosofia de Pirro*, assim como a dedicatória a Lúcio Tuberone, ilustre romano ligado ao círculo dos acadêmicos, parecem soar como um eloqüente programa inovador e até mesmo como um desafio. O fato de Cícero

1. Cf. vol. VI.

ignorar Enesídemo e considerar o ceticismo como morto pode oferecer um ulterior elemento útil para a situação cronológica do renascimento do pirronismo: a obra de Enesídemo foi escrita provavelmente nos anos imediatamente posteriores à morte de Cícero, ou seja, logo depois de 43 a.C.[2].

Mas leiamos os principais pontos programáticos dessa obra, que nos foram conservados por Fócio com muita fidelidade e que reproduzem quase literalmente o texto de Enesídemo. Escreve Fócio:

> O escopo geral da obra [de Enesídemo] é estabelecer que nada pode ser compreendido de modo estável nem mediante a sensação nem mediante o pensamento, e é por isso que nem os pirronianos nem os outros filósofos conhecem a verdade das coisas, mas os filósofos seguidores de outras seitas ignoram, entre outras coisas, que se afadigam e se consomem em vão em contínuos tormentos, e ignoram também isso, ou seja, que nada do que eles pensaram compreender foi verdadeiramente compreendido. Ao contrário, o que filosofa segundo Pirro é feliz, sobretudo porque é sábio, pelo fato de, acima de tudo, saber que nada é compreendido de modo estável por ele; e no que se refere às coisas que pode saber, ele é tal de modo a dar-lhe o próprio assenso não mais com a afirmação que com a negação. No primeiro livro, introduzindo uma diferença entre pirronianos e acadêmicos, Enesídemo diz aproximadamente essas palavras: os filósofos da Academia são dogmáticos e põem certas coisas sem incerteza e rejeitam outras sem hesitação; ao invés, os seguidores de Pirro fazem profissão de dúvida e são livres de todo dogma: nenhum deles afirmou que todas as coisas são incompreensíveis nem que são compreensíveis, mas que não são mais (οὐδὲ μᾶλλον) de um modo que de outro, ou que às vezes são compreensíveis e às vezes não o são, ou que para um são compreensíveis e para outro não o são absolutamente. Nem disseram que todas ou algumas delas são captáveis, mas que são captáveis não mais do que (οὐδὲ μᾶλλον) não o são, ou que às vezes são captáveis e às vezes não são mais, ou que para um são captáveis e não para outro. E, na verdade,

2. Para uma discussão sobre os documentos dos quais se extrai a situação cronológica de Enesídemo ver, sobretudo: Brochard, *Les sceptiques grecs*, pp. 242ss., e, Goedeckemeyer, *Geschichte des griechischen Skeptizismus*, pp. 210ss, espec. p. 211, nota 1. Que tenha nascido em Cnossos (em Creta) o sabemos por Diógenes Laércio (IX, 116). Que tenha tentado uma sistemática superação da Academia eclética o sabemos por Fócio, antes, pelo próprio Enesídemo, cujas palavras Fócio reporta fielmente (ver a passagem de Fócio, *Biblioth.*, cód. 212, 169 b 19ss. que apresentamos). Que tenha ensinado em Alexandria o sabemos por Aristocles, em Eusébio, *Praep. evang.*, XIV, 18, 22.

não há verdadeiro nem falso, mas provável e improvável, nem ser nem não-ser, mas, por assim dizer, a mesma coisa não é mais (οὐ μᾶλλον) verdadeira que falsa, ou mais provável que improvável, ou mais ser que não-ser, ou que às vezes é isso e às vezes aquilo, ou para um de tal modo e para outro de outro. Em geral, com efeito, os pirronianos não definem nada, e não definem nem mesmo isso, ou seja, que nada se pode definir, mas, dizem eles, falamos sem ter de que exprimir o que é objeto de pensamento. Os filósofos da Academia, dizem eles, especialmente os contemporâneos, remetem-se às vezes a opiniões estóicas, e para dizer a verdade, parecem estóicos que polemizam com outros estóicos. Em segundo lugar, [os acadêmicos] fazem afirmações dogmáticas sobre muitas coisas. Introduzem virtude e vício, põem como princípio bem e mal, verdade e falsidade, provável e improvável, ser e não-ser e definem muitas coisas estavelmente. Eles afirmam duvidar somente sobre a representação cataléptica. Por isso os seguidores de Pirro, ao não definir nada, permanecem absolutamente irrepreensíveis; ao invés, os filósofos da Academia, diz Enesídemo, se expõem às mesmas reprovações que fazem aos outros filósofos, mas o fato mais grave é que, enquanto duvidam sobre toda questão que é objeto de discussão, mantêm a sua unidade e não se contradizem, e os que se contradizem não se dão conta disso. De fato, pôr alguma coisa e eliminá-la sem nenhuma dúvida e, ao mesmo tempo, afirmar que subsistem coisas que podem ser captadas comumente implica uma evidente contradição; pois como é possível que alguém, sabendo que tal coisa é verdadeira e que tal outra é falsa, possa ainda duvidar e ficar indeciso e não escolher claramente uma e evitar a outra? Com efeito, se não se sabe que isso é bem ou mal, ou que isso é verdadeiro e isso é falso, e que isso é ser e isso não-ser, então é preciso admitir que cada uma dessas coisas não é compreensível; se, ao invés, pode-se captar cada uma dessas coisas com a sensação ou com o pensamento, então é preciso dizer que cada uma delas é compreensível. Estes e outros semelhantes a estes são os raciocínios que Enesídemo apresenta no início da sua obra para demonstrar a diferença entre os pirronianos e os acadêmicos[3].

As radicais diferenças entre as posições assumidas pelos acadêmicos do século I a.C. e os céticos, que tentavam permanecer fiéis ao espírito pirroniano, não podiam ser mais bem expressas. Em síntese, podemos caracterizar tais divergências com base no que refere Fócio na página lida, da seguinte maneira:

[1] Os acadêmicos se apropriaram das doutrinas do Pórtico.

3. Fócio, *Biblioth.*, cód. 212, 169 b 19-170 a 40.

[2] Os acadêmicos incorreram em afirmações claramente dogmáticas e esvaziaram de significado a sua profissão de dúvida.

[3] Os acadêmicos limitaram a sua dúvida somente à representação compreensiva ou cataléptica.

[4] Os acadêmicos, ademais, admitindo a distinção entre bem e mal, verdadeiro e falso, provável e improvável, acabaram por readmitir também aquilo que pareciam ter firmemente negado, vale dizer, a compreensibilidade das coisas (portanto, a possibilidade da representação compreensiva).

[5] Os acadêmicos, enfim, nas suas próprias negações, manifestaram uma atitude dogmática; de fato, o verdadeiro cético não só não deve afirmar, mas também não deve negar sem duvidar.

Ao contrário, a atitude autenticamente cética e antidogmática em sentido pirroniano *é a da total suspensão seja da afirmação, seja da negação*. Ei-la, em síntese:

[1] O pirroniano não diz *a*) nem que todas as coisas são incompreensíveis mediante a sensação nem que são compreensíveis, mas diz que *não são compreensíveis mais do que incompreensíveis*; *b*) nem que são *às vezes* compreensíveis e *às vezes* incompreensíveis, mas que *não são às vezes compreensíveis mais do que são às vezes incompreensíveis*; *c*) nem que são *para determinado homem* compreensíveis e *para outro* incompreensíveis, mas que *não são para determinado homem compreensíveis ou incompreensíveis mais do que o são para outro homem*.

[2] O pirroniano não diz *a*) nem que as coisas ou algumas delas são compreensíveis mediante o pensamento nem que são incompreensíveis mediante o pensamento, mas diz que *não são compreensíveis mais do que são incompreensíveis mediante o pensamento*; *b*) nem que *às vezes* são compreensíveis mediante o pensamento e *às vezes* incompreensíveis, mas que *não são às vezes compreensíveis mediante o pensamento mais do que são às vezes incompreensíveis*; *c*) nem que são *para determinado homem* compreensíveis mediante o pensamento e *para outro* não compreensíveis, mas que *não são para determinado homem compreensíveis ou incompreensíveis mediante o pensamento mais do que o são para outro*.

[3] Para o pirroniano uma coisa não é verdadeira nem falsa, nem provável ou improvável, nem ser ou não-ser, mas *não é mais*

verdadeira que falsa, nem mais provável que improvável, nem mais ser que não-ser (não é mais verdadeira do que falsa, não é mais provável do que improvável, não é ser mais do que não-ser).

Uma reproposição tão radical do pirronismo era tal de modo a transtornar não só a Academia eclética e estoicizante, mas até mesmo algumas das concepções do próprio Arcesilau e, sobretudo, de Carnéades, e isso tanto é verdade que Enesídemo reprovou expressamente a distinção entre provável e improvável[4]. Isso não tira, todavia, que Enesídemo tenha podido explorar também algumas contribuições da Academia cética de Arcesilau e de Carnéades. Pode-se mesmo dizer que o neopirronismo ou neoceticismo de Enesídemo unificou instâncias pirronianas com instâncias do ceticismo acadêmico, repensando e ampliando alguns motivos pirronianos com base na fina dialética acadêmica, oportunamente purificada e tornada mais rigorosa, nos sentidos que logo veremos.

2. Os dez "tropos", ou a tábua das supremas categorias da dúvida

A afirmação de que cada coisa *não é mais isso que aquilo* (οὐ μᾶλλον), como já vimos ao falar de Pirro[5], implicava a negação da validade dos princípios de identidade, de não-contradição e do terceiro excluído, portanto, implicava a negação da substância e da estabilidade no ser das coisas, e, portanto, implicava a sua total indeterminação ou, como reafirmou Enesídemo, a sua *desordem* (ἀνωμαλία) e a sua *confusão* (ταραχή). Esta é, justamente, a condição das coisas que, de modo programático, Enesídemo tentou evidenciar mostrando, em primeiro lugar, que à aparente força persuasiva das coisas era sempre possível contrapor considerações dotadas do mesmo grau de credibilidade, que anulavam (ou pelo menos contrabalançavam em sentido oposto) aquela aparente força persuasiva. Com esta finalidade, ele compôs o que nós modernos podemos chamar de tábua das supremas categorias da dúvida, e que os antigos chamavam de "tropos" que levavam à suspensão do juízo, ou seja, os "modos" ou as razões

4. Cf. Fócio, *Biblioth.*, cód. 212, 170 a 4ss (texto reportado acima).
5. Cf. vol. VI.

estruturais pelas quais se alcança, ou melhor, se *deve* alcançar o reconhecimento da indeterminação das coisas e, portanto, a suspensão do juízo, ou seja, a *epoché* (termo que Enesídemo retomou da tradição acadêmica, mas que, como vimos, exprimia, enriquecendo-o e determinando-o de modo conceitualmente mais preciso, uma atitude espiritual que já era de Pirro).

Os *tropos* são concebidos, portanto, como as vias que necessariamente conduzem, de maneira convergente, à suspensão do juízo.

Certamente muito do material recolhido por Enesídemo na sua tábua dos *tropos* remete ao antigo estoicismo (alguns exemplos parecem até mesmo o eco de experiências de Pirro na sua viagem ao Oriente no séquito de Alexandre, como a explícita referência ao fato de que Demofonte, que era mordomo de Alexandre, "aquecia-se à sombra, enquanto ao sol tinha frio"); uma parte do material pode, talvez, ter sido extraída do próprio ceticismo acadêmico; seguramente foi de Enesídemo a sistematização (e o acabamento) de todo o material, do qual nasceu, justamente, a tábua dos dez *tropos*.

Eis como Diógenes Laércio resume a idéia, já ilustrada por nós, que inspira a tábua dos *tropos*:

> A doutrina pirroniana, como diz Enesídemo no *Esboço introdutório à filosofia de Pirro*, resume-se na indicação dos fenômenos e de tudo o que é conhecido de algum modo pelo pensamento, *segundo a qual todas as coisas se põem em relação entre si e assim se revelam muito desordenadas e confusas*. Quanto às oposições dos pontos de vista na *esquepsi* ou na consideração crítica das coisas, eles *em primeiro lugar mostravam os diferentes modos nos quais as coisas manifestam poder persuasivo, para em seguida privá-las de credibilidade com os mesmos métodos*. Têm poder persuasivo os fenômenos que, segundo a percepção sensível, estão de acordo entre si e tudo o que nunca ou só raramente sofre alguma mudança, e, ademais, tudo o que é conforme e disposto pelas leis, e tudo o que suscita gozo e admiração. *Eles mostravam que as considerações, contrapostas às que são relativas às coisas que têm força persuasiva, têm por si igual grau de credibilidade*. As aporias relativas aos acordos dos fenômenos ou dos númenos [= o que é pensado], que eles admitiam, dividiam-se em dez assim chamados *tropos*, segundo os quais as coisas fundamentais mostram-se mutáveis[6].

6. Diógenes Laércio, IX, 78s.

Mas passemos ao exame analítico de cada um dos dez "tropos", tendo como base prevalentemente o texto de Diógenes Laércio e valendo-nos do testemunho paralelo de Sexto Empírico apenas como complemento, dado que este último, em parte, reinterpreta e relê a tábua em função de um repensamento pessoal do ceticismo, do qual falaremos amplamente mais adiante. Notável importância histórica tem também o testemunho de Filo de Alexandria, que viveu pouco depois de Enesídemo e que refere grande parte desses *tropos* de maneira exata[7].

[1] O primeiro *tropo* destaca as infinitas diferenças subsistentes entre os vários seres vivos em todos os níveis, e, em particular, as diferenças subsistentes nas constituições dos sentidos, que, obviamente, comportam sensações não só diferentes, mas também contrastantes entre si. Também não se pode dizer que o homem, com relação aos outros animais, goze de uma situação privilegiada; antes, para alguns sentidos, é verdade exatamente o contrário. Esse contraste subsistente entre as diferentes sensações dos diferentes seres vivos impõe, portanto, a suspensão do juízo.

Escreve Filo:

> Acima de tudo, as diferenças que se encontram nos animais, não já sob um único ponto de vista, mas sob todos os aspectos, são quase inumeráveis, relativamente ao nascimento e à sua constituição, à nutrição e ao teor de vida, relativamente às predileções e às repugnâncias, com relação às atividades sensíveis e aos movimentos, com relação às particulares, infinitas afecções do corpo e da alma[8].

Diógenes Laércio especifica:

---

7. Que não só no *De ebrietate*, no qual apresenta 8 dos 10 *tropos*, Filo tenha sofrido influência de Enesídemo, mas também em outros escritos, como no *De Iosepho* (125-144), no *De vita Mosis* (I, 31), no *Quod deus sit immutabilis* (172-178) — no qual, entre outras coisas, é bem visível também a componente heraclitiana que, como veremos, Enesídemo funde com o ceticismo — é tese sobre a qual muitos estudiosos consentem (o primeiro a ter estudado sistematicamente o problema foi H. von Arnim, *Quellenstudien zu Phil. von Alexandria* ["Philologische Untersuchungen", Heft 11], Berlim 1888). Contra essa perspectiva, ver, J. P. Dumont, *Le scepticisme et le phénomène*, Paris 1972, pp. 147ss., que prefere falar de "Anônimo de Filo", sem, contudo, aduzir provas que, a nosso ver, sejam convincentes. Para a numeração dos *tropos,* seguimos Diógenes Laércio, o qual parece ser mais fiel do que Sexto Empírico (ele parece ter sob os olhos o texto de Enesídemo ou, pelo menos, uma exposição fiel desse texto).

8. Filo, *De ebr.*, 171.

O primeiro [*tropo*] refere-se à diferença dos seres vivos com relação ao prazer e à dor, ao dano e à utilidade. Disso se deduz que eles não recebem as mesmas impressões das mesmas coisas e que, por isso, tal conflito gera necessariamente a suspensão do juízo. Dos seres vivos, alguns se geram sem cópula, como os que vivem no fogo, a fênix árabe e os vermes; outros com a união dos corpos, como os homens e outros animais. Dado que alguns são constituídos de um modo, outros de modo diverso, também as suas sensações diferem. Assim, por exemplo, os falcões têm os olhos agudíssimos, os cães têm finíssimo olfato. É lógico, portanto, que à diferença da faculdade visiva corresponda a diferença das impressões[9].

Sexto Empírico, enfim, observa:

Desse confronto [...] fica suficientemente demonstrado, segundo creio, que não podemos preferir as nossas representações sensíveis às dos animais[10].

[2] O segundo *tropo* passa da consideração dos seres vivos em geral aos homens em particular e às inumeráveis diferenças que se encontram entre os homens. Dado (mas não concedido) também que as percepções e os sentimentos dos homens fossem superiores aos dos animais, a situação não mudaria. De fato, os homens diferem entre si notavelmente, seja no que chamamos corpo, seja no que chamamos alma, e essas diversidades são tais de modo a comportar nos diferentes homens diferentes percepções, diferentes pensamentos, diferentes sentimentos e também diferentes atitudes práticas (e diferentes a ponto de serem entre si contraditórias). Também por essas considerações, portanto, impõe-se a suspensão do juízo.

Leiamos, pela ordem, os testemunhos de Sexto Empírico, de Diógenes Laércio e de Filo de Alexandria:

O segundo [*tropo*] diz respeito às diferenças que se encontram nos homens. De fato, mesmo que, por hipótese, se admita que os homens são mais dignos de fé que os animais, encontraremos que se chega à suspensão do juízo, mesmo no que se refere às diferenças existentes entre nós. Das duas partes das quais se diz que o homem é composto, alma e corpo, por uma e por outra diferimos uns dos outros. [Seguem-se numerosas exemplificações ilustrativas dessas diferenças.] Portanto, é necessário, também por força das diferenças existentes entre os homens, chegar à suspensão do juízo[11].

---

9. Diógenes Laércio, IX, 79s.
10. Sexto Empírico, *Esboços pirronianos*, I, 78.
11. Sexto Empírico, *Esboços pirronianos*, I, 79-89.

O segundo *tropo* refere-se às naturezas e às idiossincrasias [= aos temperamentos particulares] dos homens. Por exemplo, Demofonte, mordomo de Alexandre, aquecia-se à sombra, enquanto ao sol sentia frio. Andron de Argos, como refere Aristóteles, viajava através dos áridos desertos da Líbia sem nada beber. Ademais, há quem prefira cultivar a medicina, quem os campos, quem se dedique ao comércio; e a mesma profissão traz dano a alguns, vantagens a outros; daí deriva, conseqüentemente, a necessidade de suspender o juízo[12].

Acrescentemos as variedades que existem, não só entre todos os animais, mas também, particularmente, entre os homens. Pois não só julgamos as mesmas coisas uns de um modo, outros de outro, mas também, diferentemente, das mesmas coisas recebemos prazer ou desgosto. O que a uns parece agradável, torna-se desagradável a outros; e, vice-versa, o que uns procuram e acolhem como caro e idôneo, isso mesmo outros rejeitam desdenhosamente como adverso e hostil[13].

[3] Mas mesmo restringindo a nossa consideração a um único homem, portanto, sem contrapor homem a homem, e sem nos apoiar sobre as diversidades que distinguem um com relação a outro, chega-se às mesmas conclusões e se impõe a necessidade de suspender o juízo. De fato, a estrutura dos vários sentidos é diversa e diversas, portanto, as relativas sensações. Sexto Empírico aduz numerosos exemplos (o olho vê os relevos de um quadro, os quais, ao contrário, o tato percebe como liso; o mel é agradável ao paladar e desagradável aos olhos etc.) e procede a uma série de considerações bastante complexas. Diógenes Laércio, ao invés, sintetiza o *tropo* de maneira bastante concisa, como se segue:

O terceiro *tropo* é determinado pela diferença dos poros que transmitem as sensações. Assim a maçã dá a impressão de ser pálida à vista, doce ao paladar, fragrante ao olfato. E a mesma figura se vê uma vez de um modo, outra de outro, segundo as diferenças do espelhos. Segue-se que o que aparece não é de uma determinada natureza mais (μὴ μᾶλλον) que de outra[14].

---

12. Diógenes Laércio, IX, 80s.

13. Filo, *De ebr.*, 175s.

14. Diógenes Laércio, IX, 81. Sexto Empírico (*Esboços pirronianos*, I, 95s.) apresenta um exemplo muito interessante: "Pode ser que também a maçã possua uma qualidade única, e seja percebida de modo diferente, segundo a diferença dos sentidos sob os quais a sua percepção caia. Que, ao invés, a maçã possa possuir mais qualidades do que as que aparecem, infere-se deste modo. Imaginemos alguém que, desde o nascimento, não tenha senão tato, olfato e gosto, e não ouça nem veja. Este, na ver-

[4] Ademais, no mesmo indivíduo, não só são diversas as estruturas dos sentidos, mas são diversas e mutáveis também as disposições, as situações, os estados da alma, que condicionam, conseqüentemente, as representações. A todos consta que as nossas representações diferem, segundo estejamos doentes ou sãos, sejamos jovens ou velhos, estejamos em perfeito juízo ou fora dele, felizes ou infelizes, e assim por diante, de modo que, também por essa via se impõe a suspensão do juízo.

A exposição mais incisiva desse *tropo* é talvez a de Diógenes Laércio:

> O quarto *tropo* diz respeito às disposições individuais e, em geral, à mudança das condições, tais como saúde, enfermidade, sono, vigília, alegria, dor, juventude, velhice, coragem, medo, necessidade, abundância, ódio, amor, calor, frio, além da facilidade ou dificuldade para respirar. A diversidade das impressões é condicionada pela diferente condição das disposições individuais. Nem mesmo a condição dos loucos é contrária à natureza; por que esta deveria referir-se a eles, mais do que a nós? Também nós olhamos o sol como se estivesse parado. O estóico Teon de Tintoréia passeava no sono enquanto dormia, e o escravo de Péricles aparecia como sonâmbulo sobre o teto da casa[15].

[5] O quinto *tropo* destaca a diferença e a contraditoriedade das opiniões dos homens a respeito dos valores morais (bem e mal, belo e feio, verdadeiro e falso), dos Deuses e da geração e corrupção do mundo, de acordo com a educação que tiveram e as leis que receberam, ou segundo pertençam a povos e a lugares diferentes, ou ainda a seitas filosóficas diversas.

A mais eficaz e concisa exposição desse *tropo* é, talvez, a de Filo:

> Não nos aconselham, talvez, a não prestar demasiada fé ao que é obscuro naquelas outras circunstâncias, difundidas por quase toda a terra, entre

dade, acreditará que não exista nada de visível e de audível, mas que só existem aqueles três gêneros de qualidades que ele pode perceber. Portanto, pode ocorrer que também nós, tendo apenas os cinco sentidos, percebamos apenas as qualidades da maçã que somos aptos a perceber: enquanto é possível que existam outras qualidades que caem sob outros sentidos, dos quais não tenhamos a posse, e por isso também não captamos as sensações que a essas qualidades se referem".

15. Diógenes Laércio, IX, 82.

os helenos e, ao mesmo tempo, entre os bárbaros, e tornam falíveis o juízo? Quais são elas? É claro, os lugares onde vivemos desde crianças, os costumes pátrios e as leis, das quais nada se admite que seja o mesmo para todos, mas são diferentes em tudo, segundo os países e os povos e as cidades, antes, segundo os lugarejos e as casas, segundo se trate de um homem, de uma mulher, de uma criança inocente. Por isso, o que para nós é torpe, para outros é belo, e o conveniente, inconveniente, e o justo, injusto, e o ímpio, pio, o legal, ilegal, louvável o lastimável, culpável o digno de honra, e quantas outras coisas são avaliadas por uns de modo oposto ao que são por outros [...]. Ora, tratando-se não já de uma leve diferença, mas de um dissenso total, de modo que se tem oposição e contraste, é necessário admitir que também as representações sensíveis são diferentes, e que os juízos contrastam uns com os outros[16].

Diógenes Laércio acrescenta:

Cada povo acredita nos seus Deuses e há quem creia na providência e quem não creia. Os egípcios embalsamam os seus mortos antes de sepultá-los, os romanos os cremam; os peones os laçam nos rios. A conseqüência é a suspensão do juízo sobre a verdade[17].

[6] O sexto *tropo* destaca que nada aparece em si e por si na sua pureza, mas somente e sempre de vários modos, misturado com outras coisas, e que a nossa representação daí resulta, conseqüentemente, sempre condicionada, de modo que é necessário, também por esta consideração, suspender o juízo. Eis como Filo refere esse *tropo*:

Se alguém se afasta um pouco das coisas e tenta vê-las mais claramente, saberá isso, que nada se nos apresenta na sua simples natureza, mas mista e misturada com outras coisas de múltiplas maneiras. Por exemplo, como percebemos as cores? Não é, por acaso, em companhia do ar e da luz, elementos externos a nós, e dos humores que condicionam o órgão visivo? E como é julgado o doce e o amargo? Por acaso separado dos humores que estão na própria boca, conforme ou contra a natureza? Não é assim? E os odores provenientes dos corpos queimados, revelam-nos por acaso as naturezas simples e puras dos próprios corpos? Ou não, antes, misturadas ao ar e ao fogo que destrói os corpos, e à nossa faculdade do olfato? De onde se conclui que nem sequer percebemos as cores, mas antes uma mistura resultante do objeto e da luz; e nem mesmo os odores, mas antes uma mistura resultante do

16. Filo, *De ebr.*, 193s.
17. Diógenes Laércio, IX, 84.

eflúvio do corpo e do ar circunstante; e nem mesmo o sabor, mas um composto do gosto do corpo e da constituição úmida da boca[18].

[7] O sétimo *tropo* destaca que as distâncias, as diferentes posições e os lugares condicionam as nossas representações das coisas, a ponto de, mais uma vez, impor necessariamente a suspensão do juízo. Escreve Diógenes Laércio:

> Segundo este *tropo,* o que se crê que seja grande parece pequeno, o quadrado parece redondo, o liso parece ondulado, o reto parece oblíquo, o pálido parece de outra cor. Por causa da distância, o sol parece pequeno; e os montes olhados à distância parecem envoltos no ar e lisos, vistos de perto parecem desiguais e cheios de reentrâncias. Ademais, o sol quando se levanta tem aspecto diferente do que quando está a pique. E o mesmo corpo parece diferente, segundo se encontre num bosque ou em campo aberto. Também a imagem varia com a mudança da posição do objeto, e o pescoço da pomba aparece diferentemente, conforme gire numa posição ou noutra. Dado, portanto, que o conhecimento dessas coisas depende das relações de espaço e de posição, a sua própria natureza se nos foge completamente[19].

[8] O oitavo *tropo* observa que a quantidade e as relações quantitativas condicionam as nossas representações de modo radical. Por exemplo, a serragem da prata parece preta se considerada nos seus pedacinhos separadamene, enquanto, considerada em massa, parece branca. Os grãos de areia separadamente parecem duros, em massa dão a impressão de maciez. Analogamente, variam os efeitos que produzem as coisas segundo a sua quantidade. De modo particular varia o efeito dos compostos com a variação da relação quantitativa dos componentes. Por isso conclui Sexto Empírico:

> A mistura diligente e exata de medicamentos simples forma um composto útil; e se às vezes se descuida uma inclinação, mesmo mínima, na balança, obtém-se um composto que, não só não é útil, mas é, amiúde, danosíssimo e funesto. Assim a relação quantitativa e constitutiva confunde a percepção da realidade exterior. Por isso, como parece, também este *tropo* acaba por conduzir-nos à suspensão do juízo [...][20].

[9] O nono *tropo* destaca que conhecemos as coisas, as mais das vezes, pondo-as *em relação* com outras coisas e que, fora de tais

18. Filo, *De ebr.*, 189s.
19. Diógenes Laércio, IX, 85s.
20. Sexto Empírico, *Esboços pirronianos*, I, 133s.

relações, as coisas individuais *por si* são incognoscíveis. Este *tropo*, que se poderia chamar *da relatividade*, é expresso de maneira eficaz por Filo:

Ademais, nem mesmo isso se ignora, que normalmente nada se conhece em si mesmo, mas tudo se juga conforme o confronto com o seu contrário, como o pequeno em confronto com o grande, o seco com o úmido, o quente com o frio, o pesado com o leve, o preto com o branco, o fraco com o forte, o pouco com o muito. O mesmo acontece com tudo o que se refere à virtude e ao vício. O útil se discerne por meio do danoso, o belo, opondo-o ao torpe, o justo e, comumente, o bem, confrontando com o injusto e com o mal, e o mesmo se diga de todas as outras coisas que, bem observadas, recebem um juízo do mesmo tipo. E de fato, cada coisa sendo por si mesma incompreensível, parece que se a conheça pelo confronto com outra. Ora, o que não é capaz de dar testemunho de si mesmo, mas precisa da defesa de outro, é inseguro para que se lhe possa prestar fé. Assim, também por essa via são refutados os que sobre qualquer coisa afirmam ou negam levianamente[21].

[10] O último *tropo* destaca que a continuidade, a freqüência ou a raridade com a qual os fenômenos nos aparecem condicionam estruturalmente o nosso juízo.

Eis algumas eloqüentes exemplificações de Sexto Empírico:

O sol é sem dúvida mais apto a chamar a atenção que um cometa. Mas porque vemos o sol continuamente e o cometa, ao invés, raramente, diante deste astro ficamos de tal modo impressionados a ponto de considerá-lo até mesmo como um presságio celeste, e não diante do sol. Ora, imaginemos que o sol surgisse raramente, e raramente se pusesse, e que iluminasse todas as coisas num momento, e repentinamente lançasse todas na sombra: veríamos nesse fato muita razão para nos espantar. Também o terremoto não amedronta igualmente os que têm experiência dele pela primeira vez e os que já se acostumaram com ele[22].

Também por essa razão, portanto, ou seja, pelo motivo de que as próprias coisas, segundo se encontrem sempre ou raramente, se nos mostram preciosas e maravilhosas ou não, se impõe a suspensão do juízo[23].

---

21. Filo, *De ebr.*, 186s.

22. Sexto Empírico, *Esboços pirronianos*, I, 141s.

23. Sistematicamente evitamos apelar para a conclusão que Sexto Empírico, em diferentes lugares, tira dos *tropos*, isto é, que não podemos nos pronunciar "sobre a

3. A negação da verdade, do princípio de causalidade e da possibilidade da inferência metaempírica

A tábua dos *tropos* oferece, por assim dizer, o mapa das dificuldades que impedem atribuir validez às nossas representações e, de modo particular, às representações sensíveis. Mas a compilação dessa tábua representa apenas a primeira contribuição ao relançamento do pirronismo por parte de Enesídemo. O nosso filósofo, de fato, tentou reconstruir igualmente o mapa das dificuldades que impedem a constituição de uma ciência, e tentou desmantelar de modo sistemático as condições e os fundamentos que a ciência postula. Para fazer isso ele deve ter-se valido, em certa medida, de algumas das argumentações que já tinham sido utilizadas pelo ceticismo acadêmico.

Escreveu, a respeito disso, um dos mais penetrantes estudiosos do ceticismo: "É provavelmente sob o influxo da nova Academia, à qual temos motivos para crer que tenha originalmente pertencido, e para responder às novas exigências da filosofia do seu tempo, que Enesídemo foi levado a submeter a uma crítica sutil e profunda as idéias essenciais da ciência. Depois que uma filosofia como a de Carnéades tinha proclamado a impossibilidade da ciência e posto à luz a insuficiência do conhecimento sensível, o ceticismo, se quisesse manter o próprio lugar entre os sistemas, não podia mais contentar-se com enumerar opiniões ou aparências contraditórias, e comprazer-se com o jogo fácil das oposições como as que encontramos nos dez *tropos*. Era preciso ir além e mostrar não só que a ciência não estava feita, mas que não se podia nem mesmo fazer. E foi justamente isso que Enesídemo tentou fazer[24].

Ora, a possibilidade da ciência supõe, em geral, três coisas: *a*) a existência da *verdade*, *b*) a existência de *causas* (princípios ou razões

---

realidade dos *objetos exteriores*". Tal conclusão supõe a introdução do pressuposto dualista e a transformação do fenomenismo cético em sentido empirista. Enesídemo está aquém de tudo isso, como verificaremos mais de uma vez. Interessante é, ao invés, o que Sexto Empírico nota sobre a possibilidade de reagrupar os dez *tropos* sob três títulos. São eles: *a*) os *tropos* que dependem do sujeito, *b*) os que dependem do objeto e *c*) os que dependem ao mesmo tempo do sujeito e do objeto. Mas ainda mais interessante é a ulterior observação de Sexto Empírico segundo a qual todos os *tropos* se reconduzem, em última análise, "*ao da relação*" (*Esboços pirronianos*, I, 38), ou, melhor dizendo, ao da relatividade.

24. Brochard, *Les sceptiques grecs*, p. 261.

causais) e *c*) a possibilidade de uma *inferência metaempírica*, ou seja, a possibilidade de entender as coisas que se vêm como "sinais" (*efeitos*) de coisas que não se vêem (e que se devem postular justamente como *causas* necessárias para explicar as coisas que se vêem).

Enesídemo tentou desmantelar, de maneira sistemática, esses três fundamentos. Vejamos, em síntese, os argumentos dos quais se valeu.

a) Sobre a verdade o nosso filósofo devia argumentar, como nos refere Sexto Empírico, aproximadamente da seguinte maneira:

> Se [...] há algo verdadeiro, isso ou é sensível ou é inteligível, ou é tanto sensível como inteligível. Mas não é nem sensível nem inteligível e nem mesmo as duas coisas [...]; assim não há algo verdadeiro[25].

Que o verdadeiro não possa ser algo *sensível*, Enesídemo o argumentava — entre outras coisas — observando que a sensação é "a-racional" (e isso é a exata inversão da argumentação de Epicuro, que, como vimos, justamente na não-racionalidade da sensação via a sua garantia de verdade)[26]. Que o verdadeiro não possa ser também algo *inteligível*, o nosso filósofo o argumentava com o fato de que o inteligível não é comumente pensado por todos, e se, por outro lado, é pensado apenas por alguns, então é sujeito a controvérsias (e essa argumentação é, evidentemente, dirigida contra todos os racionalistas). Enfim, que verdadeiro não possa ser algo *tanto sensível como inteligível*, Enesídemo o argumentava observando substancialmene que, nesse caso, as dificuldades precedentemente levantadas se agigantam, enquanto, além do contraste subsistente entre as coisas sensíveis e o subsistente entre as coisas inteligíveis (os objetos do pensamento), acrescenta-se também o contraste recíproco que subsiste entre as coisas sensíveis e as inteligíveis (e essa argumentação é dirigida contra os que sustentavam, justamente, que alcançavam o verdadeiro através dos sentidos e da razão juntos)[27].

b) Ainda mais radicais eram os raciocínios de Enesídemo sobre a *causa*, os quais visavam demonstrar a impensabilidade da própria

---

25. Sexto Empírico, *Contra os matemáticos*, VIII, 40. Quanto ao título da obra de Sexto Empírico comumente citada como *Contra os matemáticos*, cf. *infra*, pp. 168s., nota 9.

26. Cf. vol. III, p. 160.

27. Cf. Sexto Empírico, *Contra os matemáticos*, VIII, 40-48.

existência de uma relação causal, ou seja, de uma ligação causa-efeito. Ora, deve-se notar que a cosmologia e a ontologia dos gregos não tinham visado a outra coisa senão, justamente, à busca das causas. Aristóteles tinha até mesmo demonstrado que a *ciência* e todas as *artes* em geral se diferenciam da mera experiência, justamente na medida em que buscam o *porquê*, ou seja, a causa[28]. Portanto, a negação da existência da causa e da relação causal comporta, necessariamente, a destruição da possibilidade da cosmologia, da ontologia e, em geral, de toda ciência e de qualquer arte cientificamente fundada.

Enesídemo raciocinava do seguinte modo: a relação causal não pode ter lugar nem entre corpo e corpo nem, ulteriormente, entre corpóreo e incorpóreo, nem vice-versa. Para compreender a fundo as motivações aduzidas pelo nosso filósofo para a sustentação dessas teses, é preciso ter bem presente que a mentalidade predominante da sua época era materialista, e que ele não conseguiu libertar-se dessa mentalidade (na segunda metade do século I a.C. o renascimento do platonismo não se tinha imposto ainda definitivamente), tanto é verdade que os conceitos de "corpóreo" e de "incorpóreo" aos quais ele se referiu eram, substancialmente, os do Jardim e do Pórtico[29].

Com efeito, a relação causal e a causação foram entendidos por Enesídemo ou como uma transferência material da natureza do agente para a do paciente (um influxo que comporta quase uma mistura total de agente e paciente), ou como uma absurda e impensável multiplicação física de entes, ou como uma derivação do efeito a partir da causa como algo previamente contido na natureza daquela e que, portanto, só pode ser daquela mesma natureza (e que, no limite, não pode nem sequer distinguir-se dela)[30].

Eis, por exemplo, a argumentação segundo a qual um corpo não pode causar outro corpo:

> De fato, um corpo produz outra coisa ou permanecendo em si mesmo ou mediante a união com outro. Mas permanecendo em si mesmo não pode

28. Cf., por exemplo, Aristóteles, *Metaf.*, A, 1-3, *passim.*
29. Cf. vols. V e VI.
30. Cf. Sexto Empírico, *Contra os matemáticos,* IX, 218-227, e, Diógenes Laércio, IX, 97ss.

produzir senão a si e à sua própria natureza. Mediante a união com outro não pode produzir uma terceira coisa que já não subsistisse precedentemente. De fato, uma coisa não pode se tornar duas, nem duas coisas podem produzir uma terceira. Com efeito, se o que é um pudesse se tornar dois, então cada uma dessas unidades que se produziram, sendo justamente unidades, poderiam produzir duas e, por sua vez, cada uma das quatro unidades, sendo unidades, poderiam produzir duas, e, do mesmo modo, cada uma das oito unidades, e, assim, ao infinito; mas é totalmente absurdo afirmar que da unidade derivem infinitas coisas, portanto, é também absurdo afirmar que do uno derive outra coisa senão o uno[31].

Ainda mais pesada se revela a hipoteca materialista no raciocínio subseqüente feito para demonstrar a impossibilidade de que o "incorpóreo" seja a causa do incorpóreo. De fato, aos argumentos acima o nosso filósofo acrescenta também o seguinte: o incorpóreo é "uma natureza intangível", e, portanto, não pode nem agir nem sofrer; por conseqüência, não pode causar um outro incorpóreo nem ser causado por ele[32].

Naturalmente, Enesídemo negava também a possibilidade de que o incorpóreo pudesse ser causa do corpóreo, e, vice-versa, que o corpóreo pudesse ser causa do incorpóreo, pelo fato de que a natureza do incorpóreo "não contém em si" a natureza do corpóreo, nem vice-versa. Por exemplo (e nesse exemplo é evidentíssima a mentalidade materialista da qual falávamos), o cavalo não pode ser causado por uma bananeira, porque nesta "não está contida" a natureza daquele[33].

Enfim, Enesídemo observava ainda o seguinte:

> Mesmo que o diverso pudesse estar contido no diverso [como o imaterial no material, e vice-versa], daí não se seguiria, contudo, que o diverso se produz do diverso. Com efeito, se um e outro são ser, então não derivam do diverso, mas já estão no ser, e estando já no ser, não se geram, dado que a geração é o processo que conduz ao ser[34].

Mas para golpear até as raízes últimas da mentalidade etiológica dos gregos, Enesídemo quis completar esses argumentos com uma nova tábua dos "tropos", ou seja, com uma nova tábua dos modos

---

31. Sexto Empírico, *Contra os matemáticos*, IX, 220s.
32. Cf. Sexto Empírico, *Contra os matemáticos*, IX, 223s.
33. Cf. Sexto Empírico, *Contra os matemáticos*, IX, 224s.
34. Sexto Empírico, *Contra os matemáticos*, IX, 226.

paradigmáticos segundo os quais os que defendem as causas cairiam inevitavelmente em erro. Esses novos *tropos* seriam, pois, os erros estruturais nos quais está destinada a cair toda tentativa de construir uma etiologia. Eis os *tropos*, que Enesídemo considera serem em número de oito:

[1] O primeiro *tropo* consiste em presumir, indevidamente, que se alcance algo de não-visível (justamente, a causa) sem que seja atestado pelo que é visível e evidente.

[2] O segundo consiste em pretender explicar as causas do que é objeto de pesquisa limitando-se a indicar apenas uma, enquanto seria sempre possível indicar muitas.

[3] O terceiro consiste em pretender que se pode aduzir causas que não têm uma ordem para explicar o que, ao invés, se manifesta com ordem (como fazem, por exemplo, os epicuristas, que pretendem aduzir os átomos desordenados para explicar o mundo que é, ao invés, ordenado).

[4] O quarto consiste em pretender que as coisas que não são visíveis se comportem como as visíveis, enquanto poderiam muito bem se comportar de maneira diferente e particular.

[5] O quinto consiste na pretensão dos filósofos de estabelecer as causas com base nas próprias hipóteses sobre os elementos primeiros (hipóteses que variam segundo as diferentes seitas filosóficas) e não com base nos métodos e noções comumente admitidas.

[6] O sexto consiste em pretender acolher como causa só o que concorda com as próprias hipóteses e rejeitar o que, ao invés, não concorda, ainda que tenha igual força persuasiva.

[7] O sétimo consiste em acolher causas em contraste com os fenômenos, ou, também, em contraste com as próprias hipóteses.

[8] O oitavo consiste na pretensão de poder explicar coisas que aparecem de modo incerto com causas que são igualmente incertas[35].

Essa tábua é, indubitavelmente, fruto de uma mente crítica muito aguda; não seria difícil mostrar que muitas das explicações causais dos "dogmáticos", especialmente as dos epicuristas e dos estóicos, incorrem em um ou em alguns desses erros (como exemplificamos a

35. Cf. Sexto Empírico, *Esboços pirronianos*, I, 180-185.

propósito do terceiro *tropo*). Deve-se, ademais, observar que Enesídemo, olhando bem, ao formular essas críticas e ao redigir essa tábua, mostra-se profundamente influenciado justamente pela mentalidade eziológica (típica da mentalidade grega), que pretendia destruir: ele, de fato, considerando bem, procede a uma particularizada *determinação das causas* pelas quais não seria possível *buscar as causas* (ele queria, em suma, *descobrir as causas pelas quais não é possível descobrir as causas*): este é um dos exemplos que mais perfeitamente demonstram que certas verdades se reafirmam justamente no momento em que se pretende negá-las.

c) Com a tábua dos *tropos*, que denuncia os erros nos quais incorre a mentalidade eziológica, ou a pretensão de encontrar as causas dos fenômenos, passa-se ao *problema da inferência*, ou, para usar a linguagem antiga, ao problema dos "sinais", ao qual Enesídemo dedicou uma análise específica, talvez a primeira que tenha sido feita no âmbito do pensamento antigo[36].

Um princípio que assume a profunda convicção própria de toda a filosofia e de toda a ciência grega é aquele segundo o qual "o que aparece é uma janela aberta ao invisível" (ὄψις ἀδήλων τὰ φαινόμενα)[37]. Segundo este princípio, é possível, partindo do que se manifesta aos sentidos, subir ao que não cai sob os sentidos, ou seja, "inferir", partindo do fenômeno, a causa metafenomênica. O fenômeno torna-se assim o *sinal*, ou seja, o *indício de outra coisa* (que não cai sob os sentidos), vale dizer, da não-fenomênica causa. É justamente este princípio que Enesídemo pretende contestar. Escreve Fócio:

> No quarto livro [dos *Discursos pirronianos*], diz que as coisas visíveis que nós chamamos sinais das coisas invisíveis, não o são absolutamente e que os que crêem nisso são induzidos a erro por uma paixão vã[38].

---

36. Sexto Empírico (e, portanto, Enesídemo) apresenta os oito *tropos* como "o modo pelo qual se subvertem os raciocínios que pretendem explicar a causa", mas, evidentemente, os raciocínios *que pretendem explicar* a causa são raciocínios que pretendem *inferir* a causa, sendo a causa, justamente, um princípio metafenomênico que se alcança mediante uma inferência.

37. Sobre esta expressão e o seu significado, ver: H. Diller, ΟΨΙΣ ΑΔΗΛΩΝ ΤΑ ΦΑΙΝΟΜΕΝΑ, in "Hermes", 67 (1932), pp. 14-42 (agora em *Kleine Schriften zur antiken Literatur*, Munique 1971, pp. 119-143).

38. Fócio, *Biblioth.*, cód. 212, 170 b 12-17.

Sexto Empírico refere ulteriormente:

> Enesídemo, no quarto livro dos *Discursos pirronianos*, a propósito do mesmo tema e, certamente, com a mesma eficácia, propõe uma argumentação que é mais ou menos a seguinte: "Se as coisas aparentes aparecem do mesmo modo a todos os que se encontram em semelhantes condições, e se os sinais são aparentes, os sinais aparecem do mesmo modo a todos os que se encontram em semelhantes condições. Mas os sinais, na realidade, não aparecem absolutamente do mesmo modo a todos os que se encontram em condições semelhantes; as coisas aparentes, ao invés, aparecem do mesmo modo a todos os que se encontram em condições semelhantes; portanto, os sinais não são coisas aparentes[39].

Para esclarecer o argumento de Enesídemo, Sexto Empírico observa, entre outras coisas, que os próprios fenômenos patológicos que se manifestam num doente podem aparecer, por exemplo, a três médicos que o visitam e que se encontram, portanto, em condições semelhantes, como sinais devidos a diferentes causas[40]. O que significa, justamente, que os sinais não são, absolutamente, "fenômenos", "coisas que aparecem". Ou, melhor ainda, significa que as coisas que aparecem só podem ser entendidas como "sinais" arbitrariamente e, portanto, indevidamente. Para dizer com outros termos: no momento em que se pretende interpretar um fenômeno como um "sinal", já se está situado no plano metafenomênico, enquanto se entende aquele fenômeno como o *efeito* (que aparece) de uma *causa* (que não aparece), ou seja, se pressupõe sem dúvida (indevidamente) a existência do nexo ontológico causa-efeito e a sua validez universal.

O ceticismo posterior (talvez a partir de Menódoto) introduzirá a importante distinção entre "sinal rememorativo" e "sinal indicativo". O *sinal rememorativo* é o que, tendo sido precedentemente observado constantemente unido a uma coisa, quando esta não aparece de modo evidente, pode conduzir-nos a trazê-la à mente, como, por exemplo, a fumaça que sai de uma chaminé pode nos rememorar o fogo que não vemos. O *sinal indicativo*, ao invés, é aquele que, mesmo não tendo sido observado junto com a coisa da qual se pretende que seja sinal, todavia se afirma que "por sua natureza e constituição" assinala

---

39. Sexto Empírico, *Contra os matemáticos*, VIII, 215.

40. Cf. Sexto Empírico, *Contra os matemáticos*, VIII, 219s.

essa coisa, como, por exemplo, quando se diz que os movimentos do corpo são sinais da alma. O ceticismo empírico aceitará o *sinal rememorativo* e rejeitará o *sinal indicativo*. Mas é exatamente este último que Enesídemo tem em mira, porque é este último que permite entender *o visível como janela aberta para o invisível*[41].

4. As relações entre o ceticismo de Enesídemo e o heraclitismo

Sexto Empírico refere-nos que Enesídemo juntou o seu ceticismo com o heraclitismo, e, nos *Esboços pirronianos*, escreve textualmente:

> Enesídemo dizia que o ceticismo é uma via que conduz à filosofia heraclitiana[42].

Sexto Empírico contesta a tese de Enesídemo, observando que o heraclitismo cai no dogmatismo enquanto, pelo fato de que os contrários *aparecem* no mesmo objeto, infere que os contrários *existem* no mesmo objeto, e o ceticismo, ao contrário, não se pronuncia absolutamente sobre o *ser* do objeto (nem sequer na forma negativa própria do heraclitismo), mas limita-se rigorosamente ao *aparecer* dos fenômenos[43].

Essa observação de Sexto Empírico depende, naturalmente, do seu ceticismo "empírico", que se baseia numa nítida distinção entre o *objeto externo* e as *impressões* que ele produz em nós, ou, dito em termos modernos, entre "coisa em si" e "fenômeno" (coisa para nós). Mas essa distinção não é própria nem do antigo pirronismo nem do neopirronismo enesidemiano. Seja Pirro, seja Enesídemo dissolvem o ser no aparecer, o *em si* no *para nós*, a substância no acidente[44]. E justamente essa concepção das coisas, na medida em que tira o fundo estável do ser e da substância, leva diretamente ao heraclitismo, ou melhor, àquela forma de heraclitismo que, deixando de lado a ontologia

---

41. Cf. Sexto Empírico, *Esboços pirronianos*, II, 97-103, e *Contra os matemáticos*, VIII, 141ss.

42. Sexto Empírico, *Esboços pirronianos*, I, 210.

43. Cf. Sexto Empírico, *Esboços pirronianos*, I, 210-212.

44. Recordamos que, sobre este ponto, é decisiva, a nosso ver, a contribuição do já outras vezes citado livro de Conche, *Pyrrhon ou l'apparence*.

do *logos* e da harmonia dos contrários, já a partir de Crátilo tinha posto o acento sobre o mobilismo universal e sobre a instabilidade de todas as coisas[45].

Algum estudioso observou oportunamente que, no *Teeteto* de Platão, expressa-se uma posição de pensamento de origem heraclitiana, a qual chega a posições que recordam de perto justamente as de Enesídemo (tenha-se presente que Enesídemo, enquanto tinha sido acadêmico, devia conhecer muito bem esse diálogo)[46].

Ora, no *Teeteto*, Platão nota, entre outras coisas, que o discutir e o raciocinar com os sustentadores dessas "doutrinas heraclitianas" é muito difícil, e observa textualmente:

> [...] Pois bem, se perguntas algo a algum deles, eis que ele tira logo como de uma aljava certas palavrinhas enigmáticas e as arremessa como flechas; e se buscas quem te dê conta do que disse, és imediatamente golpeado por outro e novo jogo de palavras, e assim não concluis nada com nenhum deles. E nem mesmo eles entre si concluem coisa alguma; porque aquilo de que se previnem com todo cuidado é de não deixar que *nada nos seus discursos e nas suas almas seja estável e seguro*, reputando, creio eu, que o que é seguro é também estável; e *a essa estabilidade eles fazem guerra de todos os modos, e de todos os lugares a expulsam como podem*[47].

Esses pensadores que afirmam que "tudo se move", observa ulteriormente Platão, devem entender o "movimento" ou a "mudança" em dois sentidos, ou seja, no sentido da *alteração* (mudança de qualidade) e no sentido da *translação* (mudança de lugar) e devem admitir que todas as coisas se movem nesses dois sentidos. Mas se é assim, as qualidades sentidas (por exemplos, as cores) não permanecerão nunca iguais e assim nem mesmo o que sente permanecerá idêntico a si próprio, e teremos as seguintes conseqüências "céticas", que Platão destaca de modo perfeito nessa passagem:

---

45. Sobre as principais posições assumidas pelos estudiosos ante o problema das relações entre o pirronismo e o heraclitismo em Enesídemo, ver: Dal Pra, *Lo scetticismo greco*, II, pp. 392ss. Consideramos que só depois das recentes contribuições de Conche o problema tenha sido esclarecido de modo plausível (*Pyrrhon ou l'apparence*, pp. 123-156).

46. Cf. G. Capone Braga, *L'eraclitismo di Enesidemo*, in "Rivista di Filosofia", 22 (1931), pp. 33-47.

47. Platão, *Teeteto*, 180 a-b.

Sócrates — Assim, de nada se poderá dizer "*ver*" *mais do que* "*não ver*"; nem se poderá falar de alguma outra sensação *mais que da negação dela*, a partir do momento em que as coisas se movem todas em ambos os modos acima ditos.

Teodoro — Não, não se pode dizer.

Sócrates — Contudo, sensação é conhecimento, como dizíamos eu e Teeteto.

Teodoro — Assim dizíeis.

Sócrates — Mas eis que então, a quem perguntes o que é conhecimento, já o temos respondido: *conhecimento não é nada mais que não-conhecimento.*

Teodoro — Assim parece.

Sócrates — Oh! Mostrou-se-nos, justamente, uma bela justificação da nossa resposta, dado o zelo com que trabalhamos para demonstrar que tudo se move, a fim de que aquela nossa resposta se mostrasse correta! E, ao invés, parece-me que claramente se mostra o seguinte, que, se tudo se move, toda resposta, sobre o que quer que alguém responda, é igualmente correta, quer se diga que algo "é assim", quer que "não é assim"; e se não te agrada "é", "torna-se", *se não queremos paralisar com essa palavra justamente os filósofos do movimento.*

Teodoro — Dizes bem.

Sócrates — Sim, Teodoro; exceto que dizes "assim" e "não-assim". *E, ao invés, nem mesmo esse "assim" se deve dizer, pois não haveria mais movimento dizendo de uma coisa "assim"; e nem mesmo "não-assim", porque nem isso é movimento; mas é preciso que instituam outra linguagem os que professam essa doutrina, porque, pelo menos por agora, não têm expressões aptas ao seu pensamento; a menos que não digam "nem mesmo assim", o que seria para eles, entre todas, na sua indeterminação, a expressão mais adaptada*[48].

Ora, note-se que a posição gnosiológica que Platão deduz do heraclitismo é expressa com a fórmula "não mais isso que aquilo" (οὐ μᾶλλον), que, como Pirro[49], Enesídemo pôs no centro do próprio repensamento do ceticismo[50].

Há mais, porém. Sexto Empírico refere-nos que Enesídemo e os seus seguidores reduziram as várias formas de movimento distinguidas por Aristóteles a somente duas, ou seja, a *alteração* e a *translação*, vale dizer, justamente aos dois tipos de movimento dos quais fala a passagem do *Teeteto* acima lida[51].

---

48. Platão, *Teeteto*, 182 e-183 b.
49. Cf. o vol. VI.
50. Fócio, *Biblioth.*, cód. 212, 169 b 29; 170 a 1ss.
51. Sexto Empírico, *Contra os matemáticos*, X, 38.

Também Hipólito o confirma, falando de Pirro:

Toda a realidade *é fluida e mutável e nunca permanece no mesmo lugar*[52].

Portanto, Platão, do heraclitismo deduziu *ante literam*, por via de raciocínio dialético, a afirmação fundamental do ceticismo, e vice-versa, *Enesídemo subiu, da afirmação fundamental do ceticismo, ao heraclitismo e afirmou, como vimos, que o ceticismo é a via que leva ao heraclitismo.* As contas batem, portanto, de modo perfeito, desde que, como já advertimos, não se confunda o fenomenismo puro de Enesídemo com o fenomenismo dualista de Sexto Empírico. Melhor do que todos esclareceu o nosso problema um estudioso cético francês, numa página exemplar que vale a pena ler: "O pirroniano não determina nada, e nem mesmo isso: que nada é determinado. A universalidade do 'não mais... que', como do 'não determino nada', não deixa, pois, nenhuma dúvida. Resulta que a própria noção de um ser determinado (de uma realidade em si inacessível, indecidível, da qual não se pode dizer nada etc.) não é absolutamente excluída do campo de aplicação dessas fórmulas. Conseqüentemente, o fenômeno não é simples 'fenômeno' mais do que realidade em si. Enesídemo o diz expressamente: não há nem ser nem não-ser, e o mesmo não é mais ser que não-ser (Fócio, 170 a 7-9). Vemos desaparecerem todas as determinações: o fenômeno elimina a sua determinação de simples fenômeno, o ser não é mais 'ser' que 'não-ser' etc. Compreende-se, pois, o discurso de Enesídemo: o ceticismo introduz à filosofia de Heráclito porque a contrariedade na *aparência* é *igualmente* contrariedade no próprio *ser* das coisas. A passagem da aparência ao ser é impossível quando se mantém a oposição fixa da aparência e do ser. Mas tal oposição dogmática é, justamente, abolida. O ser escondido atrás do fenômeno (*adelon*) não é mais ser que não-ser. Ora, o não-ser-mais-isso-que-aquilo é, precisamente, o que se diz das coisas no seu aparecer. Nada impede isso, sob a condição de não permanecer fixos na oposição dogmática entre o ser e a sua aparência, e de não tentar com o 'ser' algo que seja diferente da aparência. Dizer: 'o ser contém em si mesmo a oposição a si' significa partir dos

52. Hipólito, *Philosoph.*, I, 23, 2 (= Diels, *Doxographi Graeci*, p. 572, 25s.).

seres da consciência comum e do dogmatismo para dissolvê-los. De fato, o ser que se opõe a si mesmo não é mais o ser da consciência comum e dogmática, ou seja, não é mais verdadeiramente um ser, se é próprio do ser (e é isso que Aristóteles pretendia dizer) o ser isento de contradição. Fica claro, então: a constatação da contrariedade e da inconsistência das aparências conduz a uma visão heraclitiana (e neo-heraclitiana) da inconsistência universal, a partir do momento em que a *aparência*, no sentido de Pirro e de Enesídemo, não é senão o *ser*, o que significa que não existe precisamente nem 'ser', nem 'essência', nem 'fundo' das coisas, mas somente uma superfície sem profundidade, uma superfície absoluta"[53].

5. Idéias morais

Enesídemo deve ter-se ocupado a fundo das idéias morais, especialmente nos três últimos livros dos *raciocínios pirronianos*, sobretudo com a finalidade de desmantelar as doutrinas dos adversários nesse âmbito, como resulta do esquelético resumo que Fócio nos deixou[54].

Ele negou que os conceitos de *bem*, de *mal* e de *indiferentes* (preferíveis e não-preferíveis) entrassem no domínio da compreensão humana e do conhecimento. Criticou, ademais, a validade das concepções propostas pelos dogmáticos relativamente à virtude. Enfim, contestou sistematicamente a possibilidade de entender como fim a felicidade, o prazer, a sabedoria ou qualquer coisa semelhante, opondo-se a todas as escolas filosóficas, ele sustentou, sem meios-termos, a não existência de um *telos*[55].

Com efeito, num universo constituído de aparências móveis e instáveis e numa visão da realidade na qual o *logos* é reduzido a *memória* dos fenômenos e do que quer que seja objeto de pensamento, segundo a qual todas as coisas se revelam reciprocamente anômalas e confusas, não há absolutamente lugar para um *telos*, já que o fim implicaria, justamente ao contrário, estabilidade, ordem e harmonia.

53. Conche, *Pyrrhon...*, pp. 127s.
54. Cf. Fócio, *Biblioth.*, cód. 212, 170 b 22ss.
55. Cf. Fócio, *Biblioth.*, cód. 212, 170 b 34s.

O único fim, como já para os precedentes céticos[56], podia, no máximo, ser a própria *suspensão do juízo* com o estado de alma de *imperturbabilidade* a ela conseqüente[57].

Aristocles diz até mesmo que à *afasia* (à suspensão do juízo) seguia, segundo Enesídemo, "o prazer"[58]. Se Aristocles não errou, como há tempo os estudiosos notaram, Enesídemo deve ter entendido o termo "prazer" em sentido amplo e, substancialmente, como sinônimo de ataraxia.

Em todo caso, aquela atitude de total destacamento das coisas, que levava o sábio a *ne sentire quidem*, e que vimos ser a cifra de ética de Pirro[59], permaneceu estranha a Enesídemo: mas, provavelmente, tratava-se de uma atitude existencial adquirida pelo fundador do ceticismo em suas experiências orientais, e, como tal, irrecuperável.

---

56. Cf. o vol. VI.
57. Cf. Diógenes Laércio, IX, 107.
58. Aristocles, em Eusébio, *Praep. evang.*, XIV, 19, 4.
59. Cf. o vol. VI.

II. AGRIPA E OS DESENVOLVIMENTOS DO NEOCETICISMO

1. Os céticos posteriores a Enesídemo

Sobre a história do ceticismo posterior a Enesídemo, estamos escassamente informados. Conhecemos bem apenas a Sexto Empírico (de quem nos chegaram as principais obras), que viveu cerca de dois séculos depois de Enesídemo[1]. Ora, justamente Sexto Empírico, que constitui para nós uma verdadeira mina de informações sobre quase todos os pensadores da Grécia anteriores a ele, como os estudiosos há tempo observaram, é estranhamente avaro de indicações relativas à sua seita depois de Enesídemo, sobretudo no que diz respeito aos nomes dos escolarcas e dos expoentes mais significativos.

Felizmente Diógenes Laércio preenche, em parte, essa lacuna, fornecendo-nos o elenco dos escolarcas (ou pelo menos o elenco dos nomes de uma parte dos personagens ligados entre si pela relação mestre-discípulo), de muitos dos quais, contudo, diz muito pouco. De Enesídemo foi discípulo Zeusipo, também natural de Cnossos; deste foi discípulo Zeussi Geniopo (dos pés tortos) e de Zeussi foi discípulo Antíoco de Laodicéia em Lico. Deste último foram discípulos o médico empírico Menódoto de Nicomédia e Teoda de Laodicéia. De Menódoto foi discípulo Heródoto de Tarso e deste foi discípulo Sexto Empírico. Com Saturnino, chamado Citena, aluno de Sexto Empírico, termina o elenco oficial, por assim dizer, dos escolarcas céticos[2]. Além destes, Diógenes Laércio recorda o nome de Agripa (e de Apela, que escreveu um livro intitulado *Agripa*)[3], o qual, como veremos, foi autor de uma nova tábua de *tropos* de grande valor. Dentre os que nutriram fortes

---

1. Sobre Sexto Empírico, ver adiante, pp. 163-180.
2. Cf. Diógenes Laércio, IX, 116.
3. Cf. Diógenes Laércio, IX, 106. À época de Zeussi e de Antíoco pertence também Apolônides de Nicéia (cf. Diógenes Laércio, IX, 109), que escreveu um *Comentário aos Silli* de Tímon, dedicado ao imperador Tibério. Uma atualização do pouco que sabemos sobre estes céticos pode ser encontrada em: Brochard, *Les sceptiques grecs*, pp. 228ss.; 299ss.; Goedeckemeyer, *Geschichte des griechischen Skeptizismus*, pp. 235ss.; Dal Pra, *Lo scetticismo greco*, II, pp. 415-417.

simpatias pelo pensamento cético recordamos Licínio Sura (do qual nos fala Plínio, o Jovem)[4] e, sobretudo, Favorino (de quem foi discípulo Aulo Gélio), o qual foi, porém, mais um erudito que um filósofo[5].

Das informações de Diógenes Laércio parece poder-se extrair que o enfoque de Enesídemo (a dissolução de toda a realidade na aparência ou "fenômeno" e a ereção do puro fenômeno a critério) tenha sido mantido sem variações de importância até Antíoco de Laodicéia. Leiamos a passagem de Diógenes Laércio, que é muito importante:

> Enesídemo, no primeiro livro das suas *Razões pirronianas*, diz que Pirro nada define dogmaticamente, porque não o consente a contradição, mas segue os fenômenos. O mesmo se diz de Enesídemo nas suas obras *Contra a sabedoria* e *Sobre a pesquisa*. Mas também Zeussi, amigo de Enesídemo, no seu escrito *Sobre os discursos duplos*, e Antíoco de Laodicéia e Apela, no seu *Agripa*, admitem que só os fenômenos são válidos. *Segundo os céticos, o fenômeno tem valor de critério: assim, pelo menos, afirma Enesídemo.* [...]. Contra esse critério dos fenômenos, os dogmáticos objetam: se dos mesmos objetos golpeiam-nos representações diferentes — por exemplo, de uma torre que parece redonda mas pode ser quadrada —, o cético não escolherá uma ou outra, será constrangido a renunciar à sua atividade, mas — dizem eles — se seguir uma das representações, não admitirá mais que os fenômenos sejam equivalentes. Os céticos replicam: se nos golpeiam representações diversas, diremos que uma e outra representação têm para nós valor fenomênico. *E por isso nós admitimos a validez dos fenômenos porque aparecem*[6].

De Menódoto em diante, ao invés, enfatiza-se expressamente, sempre segundo Diógenes Laércio, o laço dos céticos com o enfoque empírico da medicina[7]. Esse laço, verossimilmente, tinha sido estabelecido muito tempo antes. De fato, como foi ressaltado pelos estudiosos, alguns nomes e personagens pertencentes às fileiras dos

---

4. Cf. Plínio, *Epist.*, IV, 30; VII, 27.

5. Cf. Aulo Gélio, *Noct. Att.*, II, 22, 20. Sobre Favorino, ver: Goedeckmeyer, *Geschichte des griechischen Skeptizismus*, pp. 248-257.

6. Diógenes Laércio, IX, 106s.

7. Diógenes Laércio, IX, 116: "Deste Antíoco [i.é, Antíoco de Laodicéia] foram discípulos Menódoto de Nicomédia, *médico empírico*, e Teoda de Laodicéia. De Menódoto, foi aluno Heródoto de Tarso, filho de Arieu. De Heródoto, foi aluno Sexto Empírico, autor de uma obra em dez livros sobre o ceticismo e de outros excelentes escritos. De Sexto Empírico, foi aluno Saturnino chamado Citena, *também ele empírico*".

filósofos céticos encontram-se também no elenco dos representantes do enfoque empírico da medicina, e, verossimilmente, não se trata de simples casos de homonímia[8]. Está fora de dúvida que só com Menódoto a aliança entre ceticismo e medicina empírica tornou-se verdadeiramente significativa, a ponto de criar uma nova virada na história do neopirronismo. Agripa, ao invés, que, segundo parece, foi o personagem mais significativo no arco de tempo que vai de Enesídemo a Sexto Empírico, permaneceu nas mesmas posições de Enesídemo, e levou às extremas conseqüências algumas das instâncias que este tinha feito valer, como agora veremos.

2. A nova tábua dos *tropos* de Agripa

Agripa[9] não ficou satisfeito com a tábua dos dez *tropos* redigida por Enesídemo. Ele considerou oportuno formular uma nova, não tanto com a intenção de substituir a de Enesídemo, mas para ter maior variedade de agumentos com os quais refutar a temeridade dos dogmáticos. Na realidade, como logo se verá, a nova tábua, mais que enriquecer a precedente, a subsume e supera nitidamente. Eis os cinco *tropos* da nova tábua[10]:

[1] O primeiro *tropo* diz respeito ao desacordo das opiniões e mostra que sobre toda questão, tanto as dos filósofos como as levantadas pela vida ordinária, existem contraste e confusão tais, que se impõe a suspensão do juízo.

[2] O segundo *tropo* oberva que, se se quer resolver uma questão, impõe-se uma prova; ora, nenhuma prova se revela exaustiva: toda

8. Cf. Brochard, *Les sceptiques grecs*, pp. 231-240.

9. De Agripa refere-nos Diógenes Laércio (IX, 88), atribuindo-lhe expressamente os cinco *tropos* (que Sexto Empírico reporta atribuindo-os genericamente aos "Céticos mais recentes" [mais recentes com relação a Enesídemo]). Diógenes Laércio, como recordamos, informa-nos também que o cético Apela escreveu uma obra intitulada *Agripa* (IX, 106), o que demonstra o prestígio que Agripa conquistara. Viveu, verossimilmente, na segunda metade do século I d.C. ou a cavaleiro entre o século I e o século II d.C.

10. Cf. Diógenes Laércio, IX, 88s.; Sexto Empírico, *Esboços pirronianos*, I, 164-169.

prova necessita de outra prova, e, esta, de prova ulterior, e assim se cai num processo ao infinito. Eis como Sexto Empírico refere este *tropo*:

O modo pelo qual se cai no infinito é aquele no qual ao que se apresenta como prova da coisa proposta, dizemos ter necessidade, por sua vez, de prova, e esta, por sua vez, de outra prova, ao infinito; de modo que, não tendo de onde começar uma argumentação, segue-se a suspensão do juízo[11].

[3] O terceiro *tropo* refere-se à relação e destaca que cada coisa não pode ser considerada por si mesma, mas só em relação, seja ao que julga, seja às outras coisas percebidas junto com ela.

[4] O quarto *tropo* observa que os dogmáticos, por tentarem fugir ao processo ao infinito, assumem os seus princípios sem demonstração, pretendendo que sejam imediatamente fidedignos e fazendo admissões puramente gratuitas. Escreve Sexto Empírico:

Tem-se o modo hipotético, quando os dogmáticos, remetidos ao infinito, começam a partir de qualquer coisa que não concluem por via de argumentação, mas pretendem assumir, assim simplesmente, sem demonstração, por uma concessão[12].

Esclarece ulteriormente Diógenes Laércio:

A inconsistência de tais premissas é destacada pelo fato de que outros partirão de hipóteses contrárias[13].

[5] O quinto *tropo* diz respeito ao assim chamado "dialelo", que se verifica quando, por querer dar razão da coisa buscada, se a pressupõe na própria razão aduzida para explicá-la, ou, melhor ainda, quando a coisa que se assume como explicação e a coisa da qual se quer dar explicação têm necessidade uma da outra. Escreve Sexto Empírico:

Nasce o dialelo quando o que deve ser confirmação da coisa buscada tem necessidade, por sua vez, de ser provado pela coisa buscada: então, não podendo assumir nenhum dos dois para concluir o outro, suspendemos o juízo sobre os dois[14].

---

11. Sexto Empírico, *Esboços pirronianos*, I, 166.
12. Sexto Empírico, *Esboços pirronianos*, I, 168.
13. Diógenes Laércio, IX, 89.
14. Sexto Empírico, *Esboços pirronianos*, I, 169. Sexto Empírico (178ss.) refere uma ulterior tábua constituída por apenas dois *tropos*, que não é mais que uma desajeitada tentativa de reduzir a dois estes modos, na realidade irredutíveis.

3. Significado da nova tábua dos *tropos*

Como se terá notado, o primeiro e o terceiro *tropo* reassumem, de fato, os dez *tropos* de Enesídemo (o terceiro em particular, o da relação — ou melhor, da relatividade —, é o mínimo denominador comum de todos os *tropos* de Enesídemo, como acima observamos); os outros três *tropos* levam muito além e são tais que, se oportunamente utilizados, põem em crise não só a validade das representações, mas também a validade de toda forma de raciocínio e de pesquisa, seja referente ao sensível, seja ao inteligível.

Eis, por exemplo, como Sexto Empírico explica a maneira pela qual todo raciocínio sobre o inteligível incorre nos cinco *tropos*:

> Se se diz que a discordância [i.é: na qual caem os que admitem o inteligível] não é dirimível, ser-nos-á concedido que é preciso suspender o juízo sobre ela. Se se tentar dirimi-la, e se o fizer com base no inteligível, levaremos o raciocínio ao infinito; se com base num sensível, ao dialelo: porque sendo sensível, por sua vez, objeto de discordância, nem podendo ser julgado com base num sensível (pois desse modo se cairia no infinito), terá necessidade de um inteligível, como o inteligível de um sensível. Quem, depois, em conseqüência disso, assumisse alguma coisa por hipótese, incorreria novamente em absurdo. Mas os inteligíveis são também relativos: pois se dizem inteligíveis relativamente à inteligência, e se fossem tais, na realidade, como são ditos, não haveria discordância de opiniões. Portanto, também o inteligível foi reconduzido aos cinco modos. Por isso é necessário, absolutamente, que se suspenda o juízo sobre a coisa proposta[15].

Em suma: os *tropos* de Agripa tentam golpear não só as representações, mas a própria possibilidade dos raciocínios, aprisionando-a, por assim dizer, numa espécie de triângulo mortal: quem pretende explicar alguma coisa através de raciocínios *a*) ou se perde num processo ao infinito, *b*) ou incorre no círculo vicioso do dialelo, *c*) ou assume pontos de partida meramente hipotéticos (isto é, indemonstrados).

Parece-nos que quem melhor julgou o significado e o valor desses *tropos* foi Brochard, nessa página exemplar: "Os cinco *tropos* podem ser considerados como a fórmula mais radical e mais precisa que

15. Sexto Empírico, *Esboços pirronianos*, I, 175-177.

jamais tenha sido dada ao ceticismo. Em certo sentido, ainda hoje eles são irresistíveis. Qualquer um que aceite a discussão sobre os princípios, qualquer um que não os declare superiores ao raciocínio e conhecidos por uma intuição imediata pelo espírito, admitida por um ato de fé primitiva, da qual não se deve dar conta, e que não tem necessidade de justificação, não seria capaz de fugir a essa sutil dialética. Mais ainda, o esforço mediante o qual o dogmatismo de todos os tempos se subtrai à estreiteza do ceticismo foi previsto por Agripa: é o que ele chama de hipótese, o ato de fé mediante o qual se propõem os princípios como verdadeiros. Ele só está errado em declará-lo arbitrário. Não se deve declará-lo arbitrário, mas livre. É-se, indubitavelmente, livre de recusar a própria adesão às verdades primodiais: eis o que Agripa viu muito bem. Mas também se é livre de dar a essas a própria adesão. Ora, entre os que recusam essa adesão e os que a concedem, a balança não é igual, como crê o cético: a natureza se inclina a uma parte, à parte da verdade, e o fato de que se possa não fazer uso da liberdade, ou que se possa abusar dela, nada prova contra o uso legítimo que se pode fazer dela. Todavia, se se usa assim a própria liberdade (e é isso que o dogmatismo sempre fez ou deve fazer), é preciso reconhecer que em certo sentido se dá razão ao cético. Consente-se que a razão não pode justificar tudo, que ela é impotente, reduzida só às suas forças, para produzir todos os seus títulos, que é preciso buscar então o princípio da verdade e da ciência"[16].

16. Brochard, *Les sceptiques grecs*, p. 306.

III. SEXTO EMPÍRICO E OS ÚLTIMOS DESENVOLVIMENTOS DO CETICISMO ANTIGO

1. Breve caracterização dos enfoques da medicina grega particularmente relacionados com o enfoque empírico

Já acenamos para o fato de que a história do ceticismo antigo, na sua última fase, caracteriza-se por uma estreita aliança com a medicina empírica. É, portanto, necessário determinar as características essenciais desse enfoque da medicina grega, e, antes, para compreender a sua peculiaridade, é necessário indicar também outros enfoques[1].

O mais antigo enfoque da medicina grega, e sob certo aspecto talvez o mais importante, é o dos médicos "doutrinários" ou "raciocinantes" (λογικοί), que remonta ao grande Hipócrates de Cós. Comum a todos os médicos doutrinários era a convicção de que era possível *descobrir a causa oculta* dos diferentes fenômenos mórbidos encontrados na experiência e a convicção de que o essencial da arte médica (seja pelo seu aspecto cognoscitivo, seja pelo seu aspecto prático-terapêutico) consistia, justamente, na descoberta dessas causas. Hipócrates pensava que a causa das enfermidades dependia da alteração da constituição do temperamento de cada um, que, como é sabido, era determinado, segundo a sua teoria, por uma particular mistura (*crasi*) dos quatro humores fundamentais (sangüíneo, fleumático, colérico, melancólico). Outros médicos sustentavam que a causa das enfermidades devia antes ser buscada na qualidade do sangue, ou em certos movimentos do sangue. Outros ainda (os chamados médicos pneumáticos) atribuíam, ao invés, a causa das enfermidades à má circulação de um fluido sutil que atravessava todo o corpo, denominado *pneuma*.

Um segundo enfoque, constituído pelos assim chamados médicos "metódicos", foi fundado por Temíson de Laodicéia (segunda metade

---

1. Para um breve, porém preciso enquadramento dos enfoques da medicina grega, ver: Robin, *Pyrrhon...*, pp. 181-196; sobre o enfoque da medicina empírica é fundamental a obra de K. Deichgräber, *Die grieschiche Empirikerschule, Sammlung der Fragmente und Darstellung der Lehre*, Berlim 1930.

do século I a.C.), e desenvolvido por Tessalo de Trale (fim do século I d.C.) e por Sorano de Éfeso (século II d.C.). O enfoque dos médicos metódicos modificou a perspectiva metodológica própria dos médicos doutrinários, pondo em crise justamente a mentalidade etiológica que lhes era própria. Os metódicos consideravam, de fato, que sobre as *causas ocultas* das enfermidades não era possível *nem afirmar nem negar* nada, sem, contudo, presumir que podiam estabelecer que tais causas fossem simplesmente incompreensíveis. Eles se atinham, portanto, aos fenômenos e buscavam extrair deles o que podia ser vantajoso para o enfermo, deixando-se guiar pela mera necessidade das afecções. Sexto Empírico, que nutriu por este enfoque uma forte simpatia (pelo menos nos seus *Esboços pirronianos*), escreve a esse propósito:

> Como, portanto, pela necessidade das afecções, o cético é guiado da sede à bebida e da fome à comida, e assim por diante, assim o médico metódico é guiado das afecções aos procedimentos consentâneos: da obstrução ao dilatamento (assim, um, em conseqüência de uma condensação produzida por um forte frio, recorre ao quente), do fluxo ao estancamento (assim, os que no banho suam copiosamente e sentem faltar-lhes as forças, apressam-se a parar o suor, recorrendo por isso ao ar fresco). Depois, que deva ser excluído o que é contrário à natureza, é manifesto até pelo cão, pois se lhe entra um espinho, apressa-se em tirá-lo[2].

Sexto Empírico nota, ademais, que os médicos metódicos, como os céticos, não têm "dogmas", e usam as palavras com "indiferença", ou seja, sem presunção dogmática: assim, por exemplo, eles usam a palavra "indicação" (sinal indicativo) não em sentido dogmático, mas no sentido de "guia" na direção dos que parecem ser os procedimentos oportunos a ser tomados com base nas afecções de acordo ou contra a natureza, como se viu acima.

O terceiro enfoque é o dos médicos "empíricos", que teve precursores já no século III a.C. Filino de Cós parece ter sido o iniciador e Serapião de Alexandria o verdadeiro fundador. No século I a.C. adquiriu notável ressonância Heráclides de Tarento, sobretudo com o seu livro *Sobre a seita empírica*. O enfoque empírico teve, porém, a sua máxima difusão na era cristã, entre os séculos I e II, sobretudo com Menódoto de Nicomédia, do qual logo falaremos.

2. Sexto Empírico, *Esboços pirronianos*, I, 238.

Esse enfoque concordava com o dos médicos metódicos em condenar a mentalidade etiológica dos médicos doutrinários, mas chegava a afirmar até que as "causas" das enfermidades são *incompreensíveis*. Isso concordava, ademais, com o enfoque metódico ao privilegiar em todos os sentidos os fenômenos e a experiência; antes, sobre este ponto, pretendia ser ainda mais radical: o médico empírico devia ter em conta também as experiências que dizem respeito especificamente às circunstâncias e à individualidade do paciente (as *idiossincrasias*), sem nunca sacrificar de algum modo o particular ao geral.

Já com Serapião e com Apolônio, o Antigo, pouco posterior àquele, os médicos empíricos, como parece que se deva extrair dos títulos das suas obras (que soam, respectivamente: *Com três meios* e *O tripé*), fixaram o seu método nos seguintes três momentos:

a) O médico, partindo do caso patológico com o qual defrontava, devia proceder, em primeiro lugar, à *observação pessoal e direta* dos fenômenos relativos ao caso, seja dos antecedentes, seja dos concomitantes, seja dos conseqüentes (esse era o chamado momento da *autópsia*).

b) À *autópsia* seguia-se a *história*, ou seja, a busca, a coleta e a análise crítica das observações feitas *por outros médicos*, sobretudo no passado e transmitidas através dos escritos. É desnecessário destacar que uma das tarefas da análise crítica desses documentos e, antes, a tarefa principal, consistia em separar o que era fruto de efetiva experiência do que, ao contrário, era fruto de raciocínio e, portanto, inferência indevida.

c) O terceiro momento era constituído pela assim chamada "passagem do semelhante ao semelhante". Tratava-se, porém, de uma "passagem" de natureza totalmente diferente da inferência da causa, porque limitava-se rigorosamente aos fenômenos (tratava-se, de fato, de uma passagem puramente empírica de uma afecção a outra afecção, de uma parte do organismo a outra, de um tratamento a outro). Para diferenciar ao máximo este momento do método do raciocínio analógico usado pelos dogmáticos em vista de alcançar a causa, os médicos empíricos chamavam-no *epilogismo*, para sublinhar que se tratava de raciocínio ou cálculo racional que leva, justamente, dos fenômenos aos fenômenos sem ir de modo algum além deles.

Entretanto, foi este o ponto mais discutido do método, tanto é verdade que, a este respeito, surgiram teses extremas: sabemos, com efeito, que o pirroniano Cássio sustentava que essa passagem do semelhante ao semelhante era estranha ao método empírico, e que Menódoto não só não a tinha considerado um momento constitutivo do método, mas até mesmo não a utilizava; ao contrário, Teoda de Laodicéia (que, como sabemos, era co-discípulo de Menódoto) considerava essa passagem indispensável para evitar que a medicina caísse em mera prática empírica[3].

Já acenamos acima à hipótese avançada pelos estudiosos segundo a qual a existência de relações entre medicina empírica e ceticismo poderia ser provada já antes de Menódoto, pelo fato de que alguns nomes de médicos empíricos correspondem a nomes de filósofos céticos ou de personagens a eles ligados: Heráclides de Tarento, por exemplo, um dos mais famosos médicos empíricos, poderia ser o mesmo Heráclides que, segundo Diógenes Laércio, foi mestre de Enesídemo; o médico Zeussi poderia ser Zeussi Goniopo (discípulo de um discípulo de Enesídemo), do qual também fala Diógenes Laércio. Contudo, é certo — e já o observamos acima — que só com Menódoto teve lugar uma tentativa de fusão sistemática entre medicina empírica e ceticismo e que só com ele se verificou, conseqüentemente, uma virada na história do ceticismo[4].

2. Menódoto entre medicina empírica e ceticismo

É impossível estabelecer até que ponto a tentativa de Menódoto de Nicomédia chegou, dada a exigüidade dos testemunhos relativos, sobretudo, ao seu pensamento filosófico. Provavelmente, prevaleceram nele a mentalidade e os interesses médicos, e no âmbito da medicina devem ter ficado as suas contribuições mais significativas, mais que no da especulação filosófica. É digno de nota, a este respeito, o fato

3. Cf. Goedeckemeyer, *Geschichte des griechischen Skeptizismus*, p. 263. Cf. ademais Deichgräber, *Empirikerschule*, pp. 301ss.

4. A virada, que por vários intérpretes é entendida e avaliada de diversos modos, a nosso ver, consiste na transformação do ceticismo numa espécie de *empirismo fenomenístico*, como esclareceremos adiante, pp. 169ss.

de que o grande Galeno (que julgou Menódoto muito severamente sob o aspecto moral) tenha polemizado contra ele e o tenha mencionado várias vezes[5].

Menódoto combateu os adversários da medicina empírica não só com firmeza, mas até mesmo com animosidade e acume, e, ao demonstrar a insensatez da pretensão da busca das causas, foi muito além da proclamação da necessidade da *epoché*, chegando a posições de dogmatismo negativo, julgando as teses dos adversários com presunção de certeza acerca da sua falsidade[6].

No que diz respeito às idéias propriamente filosóficas, sabemos que Menódoto não considerava que o ceticismo acadêmico fosse conciliável com o pirronismo e que, portanto, pudesse entrar no âmbito da história deste último. O pirronismo originário já estaria morto com Tímon e teria sucessivamente renascido apenas com Ptolomeu de Cirene (o qual foi mestre do médico empírico Heráclides de Tarento, ao qual já acenamos acima), ou seja, no século I a.C. Conseqüentemente, ele excluía que Platão pudesse ser considerado cético, como alguns acadêmicos sustentavam. De fato, argumenta Menódoto, se Platão afirma serem certas as Idéias, a Providência e a Virtude, então dogmatiza; se afirma serem prováveis e como tais as prefere, distancia-se também neste caso do ceticismo e participa do caráter dogmático; e tais conclusões não mudam, mesmo que Platão se exprima sobre algumas coisas de modo cético[7].

É possível que justamente a Menódoto se deva, como já dissemos, a distinção entre os *sinais indicativos* e os *sinais rememorativos* (e a conseqüente declaração da legitimidade destes últimos), que ainda não estava presente em Enesídemo e nos seus seguidores e que pressupõe certamente a aquisição da perspectiva empírica (Sexto Empírico, como veremos, a considerava uma distinção adquirida). O sinal rememorativo é, de fato, para usar termos modernos, mera

5. A cronologia de Menódoto é difícil de reconstruir, faltando indicações precisas nos testemunhos que nos chegaram sobre ele. Talvez não se esteja longe da verdade situando-o na primeira metade do século II d.C. (cf. Brochard, *Les sceptiques grecs*, p. 311). A mais equilibrada reconstrução do pensamento de Menódoto parece ser a de Goedeckemeyer, *Geschichte des griechischen Skeptizismus*, pp. 247-263.

6. Cf. Galeno, *De subfig. emp.*, p. 84, 1ss. Deichgräber.

7. Cf. Sexto Empírico, *Esboços pirronianos*, I, 222s.

associação mnemônica entre dois ou mais fenômenos adquirida pela experiência (ou seja, por ter muitas vezes constatado que na experiência aqueles fenômenos apresentam-se conexos), a qual nos permite, quando se apresenta algum desses fenômenos (por exemplo a fumaça), "inferir" o outro ou os outros fenômenos (por exemplo o fogo, a sua luz e o seu calor)[8].

Em geral, contudo, é certo que, junto com o momento negativo próprio do ceticismo, Menódoto punha o momento positivo que consistia no apelo à experiência e no uso do método empírico. É precisamente essa positiva relação com a experiência que dá a novidade característica da última fase do ceticismo inaugurado por Menódoto, que, contudo, só chegou à plena maturidade e consciência com Sexto Empírico[9].

---

8. Esta é uma hipótese plausível, sustentada por Goedeckemeyer, *Geschichte des griechischen Skpetizismus*, p. 259s. e nota 5.

9. Sobre a cronologia e os dados biográficos relativos a Sexto Empírico estamos, infelizmente, escassamente informados. Talvez tenha vivido na segunda metade do século III d.C. Só com essa datação se pode conceder o que o próprio Sexto Empírico diz, isto é, que no seu tempo os principais adversários do ceticismo eram os estóicos (cf. *Esboços pirronianos*, I, 65); de fato, na segunda metade do século II d.C. os estóicos apresentavam ainda certa vitalidade, perdida no século seguinte. Diógenes Laércio, que parece ter vivido na primeira metade do século III d.C., conheceu não só a Sexto Empírico, mas também o seu discípulo Saturnino, o que confirma a hipótese cronológica avançada acima. Sexto Empírico seria, portanto, um contemporâneo, talvez um pouco mais jovem, de Galeno. O fato de Galeno não o citar (pelo menos nas obras que nos chegaram) pode ser explicado com a hipótese de que Sexto Empírico não tenha sido conhecido em medicina como o foi em filosofia, ou ainda supondo que se tenha tornado escolarca só depois de Galeno ter publicado os seus principais escritos (cf. Brochard, Les *sceptiques grecs*, p. 315). Não sabemos onde Sexto Empírico ensinou: na época em que escrevia os *Esboços pirronianos*, III, 120, ele nos diz, num inciso, que ensinava no mesmo lugar em que ensinava o seu mestre (Heródoto de Tarso), mas não nomeia esse lugar. Em todo caso, não parece ser mais Alexandria (cf. III, 221). Portanto, já com o mestre de Sexto Empírico a escola tinha-se deslocado de Alexandria. Além dos *Esboços pirronianos*, de Sexto Empírico chegaram-nos, como já recordamos, duas obras com os títulos, respectivamente, *Contra os matemáticos*, em seis livros, e *Contra os dogmáticos*, em cinco livros, comumente citados com o único título de *Contra os matemáticos* (matemáticos são entendidos aqui como os que professavam artes e ciências) e com a numeração progressiva dos livros de um a onze. Os primeiros dois livros de *Contra os dogmáticos* (= *Contra os matemáticos*, VII e VIII) são também indicados com o subtítulo de *Contra os lógicos*; os livros III e IV de *Contra os dogmáticos* (= *Contra os matemáticos*, IX e X) são também indicados com o subtítulo de *Contra os físicos* e o último livro do *Contra os dogmáticos* (= *Contra

3. O novo plano sobre o qual Sexto Empírico reformula o ceticismo

Tentamos demonstrar acima que o fenomenismo originário de Pirro (e em larga medida também o de Enesídemo) era uma espécie de fenomenismo puro, vale dizer, uma forma de fenomenismo que não se fundava sobre o pressuposto dualista da existência de uma "coisa em si", mas reduzia inteiramente o ser e a substância das coisas ao fenômeno. A realidade das coisas, em suma, erra dissolvida no seu aparecer, sem resíduo[10].

Ao contrário, o fenomenismo de Sexto Empírico resulta formulado em termos claramente *dualistas*: o *fenômeno* torna-se a *impressão* ou a *afecção sensível do sujeito*, e, como tal, é *contraposto ao objeto*, à "coisa externa", ou seja, à coisa que é diferente do sujeito e que é pressuposta como causa da afecção sensível do próprio sujeito. Pode-se assim afirmar que, enquanto o fenomenismo de Pirro e de Enesídemo, na medida em que dissolvia a realidade no seu aparecer, era uma forma de fenomenismo absoluto e, portanto, *metafísico* (recorde-se, por outro lado, que o fenomenismo de Pirro levava expressamente à admissão de uma "natureza do divino e do bem", que vive eternamente e da qual "deriva para o homem a vida mais igual", e que o fenomenismo de Enesídemo levava também expressamente a uma visão heraclitiana do real)[11], o fenomenismo de Sexto Empírico é, ao invés, um fenomenismo de caráter tipicamente empírico e *antimetafísico*: o fenômeno como mera afecção do sujeito não dissolve em si toda a realidade, mas deixa fora de si o "objeto externo", o qual é declarado, se não incognoscível de direito (afirmação que faria cair numa espécie de dogmatismo negativo), pelo menos não conhecido de fato.

Mas vejamos algumas eloqüentes exemplificações, partindo da própria definição de ceticismo que Sexto Empírico fornece nos seus *Esboços pirronianos*:

> O ceticismo mostra o seu valor ao contrapor radicalmente os *fenômenos* e as *percepções intelectivas*, pelo que, em conseqüência da igual força dos

---

os matemáticos, XI) é também indicado com o título *Contra os moralistas*. Cf., *supra*, p. 145, nota 25.

10. Ver, *supra*, p. 145 e nota 44.

11. Cf. vol. VI e, *supra*, p. 151ss.

fatos e das razões contrapostas, chegamos à suspensão do juízo, portanto, à imperturbabilidade[12].

Sexto Empírico especifica logo o seguinte:

> À palavra fenômeno [τὰ φαινόμενα] damos o significado de "dados dos sentidos" [τὰ αἰσθητά] , e por isso contrapomos a estes as "percepções do intelecto" [τὰ νοητὰ, τά νοούμενα][13].

Para nos dar conta dos numerosos pressupostos presentes nessas afirmações e, portanto, para compreender a nova posição de Sexto Empírico, impõem-se numerosos esclarecimentos.

Em primeiro lugar, deve-se observar que o nosso fisósofo formula expressamente a equação subsistente entre *fenômeno* e *dado sensorial*. (Veremos, ademais, logo a seguir, de que modo, ulteriormente, fenômeno e dado sensorial, como já acenamos, reduzem-se à *afecção* do sujeito.)

Em segundo lugar, deve-se observar que o "número" de que se fala não é o "objeto externo" à percepção, a "coisa em si", da qual já falamos acima, mas a simples representação intelectual, considerada também como fenomênica. De fato, o "objeto externo", como veremos melhor a seguir, se contrapõe tanto à percepção sensorial como à intelectual, ambas consideradas *subjetivas* por Sexto Empírico.

Em terceiro lugar, observe-se que Sexto Empírico — no jogo da contraposição dos fenômenos aos fenômenos, das percepções intelectivas às percepções intelectivas, e daqueles a estas e vice-versa, com a finalidade de demonstrar a sua igual credibilidade e não-credibilidade e, portanto, com a finalidade de chegar à "suspensão do juízo" — não trata absolutamente os fenômenos do mesmo modo que os "númenos" ou percepções intelectivas, e que confere aos primeiros um valor prevalentemente positivo e aos segundos um valor prevalentemente negativo, de onde resulta muito mais apropriada esta outra

12. Sexto Empírico, *Esboços pirronianos*, I, 8.

13. Sexto Empírico, *Esboços pirronianos*, I, 9. Observe-se que Sexto Empírico interpreta em função dessa equação também os seus predecessores, correndo o risco de equivocar-se com relação a eles. Cf., por exemplo, *Contra os matemáticos*, VIII, 216, onde Sexto Empírico diz expressamente: "Enesídemo *parece* (ἔοικε) chamar *fenômenos* os *dados sensoriais*". O que significa que Enesídemo não operava tal identificação e que esta é extraída por Sexto Empírico como interpretação pessoal.

formulação do princípio do ceticismo, que ele propõe pouco depois da primeira:

> O princípio fundamental do ceticismo é, acima de tudo, este: a toda razão [λόγος] opõe-se uma razão de igual valor. Com isso, de fato, acreditamos chegar a não estabelecer nenhum dogma[14].

Com efeito, para Sexto Empírico, um raciocínio põe em xeque outro raciocínio e um dado sensorial (um fenômeno) pode pôr em crise um raciocínio, mas não vice-versa.

Em quarto lugar, deve-se notar que, em conseqüência das distinções acima observadas, Sexto Empírico admite a liceidade de que o cético *dê assentimento a algumas coisas*, vale dizer, às *afecções ligadas às representações sensoriais*; trata-se, porém, de um assentimento puramente empírico, e, como tal, não-dogmático. Eis as precisas palavras do nosso filósofo:

> Dizemos que o cético não dogmatiza, não no sentido em que alguns tomam essa palavra, para os quais, comumente, é dogma o consentimento a qualquer coisa, pois *o cético dá assentimento às afecções que se seguem necessariamente às representações sensíveis*. Assim, por exemplo, sentindo calor ou frio, não diria: "Creio não sentir calor ou frio"; mas dizemos que não dogmatiza no sentido que outros dão à palavra dogma, isto é, assentir a algumas das coisas que são obscuras e objeto de pesquisa por parte das ciências (a nenhuma coisa obscura o pirroniano dá assenso)[15].

E ainda:

> Parece-me que os que dizem que os céticos suprimem os fenômenos não ouviram o que dissemos: *que não subvertemos o que, sem o concurso da vontade, nos conduz a assentir em conformidade com a afecção que se segue à representação sensível* [...]; e *isto são os fenômenos*[16].

De resto, Sexto Empírico observa expressamente que as fórmulas céticas valem para as coisas obscuras e não para os fenômenos[17].

Em quinto lugar, deve-se notar (e com esta obervação voltamos à questão fundamental com a qual iniciamos a nossa exposição) que

14. Sexto Empírico, *Esboços pirronianos*, I, 12.
15. Sexto Empírico, *Esboços pirronianos*, I, 13.
16. Sexto Empírico, *Esboços pirronianos*, I, 19.
17. Cf. Sexto Empírico, *Esboços pirronianos*, I, 208.

Sexto Empírico só consegue atribuir ao "fenômeno" o novo valor *em prejuízo do rigor e da conseqüencialidade do discurso cético*, enquanto, para calibrar esse novo valor, ele é constrangido a recorrer a uma série de pressupostos que, sem se dar conta, extrai da mentalidade "dogmática", a qual queria, contudo, pôr definitivamente em crise.

Escreve o nosso filósofo:

> [...] Os fenômenos asseguram apenas o fato de aparecerem e não têm, além disso, a força para mostrar que existem realmente[18].

Ora, observe-se que essa distinção entre *fenômeno* (τό φαινòμενον) e *objeto subsistente* (τò ὑποκείμενον) só pode ter sentido se pressupomos a dogmática distinção entre *aparecer* e *ser*, e se damos um preciso sentido ao conceito de *objeto existente além do fenômeno*, que, ademais, o cético não poderia de modo nenhum formular, pois faltam-lhe todos os instrumentos necessários para isso.

Mas Sexto Empírico vai além, ao mostrar que uma coisa é o "objeto representado" e outra o "objeto tal como é realmente", ele escreve:

> [...] A representação é efeito do objeto representado, e o objeto representado é *causa* da representação e capaz de impressionar a faculdade sensitiva, *enquanto o efeito é diferente da causa que o produziu*. De onde, o intelecto, quando entra em contato com as representações, receberá os efeitos dos objetos representados, mas não esses mesmos objetos externos. E se alguém nos disser, com base nos próprios sentimentos e nas próprias afecções, que ele se põe em contato com os objetos externos [τὰ ἐκτός], nós lhe apresentaremos as aporias precedentemente indicadas [...][19].

Como se vê, aqui é até mesmo pressuposto o conceito de *causa*, bem como a inferência causal, que os céticos acreditavam ter excluído.

Em conclusão, podemos dizer que o novo plano sobre o qual Sexto Empírico se situa ao reformular o ceticismo é, precisamente, dado pelo novo conceito de fenômeno entendido como *afecção de um sujeito* em contraposição a um *objeto externo*, ou seja, em contraposição a um objeto subsistente fora do sujeito (além do fenômeno).

---

18. Sexto Empírico *Contra os matemáticos*, VIII, 368.
19. Sexto Empírico, *Contra os matemáticos*, VII, 383s.

Todas as fórmulas e todos os princípios canônicos do ceticismo são, considerando bem, repropostos justamente nessa chave dualista, ora apoiando-se sobre a "afecção" subjetiva, ora sobre o "objeto externo", ora sobre ambas. Assim todas as fórmulas céticas são reapresentadas por Sexto Empírico não como "verdadeiras em sentido absoluto", mas, justamente, apenas como *expressões do que o cético sente*. Escreve o nosso filósofo:

> [...] É preciso recordar também isto, que nós [céticos] não as [= as fórmulas céticas] pronunciamos em geral para todas as coisas, mas para as obscuras e indagadas dogmaticamente, e que exprimimos *o que a nós aparece*, sem nos pronunciar com asserções precisas *sobre a natureza das coisas externas*[20].

Eis ainda o que Sexto Empírico escreve sobre a afasia:

> [...] "Afasia" equivale a renúncia à "fasi" [= ao dizer], entendida no seu sentido comum, e nela dizemos estar compreendida a afirmação e a negação; de modo que "afasia" é uma afecção interna nossa, pela qual dizemos não afirmar nem negar. Daí também se mostra que não assumimos a afasia como se as coisas fossem por sua natureza tais que devessem induzir absolutamente à afasia, mas queremos significar que nós, no momento em que fazemos declaração de afasia, experimentamos tal afecção sobre a coisa indagada. É preciso também recordar-se de que nós dizemos não afirmar nem negar nada do que é dogmaticamente afirmado sobre as coisas obscuras. Mas cedemos ao que move o nosso sentido e produz em nós uma afecção tal que necessariamente leva a dar-lhe assentimento[21].

Analogamente, a nova exposição dos *tropos* de Enesídemo é conduzida segundo essa nova ótica, e a suspensão do juízo se transforma, de suspensão do juízo em geral, em suspensão do juízo *sobre a natureza dos objetos exteriores* (περὶ τῆς φύσεως τῶν ἐκτός ὑποκειμένον). E assim, mais em geral, o problema do ceticismo, para Sexto Empírico, torna-se este: se o *aparecer* (subjetivo) do objeto corresponde ao seu *ser* (objetivo).

> [...] Ninguém, talvez, contestará que o objeto apareça de uma forma ou de outra, mas questionará se é tal como aparece[22].

20. Sexto Empírico, *Esboços pirronianos*, I, 208.
21. Sexto Empírico, *Esboços pirronianos*, I, 192s.
22. Sexto Empírico, *Esboços pirronianos*, I, 22s.

4. A vida sem dogmas, ou a vida sem filosofia segundo Sexto Empírico

A fusão das instâncias do ceticismo com as do empirismo comportou, também no âmbito da ética, um notável afastamento das posições do pirronismo originário. Sexto Empírico, de fato, constrói uma espécie de *ética do senso comum*, elementaríssima e voluntariamente primitiva. Ele escreve:

> [...] Não só não nos pomos em contraste com a vida, mas a defendemos, assentindo, sem dogmatismo, ao que por ela é confirmado, mas opondo-nos às coisas inventadas arbitrariamente pelos dogmáticos[23].

E ainda:

> [...] É suficiente, penso, viver segundo a experiência e sem dogmas, em conformidade com as observações comuns e com as pré-noções que existem em nós, suspendendo o juízo sobre tudo o que é dito pela sutileza dialética, do que se encontrar totalmente fora do que é útil para a vida[24].

Viver segundo a experiência comum e segundo a consuetude (συνήθεια) é possível, segundo Sexto Empírico, conformando-se a essas quatro regras elementares: *a*) seguir as indicações da natureza, a qual, através dos sentidos e da razão, nos diz o que é útil; *b*) seguir os impulsos das nossas afecções que nos movem, por exemplo, a comer quando sentimos fome ou a beber quando sentimos sede; *c*) respeitar as leis e os costumes do próprio país e, portanto, aceitar, do ponto de vista prático, as relativas avaliações da piedade como um bem e da impiedade como um mal; *d*) não ser inerte, mas exercitar alguma arte. Eis o texto mais significativo:

> [...] Referindo-nos aos fenômenos, vivemos sem dogmas, observando as normas da vida comum, pois não podemos viver sem fazer absolutamente nada. Essa observância das normas da vida comum parece ser quadripartida, e parece consistir, em parte, na guia da natureza, em parte, no impulso necessário das afecções, em parte, na tradição das leis e dos costumes, em parte, no ensinamento das artes. Na guia da natureza, enquanto somos, por natureza, dotados de senso e de inteligência; no impulso necessário das afecções, enquanto a fome nos conduz ao alimento, a sede à bebida; na tradição dos

23. Sexto Empírico, *Esboços pirronianos*, II, 102.
24. Sexto Empírico, *Esboços pirronianos*, II, 246.

costumes e das leis, enquanto consideramos a piedade como um bem, a impiedade como um mal relativamente à vida comum; e no ensinamento das artes, enquanto não somos inativos nas artes que aprendemos. Mas tudo isso dizemos sem qualquer afirmação dogmática[25].

No que se refere ao terceiro ponto, que à primeira vista pode deixar-nos desconcertados, note-se que Sexto Empírico preocupou-se em precisar, justamente onde refuta as demonstrações da existência dos Deuses oferecidas pelos dogmáticos, que o cético não é um ateu, afirmando o seguinte:

> [...] Nós, seguindo a vida comum, sem preocupações dogmáticas, afirmamos a existência e a providência dos Deuses e os veneramos[26].

Essa reavaliação da *vida comum* comporta o abandono do ideal da absoluta indiferença e da insensibilidade perseguido por Pirro: o cético empírico prega não a *apatia*, mas a *metripatia*, a moderação das afecções que experimenta necessariamente. Também o cético sente fome, frio e outras afecções semelhantes, mas, recusando-se a julgá-las *males objetivos*, males por natureza, limita notavelmente a perturbação que deriva de tais afecções. Que o cético possa *ne sentire quidem* é idéia que, justamente com base na experiência reavaliada, Sexto Empírico não pode nem sequer tomar em consideração[27].

Ademais, a reavaliação da vida comum comporta também uma precisa reavaliação do *útil.* O fim pelo qual se cultivam as artes (cultivar as artes — recorde-se — é quarto preceito da ética de Sexto Empírico) é expressamente indicado no "útil da vida"[28].

Enfim é digno de nota o fato de que alcançar a imperturbabilidade, ou seja, a *ataraxia*, é apresentado por Sexto Empírico quase como a conseqüência causal da renúncia do cético a julgar a realidade, ou seja, como *conseqüência causal e inesperada da suspensão do juízo.* Ao cético aconteceria algo análogo ao que se narra do pintor Apele, o qual, querendo pintar a espuma na boca do cavalo e não o conseguindo, renunciou, lançando a bacia na qual limpava os pincéis

25. Sexto Empírico, *Esboços pirronianos*, I, 23s.
26. Sexto Empírico, *Esboços pirronianos*, III, 2.
27. Sobre a *metriopatia,* cf. Sexto Empírico, *Esboços pirronianos*, I, 25-30.
28. Cf. Sexto Empírico, *Contra os matemáticos*, I, 50ss.

contra o quadro, e a bacia, golpeando a boca do cavalo, por acaso, deixou uma marca que parecia espuma:

> Quem [...] duvida se uma coisa é boa ou má por natureza, não foge nem persegue nada com ardor: por isso é imperturbável. Portanto, ao cético acontece o que se narra do pintor Apele. Dizem que Apele, ao pintar um cavalo, queria retratar com o pincel a espuma. Não o conseguindo de nenhum modo, renunciou, e lançou contra o quadro a bacia, na qual limpava o pincel sujo de diversas cores. A bacia, tocando o cavalo, deixou nele uma marca que parecia espuma. Também os céticos esperavam alcançar a imperturbabilidade, dirimindo a desigualdade que existe entre os dados dos sentidos e os da razão; mas *não podendo consegui-lo, suspenderam o juízo, e a essa suspensão, como por acaso, seguiu-se a imperturbabilidade, tal como a sombra segue o corpo*[29].

5. A crítica sistemática de Sexto Empírico a todas as ciências e à filosofia

A parte mais conspícua da produção de Sexto Empírico (pelo menos da que nos chegou) é de caráter crítico. Dos *Esboços pirronianos* só o primeiro livro tem caráter "sistemático", enquanto os outros dois desenvolvem uma orgânica crítica da filosofia dogmática, dividida nas suas três seções codificadas na era helenística. Todos os onze livros que constituem a obra comumente citada com o título *Contra os matemáticos*[30] são de caráter puramente crítico: nos seis primeiros livros se refutam as artes e as ciências (a gramática, a retórica, a geometria e a aritmética, a astrologia e a música), enquanto nos outros cinco se refutam a lógica, a física e a ética dos dogmáticos.

Seria impossível dar conta das críticas de Sexto Empírico de modo exaustivo, não só num trabalho de síntese como o nosso, mas até mesmo em sede monográfica, dado que ele, como foi justamente observado, consegue realizar uma verdadeira "enciclopédia cética das ciências filosóficas"[31]. E a sua complexa argumentação não se deixa

29. Sexto Empírico, *Esboços pirronianos*, I, 28s.

30. Cf., *supra*, p. 168, nota 9.

31. Cf. A. Russo, in: Sexto Empírico, *Contra os lógicos*, Introdução, p. VII, nota 1 (cf., *supra*, p. 145, nota 25).

reduzir a poucos princípios, dado que prevalece nitidamente o método da dialética negativa, posta no auge pelos acadêmicos. Assistimos, muito amiúde, ao hábil jogo de voltar as armas do adversário contra ele próprio e a uma interminável série de argumentos *ad hominem*. Tem-se, ademais, a impressão de que Sexto Empírico não pretende, absolutamente, apresentar-nos apenas contribuições pessoais, mas procede à catalogação de todas as contribuições dos predecessores, nas quais inclui também as próprias, e que, portanto, procede quase a uma sistematização e a uma codificação do que se poderia considerar um patrimônio comum da seita dos céticos.

Na crítica às artes (gramática, retórica, geometria, aritmética, astrologia e música), Sexto Empírico, como já acenamos, reprova todo o aparato doutrinário que as constitui e a mentalidade etiológica que lhes serve de base. Aquilo a que deve visar a arte entendida de maneira sadia é a ajuda na condução da vida, ou seja, o útil. A base da arte não é constituída pelos raciocínios abstratos, mas pela experiência e pela sistemática observação dos fenômenos. Por conseqüência, das artes tradicionais Sexto Empírico salva apenas o que responde ao fim indicado e o que se pode justificar com base no método empírico[32].

A refutação dos filósofos — muito mais vigorosa e empenhada — segue uma ordem precisa, além da divisão nas três partes, também nas subdivisões dessas partes. Trata-se de uma ordem extraída da própria mentalidade dogmática. Por outro lado, isso é inevitável, dado que a refutação cética (ἀντίρρησις) não é mais que uma luta corpo a corpo contra tal mentalidade, contra o que foi produzido por ela e contra o modo em que foi produzido. Em substância, Sexto Empírico quer produzir uma série de razões contra as razões produzidas pelos dogmáticos sobre todos os problemas essenciais da filosofia, não com a finalidade de concluir que os dogmáticos estão certamente errados (dado que isso não seria mais que um dogmatismo ao inverso, que reproporia com sinal contrário a certeza que têm os dogmáticos de estarem certos), mas antes com a finalidade de evidenciar o "igual peso dos raciocínios" que, a propósito das várias questões filosóficas,

---

32. Cf. sobretudo *Contra os matemáticos*, I, *passim*, que exprime de modo paradigmático essa mentalidade. Cf. também o livro III, *passim*; ver, ademais, V, 2.

se excluem mutuamente e, portanto, com a finalidade de chegar não a juízos negativos, mas à *suspensão do juízo*. Compreende-se assim que Sexto Empírico tenha posto justamente nessa "refutação dos dogmáticos" o seu máximo empenho.

As linhas de força seguidas pelo nosso filósofo são, *grosso modo*, as seguintes:

Na lógica, aos correspondentes raciocínios dos dogmáticos ele opõe raciocínios que visam demonstrar com igual força o seguinte: *a*) não existe critério de verdade; *b*) mesmo que existisse não serviria, porque não existe o verdadeiro; *c*) não só não é possível afirmar nada sobre as coisas que (aos dogmáticos) parecem evidentes por falta do *critério*, mas não é nem mesmo possível, e com mais forte razão, passar das coisas evidentes às não-evidentes, ou seja, dos fenômenos aos seus presumíveis fundamentos e às presumíveis causas e, portanto, *a*) não existem sinais indicativos, ou seja, descobridores de causas ocultas (mas só sinais rememorativos), e *b*) não existem demonstrações, ou seja, raciocínios descobridores de conclusões não manifestas. Sexto Empírico critica, conseqüentemente, o silogismo dedutivo, assim como o raciocínio indutivo e a própria definição.

Quanto à física, Sexto Empírico submete à sua *antirresis* sobretudo os raciocínios dos dogmáticos relativos à Divindade, às causas e aos princípios, ao todo e à parte, ao corpo e ao incorpóreo, às várias formas de mudança, ao lugar, ao tempo e ao número.

No que se refere à ética, enfim, Sexto Empírico concentra-se sobre três pontos: critica as concepções dogmáticas do bem e do mal, critica a pretensão de que exista uma arte de viver e critica, enfim, a pretensão de que tal arte, caso exista, possa ser ensinada.

Nesse torneio de razões contra razões, Sexto Empírico mostra-se escrupuloso e, freqüentemente, expõe com fidelidade as doutrinas dos adversários que, em seguida, refuta, e mostra-se bem informado sobre amplos setores do vasto arco do pensamento antigo a ele precedente (sob este aspecto a sua obra é uma verdadeira mina de informações para a reconstrução do pensamento de autores cujas obras não nos chegaram). O corte dos problemas e a perspectiva sob a qual os trata, como já dissemos, são os próprios da era helenística, particularmente os do Pórtico (é significativo, por exemplo, o fato de que nos dois livros dirigidos contra os lógicos, Sexto Empírico demonstre ignorar a lógica aristotélica e, particularmente, a silogística dos *Analíticos*, e polemize sobretudo com a lógica estóica; mas muitos exemplos desse gênero poderiam ser encontrados também nos livros contra os físicos e contra os moralistas; Sexto Empírico não parece ter-se beneficiado do renascimento do platonismo e do aristotelismo que, no seu século, como veremos, já tinha dado conspícuos frutos)[33].

Quanto à dialética com que ele constrói as suas razões a serem contrapostas às dos dogmáticos, deve-se observar que ela é da mesma natureza daquela posta em auge pelos acadêmicos e que, portanto, revela a sua originária matriz estóica. As argumentações são em geral de profundidade, de relevância e também de eficácia diferentes, às vezes sofísticas e capciosas, quando não até mesmo desagradáveis. Mas Sexto Empírico é, em parte, consciente disso, tanto é verdade que no final dos seus *Esboços pirronianos* escreve expressamente que o peso e o alcance das suas argumentações são proporcionais ao grau de temeridade dos discursos dos dogmáticos que pretende refutar[34].

Deve-se observar, enfim, que às vezes Sexto Empírico apela positivamente para a experiência e para a evidência dos fatos contra a presunção da teoria, mas não o faz de modo sistemático. E assim certas antecipações de idéias, que muito mais tarde serão desenvolvidas por Locke, por Hume e por Stuart Mill e que há tempo os estudiosos destacaram, permanecem pouco mais que intuições isoladas[35].

Sexto Empírico, contrariamente ao que foi sustentado pelos intérpretes franceses[36], não antecipa o positivismo moderno (assim como a medicina empírica não antecipa o método indutivo próprio das ciências modernas), *porque não chega de algum modo à construção de uma lógica*[37]. E não chega à construção de uma nova lógica por

33. Sexto Empírico, *Esboços pirronianos*, livros II e III, *passim* e *Contra os matemáticos*, livros VII-I, *passim*. Para as correspondências entre as duas obras, cf. Robin, *Pyrrhon...*, pp. 226-229.

34. Cf. Sexto Empírico, *Esboços pirronianos*, III, 280s.

35. Cf., por exemplo, Sexto Empírico, *Contra os matemáticos*, VII, 279; 297ss.; VIII, 57; 274, 356; etc.

36. Cf. Brochard, *Les sceptiques grecs*, pp. 309ss., e Robin, *Pyrrhon...*, pp. 181ss.

37. Não chega à construção de uma nova lógica de caráter "indutivo", ou seja, do tipo de lógica que será próprio das ciências modernas. Com boa razão, parece-nos, A. Russo (Sexto Empírico, *Contra os lógicos,* pp. XLIVss.) fala de "lógica da negatividade". O estudioso explica, ademais, "Sexto Empírico não nos dá nenhuma

duas razões essenciais: nutre demasiada desconfiança nas capacidades construtivas do pensamento, que são indispensáveis para descobrir leis e nexos que ligam os fenômenos, e nutre muito pouca confiança na possibilidade de que a experiência leve a algo verdadeiro. Para Sexto Empírico, a razão serve quase exclusivamente para combater a razão dogmática e a experiência serve quase somente como refúgio de emergência para sobreviver, ou seja, para finalidades práticas[38].

A posição de Sexto Empírico pode muito bem ser resumida nessa frase de um estudioso moderno do ceticismo, que compartilha a posição do próprio ceticismo: "Só a vida merece ser seguida, e a filosofia primeira consiste em desembaraçar-se das filosofias dogmáticas que especulam sobre o incerto e descrevem como os democritianos, medem como os platônicos, ou imaginam, como faziam os estóicos, a pretensa verdade do invisível"[39].

---

formulação do conceito de observação παρατήρησις, que será tão importante na moderna pesquisa científica" (p. XLIV, nota 82).

38. Cf., por exemplo, Sexto Empírico, *Esboços pirronianos*, II, 244ss.

39. Dumont, *Le scepticisme..., p. 235.*

IV. O ESGOTAMENTO DO CETICISMO

Os antigos mencionam apenas um nome de filósofo cético posterior a Sexto Empírico, o de Saturnino, discípulo do próprio Sexto Empírico, e também ele "empírico"[1]. Nada mais sabemos dele, e tudo leva a crer que não se tenha afastado das posições do mestre. De resto, com Sexto Empírico o ceticismo alcança as suas intransponíveis colunas de Hércules, e, antes, junto com o próprio triunfo celebra também a própria destruição. O próprio Sexto Empírico mostra alguns traços de consciência desse fato. A propósito das fórmulas canônicas do ceticismo, escreve nos *Esboços pirronianos*:

E, na verdade, no que se refere a todas as expressões céticas, é preciso ter em mente o seguinte: que não afirmamos de modo absoluto que sejam verdadeiras, mas dizemos que *elas podem anular-se a si mesmas*, circunscrevendo a si próprias junto com as coisas das quais falam; assim, os remédios purgativos não só expulsam do corpo os humores, mas expelem-se a si mesmos junto com eles[2].

E na obra maior, a propósito da objeção de que a demonstração cética, que pretendia demonstrar a não-existência da demonstração, se destruía a si mesma, Sexto Empírico responde:

> Mas, ainda que ela [= a demonstração da impossibilidade da demonstração] destruísse a si própria, nem por isso fica convalidada a existência da demonstração. Há muitas coisas que fazem a si próprias o que fazem a outras! Como, de fato, o fogo, consumindo a lenha, destrói também a si próprio, e como os purgantes, expulsando os humores dos corpos, expulsam também a si próprios, assim também a argumentação dirigida contra a demonstração — depois de ter eliminado toda demonstração — exclui também a si própria[3].

Essas imagens são estupendas e, a nosso ver, exprimem da melhor maneira possível uma das funções *históricas* do ceticismo antigo, antes, talvez até mesmo a principal, vale dizer, a função catártica ou

1. Cf. Diógenes Laércio, IX, 116.
2. Sexto Empírico, *Esboços pirronianos*, I, 206.
3. Sexto Empírico, *Contra os matemáticos*, VIII, 480.

libertadora. O ceticismo antigo, com efeito, não destruiu a filosofia antiga, que apresenta ainda um trecho de gloriosa história depois dele, mas destruiu *certa filosofia*, ou, melhor dizendo, *certa mentalidade dogmática* ligada a essa filosofia: *destruiu a mentalidade dogmática criada pelos grandes sistemas helenísticos, sobretudo pelo sistema estóico*. E é muito significativo o fato de que o ceticismo, nas suas várias formas, nasça, se desenvolva e morra em sincronia com o nascimento, o desenvolvimento e a morte dos grandes sistemas helenísticos. E é também muito significativo que aquela mentalidade da qual falamos não tenha sobrevivido a Sexto Empírico. Depois dele a filosofia retoma o seu caminho para outras praias.

Sexto Empírico, naturalmente, não podia prever nada disso. Um estudioso italiano observou, recentemente, o seguinte: "Sexto Empírico está bem longe de suspeitar que quase contemporaneamente a ele e na mesma metrópole de Alexandria freqüentada por ele, se esteja delineando o ensinamento de Amônio Sacas, destinado a fazer convergir o pensamento antigo para um pólo diferente do pólo cético; ele não prevê que novas construções dogmáticas começam a delinear-se sobre a base daquelas mesmas colunas dóricas que foram abaladas por ele, embora não derrubadas. E se o historiador autêntico, utilizando todos os desenvolvimentos e as perspectivas do passado é, de certo modo, também previdente, devemos infelizmente admitir que Sexto Empírico não chegou a prever nada, porque do passado não extraiu senão o naufrágio de toda uma civilização filosófica. A sua análise histórico-crítica, com efeito, é executada de modo a aconselhar que se encerre doravante uma absurda e quase esgotadora polêmica de "filósofos em venda", sem levá-la ao infinito em prejuízo de todos os contendores. Segundo o Empírico, a história da filosofia dos gregos, examinada com os rigores de uma lógica bem afiada, devia terminar num pacífico e resignado reconhecimento de todos os erros dos dogmáticos. E nesse fim, ele, embora dotado abundantemente de polêmica galhardia, não pretende reservar para si a última palavra, já que ele não tem nenhuma boa nova para anunciar, mas já tem pronta a refutação de toda nova, boa ou má"[4].

---

4. Russo, in: Sexto Empírico, *Contra os lógicos*, Introdução, pp. XXs.

Ora, se isso é verdade, é igualmente verdade que Sexto Empírico *não podia prever nada*, justamente pelos motivos acima indicados, ou seja, porque ele (como os céticos seus predecessores) *não saía da mentalidade criada pelo helenismo e, valendo-se do método dialético, só podia destruir aquela mentalidade destruindo também a si próprio*.

De resto, uma prova eloqüente do que estamos dizendo consiste no fato de que as novas correntes filosóficas das quais falaremos, que têm uma forte inspiração religiosa, com traços de verdadeiro misticismo, não só não temerão o ceticismo, enquanto apelarão para formas e modos de conhecimento diversos dos que o ceticismo tinha criticado, mas, em certos casos, não hesitarão até mesmo em acolher alguns resultados dele, justamente para abrir novas perspectivas[5].

---

5. Ver, por exemplo, como Filo de Alexandria no *De ebrietate* faz uso dos *tropos* de Enesídemo e como Plutarco faz uso da *epoché* (sobre este ponto, cf. D. Babut, *Plutarque et le stoïcisme*, Paris 1969, pp. 279ss.).

QUINTA SEÇÃO

REVIVESCÊNCIA DO CINISMO

[...] ἀνθρώπου μὲν εἶναι τὸ ἁμαρτάνειν, θεοῦ δὲ ἢ ἀνδρὸς ἰσοθέου τὰ πταισθέντα ἐπανορθοῦν.

[...] Errar é humano, mas levantar quem caiu no erro é obra de um Deus, ou de um homem semelhante a um Deus.

Demônates, apud Luciano, *Vida de Demônates*, 7

I. O RENASCIMENTO DO CINISMO NA ERA IMPERIAL E AS SUAS CARACTERÍSTICAS

Vimos, em volume precedente[1], que o cinismo tocou a própria *acmé* já no início da era helenística, dando, por assim dizer, azo a todas as suas possibilidades e a todas as suas riquezas. De fato, logo depois de Diógenes e de Crates, o cinismo perdeu grande parte do originário vigor, mostrou certa tendência ao compromisso e, portanto, manifestou uma involução que, em alguns expoentes, acabou por ser quase uma perda de consciência da própria identidade, tanto que, em torno do final da era pagã, quase não se fala mais de cínicos. A vitalidade do cinismo, todavia, não se tinha exaurido: este, de fato, não só ressurgiu na era imperial (o primeiro cínico que conhecemos pelo nome, Demétrio, ao que parece, desenvolveu atividades em torno da metade do século I d.C.), mas continuou a viver ou a sobreviver até o século VI d.C., ou seja, ainda por meio milênio.

Diante de tal fenômeno, em muitos aspectos surpreendente, surge espontaneamente o problema: esse cinismo renascido na era imperial aprofundou as idéias do velho cinismo e ganhou novas perspectivas, ou foi somente uma reproposição, mais ou menos passiva e cansada, do que já tinha sido dito, sendo, portanto, mera "repetição"?

Para responder a tal problema é preciso referir-se às três componentes que distinguem essa particularíssima filosofia e que indicam também as três direções precisas segundo as quais ela agiu na vida espiritual do mundo antigo. Essas componentes são: *a*) a "vida cínica", *b*) a "doutrina cínica", *c*) o "modo de se exprimir", ou seja, a "forma literária" própria das obras dos cínicos.

No que se refere a este último ponto, deve-se observar que os cínicos tinham dado o melhor de si já nos primeiros séculos da era helenística. Em particular, deve-se observar que a "diatribe" tinha então se tornado um verdadeiro "gênero literário", muito difundido e quase insubstituível. Privada, então, do sarcasmo e da cáustica

1. Cf. vol. V.

mordacidade próprias do originário cinismo, a "diatribe" foi adotada por muitos filósofos da era imperial, não só pelos estóicos, os quais sob certos aspectos estavam bem próximos do cinismo (pense-se na *Diatribe* de Epicteto), mas até por pensadores muito distantes do cinismo como, por exemplo, Filo Hebreu ou até mesmo Plotino (certas passagens das obras filonianas assim como alguns capítulos das *Enéadas* têm, indubitavelmente, a estrutura da diatribe). Por conseqüência, esse "gênero literário", embora criado pelo cinismo, tornou-se autônomo e, portanto, já não mais exclusivo portador da mensagem cínica.

Quanto ao segundo ponto, ou seja, a "doutrina cínica" propriamente dita, deve-se observar que o renascido cinismo não podia ganhar significativas novidades, pelas razões estruturais já indicadas por nós no volume V. De fato, já com Diógenes a doutrina cínica alcança os extremos limites da radicalização, ou seja, as suas insuperáveis "colunas de Hércules". Portanto, restavam só duas possiblidades: *a*) ou repropor um cinismo que subsumisse instâncias de doutrinas afins (em particular do estoicismo, que na era imperial, como vimos, já tendia, especialmente em alguns expoentes, a acercar-se ainda mais que na era precedente a posições cínicas) e, de algum modo, se mostrasse sensível às mesmas instâncias religiosas e místicas próprias da nova era; *b*) ou restava a possibilidade de repropor, embora com algumas limitações, o radicalismo do cinismo originário, fazendo valer, de diversos modos, sobretudo as instâncias libertárias. Com efeito, os cínicos da era imperial que nos são conhecidos resultam claramente ter seguido uma ou outra dessas duas vias, sem ter alcançado êxitos de particular interesse, como veremos.

Quanto à "vida cínica", enfim, deve-se observar que, na era imperial, ela deve ter constituído um verdadeiro atrativo e um dos mais fortes estímulos. *Foi, portanto, o aspecto prático do cinismo que teve uma verdadeira importância na época da qual nos ocupamos*. Explica-se, portanto, muito bem o fato de Antístenes, fundador do cinismo, pouco a pouco ter sido esquecido, definitivamente eclipsado pelas figuras de Diógenes e de Crates; com efeito, o primeiro viveu apenas em parte a "vida cínica", que foi, ao invés, criada e vivida, de modo paradigmático por Diógenes e por Crates. As *Cartas* apócrifas atribuídas aos antigos cínicos, falsificações (produzidas a partir do século I d.C.), cujo objetivo era relançar e difundir o discurso cínico e conquistar as almas para ele, são quase todas atribuídas, justamente, a Diógenes e a Crates (cinqüenta e uma são atribuídas ao primeiro e trinta e seis ao segundo), enquanto apenas uma das que nos chegou é atribuída a Antístenes e uma a Menipo. Mas deve-se também observar, a este propósito, que se a reproposição do paradigma da "vida cínica" encontrou alguns espíritos escolhidos que a acolheram sinceramente, encontrou também numerosos aventureiros que lhe desvirtuaram o significado e contribuíram progressivamente para desacreditá-la e, portanto, para esvaziá-la.

II. A CORRENTE ESTOICIZANTE E RELIGIOSA DO CINISMO DA ERA IMPERIAL

1. Demétrio

Demétrio, que, como já acenamos, é o primeiro nome de cínico da era imperial do qual temos notícia, foi contemporâneo de Sêneca[1], muito admirado e apreciado por ele. Eis algumas eloqüentes passagens, extraídas do *De beneficiis*, das *Cartas* e do *De providentia*.

Demétrio, o cínico, [é] filósofo de grande importância, a meu ver, mesmo comparado aos grandes[2].

Há pouco citei Demétrio [...] homem de sabedoria completa (ainda que ele seja o primeiro a negá-lo) e de inabalável constância nos seus propósitos, de uma eloqüência como a que se atribui aos melhores tempos, isto é, não preocupada com a busca dos argumentos e com a excelência da linguagem, mas toda tendida à exposição dos conceitos com vigorosa paixão, segundo a inspiração. Estou certo de que a este homem a Providência deu tal vida e tal faculdade de eloqüência para que não nos faltasse um único exemplo, uma só reprovação[3].

Trago sempre comigo Demétrio, o melhor dos homens, deixo de lado os grandes purpurados e converso com ele seminu e o admiro. E como não admirá-lo? Constatei que nada lhe falta. Alguém pode desprezar tudo, mas não há ninguém que possa ter tudo. A via mais curta para alcançar a riqueza é desprezá-la. Quanto ao nosso Demétrio, ele vive não como quem despreza todas as coisas, mas como quem deixou aos outros a posse delas[4].

---

1. Demétrio nasceu, provavelmente, nos inícios do século I d.C. Já era conhecido por sua doutrina e por sua vida cínica nos anos do império de Calígula, a julgar pelo que refere Sêneca, *De benef.*, VII, 11. Talvez tenha deixado Roma uma primeira vez, depois da condenação de Traséia Peto, de quem era amigo (cf. Tácito, *Ann.*, XVI, 34), em 67 d.C. É certa a sua expulsão de Roma em 71 d.C., por causa da oposição à política do imperador Vespasiano. Pouco sabemos sobre os seus últimos anos (vividos provavelmente, pelo menos em parte, na Grécia). A nossa principal fonte de informação é Sêneca, que o freqüentou assiduamente.
2. Sêneca, *De benef.*, VII, 1, 3.
3. Sêneca, *De benef.*, VII, 8, 2s.
4. Sêneca, *Epist.*, 62, 3.

Demétrio sustentava a necessidade de reduzir a filosofia ao conhecimento de poucos preceitos e à sua rigorosa aplicação. Existem, dizia ele, muitos conhecimentos interessantes e cuja aquisição traz alegria, mas apenas poucos são os essenciais e esses poucos são de fácil apreensão, já que a natureza os pôs ao alcance de todos. Eis esses preceitos essenciais:

> Se o nosso ânimo aprendeu a desprezar tudo o que é devido ao acaso, se soube dominar o temor, se não aspira com ávida esperança a coisas impossíveis, mas aprendeu a pedir a si mesmo toda riqueza, se libertou-se do temor dos deuses e dos homens e sabe que dos homens não há muito a temer, dos deuses, nada; se o homem, desprezando tudo o que adorna, mas ao mesmo tempo atormenta a nossa vida, chegou a compreender claramente que a morte não traz nenhum mal, mas elimina todos eles; se dedicou-se inteiramente à virtude e acha fácil qualquer via que ela indica; se, criatura destinada à vida associada e gerada pela coletividade, considera o mundo como a casa comum de todos e abriu a sua consciência aos deuses e em todas as circunstâncias se comporta como se estivesse exposto ao controle de todos — temendo mais o seu próprio juízo que o dos outros — então este, subtraindo-se às tempestades, estabeleceu-se solidamente sobre a terra firme, sob um céu seguro e chegou ao perfeito conhecimento do que é útil e necessário. Todas as outras coisas servem para alegrar o nosso tempo livre: pode-se também recorrer a elas quando o ânimo já está ao seguro, mas elas apenas o afinam, não o temperam[5].

Nesse contexto readquire todo o seu antigo significado o *ponos*, ou seja, a fadiga, e o exercício que tempera o ânimo e o torna capaz de afrontar todas as adversidades da vida. Uma existência que nunca sofreu os abalos da sorte e nunca se defrontou com as adversidades, para Demétrio, é "um mar morto"[6], para quem, conseqüentemente, o homem que nunca foi golpeado pela adversidade, longe de ser feliz, como crê a maioria, na realidade é infeliz. Sêneca refere, de fato, este seu mote:

> Ninguém me parece mais infeliz do que um homem a quem nunca aconteceu nenhuma adversidade[7].

Enfim, deve-se observar que o cinismo de Demétrio colore-se de um considerável sentimento religioso, muito próximo ao que já tinha

5. Sêneca, *De benef.*, VII, 1, 7.
6. Sêneca, *Epist.*, 67, 14.
7. Sêneca, *De provid.*, VII, 3.

inspirado o estóico Cleanto. É ainda Sêneca quem nos reporta o testemunho mais significativo a respeito:

> Recordo-me de ter ouvido também esse discurso animoso de Demétrio, homem de fortíssimo coração: "Ó imortais, de uma só coisa posso lamentar-me de vós: por que não me fizestes conhecida antecipadamente a vossa vontade. De fato, teria chegado antes a sustentar aquelas provas que agora sustento por chamado vosso. Quereis tomar os meus filhos? Para vós é que os trouxe ao mundo. Quereis alguma parte do corpo? Tomai-a. Não vos prometo grande coisa: logo o deixarei completamente. Quereis o meu espírito vital? Por que não deveria estar prontíssimo a fazer-vos receber aquilo que vós mesmos me destes? Levareis conforme à minha vontade tudo o que me pedistes. Que está, pois, em questão? Teria preferido oferecer antes que entregar essas coisas. Que necessidade havia de tirá-las de mim? Poderíeis recebê-las. Mas nem mesmo agora vós as tirareis verdadeiramente de mim, porque nada se rouba senão a quem quer reter"[8].

Esta é uma concepção que exprime um particular sentimento da vida, que revive também no neoestoicismo romano, ou seja, no próprio Sêneca e, sobretudo, em Epicteto, como já vimos acima.

2. Díon Crisóstomo

A tese de Demétrio, segundo a qual só as adversidades revelam a verdadeira têmpera moral de um homem e que se deve considerar infeliz não quem é provado pelas desventuras, mas quem está amparado delas, encontram uma esplêndida confirmação na vida de Díon Crisóstomo.

Nascido numa família de elevado nível social, na cidade de Prusa, na Bitínia[9], Díon Crisóstomo formou-se primeiro nos estudos literários

---

8. Sêneca, *De provid.*, V, 5s.

9. Díon nasceu, provavelmente, na última década da primeira metade do século I d.C. O sobrenome Crisóstomo, que quer dizer "Boca de ouro", derivou-lhe da habilidade no falar e da sua persuasiva eloqüência. Seu exílio durou de 82 d.C. até o assassinato de Domiciano, ou seja, até 96 d.C. Teve boas relações com Trajano (98-117), em cuja presença pronunciou alguns dos seus discursos. De Díon chegou-nos um complexo de oitenta orações, nas quais predomina a forma literária da diatribe. Fundamental é o trabalho de H. von Arnim, *Leben und Werke des Dio von Prusa*, Berlim 1898, que cuidou também de uma excelente edição crítica das obras: *Dionis Prusaniensis quem vocant Chrysostomum quae exstant omnia*, edidit apparatu critico instruxit J. de Arnim, 2 vols., Berlim 1883-1886.

e exercitou-se como retórico (como "sofista", para usar a teminologia em voga naquela época) e escreveu até mesmo uma obra contra os filósofos em geral, e uma contra Musônio em particular. Em Roma, desenvolveu familiaridade com homens de alta posição e, por causa dos estreitos laços que estabeleceu com Flávio Sabino, foi condenado ao exílio, quando aquele tornou-se suspeito de conspirar contra o imperador Domiciano.

Banido da Bitínia e da Itália, constrangido a peregrinar por países inóspitos e a ganhar a própria vida com os trabalhos mais humildes, privado de tudo o que tinha preenchido e alimentado a sua vida passada, soube encontrar a sua vocação de fundo justamente por causa da solicitação dessas circunstâncias adversas, e assim tornou-se "filósofo". Ele descobriu desse modo a validez daquela filosofia que punha, contra a comum opinião, o mais autêntico bem em ser privado de tudo e em levar uma vida de "primitivo"[10].

Eis como o próprio Díon Crisóstomo, numa página exemplar, descreve a sua conversão à filosofia cínica:

> Os homens que me encontravam [i.é., no meu peregrinar de lugar em lugar] olhavam-me e julgavam-me, alguns como vagabundo, outros como mendicante, outros, ao invés, como filósofo. Daí, pouco a pouco, veio-me o nome de filósofo, sem que eu o quisesse ou me vangloriasse dele. Muitos dos assim chamados filósofos, de fato, proclamam-se a si mesmo tais, como os arautos das Olimpíadas proclamam os vencedores; quanto a mim, ao invés, tendo sido os outros a darem-me esse nome, não podia opor-me todo o tempo a todos. Antes, aconteceu-me receber um certo benefício daquele nome. Com efeito, muitos vinham a mim e me perguntavam o que eu considerava ser o bem e o mal. Conseqüentemente, fui constrangido a meditar sobre essas coisas para poder responder aos que me punham aquelas questões. Ademais, convidavam-me a apresentar-me e a falar em público. Fui assim constrangido a falar sobre os deveres dos homens e sobre o que, a meu ver, lhes é benéfico. Formei, então, a convicção de que todos, por assim dizer, eram carentes de reflexão e não faziam o que deviam fazer nem consideravam como podiam libertar-se dos males que os afligiam pela grande ignorância e pela confusão, e como podiam viver uma vida mais conveniente e mais virtuosa, sendo todos agitados e arrastados ao mesmo lugar e às mesmas coisas, ou seja, para

10. Cf. Díon, *Orações*, XIII, *passim*. Que o próprio Diógenes se tenha tornado filósofo porque exilado e privado de tudo era uma convicção comumente aceita; cf., por exemplo, Musônio Rufo, *Diatribes*, IX.

as riquezas, a reputação e certos prazeres corpóreos, sem que nenhum deles fosse capaz de libertar-se dessas coisas e libertar a própria alma, assim como as coisas que caem num vórtice, giram e são arrastadas em círculo sem poder libertar-se dele[11].

Os escritos de Díon Crisóstomo desse período de exílio repetem, sem muita originalidade, embora não sem garbo e vigor, os fundamentos da doutrina cética, e, nesses, a figura de Diógenes predomina de maneira incontrastada. Esses escritos exaltam de modo particular o poder libertador do discurso de Diógenes, reafirmam a validez da tábua cínica dos valores, voltam a defender certos aspectos da cínica *anaideia* e sublinham marcadamente a importância da luta contra o prazer[12].

Eis um significativo trecho do *Discurso sobre a virtude*:

> Alguém perguntou a Diógenes se também ele tinha vindo [ao istmo de Corinto] para ver os jogos e ele respondeu: "Não, mas para tomar parte neles". Aquele se pôs a rir e perguntou quais eram os seus adversários. E Diógenes, olhando-o de baixo para cima, como costumava fazer, disse: "Os mais perigosos e os mais difíceis de vencer e aos quais nenhum dos gregos sabe resistir; não são, contudo, adversários que correm, lutam, saltam, lutam, lançam o disco ou o dardo, mas os que corrigem os homens". "E quem são?", perguntou. "São as fadigas, respondeu, as mais rudes e não superáveis pelos homens saciados de comida e cheios da fumaça do orgulho, que passam todos o seus dias a comer e as suas noites a roncar, mas que são abatidos por homens sutis e magros, cujos ventres são mais sutis que o das vespas. Ou crês que esses grandes ventres sirvam para alguma coisa, esses indivíduos aos quais os que têm bom senso deveriam cavar ao redor, purificar e depois expulsar, ou antes imolar, cortar em pedaços e depois comer, como se faz com a carne dos grandes peixes, que cozinhamos no sal e na água do mar para dissolver a gordura, como fazem entre nós no Ponto com a banha dos porcos os que querem ungir-se. De fato, creio que eles têm menos alma do que os porcos. Ao invés, o homem probo considera que as fadigas são os seus maiores adversários e com eles ambiciona bater-se noite e dia, não para obter um ramo de macieira, como as cabras, nem um ramo de oliveira ou de pinho [com os quais se coroam os vencedores dos jogos Olímpicos e Ístmicos], mas para obter a felicidade e a virtude para toda a vida [...][13].

---

11. Díon, *Orações*, XIII, 11-13.
12. Cf. sobretudo as *Orações*, VI, VIII, IX e X.
13. Díon, *Orações*, VIII, 11-16.

Esses adversários, esclarece Diógenes, devem ser atacados com extrema decisão, como se faz com o fogo, que, se agredido sem hesitação, pode ser apagado, do contrário se alastra[14].

Mas o pior adversário, também para Díon Crisóstomo assim como para os antigos cínicos, é o prazer, o qual não usa a força, mas a astúcia e seduz com funestos fármacos, como fez a maga Circe, da qual fala Homero, a qual atraiu desse modo os companheiros de Ulisses, para depois transformá-los em porcos e em animais selvagens. O prazer nos ameaça de todos os modos possíveis, até mesmo durante o sono, mediante sonhos insidiosos. Para defender-se do prazer é necessário afastar-se dele o máximo possível e relacionar-se com ele o mínimo necessário. Por isso conclui Díon Crisóstomo:

> [...] Um homem verdadeiramente forte é, de fato, tal, quando é capaz de afastar-se o máximo possível dos prazeres: com efeito, não é possível freqüentar o prazer e fazer dele experiência por um período de tempo sem ser arruinado por ele. Tão logo se impõe e vence a alma com os seus filtros, logo se seguem os efeitos produzidos pela maga Circe[15].

À morte de Domiciano, Díon Crisóstomo voltou a Roma, e com o fim do exílio terminou também a sua "vida cínica"; a sua própria visão da filosofia se ampliou, subsumindo numerosos conceitos estóicos e até mesmo algumas sugestões platônicas.

Ressente-se ainda de fortes influxos cínicos o texto que leva o título de *Eubóico*, no qual se conta sobre uma família de caçadores, a qual, longe da cidade, em contato com a natureza, vive serenamente, satisfazendo apenas as necessidades mais elementares e essenciais, sem desejos do supérfluo e sem vãs ambições, e que realiza desse modo, embora sem o saber, a vida ideal. Díon Crisóstomo não tem dúvidas de que o viver em pobreza e não em meio à riqueza represente o "viver conforme a natureza" (κατὰ φύσιν)[16]. Com base nessa concepção de caráter tipicamente moral, ele propõe a solução do problema social da pobreza dos estratos inferiores, que se tornava cada vez mais preocupante nas grandes cidades: seria preciso fazer sair da cidade os que ele define como os "pobres respeitáveis", ou

14. Cf. Díon, *Orações*, VIII, 19.
15. Díon, *Orações*, VIII, 24.
16. Díon, *Orações*, VII, 81.

seja, os pobres que levam uma vida honesta, levá-los a viver nos campos e ali ensinar-lhes a produzir os meios de sustento do modo mais natural[17]. É fora de dúvida que Díon Crisóstomo pretendia apresentar esse programa não só com escopo teórico, mas justamente como solução concreta dos graves problemas sociais do momento histórico em que vivia.

Outro grupo de escritos de caráter político compostos no período posterior ao exílio reflete ainda idéias cínicas, introduzidas, porém, na mais ampla perspectiva estóica da monarquia universal da qual Zeus é rei[18]. O governo ideal é, para Díon Crisóstomo, o monárquico, e o monarca ideal é o melhor dos homens, ou seja, o homem mais virtuoso. Lemos na *Oração IV*, na qual os protagonistas são Diógenes (porta-voz de Díon Crisóstomo) e Alexandre (que, provavelmente, representa, de algum modo, o imperador Trajano, a quem o discurso é dirigido):

> [...] Então Alexandre perguntou a Diógenes: "De que modo se deve exercer a arte régia da melhor maneira?". Diógenes olhou-o severamente de baixo para cima e respondeu: "Não se pode exercer mal a arte régia mais do que não se pode ser um mal homem honesto! De fato, *o rei é o melhor dos homens, o mais corajoso, o mais justo, o mais humano, e é invencível com relação a qualquer fadiga e com relação a qualquer desejo*[19].

O rei deve ser um "pastor de povos", segundo o célebre dito de Homero[20], e deve ser o imitador do maior dos reis, vale dizer, o rei que governa o Universo inteiro, Zeus. Lemos, por exemplo, na *Oração I*:

> [...] Dentre os reis, dado que, como creio, eles recebem de Zeus o seu poder e a sua função, aquele que, olhando para Zeus, ordena e governa com justiça e com bondade em conformidade com as leis e o querer de Zeus, tem uma boa sorte e um fim propício[21].

E pouco antes ele explica:

> Os mortais e os que governam as coisas dos homens devem sempre imitar o Rei primeiro e supremo ao desincumbir-se das suas responsabilida-

17. Díon, *Orações*, VII, 107s.
18. Cf. as quatro primeiras *Orações*, *passim*.
19. Díon, *Orações*, IV, 24.
20. Cf. *Ilíada*, I, V, 263.
21. Díon, *Orações*, I, 45.

des, regendo-se por ele, enquanto possível, e assimilando (ἀφομοιοῦντας) o seu modo de agir[22].

Tendem, ao invés, decididamente para doutrinas do Pórtico a *Oração XXXVI* (com o título *Boristênico*), que contém (entre outras coisas) uma verdadeira cosmologia estóica, e a *Oração XII* (com o título *Olímpico*), que demonstra que a idéia de Deus é inata em todos os homens, sejam gregos ou bárbaros.

Também em Díon Crisóstomo, como no neo-estoicismo paralelo, aparece a idéia do parentesco e da ligação natural (συγγένεια) que une os homens aos Deuses e, portanto, a idéia da fraternidade de todos os homens[23]. E como no paralelo movimento médio-platônico, em Díon Crisóstomo aparece não só a idéia já acima indicada de que os homens devem *imitar* a Deus e *assimilar-se* a ele[24], mas até mesmo a doutrina de que o Demônio do homem é o seu *nous*, o seu intelecto (note-se: não a simples ψυχή, mas o νοῦς!):

Os demônios bons e maus, que levam a desgraça e a sorte, não estão fora do homem: o intelecto que é próprio de cada homem (ὁ δὲ ἴδιος ἑκάστου νοῦς) é possuído pelo Demônio do homem: o Demônio de um homem sábio e bom é bom, mau o de um homem mau, e assim, livre o de um homem livre, escravo o de um escravo, régio o de um homem régio e magnânimo, miserável o de um miserável e vil[25].

22. Díon, *Orações*, I, 37.
23. Cf. Díon, *Orações*, XII, 61.
24. Ver a última passagem reportada acima.
25. Díon, *Orações*, IV, 79.

III. A CORRENTE DO CINISMO NA ERA IMPERIAL INSPIRADA NO ANTIGO RADICALISMO CONTESTADOR

1. Enomau de Gadara

A componente radical e contestadora do antigo cinismo (que encontra a sua mais típica expressão na *anaideia* e na *parresia*, como já vimos) retorna ao primeiro plano com Enomau[1]. Nos seus escritos, provavelmente tratou de todo o arco da temática cínica, mas chegaram-nos pormenorizadas informações e amplos extratos de uma única obra que tem como título *A exposição dos charlatães*[2]. Nessa obra, Enomau desfechava um intenso ataque contra os oráculos e contra a possibilidade das profecias e da mântica. Ele examinava de modo analítico as mais célebres profecias do oráculo de Delfos, mostrava a sua inconsistência e capciosidade e aduzia também algumas razões filosóficas contra a própria possibilidade das profecias.

As argumentações filosóficas (as únicas que nos interessam nesta sede) não se baseiam sobre uma genérica negação da existência da Divindade e dos Demônios: de fato, Enomau, como em geral os cínicos, não era ateu; ele considerava, todavia, que a Divindade não devia ocupar-se das coisas humanas e que, portanto, as pretensas profecias não tinham nada de demoníaco e de divino, mas eram apenas belos enganos. As argumentações apelavam para a contradição subsistente entre a afirmação da existência do Fato e da Necessidade que tudo governam, de um lado, e a admissão da liberdade humana, de outro. Ora, a mântica demonstra o seu próprio absurdo na medida em que apela, ao mesmo tempo, para ambos os pressupostos, os quais se excluem reciprocamente. Escreve o nosso filósofo:

> É totalmente ridículo afirmar ao mesmo tempo que algo depende do homem e que, todavia, seja dominado pelo Destino[3].

---

1. Enomau viveu na primeira metade do século II d.C. Parece que o seu ápice deve ser situado durante o reinado de Adriano (ver os documentos e a discussão dos mesmos em Dudley, *A History of Cynicism*, p. 184, nota 3).

2. Esses extratos nos foram conservados por Eusébio, *Praep. evang.*, V, 18-36; VI, 1-42 (cf. P. Vallette, *De Oenomao Cynico,* Paris 1908).

3. Enomau, em Eusébio, *Praep. evang.*, VI, 7, 23.

Note-se bem: essa contradição torna absurda a credibilidade dos oráculos (e da mântica em geral) em todos os sentidos. Em primeiro lugar, torna absurda a própria pretensa liberdade de profetizar de Apolo, porque, se tudo fosse necessário, Apolo em Delfos não poderia ficar em silêncio, nem que o quisesse, e, em todo momento, longe de poder fazer a própria vontade, ele deveria fazer o que a Necessidade estabeleceu[4]. Em segundo lugar, mesmo que os oráculos fossem possíveis, não teriam nenhum sentido porque, admitindo a Necessidade, nada restaria em poder do homem.

Nessa vivaz polêmica, compreende-se que Enomau atacasse sobretudo os estóicos, os quais, com a sua doutrina do Fato, tinham justamente pretendido dar uma base filosófica à mântica[5].

Os estóicos, segundo Enomau, não são coerentes: de fato, eles afirmam que o homem pode ser virtuoso; ademais, estão ao mesmo tempo firmemente persuadidos de que o homem pode ser tal não *contra a própria vontade*, mas apenas por *espontânea deliberação*; ora, se é assim, ninguém há, "seja Deus ou Sofista", que possa ousar afirmar que essa espontânea deliberação dependa da necessidade, por causa da evidente contradição; e se é assim, não se sustenta o seu fatalismo. E, com uma dose de cínica *parresia*, Enomau conclui:

> E se ousa afirmá-lo [i.é, que o que se escolhe deliberadamente depende também da necessidade], não formularemos mais argumentos contra ele, mas tomaremos um nervo de boi, dos mais esticados, como os que servem para endireitar os discos, e lhe arrebentaremos o dorso[6].

2. Demônates

Expoente da corrente radical do cinismo foi também Demônates[7], contemporâneo de Enomau. Na verdade, Demônates temperou em

4. Cf. Enomau, em Eusébio, *Praep. evang.*, VI, 7, 1.

5. Cf. vol. VI.

6. Enomau, em Eusébio, *Praep. evang.*, VI, 7, 42.

7. Demônates nasceu em Chipre e viveu por muito tempo em Atenas, onde morreu quase centenário, deixando-se morrer de fome, quando se deu conta de não ser mais auto-suficiente. Teve como mestres os cínicos Demétrio e Agatóbulo e o estóico Epicteto (cf. Luciano, *Vida de Demônates*, 3). Não conhecemos as datas de nascimento

alguns pontos certos excessos do cinismo: "Não falsificava os seus costumes e maneiras para ser admirado", refere-nos Luciano[8], ou seja, para atrair ostensivamente sobre si a atenção das pessoas, e, em particular, não se dava a gestos extremos típicos da cínica *anaideia*. Por outro lado, ele confessava expressamente admirar não apenas Diógenes, mas respeitar Sócrates e amar Aristipo[9]. Estudou também, e não superficialmente, o pensamento de outros filósofos, coisa incomum entre os cínicos[10].

Do cinismo extraiu, em primeiro lugar, o grande amor pela liberdade e o "franco falar", e fez a felicidade consistir na liberdade.

Eis alguns significativos testemunhos de Luciano:

> Demônates [...] desprezou todos os bens humanos, não quis outra coisa senão ser livre e falar livremente [...][11].

> Alguém lhe perguntou em que punha a felicidade. Respondeu: "Só o homem livre é feliz". E o outro: "Existem muitos livres?". E ele: "Para mim é livre quem não teme nem espera nada". E o outro: "Mas como se pode ser tal se todos somos servos dessas duas paixões?". E ele: "Se consideras as coisas humanas, encontrarás que por elas não se deve nem esperar nem temer, porque todas passam, sejam as agradáveis, sejam as desagradáveis"[12].

Também a sua atitude diante da religião pública, dos mistérios e das crenças sobre a alma e as suas sortes no além estava em plena sintonia com o radicalismo cínico e, antes, justamente por isso foi acusado e chamado em juízo, com base na acusação formal de nunca ter sido visto sacrificar aos Deuses e de nunca ter sido iniciado aos mistérios de Elêusis. (Defendeu-se brilhantemente da acusação,

---

e de morte. Dudley (*A History of Cynicism*, p. 159, nota 1), com base em escassas indicações que nos chegaram, de maneira conjetural, propõe 70 e 170 d.C. (aproximadamente) como datas da sua vida. Em todo caso, parece certo que a atividade de Demônates deve ser situada no século II d.C.. A nossa principal (e quase única) fonte de informações sobre este cínico é a *Vida de Demônates*, escrita por Luciano, ou, em todo caso, a ele atribuída (mesmo que esta pequena obra não fosse de Luciano, o seu valor não mudaria, pois o autor deve ter tido muita familiaridade com Demônates [cf. mais adiante, a nota 21]).

8. Luciano, *Vida de Demônates*, 5.
9. Cf. Luciano, *Vida de Demônates*, 5; 62.
10. Cf. Luciano, *Vida de Demônates*, 4.
11. Luciano, *Vida de Demônates*, 3.
12. Luciano, *Vida de Demônates*, 19s.

sustentando, em primeiro lugar, que os Deuses não têm necessidade dos sacrifícios dos homens, e, quanto aos mistérios, sustentando que ele não os teria podido respeitar e calar sobre eles diante dos não-iniciados: de fato, se lhes tivessem parecido maus, tê-los-ia revelado para afastar os não-iniciados das coisas más, e se lhes tivessem parecido bons, teria falado deles a todos por amor à humanidade.)[13]

Sobre as opiniões a respeito da imortalidade da alma e as suas sortes, eis o que nos refere Luciano:

> Alguém lhe perguntou se a alma é imortal. "É imortal como toda outra coisa", respondeu[14].
>
> Perguntou-lhe alguém: "Que pensas que existe no inferno?". "Espera que ali esteja — respondeu — e de lá te escreverei"[15].

O culto do exercício e da fadiga foi também reafirmado por ele, e exaltada a autarquia[16].

Demônates retomou, ademais, a componente filantrópica do cinismo, que, antes dele, sobretudo Crates fizera valer. Escreve Luciano a este respeito:

> Nunca foi visto gritar, estabelecer contendas, irar-se, nem mesmo quando devia chamar a atenção de alguém: repreeendia os vícios, mas perdoava os viciosos, e dizia que se devia imitar os médicos que curam as enfermidades e não desprezam os enfermos. Acreditava, justamente, que errar é humano: mas levantar quem caiu no erro é obra de um Deus, ou de um homem semelhante a um Deus[17].

E ainda:

> Tentava fazer com que voltassem às pazes os irmãos separados, fazer as pazes entre mulher e marido, e algumas vezes falou oportunamente nas dissensões do povo, e persuadiu a multidão a fazer o bem da pátria. Dessa natureza era a sua filosofia, doce, amável, alegre. Só a enfermidade lhe doía ou a morte de algum amigo, porque considerava a amizade o maior bem dos homens: e por isso era amigo de todos, e tinha por próximo a qualquer homem[18].

---

13. Cf. Luciano, *Vida de Demônates*, 11.
14. Luciano, *Vida de Demônates*, 32.
15. Luciano, *Vida de Demônates*, 43.
16. Cf. Luciano, *Vida de Demônates*, 3.
17. Luciano, *Vida de Demônates*, 7.
18. Luciano, *Vida de Demônates*, 9s.

E, enfim:

Viveu cerca de cem anos sem males, sem dores, não incomodando a ninguém, nem pedindo nada, útil aos amigos, sem ter nunca um inimigo. Tanto amor tinham por ele os atenienses e todos os gregos, que quando ele passava, os magistrados se punham de pé, e todos se calavam. Sendo já muito avançado em anos, amiúde lhe acontecia de entrar por acaso numa casa, e ali comia e dormia, e as pessoas daquela casa acreditavam que lhes tinha aparecido um deus, e que um bom gênio tinha entrado na casa[19].

3. Peregrino Proteu

Quanto a Peregrino (chamado Proteu por seu próprio desejo)[20], somos amplamente informados, assim como a respeito de Demônates, apenas por Luciano, mas com uma narração de sinal contrário[21]. Luciano tece de Demônates um verdadeiro panegírico com a finalidade expressa de apontá-lo como exemplo, enquanto contra Peregrino Proteu escreve um libelo, com o expresso objetivo de expô-lo à pública execração. É difícil dizer o quanto Luciano excede em idealizar o primeiro e em vituperar o segundo. É certo que o pouco que Gélio nos refere de Peregrino Proteu (a quem ouviu em Atenas) parece de bem outro teor[22].

Peregrino Proteu apresenta a mais impensável fusão de religiosidade, ou melhor, de misticismo, e de radicalismo anárquico tipicamente cínico, unido a uma boa dose de espírito de aventura.

Suspeito de parricídio, teve de deixar a cidade natal e se refugiou na Palestina. (Luciano diz que Peregrino Proteu tinha estrangulado o pai por "não querer que ele passasse dos sessenta anos" e que o seu afastamento da pátria foi uma autocondenação ao exílio.) Na Palestina ligou-se aos cristãos, com os quais parece ter condividido as doutrinas,

19. Luciano, *Vida de Demônates*, 63.

20. Peregrino Proteu nasceu em Pário na Prompotide, provavelmente no início do século II d.C. e morreu em 165 d.C. (ou em 167, segundo o cálculo de Nissen, in "Rheinisches Museum", 43 [1888], pp. 253ss.).

21. Não consideramos que existam motivos suficientes para negar a Luciano a paternidade da *Vida de Demônates* (cf. *supra*, nota 7). Inclinamo-nos a considerá-la autêntica.

22. Cf. Gélio, *Noct. Att.*, XII, 1-7.

e antes escreveu "muitos livros" sobre essas doutrinas[23]. Por ter sido um dos personagens mais notáveis dos cristãos (ou pelo menos considerado como tal) foi encarcerado, o que lhe proporcionou grande fama e autoridade entre os cristãos. Luciano não crê absolutamente que Peregrino Proteu tenha aderido de boa-fé à religião cristã e escreve textualmente:

> Assim Peregrino Proteu, com o pretexto do cárcere, recebeu deles muitas riquezas e juntou não pequena provisão para o futuro. Porque acreditam esses desgraçados [i.é, os cristãos] que serão imortais e que viverão na eternidade; e por isso desprezam a morte, e de boa vontade vão ao seu encontro. E o seu primeiro legislador os persuade de que são todos irmãos entre si: e quando se convertem, renegam os deuses dos gregos, adoram aquele sábio crucificado, e vivem segundo as suas leis. Por isso desprezam todos os bens igualmente, e os crêem comuns, e não se preocupam com eles quando os têm. Por isso, se entre eles surgisse um astuto impostor que soubesse manejá-los bem, logo se tornaria rico, burlando-se dessa gente crédula e estulta[24].

Libertado pelo pró-consul, Peregrino Proteu voltou à pátria, onde, conta sempre Luciano, para evitar um processo, estando ainda viva a indignação pela morte do pai a ele imputada, entregou ao povo os recursos que lhe restavam. E como se apresentou à assembléia do povo com a típica veste cínica (longa cabeleira, mantelo esfarrapado, bornal a tira-colo e bastão na mão), o povo o saudou como verdadeiro filósofo seguidor de Diógenes e de Crates[25].

Ele voltou então a vagar, recebendo ainda o apoio dos cristãos, que, porém, depois de algum tempo, o abandonaram (Luciano quer fazer crer que a causa da ruptura tenha sido o fato de ter comido "algum alimento proibido", mas pelo modo como o diz demonstra ser o primeiro a não acreditar nisso)[26].

Depois de ter tentado em vão reaver os recursos que entregara ao povo, Peregrino Proteu dirigiu-se ao Egito, junto ao cínico Agatóbulo, para doutorar-se, diz Luciano com desenfreada ironia, na doutrina

---

23. Cf. Luciano, *Da morte de Peregrino*, 11.
24. Luciano, *Da morte de Peregrino*, 13.
25. Cf. Luciano, *Da morte de Peregrino*, 15.
26. Cf. Luciano, *Da morte de Peregrino*, 16.

que ensina a masturbar-se em público sustentando que é "coisa indiferente" (recorde-se que esta é uma típica manifestação da *anaideia* cínica)[27].

Foi depois à Itália, de onde foi expulso, diz Luciano, porque se dedicou a falar mal de todos, aproveitando astutamente da indulgência do imperador; os seus seguidores disseram, ao invés, que foi expulso por causa do seu franco e audacioso falar, próprio dos cínicos[28].

Voltando à Grécia, diz Luciano, continuou a exercitar a sua má língua, até que, caindo no desprezo de todos, decidiu dar-se morte voluntária sobre a fogueira por ocasião dos jogos olímpicos, desejoso de fazer falar de si a todo custo e de ganhar fama junto aos pósteros. Peregrino Proteu e os seus seguidores apresentam, naturalmente, outras motivações: a morte sobre a fogueira devia servir ao bem dos homens, isto é, para ensiná-los a desprezar a morte e a suportar os tormentos[29].

Na verdade, sabemos que o modelo que Peregrino Proteu tentava imitar, além de Hércules, era o dos sábios hindus, em cujo modo de pensar e viver já o cínico Onesícrito (que participara da expedição de Alexandre ao Oriente) tinha visto estreitas analogias com o dos cínicos[30].

Refere ainda Luciano, que pôde assistir pessoalmente à imolação, que estas foram as precisas palavras de Peregrino Proteu:

> [...] Ele dizia que a uma vida de ouro queria apor uma coroa de ouro: ter vivido como Hércules, querer morrer como Hércules, e "evaporar no ar". "Quero" dizia "fazer um grande bem aos homens, mostrando-lhes como se deve desprezar a morte [...]"[31].

Em conclusão, Peregrino Proteu foi certamente algo mais que o aventureiro, ainda que de alta classe, pintado por Luciano. Provam-no os numerosos seguidores que teve, seja, num primeiro momento, entre os cristãos, seja, posteriormente, quando abraçou o cinismo, entre os pagãos, e o testemunho de Gélio o confirma de modo claro[32].

---

27. Cf. Luciano, *Da morte de Peregrino*, 17 (Agatóbulo foi também mestre de Demônates [cf. Luciano, *Vida de Demônates*, 3; cf. *supra*, nota 7]).
28. Cf. Luciano, *Da morte de Peregrino*, 18.
29. Cf. Luciano, *Da morte de Peregrino*, 23ss.
30. Cf. vol. V.
31. Luciano, *Da morte de Peregrino*, 33.
32. Cf. Gélio, *Noct. Att.*, XII, 11.

Gélio diz expressamente ter visto e conhecido pessoalmente a Peregrino Proteu "virum gravem et constantem", quando esteve em Atenas; tê-lo encontrado "in quodam tugurio extra urbem"; tê-lo visitado muitas vezes e tê-lo ouvido falar sobre muitas coisas "utiliter et honeste"[33].

Infelizmente Gélio refere um único ponto da doutrina de Peregrino Proteu, mas digno de consideração, isto é, que o sábio não deve pecar, mesmo que o seu pecado pudesse ficar desconhecido de todos, seja dos Deuses, seja dos homens, já que não precisa abster-se de incorrer em culpas por temor de punições ou de infâmia, mas por amor do bem enquanto tal[34].

Peregrino Proteu representa, como já acenamos, um momento em que o encontro do cinismo, além do encontro com a componente oriental, encontra com o misticismo que, progressivamente, se difundia não só entre os cristãos, mas também entre os pagãos e que constitui uma das marcas da era imperial.

33. Cf. Gélio, *Noct. Att.*, XII, 11, 1.
34. Cf. Gélio, *Noct. Att.*, XII, 11, 2s.

IV. O CINISMO IMPERIAL COMO FENÔMENO DE MASSA E SUAS CONTRADIÇÕES INTERNAS

Não conhecemos figuras de cínicos de relevo depois do século II d.C. Conhecemos alguns nomes de cínicos pertencentes ao século IV d.C. através dos escritos do imperador Juliano, que são, para nós, nomes sem rosto[1]. Algo mais sabemos do cínico Máximo, que viveu no século IV, o qual misturou o cinismo com o cristianismo[2]. Temos, enfim, notícias do cínico Salústio, que viveu até os inícios do século VI d.C., que parece ter reproposto o ascetismo dos antigos cínicos e parece também ter-se remetido, por alguns aspectos, a Díon Crisóstomo[3].

Mas a sorte do cinismo na era imperial não se deve, como já observamos acima, nem a originais reelaborações doutrinais por parte de pensadores de ponta, nem a inovações literárias do *kynikós tropos*, mas a uma fortíssima atração exercida pela "vida cínica", a *kynikós bios*. E a prática da "vida cínica", na era imperial, tornou-se um verdadeiro fenômeno de massa, que interessou amplamente aos estratos sociais mais pobres, que acreditaram encontrar na *kynikós bios* um meio de evadir-se da sua condição infeliz, um meio de libertação. Pode-se seguramente afirmar que nem de longe qualquer uma das filosofias da antigüidade teve uma difusão entre as classes populares comparável à filosofia cínica, e, nesse sentido, a definição do cinismo como "filosofia do proletariado grego"[4] tem uma precisa justificação; porém, é certo que essa popularidade nasceu e, sobretudo, cresceu amplamente sob o signo da ambigüidade. Nossas fontes, de fato,

---

1. Cf. Zeller, *Die Philosophie der Griechen*, III, 1, p. 803, nota 2.

2. É difícil reconstruir os traços da figura de Máximo e o significado da união entre cinismo e cristianismo operada por ele, dado que as informações que nos chegaram sobre ele provêm de fontes hostis (sobretudo Gregório Nazianzeno, *Orat.*, XXIII). Sobre ele, cf. Dudley, *A History of Cynicism*, pp. 203-206.

3. Cf. Damásio, *Vit. Isid.*, frs. 138-139; 144-154; 159 Zintzen. Sobre Salústio, cf. Dudley, *A History of Cynicism*, pp. 207s.

4. A expressão é de K. W. Göttling, retomada e celebrizada por Th. Gomperz, nos seus *Pensatori Greci*. vol. II, p. 572 da edição italiana.

indicam que muitos (antes, até mesmo a imensa maioria dos adeptos) confundiam o espírito da "vida cínica" com as suas manifestações exteriores, e consideravam que bastava vestir a "divisa cínica" (o mantelo, o bornal e o bastão) e andar vagabundando de país em país como verdadeiros mendicantes, repetindo poucas, rudes e desgastadas fórmulas de Diógenes, para serem autênticos cínicos. Era, pois, inevitável que sobre essa verdadeira multidão de cínicos caísse um pesado descrédito.

A mais eficaz descrição desse fenômeno do cinismo de massa nos é oferecida por Luciano em *Os fugitivos*, no qual a filosofia é representada no ato de lamentar-se com Zeus pelas desventuras que lhe ocorriam, justamente por obra desses assim chamados filósofos cínicos. Eis a passagem mais significativa:

Zeus — Ainda não me disseste, ó Filosofia, as ofensas que sofreste, mas apenas te lamentas.

A Filosofia — Ouve, ó Zeus, quais são. Uma raça de vagabundos, na maioria servos e mercadores, que não viveram comigo desde crianças por causa das suas ocupações; porque ou serviam, e trabalhavam à mercê, ou exerciam outras artes que costumam exercer, como a do sapateiro, a do fabricante, ou a de limpar, ou a de desfiar a lã para torná-la mais manejável às mulheres e mais fáceis de fiar e de esticar, quando puxam a trama sobre o tear, ou fiam o linho, aplicados a essas coisas desde crianças, nem sequer conheciam o meu nome. Mas depois de se tornarem homens, e verem o respeito que todos têm pelos meus amigos, e como as pessoas são expostas ao franco falar, e como se comprazem de serem reguladas por eles, e obedecem aos seus conselhos, e se advertidas, se submetem, pensaram que isso era o mesmo que mandar como reis. Aprender o que convém para ter tanta autoridade era coisa muito longa para eles, antes impossível: escassas as artes, com fadiga apenas conseguiam o necessário; para alguns ainda a servidão parecia grave e, como é verdadeiramente, insuportável. Pensando e repensando resolveram lançar a última âncora, chamada sacra pelos marinheiros; e tendo-a fixado sobre a desonestidade, ajudando-se, ademais, com a audácia, a ignorância e a impudência, que adquirem com trapaças, e tendo estudado certas novas injúrias para tê-las sempre na ponta da língua, com essas únicas provisões (e nota, provisões para a filosofia!), tomam hábito e aspecto grave, semelhante ao meu, justamente como Esopo diz ter feito o asno de Cuma, o qual, cobrindo-se com pele de leão, bravamente acreditou ter-se transformado em leão: e certos tolos acreditaram nele. É muito fácil e ágil, como sabes, imitar-nos, externamente digo; e não é preciso muito para pôr um mantelo sobre os ombros, pendurar um bornal a tiracolo, ter um cajado na mão, e gritar, antes, relinchar e ladrar, e injuriar a todos. O respeito que se tem pelo hábito lhes dá a segurança de não sofrer nada por isso: e a liberdade é bela e segura, e o senhor que quiser prendê-los será golpeado com o bastão; o alimento, não mais escasso como antes era uma fogaça magra; o que acompanha o pão, não mais salame ou alho, mas pedaços de carne de todo tipo; vinho finíssimo, e dinheiro em abundância. Vão, pois, recolhendo um tributo, ou como dizem, tosam as ovelhas; e muitos dão ou por respeito ao hábito, ou para não ouvir falar mal de si. E talvez eles tenham compreendido ainda outra coisa, que se misturaram num feixe com os verdadeiros filósofos; e que ninguém pode julgar e discernir o de dentro se o de fora é semelhante. Não admitem nenhuma discussão, mesmo que alguém a peça de maneira polida e breve; mas logo gritam, e recorrem às baixezas, que é o seu forte, e pegam o bastão. Se buscas os fatos, encontras muitas palavras: se queres julgá-los pelas palavras, dizem-te para olhar para a sua vida. De modo que toda a cidade está repleta de tais canalhas, especialmente dos que se dizem seguidores de Diógenes, de Antístenes e de Crates, sob a insígnia do cão; os quais não extraem as boas qualidades do cão, a vigilância, a guarda da casa, a fidelidade ao dono, a memória, mas afadigam-se em imitar o latido, a gula, a voracidade, a licenciosidade contínua, e a adulação, e o balançar a cauda quando alguém lhe dá algo, e o ficar junto às mesas. Ora, verás logo o que acontecerá. Que todos deixarão as lojas e abandonarão as artes quando virem que se afadigam e se cansam do nascer ao pôr-do-sol, curvados sob o trabalho, e conseguem apenas o suficiente para sobreviver; e esses ociosos e impostores deleitam-se entre todos os bens, exigem como se fossem coisa deles, recebem prontamente, irritam-se se não se lhes dá, e nem sequer agradecem quando recebem. Isso lhes parece uma vida no século de ouro, e verdadeiramente o mel cai do céu na sua boca. E, contudo, seria menor mal se essa raça não nos fizesse nenhuma outra injúria. Essas figuras graves e severas externamente e em público, se encontram um moço bonito ou uma bela mulher, e os esperam, oh! não se poderia dizer o que fazem. Alguns, depois de terem desonrado a mulher dos seus anfitriões, as levam embora, como o jovem troiano, mas nota, para torná-las filósofas; e depois a dividem com todos os outros companheiros, acreditando praticar uma doutrina de Platão, sem entender em que sentido aquele divino homem queria que as mulheres fossem comuns. Depois, sobre as sujeiras que fazem nos banquetes, e as bebedeiras que tomam, haveria muito a dizer. E enquanto fazem essas coisas, quem acreditaria? condenam a bebedeira, o adultério, a lassidão, a avareza! Não há nada mais contraditório do que as suas palavras com os seus feitos. Assim dizem desprezar a adulação, e em matéria de adulação superam a Gnatão e Estrúcia; recomendam aos outros dizer a verdade, e não podem mover a língua sem dizer uma mentira: o prazer é o inimigo de todos nas palavras, e Epicuro é o grande adversário, mas nos fatos não buscam outra coisa senão o prazer. Irascíveis, fofoqueiros, mais coléricos que as crianças, fazem verdadeiramente rir ao vê-los por uma pequena razão se transtornar, empalidecer, olhar furiosamente ao redor, com a boca cheia de espuma, antes, de veneno. Isso quando não sai aquela torrente de palavras: *Nem ouro nem prata, por Hércules, preocupo-me em ter; um óbolo me basta para comprar tremoços; uma fonte ou um riacho me dará de beber.* E logo depois pedem não um óbolo, nem poucas dracmas, mas fortunas inteiras. Que mercador se enriquece tanto com o seu comércio, quanto estes ganham com a filosofia? E depois de terem recolhido suficientemente e de terem engordado, lançado fora o pobre mantelo, compram campos, e vestes finas, e jovens de boa aparência, e inteiras oficinas, lançam uma blasfêmia ao bornal de Crates, ao mantelo de Antístenes e ao tonel de Diógenes. O vulgo que vê isso despreza a filosofia, crê que todos são da mesma laia, e acusam a mim, que dou bons preceitos. Por isso tem-me sido impossível há muito tempo atrair alguém a mim, e me acontece como a Penélope, que tudo o que teci, num momento se desfaz: e a Ignorância e a Injustiça riem de mim, vendo que faço uma obra que nunca se realiza, e uma fadiga inútil[5].

Luciano sabe muito bem, malgrado a sua constante polêmica, que o cinismo autêntico é totamente diferente desse fenômeno de verdadeira degeneração: a sua exaltação do cínico Demônates, que ele aponta, como já tivemos ocasião de acenar, como verdadeiro modelo a imitar, é a prova mais eloqüente do que dizemos[6].

Mas antes de Luciano, Sêneca[7], Musônio[8] e, sobretudo, Epicteto[9] distinguiam drasticamente o cinismo autêntico das suas degenerações. Antes, Epicteto, no momento mesmo em que se rebelava contra as paródias da *kynikós bios* que assistia, procedia a uma verdadeira idealização dos traços do que, para ele, devia ser o "verdadeiro" cinismo, tornando assim ainda mais estridentes as contradições nas quais se debatia o cinismo da época.

---

5. Luciano, *Os fugitivos*, 12-21.

6. Cf. *supra*., p. 202, nota 21.

7. Cf. Sêneca, *Epist*., 51; 14, 14.

8. No final da *Diatribe* XVI de Musônio se lê: "Fazendo isso [i.é, exercitando retamente a razão], com isso mesmo filosofarás, e não precisarás envolver-te no mantelo nem viver sem túnica, nem deixar crescer os cabelos, nem afastar-te do agir comum da maioria: também isso se atribui aos filósofos, *mas não consiste nisso o filosofar; antes, em ter pensamentos convenientes e em raciocinar sobre eles*".

9. Cf. Epicteto, *Diatribes*, III, 22, *passim*.

Eis o que Epicteto prescrevia a quem aspirava ser um verdadeiro cínico:

> Em primeiro lugar, no que te diz respeito diretamente, não deves mostrar-te mais como és agora em nenhuma das tuas ações, nem lastimar Deus ou os homens: deves suprimir todos os desejos e transferir a aversão só aos objetos que entram no âmbito da escolha moral: não deves ter cólera, nem ira, nem inveja, nem compaixão [...][10].

Ainda mais significativa é esta outra página na qual Epicteto contrapunha o "verdadeiro" cínico (que, para ele, era o cínico dos tempos passados, o verdadeiro seguidor de Diógenes) aos cínicos do seu tempo:

> E como é possível que viva sereno quem não possui nada, quem está nu, sem casa, sem lar, sórdido, sem escravos, sem cidade? Eis, Deus vos mandou um que, com fatos, vo-lo demonstre a possibilidade. "Olhem para mim: sou sem casa, sem cidade, sem bens, sem escravos: o meu leito é a terra: não tenho mulher, filhos, uma casinha, mas só a terra e o céu e um único mantelo. E contudo, que me falta? Não vivo sem dores, sem temores, não sou livre? Quando algum de vós me viu fracassar nos meus desejos, quando cair nas minhas aversões? Quando lastimei Deus ou os homens, quando reprovei a alguém? Por acaso algum de vós me viu acabrunhado? Como trato os que vos dão medo ou vos maravilham? Não é como escravos? Quem de vós, ao me ver, não considera ver o seu rei ou o seu senhor?". Eis as palavras dignas de um cínico, eis o seu caráter, o seu propósito. *Ao invés, dizeis: o que faz o cínico é um pobre bornal, o cajado, a boca escancarada, e engolir tudo o que lhe dão ou, então, pôr de reserva, ou ofender inoportunamente a qualquer um que encontre, ou virar as costas.* Vê com que espírito se deve dedicar a tal empresa? Toma antes o espelho, olha as tuas costas, dá-te conta delas e das pernas. Queres inscrever o teu nome nos jogos de Olímpia, ó homem, e não em qualquer miserável corrida. Em Olímpia não é permitido apenas ser vencido e ir embora: em primeiro lugar deve-se ser exposto à infâmia diante de todos, não só diante dos atenienses ou dos lacedemônios ou dos nicopolitanos; em segundo lugar, deve ser coberto de golpes quem desce temerariamente à arena, e antes dos golpes deve sofrer a sede, deve ser queimado pelo calor e engolir muita areia. Toma com muita consciência uma decisão, conhece-te a ti mesmo, interroga a divindade, não te dês à obra sem Deus. Porque, se ele te encoraja, a sua vontade, deves sabê-lo, é que te tornes grande ou que recebas muitos golpes. De fato, também este é um esplêndido

10. Epicteto, *Diatribes*, III, 22, 13.

elemento ligado à vocação do cínico: é preciso que seja golpeado como um asno e que, enquanto é golpeado, ame os que o golpeiam, como pai de todos, como irmão[11].

A situação não devia ser muito diferente no século IV d.C. Nos escritos do imperador Juliano, encontramos, de fato, o mesmo entrelaçar-se de opostos sentimentos diante do cinismo antigo, por um lado, e diante dos assim chamados cínicos contemporâneos, por outro, como observamos em Epicteto[12].

Para Juliano, a filosofia cínica, a dos fundadores (ou seja, a de Diógenes e de Crates), é a filosofia mais "universal e natural"[13], porque não exige estudo nem conhecimentos particulares, e baseia-se sobre dois princípios elementaríssimos: *a*) "conhece-te a ti mesmo", *b*) "despreza as vãs opiniões e segue a verdade"[14]. Nos cínicos seus contemporâneos, Juliano não vê a encarnação daqueles princípios, mas encontra antes o aviltamento da filosofia e a presunção de que a divisa cínica, a ignorância, a audácia e a impudência, ou, como também diz, o cobrir os Deuses de impropérios e latir contra os humanos, sejam "a via mais curta" para alcançar a virtude[15].

Juliano chegou mesmo a comparar os cínicos do seu tempo aos cristãos que renunciavam ao mundo[16]. A comparação, naturalmente, nas intenções de Juliano, queria exprimir o máximo de desprezo (para ele, apóstata, os cristãos são "galileus sacrílegos"). Ao invés, ela exprime uma profunda verdade (de resto também em tempos modernos teve muito sucesso a definição dos cínicos como os "capuchinhos da antigüidade"). Com efeito, o que muitos dos cínicos da era imperial indubitavelmente buscavam na *kynikós bios* era o que, antes, os anacoretas no Oriente e, depois, os monges no Ocidente, se propuseram realizar no âmbito cristão.

E a eles, justamente, devia pertencer o futuro.

---

11. Epicteto, *Diatribes*, III, 22, 45-54.

12. Cf. Juliano, *Contra o cínico Heráclio* e *Contra os cínicos ignorantes*.

13. Juliano, *Contra os cínicos ignorantes*, 187 d.

14. Cf. Julinao, *Contra o cínico Heráclio*, 211 a ss.

15. Cf. Juliano, *Contra os cínicos ignorantes*, 201 a ss.; *Contra o cínico Heráclio*, 226 c ss.

16. O termo que Juliano usa é ἀποτακτικοί, que significa: *qui saeculo renuntiaverunt*; cf. *Contra o cínico Heráclio*, 244 b.

SEGUNDA PARTE
A REDESCOBERTA DO INCORPÓREO E DA TRANSCENDÊNCIA

FILO DE ALEXANDRIA, O RENASCIMENTO DO PLATONISMO E DO PITAGORISMO, OS ESCRITOS HERMÉTICOS E OS ORÁCULOS CALDAICOS

Τί δή ἐστι τὸ ὄν;
Αὐτὸς δὲ οὐκέτι σχηματισθήσομαι οὐδ' ἀγνοεῖν φήσω τὸ ὄνομα τοῦ ἀσωμάτου· καὶ γὰρ κινδυνεύει νῦν ἤδη ἥδιον εἶναι εἰπεῖν μᾶλλον ἢ μὴ εἰπεῖν. Καὶ δῆτα λέγω τὸ ὄνομα αὐτῷ εἶναι τοῦτο τὸ πάλαι ζητούμενον.

Que é o ser?

Não fingirei mais e não direi ignorar o nome do incorpóreo: agora, de fato, é mais agradável nomeá-lo, antes que calar sobre ele. E digo logo que o seu nome é o que se buscou já desde muito tempo.

Numênio, frs. 3 e 6 (des Places)

PHILONIS ALEXANDRINI

OPERA QVAE SVPERSVNT

EDIDERVNT

LEOPOLDVS COHN ET PAVLVS WENDLAND

VOL. I

CONTINENS DE OPIFICIO MVNDI
LEGVM ALLEGORIARVM LIB. I—III
DE CHERVBIM
DE SACRIFICIIS ABELIS ET CAINI
QVOD DETERIVS POTIORI INSIDIARI SOLEAT

BEROLINI
TYPIS ET IMPENSIS GEORGII REIMERI
MDCCCLXXXXVI

Antefrontispício da edição crítica de todas as obras de Filo de Alexandria, editada por Cohn e Wendland em 6 volumes (1896-1915), que inaugurou a moderna fase científica dos estudos sobre esse volume.

PRIMEIRA SEÇÃO

FILO DE ALEXANDRIA E A "FILOSOFIA MOSAICA"

ὁ δ᾽ἀπογνοὺς ἑαυτὸν γινώσκει τὸν ὄντα.

Quem desespera de si mesmo conhece Aquele que é.
Filo, *De somn.*, I, 60

μόνον οὖν ἀψευδὲς καὶ βέβαιον ἀγαθὸν ἡ πρὸς θεὸν πίστις.

O único bem veraz e sólido é a fé em Deus.
Filo, *De Abr.*, 268

PHILONIS ALEXANDRINI

OPERA QVAE SVPERSVNT

VOL. VII

INDICES AD PHILONIS ALEXANDRINI OPERA

COMPOSVIT

IOANNES LEISEGANG

PARS I.

BEROLINI

TYPIS ET IMPENSIS WALTER DE GRUYTER & CO.

MCMXXVI

Frontispício da primeira parte do índice sistemático dos termos e conceitos usados por Filo, com o qual se conclui (vol. VII em dois tomos, 1926-1930) a grande edição da obra filoniana, editada por Cohn e Wendland.

I. GÊNESE, COMPONENTES E PROBLEMAS FUNDAMENTAIS DA FILOSOFIA DE FILO DE ALEXANDRIA

1. A gênese do pensamento filoniano e o seu papel na história da filosofia antiga

Filo constitui, sem dúvida, um personagem que, com linguagem de hoje, poderemos definir "de ruptura"[1]. Ele se encontrou a cavaleiro

---

1. Filo nasceu em Alexandria, provavelmente entre 15 e 10 a.C. A sua família foi das mais ricas e influentes famílias hebraicas que se estabeleceram em Alexandria. Ele pôde, portanto, receber uma instrução do mais elevado nível possível naqueles tempos. Apropriou-se perfeitamente da cultura grega (e, de modo particular, das categorias espirituais do helenismo), e, ao mesmo tempo, do patrimônio espiritual e cultural do seu povo, como diremos com maior amplidão a seguir. Da sua vida sabemos pouquíssimo. Fundamentalmente ele deve ter levado um tipo de vida dedicado quase inteiramente à meditação, aos estudos e à composição dos seus livros. Todavia, não deve terse subtraído a alguns encargos públicos, que, provavelmente, entendeu como deveres com relação ao seu povo. O episódio mais conhecido é a sua viagem a Roma como chefe de uma embaixada para protestar contra as perseguições de que eram vítimas os hebreus. Ao retorno, em 41 d.C., Filo escreveu um amplo relatório sobre a embaixada, do qual resulta que, naquela época, ele estava em plena maturidade. Filo escreveu numerosas obras, e quase todas nos chegaram. Entre elas sobressaem, sobretudo, as que constituem o grande comentário alegórico ao *Gênesis*. Eis os títulos dessas obras, com os quais são usualmente citadas: *De opficio mundi; Legum allegoriae; De Cherubim; De sacrificiis Abelis et Caini; Quod deterius potiori insidiari soleat; De posteritate Caini; De gigantibus; Quod Deus sit immutabilis; De agricultura; De plantatione; De ebrietate; De sobrietate; De confusione linguarum; De migratione Abrahami; Quis rerum divinarum heres sit; De congressu eruditionis gratia; De fuga et inventione; De mutatione nominum; De somniis*. De notável interesse são também os assim chamados escritos de exposição da lei mosaica: *De Abrahamo; De Iosepho; De Decalogo; De specialibus legibus; De virtutibus; De praemiis et poenis; De vita Mosis*. Um grupo à parte é constituído pelos escritos de exegese e catequese bíblica: *Quaestiones et solutiones in Genesim; Quaestiones et solutiones en Exodum*. Os escritos de filosofia pura são os menos interessantes e pouco originais: *Quod omnis probus liber sit; De providentia; De aeternitate mundi; De Alexandro; Hypothetica*. Ligados à sua atividade política e ao ambiente hebraico são: *In Flaccum; Legatio ad Caium; De vita contemplativa*. A edição crítica mais recente das obras filonianas é a que foi preparada por L. Cohn e P. Wendland, *Philonis Alexandrini Opera quae supersunt*, 6 vols., Berlim 1896-1915, completada com preciosos *Índices*, aos cuidados de H. Leisegang, em 1926-1930. São importantes as seguintes traduções: em alemão,

de duas épocas e de duas culturas; não foi imune a uma série de contradições (indevidamente ampliadas por alguns estudiosos), as quais brotaram sobretudo do fato de ter expresso idéias novas em muitos casos com termos velhos e pelo fato de que as idéias novas que quis impor derivavam de uma tradição e de uma mentalidade muito diferente (e, em certos aspectos, antitética) da cultura helênica, da qual ele extraiu o seu léxico e os seus instrumentos conceituais. Todavia, além dessas contradições, a "ruptura" da qual falávamos é evidente quase em todas as páginas da sua conspícua obra. Filo abalou nas raízes justamente os fundamentos que por três séculos tinham sustentado o pensamento das grandes escolas helenísticas. De fato, ele irrompeu sobre o imperante materialismo com a recuperação da dimensão do incorpóreo, que proclamou e defendeu de modo bastante enérgico; à visão imanentista contrapôs uma concepção transcendentalista, até mesmo mais avançada com relação a todas as que a Grécia tinha até então conhecido; ademais, redimensionou drasticamente a incondicionada fé na "autarquia" do homem, mostrou a necessidade de transcender a razão e de ligá-la a Deus e à divina Revelação para poder, verdadeiramente, resolver os problemas últimos; enfim, fez irromper na visão do mundo e da vida profundamente imanentista e naturalista própria do helenismo uma corrente de forte religiosidade e de intenso misticismo destinada a mudar a têmpera do pensamento filosófico de maneira radical.

Tão conspícua renovação aconteceu em Alexandria e por obra de um homem que não era grego, mas hebreu educado na cultura helênica, porém embebido da fé do seu povo e firmemente convencido da inspiração divina da *Bíblia*.

Todas essas circunstâncias são essenciais não só para a compreensão de Filo, mas também de todo o pensamento grego do qual resta falar.

---

editadas por L. Cohn e I. Heinemann, Breslau 1909ss. (Berlim 1962-1964[2]), em inglês aos cuidados de F. H. Colson e G. H. Whitaker, na coleção "Loeb Classical Library", Londres-Cambridge 1929-1962, em francês, dirigida por R. Arnaldez, J. Pouilloux e C. Mondésert, para as Éd. du Cerf, Paris 1961ss. Em italiano foram publicadas as 19 obras do comentário alegórico à Bíblia sob nossa direção, com a colaboração de C. Kraus Reggiani, C. Mazzarelli, R. Radice, em 5 vols., aos cuidados do "Centro di Ricerche di Metafisica" da Universidade Católica de Milão, pelas Ed. Rusconi (1981-1988), com amplas introduções e comentários.

Alexandria era a cidade que, mais do que qualquer outra, encontrava-se exposta aos influxos do Oriente, seja por razões geográficas, seja, também, porque mais suscetível a eles por razões espirituais, culturais e sociais, por conta da diversidade de estratos étnicos e, portanto, de formação e de mentalidade da sua população. Em Alexandria tiveram lugar as mais notáveis tentativas de síntese entre o espírito racionalista tipicamente helênico e as instâncias orientais, que eram, ao invés, de natureza tipicamente religiosa e mística[2]. Ora, entre as várias correntes da filosofia grega, duas eram particularmente idôneas para garantir a mediação entre o racionalismo helênico e a religiosidade e o miticismo orientais: o pitagorismo e, sobretudo, o platonismo. E justamente essas duas filosofias, exatamente em Alexandria, começaram a ressurgir, tentando sair daquele magma eclético estoicizante (que se tinha formado a partir do século II a.C.), como veremos, poucos decênios antes de Filo[3].

O ambiente particular não teria, contudo, bastado para produzir a grandiosa tentativa de fusão entre teologia bíblica e filosofia helênica, se não tivesse existido, como já dissemos, um homem como Filo, nutrido de ambas as culturas, profundamente convicto, seja da excelência da primeira, seja do caráter insubstituível e irrenunciável da segunda, e, ademais, hebreu até as raízes, e, ao mesmo tempo, caloroso admirador dos gregos. Nenhum grego, de fato, teria podido sentir naquele tempo a necessidade de tentar qualquer tipo de mediação entre as duas concepções da realidade. E, sobretudo, nenhum grego teria tido a possibilidade de enfrentar o tirocínio necessário para adquirir as categorias do pensamento hebraico, e, em particular, para compreender, a partir de dentro, a fé hebraica que está na sua raiz, além de, obviamente, todas as categorias do pensamento helênico.

A tentativa de fusão entre teologia hebraica e filosofia grega operada por Filo, mesmo com todas as incertezas e numerosas aporias, constitui um acontecimento de alcance excepcional não só no âmbito da história espiritual da grecidade e na do hebraísmo, mas também em geral, enquanto *inaugura a aliança entre fé bíblica e razão*

---

2. Sobre este tema continuam fundamentais as observações de E. Vacherot, *Histoire critique de l'école d'Alexandrie*, 3 vols., Paris 1846-1851 (reimpressa anastaticamente em Amsterdã 1965), vol. I, pp. 100-125.

3. Cf., mais adiante, pp. 269-371.

filosófica helênica, destinada a ter tão amplo sucesso com a difusão do discurso cristão, e da qual deviam brotar as categorias do pensamento dos séculos posteriores[4]. Com Filo, em suma, como foi justamente observado, começa, em certo sentido, a história da filosofia cristã e, portanto, "européia".

Também no âmbito do desenvolvimento da história da filosofia grega ulterior, que rejeitou o discurso cristão e permaneceu ligada à mentalidade pagã, e da qual nos ocupamos de modo específico nesta sede, Filo teve um papel importante. Toda uma série de conceitos (que estão na base da descoberta do imaterial), postos de novo em circulação por Filo, reencontram-se na escola de Alexandria fundada por Amônio, da qual nasceu o neoplatonismo e da qual proveio Plotino. Ademais, é incontestável que Numênio, do qual falaremos adiante[5], leu e admirou Filo, dele assimilando algumas doutrinas de fundo, como muitos dos fragmentos que nos chegaram atestam; e Numênio foi um dos filósofos que exerceram influência determinante sobre o pensamento de Plotino.

2. A componente helênica

De qual ou de quais escolas gregas Filo extraiu prevalentemente as suas categorias filosóficas para operar a síntese entre teologia bíblica e filosofia? Já com base no que dissemos acima, a resposta é previsível: o pitagorismo e o platonismo são fonte de inspiração contínua, sendo particularmente o platonismo a fonte privilegiada. Com efeito, já os antigos Padres da Igreja consideraram Filo um pitagórico e, sobretudo, um platônico[6]. Alguns estudiosos modernos, ao invés, destacaram os influxos estóicos[7]. Esses são, indubitavelmente, notáveis, mas Filo esvazia sistematicamente todos os conceitos estóicos da sua carga materialista e imanentista e os refunda em sentido espiritualista. São, ademais, reencontráveis também claros influxos do cinismo, sobretudo

---

4. Toda a nossa exposição será a prova dessa tese, que constitui o ponto sobre o qual, na sua maioria, os intérpretes, há algum tempo, concentram a sua atenção.

5. Cf., mais adiante, pp. 358-371.

6. Cf. Clemente, *Stromata*, I, 15, 72, 4; II, 19, 100, 3.

7. Ver, sobretudo, Pohlenz, *La Stoa*, II, pp. 193-215.

no que concerne à doutrina do prazer como mal e, portanto, como fonte de pecado. O próprio ceticismo, embora rejeitado nas suas conseqüências últimas, é acolhido em algumas das suas instâncias e sabiamente explorado: em particular, como já dissemos acima, Filo acolhe os "tropos" de Enesídemo, para concluir, porém, que a razão pode sair do xeque-mate, se se une à fé, e junto com a fé tenta a aproximação ao Absoluto[8]. Recentemente foram postos à luz também os influxos dos escritos exotéricos de Aristóteles, que, como sabemos, eram os mais próximos do pensamento platônico. Foram, enfim, destacadas certas tangências com o *Tratado sobre o cosmo*, escrito atribuído a Aristóteles e que, em todo caso, contém grande parte das doutrinas dos exotéricos aristotélicos[9].

Para completar o quadro, é preciso dizer que Filo conheceu quase todo o arco da problemática da história da filosofia grega, dos pré-socráticos (dentre os quais admirou sobretudo a Parmênides e a Empédocles, "homens divinos") aos maiores expoentes das escolas helenísticas. E é preciso ainda reconhecer que de todos ele foi, de algum modo, devedor em vista da formação da sua consciência filosófica, mesmo daqueles filósofos com os quais polemizou, como os sofistas e os epicuristas[10].

Concluiremos, então, que a filosofia da qual Filo valeu-se para interpretar a *Bíblia* é um ecletismo ou até mesmo o ecletismo dominante no seu tempo, como alguns estudiosos sustentaram? A nosso ver a resposta a esta questão é seguramente negativa. Acima de todas aquelas afirmações que tinham então se tornado patrimônio de quase todas as escolas e que constituíam uma verdadeira *koiné* filosófica, assim como acima das doutrinas particulares extraídas de cada uma das escolas, predomina em Filo, muito amiúde, como já antecipamos, o espírito do platonismo. Os numerosos conceitos estóicos dos quais se valeu, como observamos, são sistematicamente separados dos seus fundamentos materialistas e imanentistas e reinseridos no

---

8. Ver, *supra*, pp. 135ss.

9. Sobre os influxos do Aristóteles exotérico sobre Filo, ver, sobretudo: A. J. Festugière, *La Révélation d'Hermès Trismégiste*, Paris 1949, vol. II, pp. 520ss.

10. Sobre a posição de Filo diante dos filósofos gregos, cf. H. A. Wolfson, *Philo, Foundations of Religious Philosophy in Judaism, Christianity and Islam*, 2 vols., Harvard Univ. Press, Cambridge-MA 1947 (muitas vezes reimpresso), vol. I, pp. 107-115.

contexto de uma metafísica espiritualista. O próprio pitagorismo só é utilizado em certa medida, explorando sobretudo a interpretação simbólica dos números a serviço da exegese alegórica de certas passagens da Sagrada Escritura: em particular — coisa muito indicativa — não é acolhida a identificação das Idéias com os números e é mantido o aspecto eidético-paradigmático da doutrina platônica das Idéias em todo o seu alcance. De Aristóteles são acolhidas doutrinas de acordo ou facilmente concordáveis com o platonismo. Portanto, parece correto falar de um *platonismo* de Filo.

Mas que tipo de platonismo é reproposto pelo nosso filósofo? Trata-se de uma nova forma de platonismo, *reformado em alguns pontos essenciais*. Filo reconquista plenamente o conceito do incorpóreo, e, assim, reúne-se ao autêntico espírito do platonismo, pondo-se além das incompreensões da Academia eclética, mas reforma o conceito de Deus, pondo-o acima das Idéias, reforma a concepção das Idéias, fazendo delas produções e pensamentos de Deus, transforma em sentido criacionista a atividade demiúrgica da divindade, reforma o conceito de lei moral fazendo dele um "mandamento" de Deus, transforma a antropologia, introduzindo algumas novidades revolucionárias na concepção da alma, que implodem não só os esquemas da psicologia platônica, mas também os de toda a grecidade.

Veremos que algumas dessas reformas são próprias também de outros platônicos e que elas constituem os traços distintivos do assim chamado médio-platonismo, o qual, como já dissemos, nasceu justamente em Alexandria pouco antes de Filo e alcançou o máximo desenvolvimento no século II d.C.[11].

Aqui nos limitamos a destacar essas reformas, adiando o seu aprofundamento para mais adiante. Antes é necessário falar da componente propriamente hebraica do pensamento filoniano.

3. A componente hebraica

Os textos que constituem o ponto de partida e também o de chegada de Filo não são os dos filósofos, mas as Sagradas Escrituras,

11. Cf. *supra*, p. 220 e nota 5.

e justamente nelas deve ser buscado o verdadeiro núcleo inspirador e, portanto, o princípio unificador do seu pensamento[12].

O texto da *Bíblia* ao qual Filo se remete não é o original hebraico, mas a *Septuaginta*, tradução grega iniciada em Alexandria sob o reinado de Ptolomeu Filadelfo (285-246 a.C.), para responder à necessidade da comunidade hebraica que se tinha formado em Alexandria, e que tinha então se apropriado da língua grega. Alguns estudiosos, antes, consideram que o próprio Filo não conhecia o hebraico, ou, pelo menos, não de modo perfeito[13].

A *Septuaginta*, evidentemente, facilitava enormemente a tarefa de Filo, na medida em que já constituía uma primeira mediação entre hebraísmo e helenismo: os termos e as expressões gregas com os quais foram traduzidos os correspondentes termos e expressões hebraicos comportavam, evidentemente, certa carga cultural própria das matrizes gregas da qual derivavam. Com efeito, toda tradução, em particular se é feita de modo aprofundado, é, de algum modo, uma reinterpretação, isto é, uma mediação. Mas Filo estava convencido de que, como a originária em língua hebraica, assim também a *Bíblia* em língua grega, ou seja, a própria tradução era inspirada por Deus e que, por isso, ela tinha o mesmo valor. Deus, diz expressamente Filo, "inspirou" os tradutores na escolha das palavras gregas com as quais transpuseram as originárias, de modo que, propriamente falando, eles não foram tradutores, mas "hierofantes e profetas"[14].

---

12. Os numerosos equívocos sobre Filo nasceram, na sua maioria, do fato de muitos estudiosos não levarem em conta esse elemento fundamental e prévio à correta interpretação do nosso filósofo. Analisar os escritos de Filo com critérios "puramente filosóficos", ou seja, puramente racionalistas, e destacar neles o que entra nos quadros e na dimensão do pensamento helênico anterior ou contemporâneo a Filo significa desmantelar um grande mosaico e reduzi-lo a pedaços, destruindo, desse modo, justamente o desenho geral construído com as peças.

13. Nenhum dos elementos até agora aduzidos pelos estudiosos para provar que Filo conhecia o hebraico permanece incontestável ou decisivo. As variantes que se encontram em algumas citações da *Bíblia* feitas por Filo com relação à *Septuaginta*, tal como se apresenta a nós hoje, podem ser explicadas, como há tempo foi observado, supondo que tais variantes estivessem contidas na redação por ele utilizada, ou seja, que a *Septuaginta* que possuímos tenha sofrido alguns retoques e revisões.

14. Cf. *Mos.*, II, 12-40.

Filo conheceu e meditou a *Bíblia* praticamente por inteiro, dado que cita passagens de pelo menos dezoito dos livros dos quais ela é constituída, mas privilegiou de maneira absoluta o *Pentateuco*, ou seja, a "Lei" (*Torah* em hebraico, *Nomos* em grego), considerou Moisés, o seu autor, o maior profeta e a palavra mosaica, enquanto inspirada por Deus, a mais elevada saída da boca de um homem. A palavra de Moisés constituiu, para ele, conseqüentemente, a verdade com a qual devia ser medida e à qual devia ser subordinada a palavra de todos os filósofos. De resto, ele considerou que algumas das doutrinas fundamentais dos filósofos gregos tinham antecedentes precisamente em Moisés[15]. A qualificação de "filosofia mosaica", com as devidas especificações acima feitas, é a que melhor parece caracterizar a especulação filoniana[16]. Com efeito, as obras de Filo constituem, com exceção de poucas destinadas na sua maioria a fins contingentes, exegeses e sobretudo comentários do *Pentateuco* (as outras passagens de outros livros da *Bíblia* aos quais ele se remete são sempre utilizados no contexto da interpretação do *Pentateuco*), que, a seu ver, contém toda a verdade sobre Deus, sobre o universo, sobre o homem e sobre o seu destino.

4. O alegorismo filoniano e os seus precedentes gregos e hebraicos

Falamos de exegese em geral, assim como de "comentários alegóricos" que Filo dedica ao *Pentateuco*, e é oportuno precisar logo não só que os segundos prevalecem em quantidade e qualidade, mas que o *alegorismo constitui o verdadeiro traço espiritual do nosso autor*. O método do filosofar filoniano coincide com o alegorismo, o qual consiste, particularmente, em encontrar e explicar o significado

---

15. Filo, algumas vezes, sustenta a dependência de algumas teorias de filósofos gregos da sapiência mosaica (cf., por exemplo, *Quaest. in Gen.*, III, 5; IV, 152; *Spec.* IV, 61); mais amiúde observa simplesmente a correspondência de idéias filosóficas gregas com idéias bíblicas, sublinhando a anterioridade destas. Ver, sobre o problema, Wolfson, *Philo*, I, pp. 138-143.

16. Podemos também falar de um platonismo mosaizante ou de um mosaísmo platonizante; mas essa fórmula excluiria as outras componentes da filosofia grega, que também são atuantes.

oculto sob as figuras, os atos e os acontecimentos narrados no *Pentateuco*[17].

Qual é a gênese, a natureza e o alcance do alegorismo filoniano?

Deve-se logo observar que o método da interpretação alegórica, na época de Filo, era difundido seja em ambiente pagão, seja, também, em alguns ambientes judaicos.

No âmbito da cultura helênica, os gramáticos alexandrinos interpretavam Homero e Hesíodo em chave alegórica, e no âmbito do antigo Pórtico, a mitologia pagã era interpretada como símbolo de verdades físico-teológicas. Todavia, para os estóicos, a interpretação alegórica constituía um método complementar, ou seja, acessório e por nada essencial ao seu procedimento propriamente filosófico[18].

Os estudiosos observam, provavelmente com razão, que a idéia de que a verdade se esconda sob símbolos, e o conseqüente emergir ao primeiro plano de um procedimento apto a descobrir o verdadeiro oculto sob o símbolo, devem ter surgido no âmbito dos mistérios, particularmente os órficos, sobretudo no seu estágio mais evoluído, no qual a iniciação consistia não mais somente no conhecimento dos mitos e na participação nas suas representações cerimoniais, mas sobretudo na penetração e na compreensão do seu significado oculto. Por volta do final do século II a.C., o gramático Dionísio de Trácia, ao oráculo délfico que falava com linguagem aberta e se exprimia literalmente, contrapunha (e isso é muito significativo) Orfeu, que falava por símbolos, e sublinhava a superioridade do "falar por símbolos"[19].

---

17. A trama dessa interpretação alegórica é muito bem resumida por Bréhier como se segue: "O *Gênesis*, no seu conjunto, até o aparecimento de Moisés, representa a transformação da alma antes moralmente indiferente, que, depois, se abandona ao vício, e que, enfim, quando o vício não é incurável, retorna gradualmente à virtude. Nesta história, cada etapa é representada por um personagem. Adão (a alma neutra) é atraído pela sensação (Eva), por sua vez seduzida pelo prazer (serpente); por conseqüência, a alma gera em si o orgulho (Caim) com todo o seu séquito de males; o bem (Abel) é excluído, e assim a alma morre para a vida moral. Mas, quando o mal não é incurável, os germes do bem que estão nela podem se desenvolver mediante a esperança (Enós) e o arrependimento (Henoc), até alcançar a justiça (Noé) e, depois, malgrado as recaídas (o dilúvio, Sodoma), até alcançar a santidade definitiva" (*Les idées philosophiques et religieuses de Philon d'Alexandrie*, Paris 1908 [19502], p. 43).

18. Cf. vol. VI.

19. Cf. Clemente, *Stromata*, V, 8, 45, 4 (= O. Kern, *Orphicorum fragmenta*, fr. 227, p. 243).

Um documento, no qual a inerpretação alegórica é predominante, é constituído pela assim chamada *Tábua de Cebes*, um pseudepígrafo neopitagórico (do qual falaremos adiante). Nesse escrito se interpretam as figuras, supostamente pintadas por um "seguidor de Pitágoras e de Parmênides" (sobre uma tela oferecida como dom a Cronos), como símbolos da vida ética e dos vários estados morais da alma, do bem, do mal e do que não é nem bem nem mal. Ademais, a interpretação do quadro é apresentada como uma espécie de iniciação, ou, pelo menos, como a revelação de uma esotérica sapiência que o autor da obra sustenta ter recebido do próprio autor do quadro[20].

Esse é provavelmente o documento pagão no qual se encontra o método alegórico aplicado e desenvolvido da maneira que mais se aproxima ao procedimento filoniano.

De resto, é o próprio Filo quem aproxima a interpretação alegórica da Sagrada Escritura à *iniciação mistérica*, e se alguns intérpretes modernos insistiram muito sobre o influxo dos mistérios helenísticos, chegando, em alguns casos, a extremos verdadeiramente hiperbólicos, resta como dado de fato inegável o expresso apelo do nosso filósofo à terminologia mistérica[21].

Não menos importantes, todavia, devem ter sido as fontes de inspiração hebraica.

Há tempo os estudiosos apontaram alguns paralelos entre Filo, de um lado, e os fragmentos que nos chegaram sob o nome de Aristóbulo[22],

---

20. Sobre esse paralelo entre o método alegórico da *Tábua de Cebes* e o filoniano, cf. Bréhier, *Les idées...*, pp. 39s.; sobre os *pseudoepigrapha* neopitagóricos, cf. mais adiante, pp. 324ss. Mais tarde oferecerá um exemplo particularmente significativo de interpretação alegórica da mitologia egípcia Plutarco, sobretudo no *Tratado sobre Ísis e Osiris*.

21. Um exemplo típico dos excessos sobre essa tese é constituído pelo livro de E. R. Goodenough, *By Light, Light*, New Haven 1935.

22. Sobre o pensamento de Aristóbulo e sobre o seu significado, na verdade, reina grande discórdia entre os estudiosos. De fato, alguns consideram que os fragmentos pertencem efetivametne ao judeu Aristóbulo, que viveu em torno a 100 a.C. Outros pensam, ao invés, que os fragmentos a ele atribuídos não são genuínos, mas falsificações de época pós-filoniana e, ademais, grosseiras e equivocadas interpretações do próprio pensamento filoniano. Os argumentos dos que sustentam a inautenticidade dos fragmentos não são, todavia, decisivos, como já observou muito bem Zeller (*Die Philosophie der Griechen*, III, 2, pp. 277ss.). Em todo caso, duas são as idéias fundamentais que esse "peripatético" (assim o chamam as nossas fontes antigas) judaizante

por outro, e, entre Filo e os autores, respectivamente, da *Carta de Aristéia*[23] e da *Sabedoria de Salomão*[24].

Mas sobre a existência de exegeses alegóricas da *Bíblia* nos ambientes judaicos é o próprio Filo quem nos informa, embora não com as precisas e circunstanciadas notícias que nós modernos desejaríamos. Ele nos fala, de fato, entre outras coisas, de "homens inspirados" aos quais teria escutado, que interpretavam a maior parte das coisas contidas na *Bíblia* como "símbolos visíveis de coisas invisíveis", "símbolos exprimíveis de realidades inefáveis"[25].

Filo atribui, ademais, à comunidade hebraica dos essênios, que vivia na Palestina, a prática da meditação da maior parte das passagens da *Bíblia*, justamente, mediante símbolos[26]. Também da comunidade hebraica dos Terapeutas, que se tinha estabelecido no Egito, Filo diz que praticava sistematicamente a interpretação alegórica, e que comparava o sentido literal ao corpo do ser vivo e o alegórico à alma[27].

Todas essas componentes devem ter atuado, embora de diferentes maneiras e medidas, sobre a formação do alegorismo filoniano. É certo, todavia, que ninguém aplicara o método alegórico com tanta amplidão e profundidade quanto Filo. E justamente de Filo será devedor o pensamento cristão, que, menos de um século mais tarde, retomará,

---

sustentava: 1) O antropomorfismo da *Bíblia* deve ser lido em chave alegórica e as expressões como "as mãos de Deus" e semelhantes devem ser entendidas no sentido de "as potências divinas", 2) Os gregos são devedores a Moisés da sua sapiência filosófica. Mas a primeira idéia não é senão uma antecipação muito fragmentária e frágil do alegorismo filoniano e a segunda, sustentada de modo grosseiro, em Filo, ao invés, é apenas acenada de modo muito cauteloso. Para um aprofundamento do problema remetemos o leitor a N. Walter, *Der Thoraausleger Aristobulos. Untersuchungen zu seinen Fragmenten und zu pseudepigraphischen Resten der jüdisch-hellenistischen Literatur*, Berlim 1964.

23. O falsário que escreveu essa carta atribuindo-a a Aristéia parece, de fato, ter vivido em torno de 100 a.C. As tangências que o documento apresenta com Filo são muito tênues e marginais.

24. Também a *Sabedoria de Salomão* parece ter sido composta depois de 100 a.C., provavelmente por um judeu alexandrino. Mas também as tangências entre esse documento e Filo são pouco significativas.

25. Cf. *Spec.*, III, 178 (cf. também I, 8).

26. Cf. *Prob.*, 75ss.

27. Cf. *Contempl., passim.*

redimensionando-o, o método da leitura alegórica da *Bíblia*, com novos e fecundos êxitos.

Antes de prosseguir, restam a observar ainda dois pontos muito importantes para a correta compreensão do alegorismo filoniano: *a*) Filo considera que mesmo a letra da *Bíblia* tenha um sentido; de fato, ele rejeita, como norma, a identificação do relato bíblico com o puro mito. O sentido literal se situa, contudo, a seu ver, num plano nitidamente inferior, permanecendo, por assim dizer, extrínseco à mensagem mosaica, enquanto a interpretação alegórica situa-se num plano decididamente superior, alcançando a própria alma da mensagem. Ambos os significados devem ser considerados divina Revelação[28]. *b*) O próprio Filo, como intérprete alegórico, considera-se partícipe da divina inspiração[29].

---

28. Sobre os textos e os problemas concernentes à interpretação alegórica filoniana cf. Wolfson, *Philo*, I, pp. 115-132, e o belo artigo de J. Pepin, *Remarques sur la théorie de l'exégèse allégorique chez Philon*, in AA.VV., *Philon d'Alexandrie. Colloques nationaux du Centre National de la Recherche Scientifique*, Lyon 11-15 Septembre 1966, Éd. du Centre National de la Recherche Scientifique, Paris 1967, pp. 131-167.

29. Sobre a própria "revelação divina" ao explicar o significado alegórico, Filo fala com extrema clareza, por exemplo, em *Cher.*, 27.

II. FILO E O PRELÚDIO DE UMA GRANDE VIRADA DO PENSAMENTO OCIDENTAL

1. A primeira formulação do problema das relações entre a Revelação divina e a filosofia, ou seja, entre a fé e a razão

Acenamos acima à sólida fé de Filo na Revelação, ou seja, na divina inspiração da Escritura, e até mesmo na confiança que ele nutria no socorro divino para o seu labor de interpretação alegórica dos livros de Moisés.

Ora, é evidente que aqui nos encontramos diante de uma virada essencial do pensamento ocidental, enquanto a especulação filosófica encontra-se não só diante de problemas novos, mas de problemas de tal natureza e alcance, que, para poderem ser resolvidos, *comportavam estruturalmente a crise do conceito clássico da filosofia e o desenvolvimento de perspectivas inéditas*. Tratava-se, em substância, de estabelecer quais as relações entre a Revelação divina e a filosofia, ou seja, entre a *fé*, que é a única a poder crer numa superior Revelação divina, e a *razão filosófica*, que ao logos humano pede a explicação e a justificação de todas as coisas. E tratava-se, por conseqüência, de estabelecer de quem e de que dependiam as concordâncias encontráveis entre as doutrinas contidas nos textos revelados, de um lado, e nos escritos fruto da autônoma especulação filosófica dos gregos, por outro, e de estabelecer a quem cabia a primazia: se à fé na Revelação, ou se à autônoma pesquisa da razão humana.

A grande virada do pensamento ocidental, note-se, será visível de maneira claríssima (e em particular nas suas múltiplas implicações e conseqüências) sobretudo com o nascimento e o desenvolvimento da Patrística cristã e depois com a Escolástica medieval (e também com o paralelo desenvolvimento da filosofia árabe e a hebraica medievais); mas seria um grave erro considerar que a filosofia pagã, na sua sobrevivência de mais de cinco séculos ao nascimento do cristianismo, não tenha sentido essa virada, ou que a tenha sentido apenas de maneira superficial, como veremos.

Para compreender a novidade desses problemas e a sua relevância, convém recordar que o pensamento grego da era clássica, assim como o da era helenística, nunca se tinha encontrado na situação de dever defrontar-se com uma "verdade revelada" ou com doutrinas consideradas reveladas, como as da *Bíblia*, com as quais Filo é o primeiro a defrontar-se; ou com as do *Evangelho*, com as quais se defrontarão os Padres da Igreja; ou as do *Corão*, com as quais se medirão os pensadores árabes. A religião helênica não tinha dogmas imutáveis comparáveis aos de outras religiões, nem uma casta sacerdotal com a tarefa precípua de custodiá-los; e, o que mais importa, as crenças pagãs não eram de modo nenhum consideradas "doutrinas reveladas por Deus" no sentido bíblico, como já dissemos no primeiro volume[1].

À dimensão de uma divina inspiração (comparável, embora de maneira muito aproximada, a uma espécie de revelação) apelaram, como vimos, os filósofos que acolheram em certo aspecto a mensagem dos mistérios órficos, particularmente Platão. Mas é justamente Platão quem nos mostra que a "inspiração divina" e a "revelação divina" desempenharam um papel de simples estímulo ou de primeiro impulso, logo depois transformado em discurso da razão, ou, em todo caso, um papel de solicitação sempre subsumida no logos, como enriquecimento do próprio logos[2].

O caso de Platão, ademais, é particularmente significativo, seja pelo fato de ter-se referido muitas vezes à *divina inspiração* e à *divina paixão* (a divina paixão que está na base da grande arte, dos oráculos, da mântica e da erótica), seja pelo fato de que os pensadores da era imperial, a começar pelo próprio Filo, apropriaram-se da linguagem com a qual Platão descreveu esses estados, situando-a, porém, numa têmpera espiritual totalmente nova[3]. No entanto, deve-se dizer que Platão, na "inspiração divina", embora com diferentes nuanças e às vezes apenas implicitamente, vê as mais das vezes um elemento negativo, que consiste no fato de pôr o indivíduo "fora de

1. Cf. vol. I, pp. 20s.

2. Cf. vol. III, pp. 40ss.

3. Ressalte-se que Filo transporta a linguagem platônica para um contexto que pressupõe um Deus Criador e Revelador, que se ocupa dos indivíduos, mesmo mau, e, portanto, um tipo de relação entre Deus e o homem que para Platão era impensável.

si", "fora da razão", de modo que, para ele, o movimento propriamente filosófico, que implica consciência e plena posse da razão, não pode não ser superior. Para Platão, a dialética permanece sempre e exclusivamente o momento culminante, e só a ela é consignado o verdadeiro saber[4].

Em todo caso, Platão, como todos os antigos gregos, não podia ter qualquer experiência de uma "divina revelação" como "fato histórico", ou seja, de uma mensagem que apresentasse aos homens a solução dos problemas de fundo relativos a Deus, ao homem e à sua vida e que se qualificasse como "palavra de Deus", como dissemos, mas apenas um desejo e um anelo, que, de modo paradigmático, exprimiu naquela página do *Fédon*, escolhida por nós, de maneira emblemática, como epígrafe dessa nossa obra:

> [...] De fato, tratando-se desses problemas [sobre os destinos do homem e sobre sua sorte escatológica], só é possível fazer uma dessas duas coisas: ou aprender de outro qual é a verdade; ou descobri-la por si próprios; ou, se isso é impossível, aceitar, entre os raciocínios humanos, o melhor e menos fácil de refutar, e sobre ele, como sobre uma jangada, afrontar o risco da travessia do mar da vida: *a menos que se possa fazer a viagem de modo mais seguro e com menor risco sobre uma nave mais sólida, ou seja, confiando-se a uma divina revelação*[5].

O que significa: no caso da existência de uma "divina revelação", "palavra de um Deus", a dizer-nos quais são os destinos dos homens, esta deveria ter a supremacia, porque esta, como um navio à prova das tempestades, nos faria atravessar o mar da vida e nos conduziria ao porto ao qual aspiramos chegar; caso contrário, não resta senão o raciocínio humano (a filosofia), que, porém, é só como uma jangada, que *pode* salvar, mas com todos os riscos, dos quais, ao invés, encontra-se protegido quem viaja no navio.

Pois bem, o que para Platão podia ser mera aspiração, para Filo é realidade: ele encontra-se em condições de dispor, para usar a imagem platônica, seja do "navio", seja da "jangada", isto é, seja de uma "divina revelação", seja da especulação filosófica, seja da palavra que, através de Moisés, Deus dera a conhecer aos homens, seja da

4. Cf. vol. III, pp. 164ss.
5. Platão, *Fédon*, 85 c-d.

palavra de sapiência humana, nascida do plurissecular trabalho intelectual dos gregos. De que modo devem relacionar-se entre si essas duas "palavras"? A qual das duas cabe a prioridade para quem quer filosofar?

Filo não só responde ao problema de modo claro e firme, mas fornece uma solução destinada a se tornar paradigmática e a fazer época: é, com efeito, justamente Filo o pensador que por primeiro interpreta as relações entre filosofia (razão e palavra humana) e Revelação (palavra divina) em termos de "subordinação ancilar" da primeira à segunda, formulando uma doutrina que, através dos Padres da Igreja, passará para a escolástica e para o pensamento ocidental, e que permanecerá, por séculos, canônica[6].

A filosofia helenística já apresentara as ciências e as artes particulares como "servas" da filosofia, e essa idéia tinha sido recebida por Filo, o qual a elaborou e desenvolveu ulteriormente: como as artes e as ciências particulares sobre as quais se funda a cultura geral são servas da filosofia, assim, analogamente, a filosofia é serva da "sapiência" (σοφία). Por "sapiência", como adiante veremos, Filo entendia sobretudo a revelação bíblico-mosaica. Eis o texto mais significativo a respeito:

> Como as ciências sobre as quais se baseia a cultura geral (τὰ ἐγκύκλια) contribuem para o aprendizado da filosofia (φιλοσοφία), assim também a filosofia contribui para a aquisição da sapiência (σοφία). De fato, *a filosofia é o esforço para alcançar a sapiência, e a sapiência é a ciência das coisas divinas e humanas e das causas destas.* Portanto, como a cultura geral é serva (δούλη) da filosofia, assim também a filosofia é serva da sapiência (φιλοσοφία δούλη σοφίας)[7].

O fundamento da "sapiência" de que fala Filo — note-se bem — é precisamente a fé, entendida como convicção sólida e indestrutível, e contraposta à incerteza dos raciocínios humanos. Nos *Legum allegoriae*, Filo escreve por exemplo:

> A melhor coisa é ter fé em Deus e não nos raciocínios incertos e nas conjeturas privadas de solidez: "Abraão, de fato, teve fé em Deus e isso lhe foi imputado como justiça" (*Gênesis* 15,6); e Moisés ordena render-lhe este

6. Cf. Wolfson, *Philo*, I, pp. 143-163.
7. *Congr.*, 79.

testemunho, ou seja, "que ele é digno de confiança em toda a casa" (*Números* 12,7). De fato, se pusermos toda a nossa confiança nos nossos próprios raciocínios, fundaremos e construiremos aquela cidade do espírito que destrói a verdade [...][8].

E no *De Abrahamo* o nosso filósofo afirma peremptoriamente:

O único bem veraz e sólido é a fé em Deus[9].

Qual venha a ser o fundamento dessa imprevista sobreposição da fé sobre a razão, vê-lo-emos adiante[10]; aqui, no entanto, além de nos dar conta da novidade da afirmação, recordamos o que já observamos ao falar do ceticismo: a fé que se sobrepõe aos raciocínios, que sozinhos se autodestroem, pode abrir para a própria razão, que se disponha a segui-la, vias e horizontes novos, dos quais os filósofos precedentes não tinham tido idéia, e que os céticos não podiam atacar com suas armas[11].

2. Rumo à ruptura dos quadros helenísticos do saber filosófico: a ascensão da teologia ao primeiro plano e a proclamação do primado da "sapiência" (σοφία) sobre a "sabedoria" (φρόνησις)

O que dissemos até aqui é suficiente para explicar que a tripartição da filosofia, que vimos ser a base de todos os sistemas da era helenística, não podia mais fornecer quadros idôneos para conter o pensamento filoniano. Na verdade, o nosso filósofo acolhe formalmente a tripartição da filosofia em *lógica, física* e *ética*[12], mas aporta-lhe uma correção que a transforma e que, antes, acaba por desagregá-la. Filo, de fato, transporta a teologia do âmbito de física (que se torna pura cosmologia) para o da ética e põe expressamente como momento

8. *Leg. all.*, III, 228.

9. *Abr.*, 268.

10. Recorde-se, para medir o alcance dessa novidade, que Platão considera a *pistis* (= fé, crença) apenas como um momento da *doxa*, ou seja, da opinião ou conhecimento do sensível. E a *doxa*, para Platão, mesmo quando não é errada, nunca é verdadeiro conhecimento.

11. Cf., *supra*, pp. 162 e 182s.

12. Cf. *Agric.*, 14ss.

culminante da ética "o conhecimento do Criador", do qual deriva "a santidade, a mais bela de todas as aquisições"[13]. Isso significa, como veremos, separar a concepção de Deus da concepção do cosmos e ligá-la à do homem, contrariamente a quase toda a tradição grega (só o pensamento socrático constitui uma exceção com relação a isso, pelo menos em certa medida).

Mas também a concepção tipicamente helenística da superioridade da *phrónesis* ou sabedoria sobre a *sophia* ou sapiência é rejeitada. A "sapiência" é, para Filo, o conhecimento e o culto de Deus, enquanto a "sabedoria" diz respeito à conduta moral, à vida prática do homem[14]. Mas é claro que — sendo a sapiência condição da sabedoria, e sendo, como se disse, a teologia (que é sapiência) momento culminante da ética — a sapiência acaba por incluir a própria sabedoria, ou, em todo caso, por ligá-la estreitamente a si: poder-se-ia dizer que em Filo a sabedoria é o momento prático da sapiência[15].

Esse "caminho real" que é a "sapiência" em outro lugar é afirmado como a própria "palavra de Deus", ou seja, a sua Revelação[16], a Lei mosaica em geral[17].

Essa concepção da *sophia*, que é ao mesmo tempo subida do homem a Deus e descida de Deus, através de Moisés e os profetas, aos homens, rompe tanto os esquemas helenísticos, como, também, os clássicos: ela inaugura um novo modo de entender a filosofia e abala pelas raízes as convicções da grecidade.

---

13. Cf. *Mutat.*, 76.
14. Cf. *Praem.*, 81.
15. Cf., por exemplo, *Deus*, 140-145.
16. Cf. *Poster.*, 102.
17. Cf. Wolfson, *Philo*, I, pp. 147ss. e 183s.

III. A METAFÍSICA, A TEOLOGIA E A ONTOLOGIA DE FILO

1. A superação dos pressupostos materialistas e imanentistas dos sistemas helenísticos e a reafirmação do incorpóreo e da transcendência

A modificação dos quadros helenísticos do saber filosófico, como dissemos, devia depender diretamente da erosão dos fundamentos sobre os quais se apoiavam. Com efeito, Filo tira a teologia do âmbito da cosmologia e a liga à ética, *porque repudia a concepção materialista e imanentista de Deus e do divino, sustentada por todas as escolas helenísticas, em particular pelo Pórtico*, e até mesmo redimensiona radicalmente o sentido e o alcance da própria cosmologia.

De fato, do início ao fim dos escritos do nosso filósofo, reafirma-se *a realidade do incorpóreo*, justamente com aquela valência e com aquela densidade ontológica e metafísica que tinha sido intensa e concordemente negada pelos expoentes não só do Jardim, do Pórtico e dos céticos, mas pelos próprios seguidores degenerados da Academia e do Perípato. Justamente no incorpóreo é indicada por Filo a verdadeira causa do corpóreo, e, por conseqüência, invertendo a perspectiva comum a todas as escolas helenísticas, ao corpóreo é negada toda autonomia ontológica, ou seja, toda capacidade de dar razão de si mesmo. As conquistas metafísicas de Platão são, assim, não só plenamente recuperadas, mas, como veremos, ulteriormente fecundadas e desenvolvidas em função de alguns elementos essenciais extraídos da Escritura.

Ser incorpóreo é Deus, entes incorpóreos são o *Logos*, as Potências, as Idéias e o mundo das Idéias (que, veremos, Filo explica a fundo, modificando consideravelmente o seu estatuto), e realidades incorpóreas são também as almas. Ora, Deus, o *Logos*, as Potências e o cosmo inteligível, as almas têm — a título diverso e em diferentes níveis — um papel bem preciso de causa e de fundamento diante do sensível, de modo que se pode dizer que o corpóreo só existe porque existe o incorpóreo e porque este o produz, o sustenta e o mantém[1].

1. É importante ter presente, nesse ponto, as posições das escolas helenísticas com relação ao problema, para compreender o alcance das inovações de Filo cf. vols. V e VI.

Dado que Filo inverte um modo de pensar então dominante de maneira praticamente incontrastada na cultura filosófica de quase três séculos, é oportuno ler algumas das suas afirmações a respeito disso. Eis como o atributo "incorpóreo", expressamente referido por Filo a Deus[2], é aprofundado analiticamente no *Legum allegoriae*:

> "E o Senhor Deus disse: não é bom que o homem esteja só: façamo-lhe uma ajudante semelhante a ele" (*Gênesis* 2,18). Por que razão, ó profeta, não é bom que o homem esteja só? Porque, diz ele, é bom que somente o Uno esteja só; e Deus, sendo Único, é Uno em si mesmo e nada é semelhante a Deus; assim, porque é bom que o Ser seja Uno, já que ao Uno se refere o bem, não poderia ser bom que o homem ficasse só. Mas que Deus seja só pode-se explicar também do seguinte modo, ou seja, pelo motivo de que nem antes da geração do mundo havia qualquer coisa junto com Deus, nem depois da geração do mundo é acrescentada alguma coisa junto a Ele: de fato, não tem necessidade de nada absolutamente. Melhor, porém, é esta explicação: Deus é Uno e Único, *não é um composto, é uma natureza simples* (φύσις ἁπλή), *enquanto cada um de nós e todas as outras coisas que foram geradas são múltiplas*. Eu, por exemplo, sou muitas coisas: alma, corpo, e na alma, parte não-racional e parte racional e, depois, no corpo, quente e frio, pesado ou leve, seco e únido. *Ao invés, Deus não é um composto, nem é constituído por muitas partes, mas é isento de mistura com outro*. De fato, se algo se acrescentasse a Deus, deveria ser superior, ou inferior ou igual a Ele. Mas não há nada que seja igual ou superior a Deus, e nada que seja inferior pode acrescentar-se a Ele; do contrário, Ele seria diminuído; mas se isso fosse possível, Ele seria também corruptível, o que não é nem lícito pensar[3].

A incorporeidade de Deus coincide, portanto, com a sua *absoluta simplicidade* (absoluta falta de composição e de partes, as quais são, ao invés, características peculiares do corpóreo) e *absoluta incorruptibilidade*.

E como o conceito de incorporeidade é perfeitamente reconquistado e expresso, assim também o de *transcendência*, com consciência e clareza até mesmo superiores com relação a Platão e Aristóteles, pelas razões que explicaremos adiante. Eis algumas eloqüentes afirmações:

---

2. Cf. o índice de Leisegang, ver: ασωματος.

3. *Leg. all.*, II, 1-3.

Nem mesmo todo o cosmo poderia constituir um lugar adequado e uma morada para Deus, porque Ele é o lugar para si próprio, e Ele é pleno de si mesmo, e Ele, Deus, basta a si próprio, e é Ele quem preenche e contém todas as outras coisas, que são pobres, solitárias e vazias, sem ser por sua vez contido por nada, sendo Ele, o Uno e o Todo[4].

Da existência necessária de "Idéias incorpóreas", vale dizer, de paradigmas ou arquétipos incorpóreos, que servem de causa exemplar das realidades corpóreas, Filo está de tal modo convencido, que chega a sustentar essa doutrina como um dos fundamentos da Revelação mosaica[5]. Eis, por exemplo, como Filo investe, no *De specialibus legibus*, contra os negadores da existência das "Idéias incorpóreas":

Não existe uma única espécie de ímpios e de sacrílegos, mas muitas e de diferentes naturezas. Uns afirmam que as *Idéias incorpóreas* são um nome vazio, privado de verdadeira realidade, eliminando dos seres a sua essência mais necessária, ou seja, o modelo arquetípico de todas as qualidades essenciais, segundo o qual todas as coisas recebem forma e medida. As sagradas tábuas da lei os denunciam como "mutilados". De fato, como quem foi mutilado perdeu a qualidade e a forma e não é senão, para dizê-lo propriamente, matéria informe, assim a doutrina que suprime as Idéias desorganiza todas as coisas e as conduz à realidade anterior à distinção dos elementos, ou seja, a realidade privada de forma e de qualidade. E o que poderia ser mais absurdo? Segundo a doutrina das Idéias, de fato, Deus gerou todas as coisas, sem contudo ter contato direto — não era lícito, com efeito, que o Ser feliz e bem-aventurado tocasse a matéria ilimitada e confusa —, mas valeu-se das Potências incorpóreas, cujo verdadeiro nome é Idéias, para que todo gênero de coisas assumisse a forma que lhe convinha. Ao invés, a doutrina que suprime as Idéias introduz muita desordem e confusão; de fato, eliminando as Idéias das quais derivam as qualidades, eliminam também a qualidade[6].

Enfim, no que diz respeito à alma, como veremos, Filo não só tende a distinguir acentuadamente *psyché* de *nous* para ressaltar o estatuto privilegiado deste último, mas introduz novidades que o levam a posições mais avançadas com relação a Platão[7].

---

4. *Leg. all.*, I, 44.
5. Cf., por exemplo, *Opif.*, 25; *Quaest. in Ex.*, II, 52; *Mos.*, II, 74.
6. *Spec.*, I, 327-329.
7. Cf., mais adiante, pp. 257ss.

2. A nova concepção de Deus

O centro do sistema filoniano é constituído por um sentimento e por uma concepção de Deus radicalmente novos com relação à precedente tradição grega, como logo veremos.

Contudo, ele distingue, de modo mais claro e, sobretudo, de modo teoreticamente mais consciente do que foi feito em precedência, dois diferentes problemas: *a*) o da *demonstração da existência de Deus* e *b*) o da *determinação da sua natureza e da sua essência*. O primeiro problema, diz ele, não é difícil; o segundo, ao invés, não só difícil, mas até mesmo insolúvel. Noutros termos, segundo o nosso filósofo, a *existência* de Deus é *compreensível*, a sua essência, ao contrário, é *in-compreensível* para o homem[8].

Ora, malgrado o fato de que a existência de Deus seja compreensível, nota Filo, nem todos os homens conseguem compreendê-la, ou nem todos chegam a isso de maneira adequada. Não conseguem compreendê-la os *ateus*, que negam sem mais a existência de Deus. Nem o conseguem os que hoje chamaremos de *agnósticos*, ou seja, os que consideram não poder decidir se Deus existe ou não. Compreendem mal a existência de Deus, ao invés, os *supersticiosos*, os quais, em vez de fundarem-se sobre o uso sadio do raciocínio, confiam-se indiscriminadamente (ou seja, acriticamente) às tradições. Ademais, a compreendem mal os que pretendem explicar todas as coisas com a ciência física e acabam por identificar Deus com o mundo, ou seja, os *panteístas*. Também a compreendem mal os que põem o mundo como incriado, acabando desse modo por admirá-lo mais que ao Criador e, portanto, por admitir a existência de um Deus inativo. E, enfim, compreendem mal a existência de Deus os *politeístas*, que introduzem uma quantidade de deuses, masculinos e femininos, velhos e jovens, e que, portanto, não compreendem a idéia do Ser uno, o único a existir verdadeiramente[9].

Contra todos esses Filo pronuncia juízos muito severos. Em particular, ele define os ateus como os que levam o primeiro prêmio na corrida da impiedade e os chama "castrados", enquanto privados da

8. Cf. *Spec.*, I, 32ss.; 36ss.

9. Cf. *Spec.*, I, 331s.; cf. também *Decal.*, 52ss.

essencial noção do Criador de todas as coisas, tornando-se, por conseqüência, incapazes de gerar sapiência[10]. Ademais, define os politeístas, com imagem icástica, "filhos da prostituta", enquanto, como os filhos da prostituta, não sabendo quem é o seu verdadeiro pai, devem considerar tal todos os homens que freqüentaram a mãe, assim todos os que não reconhecem a existência do único e verdadeiro Deus são constrangidos a inventar a existência de um grande número de Deuses[11].

As provas que Filo aduz em favor da existência de Deus são de caráter físico-teleológico, ou, se se prefere, cosmológico-teleológico, e são todas derivadas da tradição filosófica grega, particularmente de Sócrates, de Platão e de Aristóteles[12]. Eis as duas mais significativas:

> As obras são sempre, de algum modo, indícios dos artífices. Quem, de fato, à vista de estátuas ou de quadros, não pensou no escultor ou no pintor? Quem, à vista de roupas, naves, casas, não pensou no tecelão, no armador, no arquiteto? E quando alguém entra numa cidade bem ordenada, na qual os negócios civis são muito bem organizados, que poderá pensar senão que esta cidade é governada por boas autoridades? Assim, o que chega à cidade verdadeiramente grande, que é esse cosmo, vendo os montes e as planícies repletos de animais e de plantas, as torrentes dos rios e dos riachos, a extensão dos mares, o clima bem temperado, a regularidade do ciclo das estações, e depois, o sol e a lua dos quais dependem o dia e a noite, as revoluções e os movimentos dos outros planetas e das estrelas fixas e de todo o céu, não deverá formar-se com verossimilhança e, antes, com necessidade a noção do Criador, Pai e também Senhor? De fato, nenhuma das obras de arte se produz a si mesma, e esse cosmo implica suma arte e sumo conhecimento, de modo que deve ter sido produzido por um artífice dotado de conhecimento e de perfeição absolutos. Desse modo formamos a noção da existência de Deus[13].

É impossível que exista em ti um intelecto disposto de modo a ter a função de cabeça, à qual obedece toda a comunidade dos órgãos do corpo e à qual se submete cada um dos sentidos e que, ao invés, o cosmo, que é a obra mais bela, maior e mais perfeita e do qual todas as outras coisas constituem simples partes, seja sem soberano que o tenha unido e o governe com

---

10. Cf. *Spec.*, I, 330.

11. Cf. *Spec.*, I, 332; cf. também as passagens citadas acima, na nota 9.

12. Cf., para Sócrates, vol. I, pp. 291ss.; no que diz respeito a Platão, cf. *Leis*, X, *passim*; quanto a Aristóteles ver, sobretudo, o *De philosophia* e o *Tratado sobre o cosmo*, VI, *passim* (nossa edição, pp. 168-185).

13. *Spec.*, I, 32-35.

justiça. E, se o soberano é invisível, não deves admirar-te. Nem mesmo o intelecto que existe em ti é visível. O que reflete sobre essas coisas tentando explicá-las sem partir de longe, mas de perto, de si mesmo e das coisas que lhe estão ao redor, chegará de modo claro à conclusão de que o cosmo não é o primeiro Deus, mas que é obra do primeiro Deus e Pai de todas as coisas, o qual, mesmo sem ter ele mesmo forma, torna visíveis todas as coisas, pequenas ou grandes, e torna manifestas as naturezas. Não considerou digno deixar-se compreender pelos olhos do corpo, talvez porque não seria coisa santa que um ser mortal tivesse contato imediato com o eterno, talvez também por fraqueza da nossa vista. De fato, ela não teria podido acolher a luz que provém do Ser, pois não é nem mesmo capaz de olhar diretamente os raios do sol[14].

Esse procedimento *a posteriori*, ou, como o diz Filo, "de baixo para cima" (κάτωθεν ἄνω)[15], consiste numa inferência da razão, que parte das coisas, e, julgando-as incapazes de se justificar a si próprias, sobe à causa que é a única a poder explicá-las, ou seja, consiste num complexo trabalho de mediação. Mas Filo considera que existe ainda outro modo de chegar ao conhecimento da existência de Deus. Trata-se de um tipo de conhecimento que não vai de baixo para cima, mas que provém direta e imediatamente do alto. Tal conhecimento, porém, é reservado aos eleitos, e, precisamente, aos que são "verdadeiros servidores e amantes de Deus"[16], e é um conhecimento que, por sua iniciativa, Deus concede como dom a quem lho pede e se faz digno dele, como aconteceu, de modo paradigmático, com Moisés. Eis uma passagem muito significativa:

Existe também uma inteligência mais perfeita e mais purificada, iniciada nos grandes mistérios, que conhece a Causa *não a partir das coisas criadas, como se conhece pela sombra o objeto que a produz, mas, superado o criado, recebe uma clara manifestação do Incriado*, de modo que, a partir dele, ela O compreende, assim como à sua sombra, ou seja, o Logos e este cosmo. É Moisés quem diz: "Manifesta-te a mim, para que te veja claramente" (*Êxodo* 33,13); não te manifestes a mim através do céu, da terra, da água, do ar ou, em geral, através de uma criatura; que eu possa ver a tua Idéia não em outro, mas em Ti, ó Deus, já que as manifestações nos seres criados se perdem,

---

14. *Abr.*, 74-76.
15. Cf. *Praem.*, 43.
16. Cf. *Praem.*, 43.

enquanto no ser Incriado permanecem duráveis, estáveis e eternas. Por isso Deus chamou Moisés e falou com ele[17].

Ulteriormente, Filo explica esse tipo de conhecimento imediato:

> É preciso esclarecer com uma imagem como acontece essa visão direta. Não é, por acaso, com o próprio sol que vemos este sol sensível? E não é com os própios astros que vemos os astros? E, em geral, não se vê a luz com a luz? Do mesmo modo, também Deus, que é luz de si próprio, só é contemplado mediante Ele mesmo, sem que nada mais coopere ou seja capaz de cooperar para a clara compreensão da sua existência. Ora, os pesquisadores que se esforçaram por conhecer o Incriado e o Criador de todas as coisas, partindo das coisas criadas, fazem algo semelhante aos que buscam a unidade partindo da dualidade, e depois devem de novo considerar a dualidade partindo da unidade, porque esta é o princípio; buscam, ao invés, a verdade os que se representam Deus com Deus, a luz com a luz[18].

Nesse conhecimento privilegiado da existência de Deus não é, propriamente, o homem que vê a Deus, mas, antes, é "Deus que se dá ver ao homem". Em suma, trata-se de uma iniciativa de Deus que vem ao homem e lhe faz "dom", como dizíamos, da visão de si. Estamos, aqui, diante de uma idéia completamente desconhecida ao pensamento filosófico grego: a do *dom gratuito que Deus pode fazer aos homens por amor a eles.*

O conhecimento imediato, que Deus pode dar ao homem "dandose a ver", refere-se — note-se bem — apenas à sua *existência* e não à sua *natureza* ou *essência*, que, como já recordamos, permanece incompreensível ao homem, pois o transcende infinitamente. Ao pedido de Moisés, que invoca Deus para que lhe manifeste a sua natureza, Deus responde:

> A tua solicitude é digna de louvor e eu a aprovo, mas o teu pedido não é adequado a nenhuma das coisas criadas. Eu concedo coisas adequadas a quem as deve receber: de fato, nem tudo o que para mim é fácil dar, é possível que o homem o receba. Portanto, a quem é digno da minha graça eu concedo todos aqueles dons que é capaz de acolher. *Mas a compreensão da minha essência não só a natureza humana, mas também o céu e o mundo inteiro não poderiam contê-la*[19].

---

17. *Leg. all.*, III, 100s.
18. *Praem.*, 45s.
19. *Spec.*, I, 43s.

Fica claro, a partir desse texto, que a natureza de Deus não pode ser compreendida pelo homem por causa da sua *absoluta transcendência*: Ele transcende não só a natureza humana, mas também a natureza do céu e de todo o universo. Deus é o totalmente outro com relação a tudo quanto conhecemos, ou, para dizê-lo com a própria terminologia filoniana, "não há nada que seja semelhante a Deus"[20]. Antes, Filo diz até mesmo que Deus está acima do próprio Uno ou Mônada, que está acima da vida, acima da virtude, acima da ciência, acima do próprio Bem[21]. As repetidas asserções do nosso filósofo de que Deus é "sem qualidade" (*apoios*), querem dizer justamente isso: que Ele está acima de todas as possíveis determinações qualitativas (Deus está além de qualquer forma e qualidade)[22].

Deus transcende não só o ser e o mundo sensível, mas também os entes e o mundo inteligível, na medida em que — como veremos — é o criador de um e do outro. Portanto, Deus é fonte de toda reali-dade; não está em parte alguma e, ao mesmo tempo, está em toda parte, preenche tudo de si e tudo contém[23].

A transcendência ontológica de Deus comporta, necessariamente, também a sua transcendência gnosiológica, tornando-o incognoscível ao homem e, por conseqüência, tornando-o também inefável, ou seja, inexprimível e não designável com nomes[24].

Essa doutrina, da qual existem traços na precedente especulação, mas sem adequadas motivações e sem os relativos desenvolvimentos, pode ser considerada uma novidade de Filo, pelo menos na precisa formulação que ele lhe deu (a absoluta transcendência depende, em última análise, do conceito de criação, ausente na especulação anterior), e constitui a fundação daquela que mais tarde, no âmbito da especulação cristã, será chamada "teologia negativa". Ela não deixou, contudo, de exercer influências no âmbito da filosofia pagã: encon-

---

20. Cf., por exemplo, *Somn.*, I, 73; *Leg. all.*, II, 1.

21. Cf. *Opif.*, 8; *Praem.*, 40; *Fug.*, 198; *Contempl.*, 2.

22. Para a discussão dos textos nos quais esse atributo é afirmado e para a sua interpretação, cf. Wolfson, *Philo*, II, pp. 101-110.

23. Cf., por exemplo, *Leg. all.*, I, 44; III, 4; III, 51; *Confus.*, 136ss.; *Somn.*, I, 61ss.; etc.

24. Cf. *Mutat.*, 9-28.

tramo-la, de fato, no *Didaskalikos* de Albino e, sobretudo, nas *Enéadas* de Plotino[25].

Todavia, é importante notar o fato de que Filo recomenda prosseguir constantemente na busca da essência de Deus; de fato, embora esta permaneça estruturalmente incompreensível, no entanto, diz ele, o homem pode chegar a captar algumas propriedades que se referem a ela, justamente como acontece com os olhos, os quais, mesmo sendo incapazes de ver o sol em si, conseguem todavia captar os seus reflexos sobre a terra e a ponta do esplendor dos seus raios[26].

Com efeito, as várias propriedades de Deus às quais Filo se refere nos seus escritos, ou exprimem, de vários modos, a diferença radical d'Ele com relação a todas as outras coisas, ou exprimem alguns aspectos da sua atividade: nesse sentido Deus é dito incorpóreo, único, simples, auto-suficiente, perfeito, imóvel, imutável, eterno, onipresente, onisciente, onipotente (e, portanto, infinito), criador e pai de todas as coisas, providente, revelador da lei e assim por diante[27].

Há, contudo, um nome que, segundo Filo, designa Deus de maneira privilegiada, no sentido em que não exprime simplesmente uma das duas atividades, ou uma das suas potências, mas, de algum modo, aproxima-se da própria origem da sua atividade e do seu poder. Esse nome é o *Ser* ou o *Ente* ou *O que possui Ser*. A célebre passagem do *Êxodo*, na qual Deus responde a Moisés que queria saber o seu nome, soa assim na *Septuaginta*: "Eu sou Aquele que é" (ἐγώ εἰμι ὁ ὤν), "Eu sou o Ser". Filo não explora a fundo a valência metafísica da expressão; todavia, não só usa esse nome de modo sistemático, mas aqui e acolá parece considerar que Deus se autodefine como o Ser por excelência, enquanto é aquele Ser que é e será sempre, e ademais é o Ser que, pela sua própria natureza, faz ser também as outras coisas, o Ser que, sendo plenamente ser, é fonte de todo outro ser.

Deus respondeu a Moisés: "Dize a eles que Eu sou Aquele que É (ὁ ὤν), a fim de que, conhecendo a diferença entre o que é e o que não é,

---

25. Cf. Wolfson, *Philo*, II, pp. 110-126 e 158ss.

26. Cf. *Spec.*, I, 36-40. Cf. ademais, *Opif.*, 8, *Mutat.*, 7-15; *Praem.*, 36-46; *Abr.*, 75-79; etc.

27. Trairia a concepção filoniana de Deus quem desse a esses atributos, e a outros que se poderiam ainda elencar, uma excessiva importância: a natureza de Deus está *acima* de todos esses atributos.

aprendam também que não há absolutamente nenhum nome que possa ser usado para me designar, *eu que sou o único a quem compete ser*[28].

Quando Moisés perguntou se existe um nome para Aquele que É, soube claramente que Ele não tem um nome próprio (*Êxodo* 6,3) e que se lhe damos um nome, cometemos um abuso. *Aquele que É não pode por sua natureza ser dito, mas somente ser.* Testemunha-o também o sagrado oráculo transmitido a Moisés (que buscava saber se Ele tem um nome) o qual diz: "Eu sou Aquele que É" (*Êxodo* 3,14), a fim de que, dado que não existem propriedades de Deus que o homem possa compreender, pudesse conhecer a sua existência[29].

"Moisés tomou a tenda e a plantou fora do campo" (*Êxodo* 33,7): ele a pôs longe do acampamento do corpo, esperando poder ser desse modo apenas um suplicante e um perfeito servo de Deus. Ele disse que essa tenda chama-se tenda do Testemunho, e com toda precisão: a tenda d'Aquele que É existe e não só é denominada. Entre as virtudes, de fato, a que é própria de Deus existe verdadeiramente, porque *só Deus subsiste no ser* (θεὸς μόνος ἐν τῷ εἶναι ὑθέστηκεν); por essa razão necessária Moisés dirá n'Ele: "Eu sou Aquele que É" (*Êxodo* 3,14), *enquanto as coisas que vêm depois d'Ele não são segundo o ser, mas são consideradas subsistir apenas por opinião*[30].

3. A primeira formulação filosófica da doutrina da criação

Filo é o primeiro pensador a introduzir na filosofia a doutrina da criação, extraindo-a da *Bíblia* e tentando mediá-la com a doutrina platônica do *Timeu*. A especulação pagã subseqüente se desfará completamente dessa posição, que, ao invés, constituirá o fundamento do pensamento cristão.

Na verdade, muitos estudiosos consideram que Filo deu mais peso à narração do *Timeu* que à da *Bíblia* e que, de certo modo, considerou a matéria eterna (pelo menos implicitamente), e, portanto, reduziu, em última análise, a atividade criadora de Deus a uma atividade demiúrgica, vale dizer, a uma atividade ordenadora de uma matéria caótica preexistente. Na realidade não é assim; Filo foi

---

28. *Mos.*, I, 75.
29. *Somn.*, I, 230s.
30. *Deter.*, 160.

muito além do *Timeu*, embora não tenha conquistado e fundado o teorema da criação com aquela clareza que nós (que nos beneficiamos das elaborações posteriores do pensamento cristão) desejaríamos.

Coligando-nos com o discurso acima a respeito das propriedades de Deus, podemos dizer que a principal é a de agir, de fazer, de produzir:

> *Característica peculiar de Deus é agir*, o que não é lícito dizer de uma criatura; característica própria do que é gerado é, ao invés, o *padecer*[31].

> *Deus não cessa de agir*, mas, assim como é característica peculiar do fogo o queimar e da neve o refrescar, também é característica peculiar de Deus o agir; antes, o é muito mais, na medida em que *Ele é para as outras coisas o princípio do seu operar*[32].

Que tipo de atividade é esse agir (ποιεῖν) de Deus?

Alguns estudiosos, baseando-se em textos nos quais Filo fala com a linguagem da filosofia grega, consideraram, justamente, que se trata de *atividade demiúrgica*. Eis alguns desses textos:

> Alguns, admirando o cosmo mais do que o seu Criador, proclamaram-no incriado e eterno, e, de maneira falsa e ímpia, acusaram o Criador de grande inatividade, enquanto, ao contrário, era preciso reverenciar as suas Potências de Criador e de Pai e não exaltar o cosmo além da justa medida. Mas Moisés, que tinha alcançado o vértice da filosofia e tinha aprendido mediante oráculos muitas verdades relativas à realidade e às mais essenciais, sabia que é absolutamente necessário que entre os seres exista, de um lado, uma *causa ativa* e, de outro, uma *causa passiva*, e sabia que a causa ativa é o Intelecto universal puríssimo e absolutamente isento de mistura, superior à virtude, superior à ciência e até mesmo superior ao próprio bem e ao belo, *enquanto a causa passiva é por si imóvel e inanimada e, porém, movida, informada e animada pelo Intelecto, transformou-se na obra mais perfeita, que é este cosmo*. Os que afirmam que ele é ingênito não se dão conta de que estão cortando pela raiz o que é mais útil e necessário à piedade, ou seja, a Providência[33].

> É uma potência [do Ser supremo] que cria o mundo e que tem como fonte o que é realmente bem. Se, de fato, alguém quer buscar a causa pela

31. *Cher.*, 77.
32. *Leg. all.*, I, 5.
33. *Opif.*, 7-9.

qual esse universo foi produzido, parece-me que não falhará na sua tentativa ao dizer o que também um dos antigos filósofos [i.é, Platão] disse, isto é, que o Pai e o Criador era bom: por graça da sua bondade Ele não recusou a excelência da sua própria natureza *a uma realidade que não tinha por si nada de belo, mas que podia se tornar todas as coisas*. De fato, esta era por si sem ordem, sem qualidade, privada de vida, de homogeneidade, mas plena de heterogeneidade, de discórdia e de desarmonia; ela recebeu, porém, uma inversão e uma transformação que a levaram a ter as propriedades exatamente contrárias e melhores: ordem, qualidade, vida, homogeneidade, acordo, harmonia, e tudo o que pertence à Idéia mais elevada[34].

[...] Alguns compreenderam que a arte com a qual Deus criou todas as coisas, sem sofrer nem tensão nem distensão, mas permanecendo sempre a mesma no supremo limite da perfeição, produziu cada um dos seres de modo perfeito, tendo o Criador utilizado todos os números e todas as Idéias para alcançar a perfeição. Ele julgou "para o pequeno e para o grande", como diz Moisés (*Deuteronômio* 1,17), quando criou e formou todas as coisas, sem que pela obscuridade da matéria fosse tirado qualquer coisa da capacidade do artífice, nem que pelo esplendor dela fosse acrescentado. De fato, também os artesãos, os que são valorosos, quaisquer que sejam as matérias das quais se servem, boas ou más, desejam produzir obras dignas de elogio. Alguns, antes, movidos pelo amor ao belo, fizeram com matérias de menor valor obras mais engenhosas das que foram feitas com materiais mais valorosos, tendo-se proposto compensar com a contribuição da sua habilidade técnica a deficiência da matéria. Diante de Deus nenhuma coisa material tem valor; por conseqüência, tornou partícipe da sua própria arte tudo de modo igual. Por isso se diz também nas Sagradas Escrituras: "Deus viu todas as coisas que tinha feito, e eram todas boas" (*Gênesis* 1,31), e tudo o que recebe o mesmo louvor tem o mesmo valor diante de quem louva. Mas Deus não louvou a matéria que tinha sido objeto da sua elaboração, privada de vida, desordenada e destinada a dissolver-se, e, ademais, por si corruptível, irregular e desigual, mas louvou as obras produzidas pela sua arte e realizadas mediante uma Potência única, igual e uniforme e mediante uma ciência igual e idêntica[35].

Deve ser, contudo, observado que esta e outras passagens semelhantes levam o leitor a errar, porque o remetem, inevitavelmente, a esquemas platônicos, ocultando o que Filo reintroduz. No entanto, ele não diz que a matéria é coeterna a Deus e que preexiste à criação

34. *Opif.*, 21s.
35. *Her.*, 156-160.

do mundo. Ademais, de algumas passagens do *De providentia*, pareceria poder-se extrair a própria criação a partir da matéria[36]. A análogas conclusões poder-se-ia chegar lendo o *De opificio mundi* sem confiná-lo nos esquemas platônicos[37].

Ademais — e isso é claramente observado pelos intérpretes — as Idéias que servem de paradigma e de causa exemplar, enquanto em Platão são ingênitas e eternas, ao invés, são concebidas por Filo como produzidas pelo pensamento divino e, portanto, como *criadas por Deus*. Mas sobre isso deveremos nos deter mais adiante.

De outra parte, deve-se observar que o próprio Filo evidencia dois pontos muito importantes: *a*) a atividade de Deus produz coisas que *não eram*, produz todas as coisas *a partir do não ser*; *b*) Deus não é, portanto, apenas "demiurgo", mas "criador". Eis alguns textos:

> [...] Deus produziu o mundo, a sua obra perfeitíssima, a partir do não-ser ao ser (ἐκ τοῦ μὴ ὄντος εἰς τὸ εἶναι)[38].

> [...] Deus suscitou a totalidade das coisas do não-ser[39].

> Deus, quando gerou todas as coisas, não as tornou simplesmente visíveis, mas produziu o que antes não era (ἃ πρότερον οὐκ ἦν, ἐποίησεν), sendo Ele *não apenas Demiurgo, mas Criador* (οὐ δημιουργὸς μόνον ἀλλὰ και κτιστής αὑτος ὤν)[40].

Enfim, Filo sustenta e sublinha muitas vezes que *tudo é graça e dom de Deus*; ninguém pertence a si, mas tudo e todos a Ele: tudo é livre e gratuitamente dado pela sua bondade. Trata-se de um modo de pensar e de sentir possível somente num contexto criacionista. Eis alguns textos muito importantes:

> O justo, buscando a natureza dos seres, faz essa descoberta única e excelente: *todas as coisas são graça de Deus* (χάσιν ὄντα τοῦ θεοῦ τὰ σύμπαντα), e nada é dom da criatura, porque não é sua posse, enquanto tudo é posse de Deus, e por isso, também, a graça só a Ele pertence. Aos que

---

36. Cf. *Prov.*, I, 6-22; II, 48-50.

37. Cf. Wolfson, *Philo*, I, pp. 295-324, e G. Reale, *Filone di Alessandria e la prima elaborazione della dottrina della creazione*, in AA.VV., *Paradoxos Politeia*, Vita e Pensiero, Milão 1979, pp. 247-297.

38. *Mos.*, II, 267.

39. *Leg. all.*, III, 10.

40. *Somn.*, I, 76.

buscam o princípio da criação poder-se-ia com todo direito responder que é *a bondade e a graça de Deus* (ἀγαθότης καὶ χάρις τοῦ θεοῦ), com a qual ele beneficiou o gênero que veio depois d'Ele: de fato, *tudo o que existe no cosmo e o próprio cosmo é um dom, um benefício, uma graça de Deus*[41].

Tudo é graça de Deus: terra, água, ar, fogo, sol, astros, céu, todos os animais e todas as plantas. Deus não faz nenhuma graça a si mesmo, porque não tem necessidade disso, mas dá o mundo ao mundo, dá as partes às próprias partes, e, reciprocamente, umas às outras, e, ademais, ao todo[42].

Justamente desses conceitos de *Deus criador* e de *criação como dom gratuito* depende, como veremos, uma série de substanciais reformas, contribuições de Filo em diferentes níveis.

4. A doutrina do "Logos"

O conceito de criação comporta uma série de novidades, em primeiro lugar, no nível metafísico-ontológico, a começar pela teoria do *Logos*, que assume valências verdadeiramente inéditas.

Infelizmente Filo fala freqüentemente do *Logos*, mas prevalentemente por alusões, e, ademais, em diferentes contextos e a partir de diferentes pontos de vista, de modo que se explica bem que os estudiosos tenham proposto exegeses diversas e às vezes opostas. Nesta sede é impossível proceder apenas por acenos, dada a complexidade da matéria e o caráter problemático das teses.

Deus, explica Filo, querendo criar o mundo sensível de modo adequado, produz, primeiro, o *mundo inteligível*, que tem a função de *modelo incorpóreo* segundo o qual deve ser realizado o mundo corpóreo, assim como faz o arquiteto, o qual, querendo construir uma grande cidade, constrói primeiro o projeto dela com a sua inteligência e o fixa na sua alma, para depois traduzi-lo na realidade. Ora, o *Logos* divino é, precisamente, a atividade ou potência de Deus que cria as realidades inteligíveis, cuja função é a de modelos e paradigmas ideais. Eis a célebre passagem do *De opificio mundi* que expõe essa doutrina:

---

41. *Leg. all.*, III, 78.
42. *Deus*, 107.

Sobre isso [refere-se ao exemplo do arquiteto que quer construir a cidade] deve-se pensar que vale também para Deus, que, tendo pensado em fundar a grande cidade [i.é, o universo], pensou *primeiro* os tipos e com eles formou o cosmo inteligível para produzir *depois* o cosmo sensível, servindo-se daquele como modelo. Portanto, como o projeto de uma cidade forjado na mente do arquiteto não ocupava um lugar exterior, mas era impresso na alma do artífice, assim, do mesmo modo, o mundo constituído pelas Idéias não podia ter outro lugar senão o Logos divino, que organizou essa realidade. Que outro lugar poderia haver senão a Potência de Deus, que fosse capaz de acolher e conter não digo todas, mas uma única Idéia como essa?[43]

E pouco depois, na mesma obra, se lê:

[...] Para falar mais claramente, pode-se dizer que *o cosmo inteligível não é outra coisa senão o Logos de Deus no ato de formar o mundo*, já que a cidade inteligível não é outra coisa senão o cálculo do arquiteto que já pensa em fundar a cidade[44].

Nessas passagens, o *Logos* divino parece coincidir com a *atividade pensante* de Deus, ou seja, com a Razão, ou, melhor dizendo, com o Intelecto ou *Nous* de Deus, vale dizer, com algo que não é distinto do próprio Deus[45].

Mas logo Filo distingue o *Logos* de Deus e faz dele quase uma hipóstase, e o denomina até mesmo "filho primogênito do pai incriado", "Deus segundo", "imagem de Deus". Em algumas passagens, fala dele até mesmo como de causa instrumental e eficiente. Noutras passagens, ao invés, fala dele como de Arcanjo, mediador entre Criador e criatura (enquanto não é nem incriado como Deus, mas tampouco criado como as criaturas mundanas), o Arauto da paz de Deus, o conservador da paz de Deus no mundo. O *Logos* de Filo exprime, ademais (e isso é muito importante), as valências fundamentais da bíblica "Sapiência", assim como da bíblica "Palavra de Deus", que é Palavra criadora e operante. Enfim, o *Logos* exprime também o significado ético de palavra com a qual Deus guia ao bem, o significado de palavra que salva[46].

---

43. *Opif.*, 19s.

44. *Opif.*, 24.

45. Bem o observava M. Heinze, *Die Lehre vom Logos in der griechischen Philosophie*, Oldenburg 1872 (Aalen 1961²), pp. 218s. Wolfson considera que se trata do primeiro e mais elevado significado de *Logos* (*Philo*, I, pp. 226-240).

46. Para uma adequada compreensão desses vários aspectos do *Logos*, remetemos a três trabalhos clássicos: Heinze, *Die Lehre vom Logos...*, pp. 204-297; Bréhier, *Les idées...*, pp. 83-111; Wolfson, *Philo*, I, pp. 226-282.

Em todos esses significados, o *Logos* indica uma realidade incorpórea, ou seja, meta-sensível, transcendente. Mas, dado que o mundo sensível é construído segundo o modelo inteligível, ou seja, segundo o *Logos* e, antes, mediante o instrumento do *Logos*, assim existe também um *Logos* imanente ao mundo sensível, ou melhor, um aspecto imanente do *Logos*, que não é senão as suas ações e, portanto, os vários efeitos do *Logos* incorpóreo sobre o mundo corpóreo. Nesse sentido imanente, o *Logos* é o vínculo que mantém unido o mundo, o princípio que o conserva, a regra que o governa, e assim por diante[47].

Não é possível não observar nessa doutrina do *Logos* como arquétipo de toda a realidade, ou seja, como pensamento que em si encerra todo o cosmo inteligível, uma antecipação da segunda hipóstase plotiniana (o *Nous*)[48], sem contar, evidentemente, os nexos dessa concepção com a do *Prólogo* joanino e os germes que ela contém de certas doutrinas que amadurecerão no âmbito do pensamento cristão[49].

5. A doutrina das "Potências"

Quanto à doutrina das Potências (δυνάμεις), se repropõem as mesmas dificuldades encontradas a propósito do *Logos*, e pelas mesmas razões.

Vimos que Deus é atividade indefectível; ora, as "Potências" são, precisamente, as múltiplas manifestações dessa atividade. É evidente que nesse contexto "Potência" não significa potencialidade em sentido aristotélico, mas força, ação, atividade. Vimos também que o *Logos* se reduz a uma dessas atividades ou Potências, a que é própria do pensar (que veremos ser uma Potência privilegiada, que reúne todas as outras).

Ora, também para as Potências são distinguíveis os três níveis encontrados no *Logos*. Elas, de fato, se consideradas em Deus, são as

---

47. Nesse significado imanente, o *Logos* filoniano subsume alguns dos significados do *Logos* estóico, que, contudo, no novo contexto geral, mudam as valências originais.

48. Cf., vol. VIII, pp. 61ss.

49. Recordamos que Bréhier observou justamente que "estudar a teoria do *Logos* significa estudar o filonismo inteiro segundo certo ponto de vista" (*Les idées...*, p. 83). De resto, este é talvez, justamente, o tema mais estudado.

propriedades de Deus mesmo; mas Filo não fala expressamente desse aspecto das Potências. Consideradas, ao invés, em si, são, em certo sentido, entes incorpóreos "intermediários" entre Deus e o mundo, são as próprias junturas do universo físico[50].

Dado que Deus não é finito, inumeráveis são as manifestações da sua atividade, ou seja, as suas Potências. Filo menciona, porém, apenas um número limitado e, como regra geral, só apela para as duas principais, e a estas subordina todas as outras. As duas Potências principais são: a Potência Criadora, ou seja, a Potência com a qual Deus produz o universo (que é indicada com o termo θεός, Deus, entendido em sentido restrito e interpretado como derivado de τίθημι, que quer dizer *ponho, creio*) e a Potência Real, com a qual o Criador governa o que criou (que é indicada com o termo κύριος, que quer dizer *Senhor*). Essas duas Potências correspondem, como os estudiosos observaram, aos dois aspectos da divindade que a antiga tradição hebraica indicava com os nomes Elohim e Yahweh. Elohim exprimia a potência e a força do bem e, portanto, da criação; Yahweh, a força legisladora e punitiva. (Note-se que a Septuaginta traduz Elohim por θεός e Yahweh por κύριος.) À Potência Criadora ligam-se, por exemplo, a Potência Benfeitora e a Propiciadora. À Potência Real se liga, por exemplo, a Potência Legisladora[51].

É evidente que, sendo Deus único, as Potências, que são múltiplas, revelam apenas aspectos ou projeções de Deus. Isso vale, naturalmente, também para as duas principais. Eis uma das passagens mais belas sobre esse ponto:

> Quando a alma é toda iluminada por Deus, como sob o sol do meio-dia, e toda ela repleta em todas as partes de luz espiritual, torna-se isenta de sombra em meio aos raios que se difundem ao seu redor, ela capta uma tríplice representação de um único objeto, de um objeto como Ser, e dos outros dois como sombras que se projetam daquele; algo desse gênero acontece também àqueles que se encontram na luz sensível: de fato, as coisas, quer estejam paradas, quer se encontrem em movimento, amiúde projetam dupla sombra. Não se creá, porém, que se tratando de Deus, a palavra "sombras" seja usada em sentido próprio. Trata-se apenas de um termo usado em

50. Também para o aprofundamento da temática das Potências, remetemos a Wolfson, *Philo*, I, pp. 217-226; II, pp. 138-149.

51. Cf. *Quaest. in Ex.*, II, 68.

sentido impróprio para uma representação mais clara da coisa que se está explicando, porque na verdade não é assim. Com efeito (como poderia dizer alguém que estivesse o mais próximo possível da verdade) o centro é o Pai de todas as coisas, o qual nas Sagradas Escrituras é chamado com o nome próprio de Aquele que É, enquanto as que estão de um lado e do outro são as Potências mais antigas e mais próximas do Ser: uma é a Potência Criadora, a outra é a Potência Real. a Potência Criadora é denominada Deus [θεός deriva, como se disse, de τίθημι], porque mediante ela o Ser fez e organizou o universo; a Potência Real é denominada Senhor, porque é justo que quem fez o criado o governe e o domine. Portanto, o centro, acompanhado como de guardas pelas duas Potências, oferece à inteligência que tem a visão dela, ora a representação de uma só coisa, ora de três: de uma só, quando a inteligência se tenha completamente purificado, e, tendo transcendido não só a multiplicidade dos números, mas também a díade que é a mais próxima da unidade, prende-se à Idéia que é isenta de mistura e não é combinada com nada e que, por si, não tem absolutamente necessidade de nada; de três, ao invés, quando, não estando ainda iniciada nos grandes mistérios, participa ainda apenas das cerimônias menores e ainda não é capaz de captar o Ser por si e sem nada de outro, mas só através das suas atividades, seja através da sua atividade criadora, seja através da sua atividade regente. Essa "segunda navegação", como a chamam, apresenta-se como parte de uma crença cara a Deus, mas a primeira maneira não é simplesmente parte de uma crença, mas é a própria crença cara a Deus, ou, antes, mais originária que a crença e mais venerável do que qualquer crença, ela é a própria Verdade[52].

A relação entre o *Logos* e as duas supremas Potências (e, portanto, entre o *Logos* e todas as outras Potências que às duas principais, como vimos, são subordinadas) é expressamente tematizada por Filo. Em alguns textos[53], ele considera o *Logos* como fonte das outras Potências; noutros, ao invés, ele atribui ao *Logos* a função de reunir as outras Potências (assim como — e o veremos logo — reúne em si todas as Idéias), como, por exemplo, no texto exemplar do *De Cherubim* (no qual ele interpreta os Querubins como símbolos das Potências e a espada de fogo como símbolo do *Logos*):

[O oráculo divino] dizia-me que Deus é verdadeiramente um só, mas as Potências primeiras e supremas são duas, ou seja, a Bondade e a Soberania, e que com a sua Bondade criou todas as coisas e com a Soberania

52. *Abr.*, 119-123. Aqui "segunda navegação" tem um sentido totalmente inusual.
53. Cf. *Quaest. in Ex.*, II, 68.

rege o criado. Uma terceira potência, *que reúne as outras duas, está no meio delas e é o Logos: é com o Logos, de fato, que Deus é tanto Soberano como Bom*[54].

6. A doutrina das Idéias e a reforma filoniana

Já acenamos à retomada por parte de Filo da doutrina das Idéias e à essencial reforma à qual ele a submete. As Idéias, de ingênitas tornam-se *criadas por Deus, no ato do seu pensar, como arquétipos do mundo sensível*. Elas se tornam, desse modo, *pensamentos de Deus*, no sentido em que Deus as cria pensando-as, mas não se esgotam na mera atividade do pensar e são também *seres*, ou seja, realidades, no sentido que vimos. O "lugar das Idéias" torna-se o *Logos*, que as acolhe na sua totalidade como "cosmo inteligível" (expressão desconhecida de Platão e — como parece — cunhada por Filo[55]).

Os estudiosos se perguntaram freqüentemente quem foi o primeiro a introduzir a doutrina das Idéias como pensamentos de Deus[56], mas quase nunca tiveram a coragem de render-se à evidência dos dados e concluir que, com base nos documentos à nossa disposição, ninguém antes de Filo tinha apresentado essa doutrina com tal amplidão e tais valências. A nosso ver, existe um argumento que serve de contraprova dificilmente refutável: para transformar as platônicas Idéias num cosmo inteligível produzido por uma mente e nela contido, era preciso conquistar o conceito de criação. Antes de Filo existiram seguramente algumas tentativas de situar as Idéias no pensamento divino, mas é igualmente seguro que faltou o fundamento que pudesse garantir o sucesso da tentativa. Depois de Filo, ao invés, a redução das Idéias a pensamentos divinos tornar-se-á um dogma sempre mais difundido; mas para encontrar filósofos que a reproponham com adequadas motivações metafísicas é preciso chegar aos médio-

54. *Cher.*, 27.

55. Reencontraremos a expressão em Plotino; cf. *infra*, vol. VIII, pp. 66ss.

56. Sobre o problema, cf. R. M. Jones, *The Ideas as the Thoughts of God*, in "Classical Philology", 21 (1926), pp. 317-326, e, A. N. M. Rich, *The Platonic Ideas as the Thoughts of God*, in "Mnemosyne", Série IV, 7 (1954), pp. 123-133.

platônicos (em particular, Albino), que as situa na sua visão hipostática do supra-sensível, e até mesmo até Plotino, que, não por acaso, provém do ambiente alexandrino.

Naturalmente, enquanto criadas, as Idéias cessam de ser o "Ser que verdadeiramente é", ou seja, o Ser absoluto (τὸ ὄντος ὤν), e o Ser absoluto torna-se Deus, o Deus que, sendo justamente o ser por excelência, pode suscitar a totalidade das coisas a partir do não-ser, como vimos acima[57].

E, sempre enquanto criadas, as Idéias deixam também de ser paradigmas absolutos e se tornam "imagens" que são, por sua vez, paradigmas. O modelo absoluto é Deus. O *Logos* é já a primeira imagem, uma imagem perfeita, que, por sua vez, serve de modelo aos seres que se seguem. E enquanto o *Logos* é a imagem perfeita de Deus e o modelo de todas as coisas, as Idéias são imagens particulares e, portanto, modelos particulares das coisas individuais[58].

É desnecessário observar (e já o recordamos) que a criação das Idéias por parte de Deus *não* é um ato temporal (como não o é a geração do *Logos* e das Potências), enquanto não acontece na dimensão do tempo. O tempo só nasce junto com o mundo, como Platão o explicara no *Timeu*. Deus é anterior no sentido ontológico às Idéias que cria, enquanto é a fonte delas e, portanto, é anterior também em sentido hierárquico. Analogamente, as Idéias são anteriores ao mundo em sentido ontológico e axiológico, enquanto são o seu modelo e princípio paradigmático, enquanto o mundo é *posterior* a Deus e às Idéias *também em sentido cronológico*, justamente porque, como se disse, a dimensão do tempo nasce com o mundo[59].

Filo, ademais, ligou as Idéias com as Potências de vários modos[60]. Malgrado a mobilidade da linguagem que ele usa a este respeito, pode-se dizer que as Idéias em geral diferem das Potências pelos seguintes motivos: *a*) têm uma *função mais limitada* (as Potências apresentam aspectos da atividade de Deus, como vimos, enquanto as

---

57. Cf. *supra*, pp. 243s.

58. Cf. sobretudo, *Leg. all.*, III, 96; *Opif.*, 19; *Heres.*, 231; etc.

59. Sobre a criação atemporal, cf. *Opif.*, 13ss.; sobre a criação do tempo por parte de Deus, cf., por exemplo, *Deus*, 30ss.

60. Cf., por exemplo, *Spec.*, I, 327-329 (cf. a passagem reportada acima, p. 237s.).

Idéias, na acepção mais própria do termo, são, mais especificamente, momentos particulares da atividade pensante de Deus); *b*) essa função é, precisamente, a de ser *modelos ou causas exemplares*. Por outro lado, é preciso ulteriormente observar que, na medida em que o *Logos* no qual elas se encontram serve também de causa instrumental e eficiente na criação do mundo, como já dissemos, então, também sob este aspecto particular, as Idéias, enquanto produzem as coisas, podem ser consideradas e ditas Potências ou atividade produtoras[61].

É interessante observar que, contrariamente a Platão, Filo admite as Idéias de Intelecto e de Alma, com as conseqüências que examinaremos adiante[62].

Enfim, devemos observar que, assim como o *Logos* e as Potências, também as Idéias têm um aspecto pelo qual são imanentes ao sensível, como *concretas formas* das coisas concretas. Justamente com essa finalidade, recordemo-lo, foram criadas por Deus, ou seja, para poderem produzir um mundo físico perfeitamente organizado[63].

7. As almas sem corpo e os Anjos

Resta ainda uma questão a tratar, com o objetivo de completar o quadro da concepção filoniana do mundo incorpóreo, vale dizer, a questão dos "Anjos" dos quais fala a *Bíblia*.

Filo interpreta os Anjos como o correlativo daqueles que no pensamento pagão eram chamados "Demônios"[64]. Os Anjos são "almas incorpóreas" que vivem sobretudo na esfera do ar, almas totalmente privadas da parte irracional, e servem de ministros de Deus. Não que Deus, observa oportunamente Filo, tenha necessidade de informantes e ajudantes; somos nós que temos necessidade de intermediários e de árbitros diante da força imensa do seu poder[65].

---

61. O tratamento mais satisfatório do problema das Idéias em Filo é o de Wolfson, *Philo*, I, pp. 200-394.

62. Cf. mais adiante, pp. 262s.

63. Filo assim dá razão, ao mesmo tempo, às Idéias platônicas (transcendentes) e às formas aristotélicas (imanentes) e faz a mediação entre as duas posições.

64. Cf. *Somn.*, I, 141 (ver toda a exegese da "escada de Jacó", *Somn.*, 133-145).

65. Cf. *Somn.*, I, 143.

Deve-se observar ainda que na angelologia filoniana as idéias de origem helênica desempenham um papel importante, mas não determinante. "Anjo" permanece uma representação extremamente móvel, que às vezes é aplicada até mesmo ao *Logos*[66], e às vezes até mesmo à aparência que Deus pode assumir ao manifestar-se às almas que ainda estão unidas aos corpos[67], e, portanto, como manifestação particular da Potência de Deus.

Em todo caso, deve-se observar que mesmo o que Filo extrai da demonologia clássica, no contexto da sua teologia criacionista, muda de significado: de fato, o conceito de Anjo como "intermediário entre Deus e os homens" vem inserir-se na concepção geral da criação como "dom", e vem a ser, ele mesmo, um dos modos nos quais esse dom se realiza. O Anjo é mandado a nós, de vários modos, para que nós, de vários modos, possamos subir a Ele.

66. Cf. *Leg. all.*, III, 177; *Deus*, 182; *Heres.*, 205 etc.
67. Cf. *Somn.*, I, 232.

IV. A ANTROPOLOGIA E A MORAL DE FILO

1. Nova concepção da natureza do homem, ou o homem em três dimensões

Os estudiosos amiúde lamentaram incertezas e presumíveis contradições na concepção filoniana do homem, já que, na sua maioria, eles se remeteram aos esquemas da filosofia helênica e notaram como é difícil e, em certos casos, impossível, fazer entrar nesses esquemas tudo o que Filo diz sobre a natureza do homem. Apenas uns poucos estudiosos observaram que, na realidade, encontramo-nos diante de uma concepção verdadeiramente revolucionária (que Filo desenvolve pouco a pouco), a qual acaba por infringir de modo nítido os esquemas da filosofia clássica, das quais, contudo, parte.

No entanto, deve-se observar que já no *De opificio mundi*, embora desempenhando ainda um papel determinante, as concepções gregas, em particular de origem platônica e proto-aristotélica, são grandemente modificadas no contexto da concepção criacionista na qual são situadas. É o próprio Deus quem intervém na criação do homem individual, de modo que entre Deus e a alma individual (o indivíduo singular) instaura-se uma ligação desconhecida ao pensamento precedente. Deve-se notar que as narrações bíblicas da criação do homem, contidas, respectivamente, em *Gênesis*, 1,26ss e em *Gênesis* 2,7, devido, provavelmente, a razões contingentes, são interpretadas por Filo como referentes aos dois momentos da criação, ou seja, respectivamente, ao momen-to da criação do cosmo inteligível e ao momento da criação do cosmo físico, conformemente à concepção metafísica geral da qual falamos acima. Primeiro (trata-se — note-se — de um "primeiro" em sentido ideal e não cronológico, como sabemos), Deus cria o *modelo ideal do homem*, o eterno paradigma, que, em certo sentido, coincide com o *Logos*; sucessivamente, plasma o homem concreto, no momento em que cria o mundo físico e a temporalidade. Filo chama o modelo ideal de homem de "homem criado" (o homem à imagem e semelhança de Deus), enquanto denomina a sua realização empírica "homem plasmado".

Eis a passagem na qual Filo fornece a interpretação de *Gênesis* 1,26ss.:

Depois de todas as outras coisas, como se disse, Moisés diz que o homem foi criado *à imagem e semelhança de Deus* (*Gênesis* 1,26). E isso é muito bem dito, porque nada do que foi criado é mais semelhante a Deus que o homem. Mas ninguém imagine essa semelhança referindo-se a alguma característica do corpo: de fato, nem Deus tem forma humana, nem o corpo humano tem forma divina. A palavra "imagem" é aqui referida ao *intelecto* (νοῦς) que é o guia da alma (ψυχή). De fato, o intelecto que existe em cada homem particular foi feito à imagem daquele único Intelecto universal como de acordo com um arquétipo, e de certo modo é como um Deus para quem o leva em si e em si o encerra como simulacro divino. A relação que o grande Soberano tem relativamente a todo o universo, como parece, corresponde à que o intelecto humano tem relativamente ao homem. O intelecto é por si invisível, enquanto vê todas as coisas; tem uma essência incognoscível, enquanto compreende a essência de todas as outras coisas. Mediante as múltiplas artes e as ciências ele desvela todas as vias mestras, procede através da terra e do mar, escrutando o que há num e noutro elemento. Depois, elevando-se como por força de asas, contempla a atmosfera e os seus fenômenos e depois se lança mais para cima, na direção do éter e das revoluções celestes e, tomando parte na dança dos planetas e das estrelas fixas segundo as leis de uma música perfeita, seguindo o amor pela sapiência que dirige os seus passos, depois de ter dominado do alto toda a realidade sensível, nesse ponto alcança o inteligível[1].

E eis a passagem na qual Filo interpreta *Gênesis* 2,7:

Moisés disse em seguida: "Deus plasmou o homem tomando a poeira do solo e soprou sobre o seu rosto um sopro de vida" (*Gênesis* 2,7). Essa nova retomada do tema mostra de modo claríssimo a grande diferença entre o *homem plasmado* desse modo e o *homem que foi precedentemente gerado à imagem de Deus* [i.é, na narração de *Gênesis* 1,26ss.]. De fato, o homem plasmado é sensível, é participante da qualidade sensível, é composto concretamente de corpo e alma, é homem e mulher, de natureza mortal. Ao invés, o homem feito à imagem de Deus é uma Idéia, um Gênero, um Selo; é inteligível, incorpóreo, nem homem nem mulher, de natureza incorruptível. Diz, portanto, Moisés, que a constituição do homem sensível e individual é dada pela composição de *substância terrestre* e de *espírito divino* (πνεύματος θείου). De fato, o corpo foi criado pelo Artífice que tomou a poeira e com

1. *Opif.*, 69s.

ela plasmou uma figura humana, *enquanto a alma não deriva de nada criado, mas diretamente do Pai e Senhor do universo.* Com efeito, o que Ele soprou nele foi o Espírito divino (πνεῦμα θεῖον), que dessa natureza feliz e bem-aventurada destacou como uma colônia para junto de nós, em benefício da nossa raça, a fim de que, embora sendo mortal na sua parte visível, pudesse se tornar imortal na sua parte invisível. Por isso, com boa razão, pode-se dizer que o homem constitui a fronteira entre a natureza mortal e a imortal, participando, na medida do necessário, de uma e de outra, e que foi criado mortal e imortal, mortal segundo o corpo e imortal segundo o pensamento[2].

Todavia, nesses textos, malgrado a nova perspectiva criacionista, o homem continua a ser concebido como composto de *corpo* e de *alma*, e por "alma" entende-se, sobretudo, o intelecto. A alma não-racional — note-se — é própria também dos animais, enquanto à alma não-racional no homem se acrescenta a alma racional, ou seja, o intelecto (a distinção entre "alma" e "intelecto", muito mais acentuada que em Platão e em Aristóteles, tornar-se-á um traço típico do médio-platonismo e da filosofia grega posterior). O homem, em suma, continua a ser concebido em duas dimensões, corpo e inteligência, um mortal e a outra imortal e "divina".

Mas, pouco a pouco, Filo amadurece uma concepção mais avançada, fazendo irromper no homem, por assim dizer, uma *terceira dimensão*, de natureza tal, capaz de transformar radicalmente o significado, o valor e o alcance das outras duas. Segundo essa nova concepção, na qual a componente bíblica torna-se dominante, o homem é constituído de: 1) *corpo*, 2) *alma-intelecto* e 3) *Espírito* que provém de Deus. Segundo essa perspectiva, o intelecto humano é corruptível, enquanto é intelecto "terrestre", a não ser que Deus lhe inspire "uma potência de verdadeira vida", que é o seu Espírito (πνεῦμα)[3]. Leiamos dois textos fundamentais tirados das *Legum allegoriae*. Eis, em primeiro lugar, o texto no qual Filo interpreta *Gênesis* 2,7:

"E Deus plasmou o homem, tomando a poeira do solo e soprou no seu rosto um sopro de vida e o homem foi gerado como alma vivente" (*Gênesis* 2,7). Existem dois gêneros de homem, um é o homem celeste e outro o homem terrestre [= o homem paradigma ideal e o homem real]. O homem

2. *Opif.*, 134s.

3. Parece-nos que A. Maddalena, melhor do que todos, chamou a atenção para o significado do Espírito em *Filone Alessandrino*, Milão 1970, pp. 21-43.

celeste, enquanto criado à imagem de Deus, não participa da substância corruptível e terrestre [= enquanto paradigma ideal e incorpóreo], enquanto o homem terrestre foi tirado de uma matéria extensa, que Moisés chamou de poeira. Por isso, ele diz que o homem celeste não foi "plasmado", mas "modelado à imagem" de Deus, e que o homem terrestre é um ser *plasmado* não *gerado* pelo Artífice. Mas é preciso considerar que o homem da terra é intelecto (νοῦς) que penetra no corpo, porém, enquanto ainda não penetrou nele. *Esse tipo de intelecto é na realidade terrestre e corruptível* (γεωδής καὶ φθαρτός), *se Deus não sopra nele uma potência de verdadeira vida.* Nesse caso ele é "gerado" e não "plasmado" como alma que não é inerte e privada de forma, *mas uma alma realmente pensante e vivente*[4].

Portanto, o intelecto, por si, ou seja, sem o sopro da potência divina, como todas as coisas, é corruptível.

Mas eis o texto mais explícito e mais importante:

A palavra "soprou dentro" significa: inspirou, ou pôs uma alma nas coisas inanimadas [= vivificou as coisas sem vida]; não caiamos, com efeito, no absurdo de crer que Deus para soprar se valha de órgãos da boca e das narinas; Deus não só não tem forma humana, mas não tem qualificações. A expressão tem um sentido mais profundo. Existem três coisas: *a*) o que sopra, *b*) o que recebe, *c*) o que é soprado. Ora, *a*) o que sopra é Deus; *b*) o que recebe é o intelecto (νοῦς); *c*) o que é soprado é o Espírito (πνεῦμα). Que deriva desses três elementos? Dos três elementos deriva uma união, tendo Deus estendido a Potência que vem d'Ele ao sujeito, por meio do Espírito. E por que motivo, senão para que recebêssemos uma noção d'Ele? De fato, como a alma poderia pensar Deus se Ele não a tivesse *inspirado* e não a tivesse *tocado*, na medida do possível? *O intelecto humano não teria ousado subir tanto a ponto de captar a natureza de Deus, se Deus mesmo não o tivesse atraído a Si, na medida em que o intelecto humano podia ser atraído, e não o tivesse marcado segundo as Potêncais suscetíveis de serem conhecidas por Ele*[5].

É claro, portanto, que a alma humana, ou seja, o intelecto humano, considerado em si, seria coisa miserável se Deus não soprasse nela o seu Espírito (πνεῦμα). O momento que realiza o entrelaçamento do homem com o divino, para Filo, não é mais, como para os gregos, a alma, nem a sua parte mais elevada, o intelecto, mas é o Espírito que vem diretamente de Deus. Por conseqüência, o homem tem uma vida que se desenvolve em três dimensões, como acima se dizia:

---

4. *Leg. all.*, I, 31s.
5. *Leg. all.*, I, 36-38.

1) segundo a dimensão física puramente animal (corpo), 2) segundo a dimensão racional (alma-intelecto), 3) segundo a superior, divina, transcendente dimensão do Espírito. A alma-intelecto, por si mortal, torna-se imortal na medida em que Deus lhe dá o seu Espírito e ela se une ao Espírito e vive segundo o Espírito. Caem assim os pontos de sustentação sobre os quais Platão tentou fundar a imortalidade da alma. A alma não é por si imortal, mas pode se tornar tal na medida em que sabe viver segundo o Espírito.

Justamente dessa terceira dimensão — o Espírito de Deus —, que deriva diretamente da interpretação da doutrina bíblica da criação, dependem todas as consideráveis novidades que Filo introduz na ética. A moral torna-se inseparável da fé e da religião e desemboca numa verdadeira união mística com Deus e numa visão extática, como agora veremos[6].

2. A superação do intelectualismo ético da filosofia grega e a proclamação da fé como suprema virtude

Toda a ética grega estava baseada, como vimos amplamente no curso desta obra, sobre dois pressupostos fundamentais: *a*) o homem, só com a potência da sua razão, pode conhecer a *physis*, o ser, o Absoluto, e, por conseqüência, pode extrair, só com o uso da razão, as normas da sua vida moral, fundadas nas próprias leis da *physis*; *b*) a "virtude" ou *areté* humana tem sua raiz na razão e no conhecimento, e, antes, é conhecimento no sentido de que a razão é entendida como condição *necessária e suficiente* da ação moral.

Filo contrapõe a estas enraizadíssimas convicções dos gregos concepções de caráter nitidamente oposto.

a) A razão humana não basta para alcançar a Verdade e todos os que, obstinadamente, agarram-se a ela caem numa forma de soberba atéia da qual Caim é símbolo. Não à razão humana, mas a Deus se agarra o sapiente, com humildade, e desse tipo de homem o símbolo é Abel. Lemos no *De sacrificiis Abelis et Caini*:

---

6. Sobre este parágrafo e os sucessivos, cf. G. Reale, *L'itinerario a Dio in Filone di Alessandria*, Introdução a *L'erede delle cose divine*, Rusconi, Milão, 1981.

Existem duas convicções opostas e contraditórias entre si: uma que atribui tudo ao intelecto [= à razão humana], como se ele fosse o supremo guia de tudo, no raciocinar, no sentir, no estar em movimento ou em repouso; a outra submete-se a Deus como a seu Criador. Símbolo da primeira convicção é Caim, chamado "possesso", porque acreditava possuir todas as coisas; da outra é símbolo Abel: explica-se, de fato, esse nome como se significasse "aquele que remete tudo a Deus"[7].

A concepção do homem que põe na razão humana o supremo guia é expressa de modo paradigmático na doutrina protagoriana do "homem medida de todas as coisas", enquanto, ao contrário, a outra concepção põe em Deus Criador a medida de tudo[8].

De resto, segundo Filo, a lição que se deve extrair do ceticismo grego é justamente a demonstração da falência da soberba da razão, ou seja, das pretensões da razão de alcançar sozinha a Verdade, e, portanto, é uma espécie de verificação da verdade da convicção oposta, ou seja, da necessidade de chegar à Verdade *mediante a fé em Deus*[9].

O homem *não alcança a Verdade se a Verdade não vem a ele.* O Deus bíblico não só criou o mundo e se revelou nas suas obras, mas também revelou, a alguns diretamente e a outros através desses eleitos (os profetas), a própria existência. Não só deu as leis do viver, estabelecendo as leis da natureza, mas explicitou essas leis, mais uma vez, através dos profetas por Ele inspirados.

b) A razão, ademais, e o conhecimento são, sem dúvida, necessários para poder operar o bem; todavia, eles não são as condições suficientes; é preciso ainda *a liberdade e a vontade de escolher o bem e de recusar o mal.* O homem pode muito bem conhecer o melhor e ficar com o pior, justamente porque foi criado livre para escolher entre o bem e o mal. Eis uma passagem na qual a liberdade e a vontade (o livre-arbítrio, para usar a fórmula posteriormente cunhada no contexto do pensamento cristão) são claramente afirmadas como prerrogativas do homem, e o bem e o mal morais e, em geral, a responsabilidade moral são atribuídas a elas:

O Pai criador considera digna da liberdade apenas a razão e desatou os nós da necessidade para libertá-la, dando-lhe aquela parte que ela era capaz

7. *Sacrif.*, 2.
8. Cf. *Poster.*, 35-38; *Confus.*, 122-127 (cf. *Leg. all.*, I, 49).
9. Cf. *Ebr.*, *passim.*

de receber daquilo que a Ele pertence como próprio em máximo grau, que é a livre vontade (τὸ ἑκούσιον). De fato, os outros seres vivos, em cujas almas não existe a parte destinada à liberdade, ou seja, o intelecto, foram dados, subjugados e postos a serviço dos homens como escravos aos senhores; ao invés, o homem, tendo recebido *a faculdade de querer e de operar por própria vontade*, cumprindo na maior parte dos casos ações livres, com boa razão lastima as más ações que cumpre premeditadamente e louva *as ações retas que cumpre por sua espontânea vontade*. Quanto aos outros seres, plantas e animais, nem são louváveis os bons frutos nem lastimáveis os maus — porque receberam os movimentos e as mudanças, nos dois sentidos, sem escolhê-los e sem querê-los — mas *só a alma humana, que recebeu de Deus o movimento voluntário* (τὴν ἑκούσιον κίνησιν) *e só por esta razão tornou-se semelhante a Ele*, tendo sido, tanto quanto possível, libertada da necessidade, senhora má e terrível, poderia ser acusada justamente de não tratar adequadamente o seu libertador. E é por isso, exatamente, que a justa razão deve sofrer o juízo inexorável que cabe aos libertos ingratos[10].

Ademais, deve-se observar que, pela primeira vez, a obrigatoriedade da lei moral é justificada e fundada. Todos os filósofos gregos se afadigaram para deduzir do *ser* (da *physis*) o *dever ser*, a obrigação moral; para Filo, ao invés, essa dedução não constitui mais um problema, porque as leis morais são um *mandamento* de Deus, uma *vontade que Ele impõe como criador*, e que, ademais, também revela diretamente além de indiretamente. E, pela primeira vez, são adquiridos todos os elementos necessários para explicar o "pecado", ou seja, a culpa moral. O pecado se apresenta, não como erro da razão, cálculo malfeito, mas desobediência a um mandamento, ou seja, um não-querer o querer de Deus.

Estamos diante de uma verdadeira inversão de perspectiva com relação ao racionalismo moral dos gregos, que depende, mais uma vez, do conceito de Deus Criador e Revelador e da nova concepção das relações subsistentes entre o Criador e a criatura privilegiada que é o homem.

Enfim, deve-se notar que a ruptura com o racionalismo helênico comporta a introdução de uma nova virtude, a da fé, situada no vértice mesmo de todas as virtudes. A virtude "teologal" da *fé em Deus* torna-se assim a "rainha das virtudes", e a ela se reduz a própria

10. *Deus*, 47s.

"sapiência", "sapiência" que, para Aristóteles, era a suprema virtude "dianoética"[11].

O novo "sapiente" é o homem que tem a fé em Deus, que nele põe toda a sua confiança, a Ele tudo entrega, buscando com todos os sentidos "segui-lo" e "imitá-lo"[12].

Ao lado da fé emergem a *esperança* (ἐλπίς) e o *amor*. Delineiam-se assim, pouco a pouco, as que serão as "virtudes teologais" do pensamento cristão[13]. E — note-se — em chave de amor Filo define a própria vida imortal:

> A mais bela definição da vida imortal é esta: ser possuído por um desejo e por um amor a Deus, não ligado à carne e ao incorpóreo[14].

3. O itinerário para Deus, a união mística com Ele e o êxtase

Toda a filosofia de Filo é, em última análise, um *itinerário para Deus* e a própria interpretação alegórica dos personagens e dos acontecimentos narrados na *Bíblia*, como já dissemos, é justamente uma história — da qual aqueles personagens e acontecimentos são símbolos — das etapas percorridas pela alma no seu itinerário para Deus.

Nesse itinerário, três são as etapas fundamentais, no interior das quais, ulteriormente, diferentes momentos são distinguidos[15].

1) A primeira etapa consiste em abandonar a contemplação e a adoração do cosmo (mentalidade caldaica, como a chama Filo) para entrar em si mesmo, com a finalidade de conhecer "a si próprio". Filo considera, indubitavelmente, a "contemplação do cosmo", mantida nos limites corretos, uma forma de sapiência, e, portanto, considera uma vida empregada nesse sentido superior à vida que se perde nos afazeres e negócios externos; todavia, ele denuncia os seus perigos e a sua extrema fragilidade. Os perigos consistem no fato de que ela

---

11. Cf., sobretudo, *Abr.*, 262-276.

12. Para o tema da "assimilação a Deus", cf. *Spec.*, IV, 188; *Fug.*, 63; *Virt.*, 168; *Opif.*, 144.

13. Sobre a *fé*, a *esperança* e o *amor* em Filo, cf. Maddalena, *Filone*, pp. 381-395.

14. *Fug.*, 58.

15. Cf. *Migr.*, *passim; Heres, passim.*

pode levar (e, em muitos casos, levou efetivamente) ao esquecimento do Criador em benefício do criado, ou seja, podemos dizer, à absolutização do próprio cosmo. A fragilidade da contemplação do cosmo, embora corretamente praticada, consiste no fato de que, se o cosmo pode nos levar a subir a Deus como seu Criador, não nos permite alcançar o ulterior conhecimento da real relação de Deus com o homem e, portanto, não permite realizar a união com Deus.

Estamos também aqui diante de uma ruptura com o espírito predominante na filosofia grega, que é em larga medida *cosmocêntrico*. Escrevia Aristóteles:

> *Existem coisas muito mais divinas que o homem por natureza*, como, para ficar nas mais visíveis, *os astros dos quais se compõe o universo*. Do que se disse, é claro que a sapiência é ao mesmo tempo ciência e intelecção das coisas mais excelsas por natureza[16].

Filo acaba por inverter essa perspectiva: a coisa mais divina por natureza, entre as visíveis, isto é, criadas, é o homem, que é um verdadeiro microcosmo e, antes, algo ainda maior, dado que, como vimos, é a única criatura que Deus fez à própria semelhança e na qual, até mesmo, infundiu o seu Espírito. Por isso se explica bem que a verdadeira via para Deus não passe pelo cosmo, mas pelo homem:

> Descei, pois, do céu, e, depois de ter descido, não voltai novamente a fazer inquisições sobre a terra, sobre o mar, sobre os rios, sobre as espécies de animais e de plantas, mas *indagai apenas sobre vós e sobre a vossa natureza sem buscar outra morada senão vós mesmos*. De fato, examinando a fundo o que pertence à morada que vos é própria, o que ordena e o que obedece, o que é animado e o que é inanimado, o que é racional e o que é sem razão, o que é imortal e o que é mortal, o que é melhor e o que é pior, obtereis diretamente uma ciência clara de Deus e das suas obras[17].

2) A segunda etapa consiste, justamente, no conhecimento de si próprio, com a finalidade de definir, diz Filo com verso homérico, "que há de bem e de mal no teu palácio", ou seja, em si próprio.

Esta segunda etapa implica um conhecimento *a*) do nosso *corpo*, *b*) dos nossos *sentidos* e *c*) da nossa *linguagem* e o conseqüente

---

16. Aristóteles, *Ética Nicomaquéia*, Z 7, 1141 a 34-b 2.
17. *Migr.*, 185.

afastamento desses três domínios, que se revelam enganadores. *a*) O corpo, de fato, revela-se como uma espécie de "prisão infamante", que tem como carcereiros os prazeres e os desejos. *b*) Os sentidos nos alienam, por assim dizer, e nos atraem para os objetos dos seus desejos, fazendo-nos renunciar ao que nos é próprio em benefício do que nos é exterior e estranho. *c*) A linguagem nos engana com a beleza aparente dos nomes, os quais correm o risco de esconder, antes que revelar, a beleza real, ou seja, correm o risco de apresentar a aparência em lugar da realidade, a cópia em vez dos arquétipos[18].

Distanciar-se e afastar-se dessas três realidades, evidentemente, não quer dizer deixar de usá-las, o que só seria possível com a morte, mas quer dizer adquirir uma "mentalidade de estrangeiro" diante delas, ou seja, separar-se delas com o juízo e pôr-se com a razão acima delas. Quer dizer, como especifica Filo, reconhecer que elas, na verdade, não são nossas, mas de Deus, e oferecê-las a Ele[19].

3) A terceira etapa consiste em refugiar-se na nossa alma e, ao mesmo tempo, em dar-se conta de que a nossa própria alma (ou seja, o nosso intelecto) deve ser transcendida, pois, se ela não levanta os olhos acima de si, isto é, para as realidades incorpóreas e para Deus, fatalmente se encontra em situação servil com relação a alguma coisa que é apenas humana e terrena[20]. Eis uma passagem muito indicativa:

> Do mesmo modo em que migraste dos outros lugares, *foge e sai também de ti mesmo*. Que significa isso? Não conserves o teu pensamento, a tua razão e a tua compreensão para ti mesmo, *oferece e dá também essas coisas Àquele que é causa do exato pensar e da compreensão não enganadora. Essa tua oferta acolherá o mais sagrado dos lugares sagrados*[21].

Essa "saída de si", ou seja, da própria alma ou intelecto, que é um "dar" o nosso pensamento a quem é a sua Causa, coincide com uma *união mística e extática* com Deus[22].

O sentido desse itinerário do homem a Deus é claríssimo: do conhecimento do cosmo devemos passar ao conhecimento de nós

---

18. Cf. *Migr.*, 2-12.
19. Cf. *Heres*, 73.
20. Cf. *Heres*, 84.
21. *Heres*, 75.
22. Cf. *Heres*, 69-70; 263-265.

mesmos; mas o momento essencial consiste em *tomar consciência de que somos uma nulidade*: é exatamente no momento em que se reconhece o próprio nada, ou seja, no momento em que se compreende que tudo o que temos não é nosso e o damos a quem no-lo deu, que Deus se dá a nós. Eis três passagens eloqüentes:

> Assim são as coisas: quem compreendeu a fundo a si próprio e grandemente desesperou, vendo claramente a nulidade que é própria de todas as coisas criadas, e quem desespera de si próprio conhece Aquele que é[23].
>
> O momento justo para a criatura encontrar o seu Criador acontece quando ela reconheceu a própria nulidade[24].
>
> É a glória de uma alma extraordinariamente grande superar o criado, superar os seus limites, agarrar-se apenas ao incriado, segundo os sagrados preceitos, nos quais está prescrito "aderir a Ele" (*Deuteronômio* 30,20). Por isso, aos que se apegam a Ele e o servem ininterruptamente, Ele dá em troca a Si próprio como herança[25].

A vida feliz consiste, justamente, nesse transcender do humano no divino, no "viver inteiramente para Deus mais do que para si próprios"[26].

---

23. *Somn.*, I, 60.
24. *Heres*, 30.
25. *Congr.*, 134.
26. *Heres*, 111.

SEGUNDA SEÇÃO

O MÉDIO-PLATONISMO E A REDESCOBERTA DA METAFÍSICA PLATÔNICA

ἀκόλουθον οὖν τῇ ἀρχῇ τὸ τέλος εἴη ἂν τὸ ἐξομοιωθῆναι θεῷ, θεῷ δηλονότι τῷ ἐπουρανίῳ, μὴ τῷ μὰ Δία υπερουρανίῳ, ὃς οὐκ ἀρετὴν ἔχει, ἀμείνων δ'ἐστὶ ταύτης.

O fim que se segue ao princípio é assimilar-se a Deus, ao Deus celeste, evidentemente, e não, por Zeus, ao supraceleste, o qual não tem virtude, mas é melhor que esta.

Albino, *Didascálico*, XXVIII, 3

Busto conservado no Museu de Delfi, que talvez represente Plutarco.

I. GÊNESE, CARACTERÍSTICAS E EXPOENTES DO MÉDIO-PLATONISMO

1. As últimas vicissitudes da Academia e as origens do médio-platonismo

No volume VI, vimos que, no curso da tumultuada história da Academia, são distinguíveis várias fases, caracterizadas pelas diferentes tendências especulativas de fundo. Já alguns autores antigos, como sabemos, no arco de tempo que vai de Platão a Antíoco de Ascalona, chegaram a contar pelo menos cinco Academias: 1) a de Platão e dos seus primeiros sucessores, 2) a de Arcesilau, 3) a de Carnéades e Clitômaco, 4) a de Filo de Lárissa e de Carmida e, enfim, 5) a de Antíoco de Ascalona[1]. Se levamos em conta o fato de que, como vimos, Arcesilau e Carnéades, malgrado as diferenças, foram substancialmente céticos, e que Filo de Lárissa, depois de ter sido por muitos anos propugnador de idéias céticas, deslocou-se para posições ecléticas, acabando por acolher algumas das instâncias introduzidas por seu ex-discípulo Antíoco, então as fases da história da Academia podem ser reduzidas a três: 1) a *antiga*, 2) a *nova ou cética* e 3) a *eclética*. Deve-se, ademais, observar que as tardias e cautelosas concessões de Filo de Lárissa ao ecletismo não foram consideradas pelos contemporâneos como nítido repúdio da posição cética neoacadêmica, enquanto o ecletismo de Antíoco foi considerado como verdadeiro dogmatismo. Compreende-se, portanto, que Cícero — que, como sabemos, abraçou as idéias de Filo de Lárissa, e, a seu modo, tentou desenvolvê-las — tenha considerado que devia, em muitos casos, tomar as devidas distâncias de Antíoco e de seus seguidores, denunciando as suas concessões dogmático-estóicas[2].

É certo, em todo caso, que Antíoco marcou um ponto de ruptura na tradição da Academia cética; mas é igualmente certo, como logo veremos, *que com Antíoco a Academia se esgotou e que a nova forma*

1. Cf. Sexto Empírico, *Esboços pirronianos*, I, 220.
2. Cf. Cícero *Acad., passim.*

de platonismo que se difundiu depois não pode ser referida a Antíoco, nem ligada diretamente a ele, como muitos estudiosos erradamente acreditaram[3].

Detenhamo-nos, em primeiro lugar, sobre as últimas vicissitudes da Academia da primeira metade do século I a.C., por nós conhecidas.

Em 88 a.C., Filo de Lárissa deixou Atenas e a Academia por causa da guerra mitridática e se refugiou em Roma, onde — como parece — permaneceu até a morte. Em 86 a.C., Silas conquistou Atenas, e (como já observamos ao estudar a história do Perípato) durante o assédio à cidade "lançou mão dos bosques sagrados e mandou cortar as árvores da Academia, o mais verde dos subúrbios da cidade, assim como as do Liceu"[4]. Não só a Academia e os subúrbios foram gravemente danificados, mas também grande parte da cidade (como as nossas fontes expressamente transmitem); os atenienses foram trucidados em grande número, e muitos, no pânico geral que se difundiu, suicidaram-se, temendo uma total destruição da cidade[5]. É claro que o golpe infligido por Silas a Atenas deve ter sido de tal

---

3. Cf., por exemplo, R. E. Witt, *Albinus and the History of Middle Platonism*, Cambridge Univ. Press, Londres 1937 (reimpresso em Amsterdã em 1971). Ver, ao contrário, G. Invernizzi, *Il Didaskalikos di Albino e il medioplatonismo. Saggio di interpretazione storico-filosofica con traduzione e commentario del Didaskalikos*, 2 vols., Ed. Abete, Roma 1976, *passim*, H. Dörrie, *Platonica minora*, Munique 1976.

4. Plutarco, *Vida de Silas*, 12.

5. Plutarco, sempre na *Vida de Silas*, 14, escreve textualmente: "A cidade foi conquistada a partir daquele ponto [= o acesso ao muro do lado de Eptacalco], como recordavam muito bem os velhos atenienses. Silas entrou por ali por volta de meia-noite, depois de ter sido abatido e derrubado o trecho de muro que se estende entre as portas Piraica e Sacra; e incutiu grande terror nos habitantes. Em torno dele soavam com toda força trombetas e chifres, ouviam-se os gritos de guerra e de vitória dos soldados, *os quais deixara livres para saquear e matar à vontade; eles percorriam as ruas com as espadas desembainhadas na mão. As pessoas trucidadas naquela noite nem aproximadamente se podem contar*; pode-se, porém, calcular ainda hoje esse número, observando o lugar que foi invadido pelo sangue: além dos que foram mortos em outras partes da cidade, o sangue dos que foram mortos na praça do mercado cobriu todo o quarteirão do Cerâmico até o Dipilo; segundo alguns, transbordou pelas portas e inundou os subúrbios. No entanto, *se foram tantos os mortos daquela maneira, um número não inferior de pessoas suicidou-se pela compaixão e pelo desgosto de ver a própria cidade próxima, pensavam eles, da destruição total. Essa idéia levou os melhores cidadãos e renunciar e a temer permanecer em vida, pois desesperaram de poder encontrar algum sentido de humanidade e de moderação em Silas [...]*".

gravidade que tornou impossível uma rápida reparação dos danos produzidos pela guerra e, portanto, impossível também a reconstrução e a reabertura da Academia[6]. Provavelmente este é o motivo pelo qual Filo de Lárissa (que encontrara em Roma admiradores e seguidores) deve ter julgado inútil voltar a Atenas, onde não teria concretas possibilidades de reconstruir a escola.

E como se comportou Antíoco? Sabemos que, depois de ter estado em Alexandria entre 87 e 84 a.C., voltou a Atenas, onde ensinou como acadêmico, mas não na Academia, que, pelas razões acima ilustradas, não podia em tão breve tempo ter sido reativada. Com efeito, Cícero, que em 79/78 a.C. foi seu ouvinte em Atenas, refere que *Antíoco ensinava num ginásio chamado Ptolomeu, e que a Academia era um lugar então quase abandonado*. Eis uma passagem do próprio Cícero, muito instrutiva a respeito:

> Fui — como de costume — ó Bruto, ouvir Antíoco junto com Parco Pisão no ginásio chamado Ptolomeu, e estavam conosco o meu irmão Quinto, Tito Pompônio e Lúcio Cícero, que por parentesco é meu sobrinho por parte de pai, mas por afeto me é caro como um irmão. Combinamos fazer um passeio vespertino pela Academia, sobretudo porque tal lugar naquela hora tinha pouca gente. Portanto, encontramo-nos todos na casa de Pisão na hora marcada. Dali percorremos conversando os seis estádios que existem partindo da porta Dípilo. Quando chegamos à região da Academia com toda justiça celebrada, havia justamente a solidão que nós desejávamos. Então Pisão disse: "Devo atribuir a um fenômeno natural ou a um erro o fato de que, quando chegamos aos lugares que sabemos terem sido freqüentados por homens dignos de memória, sentimos uma impressão maior do que quando ouvimos falar das suas ações ou lemos alguns dos seus escritos? Por exemplo, agora estou emocionado. Vem-me à mente Platão que, segundo se nos diz, foi o primeiro que costumava discutir aqui, e aqueles pequenos jardins perto daqui não só me fazem recordá-lo, mas parece que o põem diante dos meus olhos. Aqui estiveram Espêusipo, Xenócrates, aqui esteve o escolarca Pólemon, que se sentava justamente naquele lugar que ali vemos [...][7].

Portanto, em 79/78 a.C., a Academia já era um lugar de peregrinação espiritual, por assim dizer, no qual se evocavam as som-

6. Sorte análoga, pelas mesmas razões, sofreu também o Perípato (cf. pp. 14s. e nota 5).
7 Cícero, *De finibus*, V, 1, 1-2.

bras do passado. Explica-se bem, portanto, o fato de as nossas fontes dizerem que Antíoco tenha sido discípulo de Filo de Lárissa e, portanto, acadêmico, mas não nos dizerem que tenha sido "escolarca" da Academia. De fato, ele não podia ser escolarca, como o foram seus predecessores, porque a Academia como escola e como instituição no sentido tradicional não existia mais e ele, portanto, não podia ser senão *o herdeiro e o chefe espiritual do pensamento que nasceu e se desenvolveu naquela escola.* Antíoco (que, como já recordamos, morreu na Síria em torno de 60 a.C.) deixou como herdeiro da escola o seu irmão Aristo[8]. E, verossimilmente, justamente com Aristo apagou-se inclusive essa espiritual sobrevivência ateniense da Academia. De fato, nesse período não temos mais menções expressas a escolarcas da Academia, e, no século seguinte, temos até mesmo um testemunho explícito de Sêneca, o qual nos refere textualmente:

> Os acadêmicos, velhos ou novos, deixaram de ter um chefe[9].

E eis que chegamos ao ponto que queríamos tratar. Enquanto em Atenas a Academia morria, fora de Atenas, precisamente em Alexandria, *o platonismo renascia com características em grande parte diversas com relação ao dogmatismo eclético-estoicizante de Antíoco e ganhava terreno.* Como já avançamos, Eudoro de Alexandria, que viveu provavelmene na segunda metade do século I a.C., é o primeiro expoente que conhecemos dessa nova tendência do platonismo (mas não é improvável que já outros, antes de Eudoro, tivessem tentado entrar por essa via)[10]. É certo, em todo caso, que, a partir da segunda metade do século I a.C., o platonismo de maneira lenta, mas progressiva e constante, continuou a difundir-se e a fazer crescer a sua própria consistência e incidência, até culminar na grande síntese plotiniana que amadureceu no século III d.C. e que abriu um novo curso, tanto para o pensamento pagão como para o cristão.

Ora, a grande síntese plotiniana (e a corrente de pensamento por ela gerada) foi denominada, e justamente, "neoplatonismo". De que

8. Cf. *Index Academicorum*, col. XXXV, p. 110 Mekler; Cícero, *Brutus*, 97, 332; *Acad. post.*, I, 3, 12; *De finibus*, V, 3, 8; *Tusc.*, V, 8, 21.

9. Sêneca, *Naturales quaestiones*, VII, 32, 2: "Academici et veteres et minores nullum antistitem reliquerunt".

10. Cf., mais adiante, pp. 279ss.

modo, então, se deverá denominar todo aquele trecho de história do platonismo que vai, justamente, da segunda metade do século I a.C. a todo o século II d.C.? Denominá-lo simplesmente "platonismo", como até o século passado se fez, não é correto, porque não se trata nem de simples repetição de Platão, nem das doutrinas da antiga Academia. De fato, nos platônicos desse período são bem visíveis as tentativas de repensar de modo original doutrinas platônicas; e trata-se de tentativas que, em certos casos, chegam a posições precisas, que preparam o pensamento de Plotino, ou preparam o terreno sobre o qual nascerá o neoplatonismo, contribuindo para criar a têmpera espiritual no qual ele crescerá. É necessário, ademais, reconhecer que nos encontramos diante de um pensamento nem sempre unitário, amiúde incerto, e, às vezes, até mesmo contraditório: um pensamento no qual velho e novo se entrelaçam de diferentes modos, sem nunca chegar a uma síntese exaustiva. Em suma, o platonismo desse período tem características que estão, por assim dizer, a meio caminho entre o antigo platonismo de Platão e dos seus imediatos sucessores e o neoplaonismo de Plotino e dos seus seguidores. Portanto, o termo "médio-platonismo", que significa, justamente, platonismo que está no meio entre o velho e o novo, deve ser considerado justificado e perfeitamente adequado, como logo veremos de modo pormenorizado[11].

11. O maior mérito no estabelecimento e difusão do termo "médio-platonismo" cabe a K. Praechter, o qual estudou numa série de artigos e ensaios os filósofos e os problemas relativos a essa corrente de pensamento, e, sobretudo, forneceu uma boa panorâmica na sua *Die Philosophie des Altertums* (vol. I da célebre *Grundriss der Geschichte der Philosophie* de F. Ueberweg), pp. 524-556. Praechter tinha programado também uma sistemática coleta dos fragmentos, que, infelizmente, não realizou. O defeito dos trabalhos de Praechter consiste no corte prevalentemente filológico, que nem sempre permite alcançar o núcleo filosófico dos problemas (daremos o elenco desses estudos na bibliografia final). Zeller, sobre este ponto, oferece um tratamento um tanto desordenado e anódino (cf. *Die Philosophie der Griechen*, III, 1, pp. 831-845; III, 2, pp. 175-254), faltando-lhe, justamente, o conceito de "médio-platonismo", que ter-lhe-ia permitido ver de maneira sintética e unitária os pensadores que apresenta de modo rapsódico. Ele fala de "comentadores platônicos" e de "platônicos pitagorizantes" e trata-os num volume à parte; depois, ao lado destes, apresenta os aspectos e as temáticas platonizantes dos estóicos da era imperial (cf. III, 2, pp. 706-791), dos quais, analogamente, já se tinha ocupado a fundo no volume precedente (III, 1, pp. 254-261).

2. Características gerais do médio-platonismo

a) O traço mais típico do médio-platonismo, vale dizer, o traço que constitui o mínimo denominador comum do pensamento de todos os seus expoentes, quase sem exceção, consiste no que, remetendo-nos à conhecida imagem platônica, poderemos chamar de retomada da "segunda navegação" com a recuperação de suas posições essenciais, assim como das principais conseqüências que deles decorreram. *O médio-platonismo, em suma, recupera o supra-sensível, o imaterial e o transcendente e rompe nitidamente as pontes com o materialismo dominante há muito tempo.* O fundamento do sensível e do corpóreo é novamente indicado no supra-sensível e no imaterial, ou melhor, no *incorpóreo*, e a componente metafísico-teológica da filosofia (justamente no sentido platônico-aristotélico) não só é recuperada, mas até mesmo posta em primeiro plano. A nosso ver, é precisamente esta a característica que não apenas garante aos médio-platônicos um lugar de grande relevo na história do pensamento antigo, mas assegura também a unidade das várias tendências por eles representadas, ou seja, a unidade que muitos estudiosos não chegaram a divisar ou até mesmo negaram. Os textos que apresentaremos adiante demonstrarão claramente essa nossa afirmação. (É oportuno observar ainda, a respeito disso, que o próprio Filo de Alexandria deve ter extraído o conceito de "incorpóreo", que não está presente na *Bíblia*, justamente do incipiente médio-platonismo alexandrino)[12].

b) Conseqüência lógica dessa retomada da "segunda navegação" foi a *reproposição da teoria das Idéias*, que, como sabemos, representa o êxito mais significativo daquela. Os médio-platônicos, antes, não só retomaram essa doutrina, mas (pelo menos alguns deles) a retomaram a fundo, buscando integrar a posição assumida por Platão com a posição aristotélica. Albino e o seu círculo, como veremos, *consideraram as Idéias no seu aspecto transcendente como pensamentos de Deus* (o mundo inteligível é identificado com a atividade e com o conteúdo da suprema inteligência), *e no seu aspecto imanente como "formas" das coisas.* À transformação da teoria das Idéias

12. Cf., *supra.*, pp. 235ss.

seguiu-se, por lógica conseqüência, uma paralela transformação da concepção de toda a estrutura do mundo do incorpóreo, com conquistas que, como veremos, claramente anunciam o neoplatonismo[13].

c) O texto que os médio-platônicos consideraram ponto de referência e do qual extraíram o esquema para o repensamento da doutrina platônica foi o *Timeu*. Com efeito, na difícil tarefa de reduzir a filosofia platônica a sistema e na tentativa de fazer uma síntese dela, o *Timeu* era o diálogo que oferecia a trama mais sólida. É interessante observar, a propósito disso, que os médio-platônicos seguiram preferentemente um método oposto ao dos peripatéticos dessa época (de Andrônico a Alexandre): de fato, os primeiros consideraram que o melhor modo de compreender Platão era *compendiá-lo*; os segundos, ao invés, consideraram que o melhor modo de compreender Aristóteles era *comentá-lo*. Assim, enquanto o comentário prevaleceu quase exclusivamente entre os aristotélicos[14], o compêndio, como parece, prevaleceu entre os médio-platônicos, embora muitos tenham sido, especialmente no século II d.C., os comentários dedicados aos diálogos platônicos. O *Didascálico* de Albino, que nos chegou inteiro, também desse ponto de vista, é um documento paradigmático[15].

d) A "doutrina dos princípios" do Platão esotérico, ou seja, *a doutrina do Uno* (ἕν) *e da Díade é retomada em parte, mas permaneceu mais como pano de fundo*. Outra importância teve ela, como veremos, no âmbito do movimento neopitagórico paralelo. Isso era inevitável, dado que as bases do *Timeu* pareciam deixar bem pouco espaço à doutrina da Mônada e da Díade. Por outro lado, a doutrina da Mônada e da Díade e a conexa teoria das Idéias-números, como vimos, em Platão devia explicar a derivação das Idéias e de todo o mundo ideal; mas os médio-platônicos, uma vez operada a redução das Idéias a *pensamentos de Deus*, não tinham mais necessidade de deduzi-las e de justificá-las de outro modo, como veremos melhor adiante[16].

---

13. Cf., mais adiante, pp. 294ss. e 298ss.
14. Cf., *supra*, pp. 20ss.; 26ss.
15. Cf. Invernizzi, *Il Didakalikos...*, *passim*.
16. Cf., mais adiante, pp. 294-297.

e) O sentimento religioso que, em alguns, beirou o verdadeiro misticismo, *levou os médio-platônicos a dar um notável relevo à doutrina dos Demônios*, tão antiga quanto o pensamento grego, cara aos órficos e aos pré-socráticos que se tinham inspirado no orfismo, cara a Platão e cara ao próprio Pórtico. A acentuação da transcendência de Deus e do divino com relação ao homem e ao mundo físico tornava necessários "mediadores", e, justamente como mediadores entre Deus e o homem, os médio-platônicos valeram-se dos Demônios. Ademais, valeram-se deles também para justificar as crenças pagãs. Enfim, os fortes interesses religiosos levaram alguns a *reavaliar a sapiência oriental* em geral e, como se encontra nos escritos de Plutarco, em particular a egípcia[17].

f) Também para os médio-platônicos, assim como para os filósofos da era precedente, o problema ético permaneceu predominante, mas foi reproposto e fundado de modo novo. Para todas as escolas helenísticas a palavra de ordem tinha sido: "Segue a natureza (*physis*)", e essa natureza tinha sido entendida de modo materialista e imanentista. A nova palavra de ordem dos médio-platônicos foi, ao invés: "Segue a Deus", "imita a Deus". A redescoberta da transcendência devia, logicamente, modificar pouco a pouco toda a visão da vida proposta pela ética helenística. *Justamente na assimilação ao divino transcendente e incorpóreo os médio-platônicos, concordemente, reconheceram a autêntica cifra da vida moral*[18].

g) Com base no que se disse, torna-se evidente a impossibilidade de ligar *diretamente* o médio-platonismo a Antíoco, contrariamente ao que muitos estudiosos acreditaram. É verdade que tanto Antíoco como os médio-platônicos voltaram ao "dogmatismo", e que tanto um como os outros tentaram uma mediação entre o platonismo, o aristotelismo e o estoicismo, mas é igualmente verdade que os resultados dessas tentativas *são muito diversificados*. O de Antíoco é um dogmatismo eclético sem alma; antes, nas suas linhas de força, é até mesmo um estoicismo[19]. Ao contrário, o pensamento médio-platôni-

---

17. Cf., mais adiante, pp. 308ss.
18. Cf., mais adiante, pp. 310.
19. Cf. vol. VI.

co, embora acolhendo elementos de vários extratos, tem um fundamento unitário tipicamente platônico, que consiste, como se disse, justamente na redescoberta do incorpóreo. *A recuperação da dimensão da transcendência, com todos os corolários a ela conexos em todos os níveis, constitui uma linha de demarcação bem precisa entre o dogmatismo de Antíoco e o médio-platonismo.* Portanto, o médio-platonismo nasceu não de Antíoco, mas, ao contrário, de uma inversão da mentalidade que inspirava a filosofia de Antíoco.

3. Expoentes e tendências do médio-platonismo

Os primeiros nomes de médio-platônicos, como já dissemos muitas vezes, remetem à segunda metade do século I a.C., e são Dercílides[20] e, sobretudo, Eudoro de Alexandria[21].

Do que dissemos acima sobre o esgotamento da Academia de Atenas e do que já observamos ao falar de Filo, o Hebreu, é possível tirar uma conclusão bastante precisa: o médio-platonismo deve ter nascido não em Atenas, mas em Alexandria, dado que nessa cidade, mais que alhures, o forte sentido religioso e as instâncias místicas, surgidas por influxo do Oriente, levaram à recuperação das dimensões

---

20. Dercílides, como nos afirma Simplício (*In Arist. Phys.*, 247, 31s.) compôs uma obra sobre a filosofia platônica, da qual conhecemos muito pouco.

21. Que Eudoro deva ser situado na segunda metade do século I a.C. se extrai, sobretudo, de Estrabão (nascido em 63 a.C. e morto em 21 d.C., aproximadamente), o qual o apresenta como seu contemporâneo (XVII, 1, 5, 790). Alguns estudiosos conjeturam que tenha sido ouvinte de Antíoco de Ascalona, quando este ensinou em Alexandria. São, ao invés, certas as suas relações com Aristo, que esteve ligado, por certo tempo, a Antíoco e que depois passou para o aristotelismo (cf. Estrabão, *loc. cit*). Dos poucos fagmentos que nos chegaram, todavia, é evidente a distância que separa Eudoro do estoicizante Antíoco. Eudoro ocupou-se dos pitagóricos, do *Timeu* platônico e da *Metafísica* aristotélica. Os estudiosos consideram que ele tendia a reler Platão (segundo uma tradição que, de resto, se remetia às "doutrinas não-escritas" e à mais antiga Academia) em chave pitagorizante, buscando em particular deduzir a realidade a partir do Uno supremo. Ver: H. Dörrie, *Der platoniker Eudoros von Alexandreia*, in "Hermes", 79 (1944), pp. 25-39, agora em *Platonica minora*, pp. 297ss, e, Moraux, *Der Aristotelismus...*, vol. II, pp. 509-527. Todos os fragmentos foram publicados por C. Mazzarelli, *Raccolta e interpretazione delle testimonianze e dei frammenti del medioplatonico Eudoro di Alessandria*, in "Rivista di Filosofia Neo-scolastica", 78 (1985), pp. 197-209 e 535-555.

do incorpóreo e da transcendência, perdidas pelas grandes filosofias helenísticas[22].

De Alexandria, o médio-platonismo se difundiu logo no Ocidente e floresceu sobretudo no século II d.C.

Na primeira metade do século I d.C., situa-se a atividade de Trásilo, a cujo nome está ligada a divisão dos diálogos platônicos em tetralogias[23]. No século I d.C. viveu também Onaxandro[24]. A cavaleiro entre os séculos I e II d.C. coloca-se Plutarco[25], discípulo do egípcio

---

22. Cf., *supra*, pp. 219ss.

23. Trásilo (talvez nascido em Rodes) foi astrólogo da corte de Tibério (cf., por exemplo, Tácito, *Ann.*, VI, 20). Morreu em 36 d.C. (cf. Díon Cássio, LVIII, 27). Sobre a divisão dos diálogos platônicos em tetralogias, atribuída a ele, cf. Diógenes Laércio III, 56ss; Albino, *Prólogo*, 4. Porfírio (*Vida de Plotino*, 20) o recorda (junto com Numênio, Crônio e Moderado) entre os filósofos que professavam "princípios platônicos e pitagóricos".

24. Suda o recorda como autor de um comentário à *República* platônica, que se perdeu.

25. Plutarco é uma das figuras mais representativas do médio-platonismo. Nasceu em Queronéia em torno da metade do século I d.C. e morreu, provavelmente, no terceiro decênio do século II d.C. (ver os documentos com a especulação relativa em K. Ziegler, *Plutarchos von Chaironeia*, na *Realenzyklopädie der classischen Altertumwissenschaft*, Pauly-Wissowa-Kroll, XXI 1 [1951], cols. 636-962, traduzido para o italiano por M. R. Zancan Rinaldini e organizado por B. Zucchelli, Paideia, Brescia 1965). As condições muito abastadas da sua família lhe permitiram dirigir-se a Atenas e realizar os seus estudos, onde o encontro com o platônico Amônio foi decisivo. A esse mestre ele deve a iniciação à matemática, à filosofia e à religião egípcia. (Amônio é apresentado como interlocutor em *De E ap. Delph.*, e em *De def. orac.;* cf. também *Quaest. conv.*, III, 2.) Plutarco visitou também Alexandria (cf. *Quaest. conv.*, V, 5, 1, 678 c) e dirigiu-se, especialmente em missões políticas a ele confiadas pela sua cidade natal, várias vezes a Roma. A sua atividade de ensino desenvolveu-se sobretudo em Queronéia, no âmbito de um estreito círculo: "Falou-se justamente — escreve Ziegler, *Plutarchos,* p. 38 — de uma simples academia privada e familiar, que Plutarco não tinha criado de propósito, mas que se foi formando espontaneamente ao seu redor". Plutarco escreveu muitíssimo. Um antigo catálogo (o assim chamado catálogo de Lâmpria) elenca 227 obras (83 das quais nos chegaram), mas é incompleto, dado que nos chegaram pelo menos 18 obras que não são mencionadas naquele catálogo, e, ademais, por tradição indireta, conhecemos outras 15 obras, igualmente ausentes do catálogo. Os assuntos desses escritos vão da filosofia em sentido amplo, à religião, à ciência, à política, à retórica, à exegese literária, à biografia. As obras que nos chegaram foram divididas em dois grandes grupos: as célebres *Vidas paralelas*, de um lado, e os *Moralia*, de outro. O título *Moralia* se justifica bastante bem, dado que a antigüidade leu de preferência e, portanto, nos transmitiu, além das *Vidas*, os escritos de caráter filosófico-popular dedicados, prevalentemente, a temáticas morais. Deve-se

Amônio, o qual tinha constituído em Atenas um círculo de platônicos[26]. A Plutarco foi ligado Calvísio Tauro[27], mestre de Herodes Ático[28] e de Aulo Gélio[29]. Na primeira metade do século II d.C. viveu Gaio[30], a cuja

---

notar que os escritos filosóficos de caráter não popular se perderam quase todos e que é, portanto, injusto acusar Plutarco, como alguns fizeram, de superficialidade, dado que os escritos com base nos quais o julgamos não são aqueles nos quais ele aprofundou os problemas, por precisas razões programáticas. As citações das suas obras são feitas com base na edição de Xilander (Veneza 1560), reportadas na margem das sucessivas edições. Existem boas e recentes traduções italianas das *Vidas paralelas* (cf., por exemplo, a de G. Carena, Einaudi, Turim 1958; Mondadori, Milão 1965). Também dos *Moralia* existem novas traduções, atualizadas com base nas mais recentes descobertas filológicas e exegéticas. V. Cilento, em 1962, apresentou quatro dos mais significativos desses escritos em edição bilíngüe: Plutarco, *Diatriba isiaca e Dialoghi delfici, testo e versione di Iside e Osiride, La E delfica, I responsi della Pizi, Il tramonto degli oracoli*, Sansoni, Florença 1962. M. Baldassari traduziu e comentou os escritos contra o Pórtico: *Gli opuscoli contro gli Stoici*, 2 vols., Pubblicazioni di Verifiche, Trento 1976. As Edições Adelphi, a partir de 1982, iniciaram a publicação de uma seleção dos principais tratados, aos cuidados de vários tradutores, sob a direção de D. Del Corno; a série se abriu com a tradução de *O demônio de Sócrates* e de *Os atrasos da punição divina*.

26. Dos testemunhos de Plutarco resulta, entre outras coisas, que Amônio deve ter sido um dos mais destacados cidadãos atenienses do seu tempo (cf. *Quaest. conv.*, VIII, 3, 721 d ss. e IX, 1, 736 d).

27. Calvísio Tauro era de alguns anos mais jovem que Plutarco e parece que tenha sido seu discípulo (cf. Aulo Gélio, *Noct. Att.*, I, 26, 4). Ele polemizou contra os epicuristas e contra os estóicos, e, provavelmente, também contra os que tentavam operar uma mediação entre Platão e Aristóteles, dado que escreveu uma obra sobre a diferença subsistente entre as doutrinas desses dois filósofos (cf. Aulo Gélio, *Noct. Att.*, IX, 5, 8; XII, 5, 5; Suda, s.v. *Tauro*). Parece que escreveu, entre outras coisas, um comentário ao *Górgias* e um tratado (cujo título já é por si muito significativo) *Sobre as realidades corpóreas e incorpóreas*.

28. Cf. Aulo Gélio, *Noct. Att.*, I, 2, *passim*; IX, 2, *passim*; XVIII, 10, 1; XIX, 12, *passim*.

29. Depreendem-se as ligações de Gélio com Calvísio Tauro do que se lê, por exemplo, em Aulo Gélio, *Noct. Att.*, I, 9, 8; X, 19; XVII, 20, 4-5.

30. Gaio, segundo o testemunho de Proclo (*In Plat. Remp.*, II, 96, 11ss Kroll), foi um dos mais ilustres platônicos. Isso é confirmado também pelo fato de que Plotino dava lições sobre os seus comentários (cf. Porfírio, *Vida de Plotino*, 14). Dele sabemos pouquíssimo. Os seus comentários à doutrina platônica foram publicados por Albino (ver nota seguinte), como se deduz do índice do códice *Parisinus Gr. 1962*. Todos os testemunhos sobre Gaio foram atentamente estudados por Praechter, *Zum Platoniker Gaios*, in "Hermes", 51 (1916), pp. 510-529. Tentar reconstruir as doutrinas de Gaio com base nas concordâncias subsistentes entre Albino e Apuleio, que se explicariam,

escola se ligam, como parece, Albino[31], Apuleio[32], assim como — entre outros — o anônimo autor de um comentário ao *Teeteto* (que nos chegou

---

segundo alguns, supondo Gaio como fonte comum (cf. T. Sinko, *De Apulei et Albini doctrinae Platonicae adumbratione*, Cracóvia 1905), é indubitavelmente pretensão aleatória. Todavia, pecar-se-ia pelo excesso oposto se se quisesse negar os laços subsistentes entre Gaio e Albino, atestados de vários modos pelas nossas fontes, por um lado, e pelas afinidades doutrinais constatáveis entre Albino, Apuleio e o Anônimo do *Comentário ao Teeteto*, de outro. Não parece, portanto, fora de lugar falar de "escola de Gaio", ou de "círculo de Gaio", ou de "grupo de Gaio", dando, porém, a essas expressões um sentido mais amplo.

31. Um ponto seguro para a reconstrução da cronologia e da biografia de Albino nos é oferecido pelo célebre Galeno, o qual nos diz ter-se dirigido a Esmirna para ouvir as lições do "platônico" Albino em 151/152 d.C. (*De libr. prop.*, 2, p. 16 Kühn = p. 97, 6ss. Müller). Nessa época, portanto, Albino era um mestre renomado, a ponto de chamar a si Galeno. Portanto, deve ter nascido em torno ao final do século I ou nos inícios do século II. Sabemos, ademais (cf. nota precedente), que ele publicou as lições de Gaio, do que é lícito extrair que, provavelmente, foi aluno deste. Chegaram-nos dois dos seus escritos: o *Prólogo* e o *Didascálico*, que é uma síntese das doutrinas de Platão. Na verdade, este último escrito nos chegou sob o nome de Alcínoo, mas J. Freudenthal (*Der Platoniker Albinos und der falsche Alkinoos*, Hellenistiche Studien II, Berlim 1879) demonstrou que Alcínoo não é mais que uma corruptela gráfica de Albino. (Recentemente Giusta recolocou em discussão essa tese, que se tinha tornado opinião comum entre todos os estudiosos, em *Albínou Epitomé o Alkinóou Didaskalikós*?, em "Atti dell'Accademia delle Scienze di Torino, Classe di Scienze morali, storiche e filologiche", 95 [1960-1961], pp. 167-194, mas com argumentos não convincentes [cf. C. Mazzarelli, "Rivista di Filosofia Neo-scolastica", 1980, pp. 606-619]; deve-se observar — entre outras coisas — que o único Alcínoo deste período do qual nos chegou memória é um obscuro estóico, ao qual, portanto, em nenhum caso as doutrinas do *Didascálico* são atribuíveis.) Recentemente E. Orth tentou atribuir a Albino também a obra antiestóica *De qualitatibus incorporeis*, que nos chegou entre as obras de Galeno, mas julgada há muito tempo como inautêntica; cf. *Les oeuvres d'Albinos le Platonicien*, em "L'Antiquité Classique", 16 (1947), pp. 113-114. O *Prólogo* e o *Didascálico* foram publicados por D. Hermann em 1853, como apêndice às *Obras* de Platão das edições Teubner, vol. VI, pp. 147-189; o *Didascálico* foi republicado com introdução, tradução francesa e notas por P. Louis: Albinos, *Épitomé*, Paris 1945. Uma boa edição crítica do escrito *Sobre a incorporeidade das qualidades*, com tradução italiana e notas, foi recentemente organizada por M. Giusta, *L'opuscolo pseudogalenico* ὅτι αἱ ποιότητες ἀσώματοι, Accademia delle Scienze, Turim 1976. Cf. Moraux, *Der Aristotelismus...*, vol. II, pp. 441-480.

32. Apuleio nasceu em Madaura, na primeira metade do século II d.C. Os estudiosos indicam o ano de 125 como data provável, deduzindo-a do fato de que por volta de 158 ele sofreu um processo (foi acusado de magia) e que, naquele tempo, devia ter pouco mais de trinta anos. Mas são conjeturas. As condições da família lhe permitiram, além de fazer os seus estudos em Cartago, realizar várias viagens. Esteve em Atenas,

parcialmente e que é de não escasso valor)[33]. Ao século II d.C. pertencem também Teon de Esmirna[34], Nigrino (tornado famoso por Luciano)[35],

---

onde foi iniciado ao platonismo. Ocupou-se a fundo também de Aristóteles e dos peripatéticos (cf. *Apologia*, 36) e estudou avidamente também as ciências particulares. Prevaleceram nele, todavia, a mentalidade e o gosto literário, embora sendo versado em todas as Musas, como se vangloriou de sê-lo (cf. *Florida*, IV, 20, 5). Esteve também em Roma, onde soube fazer-se apreciar, mesmo sem ficar ali por muito tempo. Durante uma viagem a Alexandria, foi constrangido, por indisposição física, a parar em Oea, onde se casou, aventurosamente, com uma rica viúva de nome Pudentila, já avançada em anos, mãe de Ponciano, seu companheiro de estudos em Atenas. Das obscuras e intrincadas vicissitudes que se seguiram a esse casamento sobreveio-lhe a acusação de magia (ele, segundo os acusadores, seduzira Pudentila com suas artes mágicas e com um filtro amoroso). A acusação não tinha fundamento, mas parecia plausível, além de tudo, também pelo fato de que Apuleio fora iniciado em numerosos mistérios religiosos orientais e gregos (cf. *Apologia*, 55) e tinha fama de conhecer as ciências ocultas (cf. *Apologia*, 51). Passou em Cartago a última parte da sua vida. Dos seus escritos filosóficos chegaram-nos: o *De Platone et eius dogmate* (que trata de metafísica e ética), o *De deo Socratis* (que trata da demonologia), o *De mundo* (que é uma tradução-paráfrase do *Tratado sobre o cosmo para Alexandre* atribuído a Aristóteles. Apuleio expressamente diz remeter-se a Aristóteles e a Teofrasto). Uma recente e boa edição crítica, com tradução francesa e comentário dessas obras, foi preparada por J. Beaujeu: Apulée, *Opuscules philosophiques et fragments*, Paris 1973.

33. Cf. *Anonymer Kommentar zu Platons Theaetet (Papyrus 9782) nebst drei Bruchstücken philosophischen Inhalts (pap. N. 8; pap. 9766-9569)* unter Mitwirkung von J. L. Heiberg, bearb. v. H. Diels und W. Schubart, "Berliner Klassikertexte", Heft II, Berlim 1905. Esse comentário foi profundamente estudado por Praechter numa célebre recensão publicada em "Göttingische Gelehrte Anzeigen", 171 (1909), pp. 530-547, agora em: *Kleine Schriften*, Hildescheim-Nova Iorque 1973, pp. 264ss.; e reexaminado também por Moraux, *Der Aristotelismus...*, vol. II, pp. 489-494.

34. Teon de Esmirna (que viveu no tempo do imperador Adriano) desenvolveu sobretudo o aspecto matemático do platonismo, na obra *O que nas matemáticas é útil para uma leitura de Platão*, pondo em relevo o aspecto purificatório, moral e religioso das matemáticas. Em Teon são, portanto, particularmente sensíveis os influxos do pitagorismo. A *Expositio rerum mathematicarum ad legendum Platonem utilium* foi publicada por E. Hiller, Leipzig 1878, e, com tradução francesa, por J. Dupuis, Paris 1892.

35. Sobre Nigrino somos informados apenas por Luciano, o qual lhe dedica um escrito, que leva o nome do filósofo. Nigrino viveu em Roma, levando uma vida moderadíssima e ensinando filosofia. Luciano o apresenta como severo crítico dos costumes de Roma, e, entre outras coisas, o faz dizer o seguinte: "Quando pela primeira vez voltei da Grécia, aproximando-me desta cidade [Roma], parei, e perguntei a mim mesmo por que retornava, dizendo estas palavras de Homero [*Odisséia*, XI, 93s.]: 'Ó desventurado, porque deixas a cara luz do sol', a Grécia, com aquela querida felicidade e liberdade, e vens aqui para ver tanto tumulto, e calúnias, e soberbas saudações e banquetes, e aduladores, e sicários, e expectativas de heranças, e amizades falsas? Que decidiste fazer, não podendo nem fugir, nem adaptar-te a esses costumes? — Assim pensando, e, como Heitor ajudado por Júpiter, pondo-me fora do alcance

Nicostrato[36], Ático[37], Arpocracião[38], Celso[39], o retórico Máximo de

---

dos dardos, 'Da batalha, dos dardos e da confusão' [*Ilíada*, XI, 163s.], deliberei recolher-me pelo resto dos meus dias; e tendo escolhido para mim esta vida, que a muitos parece tímida, e lassa, dedico-me a raciocinar com a filosofia, com Platão, com a verdade. E estando aqui, como num teatro de inumeráveis pessoas, do alto olho as coisas que acontecem, das quais algumas me dão alívio e me fazem rir, e algumas me provam como homem verdadeiramente forte" (*Nigrino*, 17s.). Que Nigrino, como alguém pensou, seja um personagem inventado pela fantasia de Luciano, é pouco provável. É fora de dúvida, contudo, que sobre o pensamento filosófico de Nigrino se extrai muito pouco de Luciano, e que os tons em parte estóicos e em parte cínicos das reflexões postas na boca desse "filósofo platônico" (*Nigrino*, 2) podem ser devidos à particular perspectiva com a qual Luciano recebia a problemática filosófica.

36. Nicostrato floresceu na segunda metade do século II d.C. Sobre a figura desse médio-platônico continua fundamental o artigo de Praechter, *Nikostratos der Platoniker*, em "Hermes", 57 (1922), pp. 481-517, que estuda e comenta o que nos foi trasmitido dele. Nicostrato merece um lugar particular na história do médio-platonismo pela sua cerrada crítica contra a doutrina das *Categorias* de Aristóteles. Ele observa, entre outras coisas, que o sistema aristotélico das categorias não leva em conta a esfera dos entes inteligíveis (cf. Simplício, *In Arist. Categ.*, 1, 9ss.; 73, 15ss.; 76, 14ss.), antecipando Plotino. Sobre o seu pensamento cf. Moraux, *Der Aristotelismus...*, vol. II, pp. 528-563.

37. Ático viveu na segunda metade do século II d.C. Sincelo (*Chronographia*, 666, 11ss. Dindorf) informa que o nosso filósofo foi célebre na 269ª Olimpíada, ou seja, em 176-180 d.C. Ático foi um dos mais apreciados intérpretes de Platão. Sua produção literária deve ter sido rica. A obra mais conhecida deve ter sido aquela da qual Eusébio nos conservou amplos fragmentos, com o título: *Contra os que pretendem interpretar Platão mediante Aristóteles*. Foi cerrado defensor da doutrina de Platão e fervoroso adversário de Aristóteles (nem por isso, contudo, o seu pensamento é "ortodoxo", embora não sejam certamente justas as críticas dos que o julgavam um estóico mascarado de platônico [cf. o anônimo comentário à *Ética Nicomaquéia* de Aristóteles publicado aos cuidados de G. Heybult no vol. XX dos "Commentaria in Aristotelem Graeca", p. 248, 25s.]). Plotino leu os seus escritos nas suas lições (cf. Porfírio, *Vida de Plotino*, 14). Eusébio de Cesaréia o apreciou e o utilizou amplamente. Também Proclo o cita amiúde, no seu comentário ao *Timeu*. Uma boa edição crítica dos fragmentos de Ático, com tradução francesa e notas, foi recentemente organizada por E. des Places: Atticus, *Fragments*, Paris 1977 (tradução italiana em G. Martano, *Due precursori del neoplatonismo*, Nápoles, s.d., pp. 23-61, nas notas). Cf. também Moraux, *Der Aristotelismus...*, vol. II, pp. 564-582.

38. Arpocracião nasceu em Argos e foi discípulo de Ático (cf. Proclo, *In Plat. Tim.*, I, p. 305, 6s. Diehl). De acordo com as notícias fornecidas por Suda, teria composto *Comentários* a Platão em 24 livros, assim como um *Léxico platônico* em dois livros. Foi fortemente influenciado, não só por Ático, mas também por Numênio, tanto no que se refere à doutrina das hipóstases (cf. Proclo, *In Plat. Tim.*, I, p. 304, 22ss. Diehl), quanto no que se refere à ética (cf. Estobeu, *Anthol.*, I, p. 375, 14ss.; 380, 14ss. Wachsmuth).

39. Celso tornou-se famoso sobretudo pelo fato de que, por primeiro, escreveu uma obra dirigida contra os cristãos, com o título *Discurso verdadeiro*, com a intenção de refutar a nova visão do mundo que eles difundiam e para reafirmar a validez da

Tiro[40] e Severo[41]; nessa época, então, o platonismo já se impusera quase como um pensamento ecumênico[42].

Apenas uma exígua parte da produção desses autores nos chegou, com poucas exceções[43]. Possuímos ainda obras completas de Plutarco,

---

visão do mundo da antigüidade, de modo particular a platônica. Como é sabido, Orígenes refutou, no escrito *Contra Celsum,* as teses sustentadas no *Discurso verdadeiro*, de modo analítico e particularizado, tanto que a partir de Orígenes é possível reconstruir as linhas essenciais do escrito de Celso, que se perdeu. Os estudiosos, com base em Orígenes, *Contra Cels.*, VIII, 68ss., conjeturam que Celso tenha composto a obra nos últimos anos do reinado de Marco Aurélio, ou seja, em torno a 177/179 d.C. As categorias filosóficas das quais Celso se serve não são apenas genericamente platônicas, mas especificamente médio-platônicas. Uma reconstrução do *Discurso verdadeiro* em edição crítica foi preparada por O. Glöckner, Bonn 1924.

40. Máximo de Tiro desenvolveu sua atividade na segunda metade do século II d.C. (as nossas fontes situam em torno a 155 d.C. o início dessa atividade; cf. os documentos em Zeller, *Die Philosophie der Griechen*, III, 2, p. 219, nota 1). Máximo foi, prevalentemente, retórico e o seu platonismo é de caráter popular. Dele nos chegaram 41 *Discursos* ou *Orações*, muitas vezes publicados em tempos modernos. A mais acurada edição é a de H. Hobein, Leipzig 1910.

41. A contextualização de Severo na segunda metade do século II d.C. é uma conjetura, mas não arbitrária. De fato, por Porfírio (*Vida de Plotino*, 14) sabemos que os comentários de Severo eram lidos (junto com os de Crônio, Numênio, Gaio, Ático, Aspásio, Alexandre e Adrasto) por Plotino nas suas lições. Ademais, das citações que Proclo faz desse filósofo e das doutrinas que lhe são atribuídas se extraem suficientes confirmações daquela conjetura. Além de Proclo, Severo é citado por Jâmblico, enquanto Eusébio nos reporta um fragmento. Esses textos encontram-se recolhidos por G. Martano em apêndice ao já citado volume *Due precursori del neoplatonismo*, pp. 63-68, e traduzidos nas notas do primeiro dos dois ensaios que o constituem, que leva o título *Severo, filosofo platonico del II sec. d.C.*, pp. 9-21.

42. Praechter, no artigo *Hierax der Platoniker*, em "Hermes", 41 (1906), pp. 593-618, estudou os fragmentos reportados por Estobeu de uma obra *Sobre a justiça* de um platônico de nome Hierax, que mostra algumas tangências com Albino, e que verossimilmente pertence a essa época. Às fileiras dos médio-platônicos deve ter pertencido também Junco, autor de um diálogo *Sobre a velhice*, do qual Estobeu reporta fragmentos. Enfim, recordamos que a exposição de Platão de Diógenes Laércio (III, 67-80) manifesta influxos do médio-platonismo. Também o tratado *De fato* pseudoplutarquiano é um documento típico do pensamento médio-platônico. (Uma boa edição desse escrito — com ampla introdução, tradução italiana e notas — foi preparada por E. Valgiglio: Ps.-Plutarco, *De fato*, Signorelli, Roma 1964.)

43. Um trabalho de coleta sistemática de todos os testemunhos e dos fragmentos dos médio-platônicos preencheria uma das mais graves lacunas que permanecem no âmbito dos estudos sobre o pensamento antigo, a qual prejudica a compreensão de mais de dois séculos de história do pensamento.

de Teon de Esmirna, de Albino, de Apuleio e de Máximo de Tiro[44]. De outros médio-platônicos possuímos apenas fragmentos. De alguns, enfim, conhecemos quase só o nome. O documento integral mais significativo que nos chegou, como já dissemos, é o *Didascálico* de Albino[45].

Alguns estudiosos acreditaram poder distinguir no médio-platonismo duas diferentes tendências de fundo: uma primeira de caráter *sincrético*, ou seja, propensa a utilizar as conquistas das várias escolas, e uma segunda mais *ortodoxa*, isto é, mais propensa a rejeitar as doutrinas das outras escolas e ater-se às mais autenticamente platônicas. O círculo de Gaio seria autor da tendência sincrética, enquanto os expoentes da tendência chamada ortodoxa seriam Plutarco, Calvísio Tauro, Nicostrato e, sobretudo, Ático. Deve-se, ademais, observar que a pretensa ortodoxia desses expoentes está mais nas intenções que nos fatos. Plutarco, por exemplo, atribui a Platão numerosas doutrinas claramente não-platônicas, e Ático, que contrapõe Platão a Aristóteles, atacando violentamente este último, não representa as originárias doutrinas platônicas. Na realidade, não só a tendência sincrética do assim chamado círculo de Gaio é a mais fecunda, mas é, sob certos aspectos, até mesmo a mais platônica[46].

Outra distinção pode ser feita, talvez mais adequadamente, entre os médio-platônicos que deram ao seu discurso um enfoque mais filosófico e os que, ao invés, mostraram-se particularmente sensíveis às instâncias religiosas e místicas, como Plutarco, Celso e o próprio Apuleio. Em Plutarco, como já dissemos, emerge a primeiro plano também a componente oriental: ele, com efeito, nutriu grande interesse pela religião e pela mitologia egípcia, da qual fornece uma interessante interpretação alegórica[47].

Uma exposição do médio-platonismo pode ser feita através do exame analítico do que sabemos sobre os pensadores individuais, ou

---

44. Cf. *supra*, as notas 25, 31, 32, 34, 40.

45. Para a demonstração dessa afirmação remetemos a Invernizzi, *Il Didaskalikos...*, *passim*.

46. A distinção entre uma corrente "ortodoxa" e uma "sincrética" é de Praechter (cf. *Die Philosophie des Altertums*, pp. 524ss.). Entre os que mais eficazmente contribuíram para desmantelar essa tese, que se tornou canônica, citamos C. Moreschini, *La posizione di Apuleio e della scuola di Gaio nell'ambito del medioplatonismo*, em "Annali della Scuola Normale Superiore di Pisa", 33 (1964), pp. 16-56.

47. Cf. sobretudo, de Plutarco, o *De Iris e Osiris*, *passim*.

mediante a reconstrução das tendências acima indicadas, ou ainda buscando recompor de modo unitário e sintético o quadro dos problemas de fundo e das soluções propostas. Escolhemos esse terceiro método, pois o primeiro é muito dispersivo, o segundo conduz a afirmativas incertas e, portanto, pouco plausíveis[48]. Antes de passar ao exame dos problemas, porém, queremos fazer uma última especificação sobre a importância e os limites do médio-platonismo.

4. A importância histórica e teorética e os limites do médio-platonismo

A importância do médio-platonismo, por longo tempo desconhecida, mostra-se imediatamente. Sem o movimento médio-platônico o neoplatonismo seria praticamente inexplicável. Plotino, nas suas lições, comentou fundamentalmente textos médio-platônicos[49] e textos de peripatéticos influenciados pelo médio-platonismo[50]; ademais, extraiu dos médio-platônicos não só alguns problemas fundamentais, mas também as soluções relativas. Certas afirmações que Plotino faz nas *Enéadas* sem sentir a necessidade de demonstrá-las, e que o leitor moderno se espanta de não ver demonstradas, têm a sua explicação justamente no fato de que, com o médio-platonismo, elas tinham-se tornado aquisições de domínio comum, e como tais Plotino as acolhe.

O médio-platonismo, ademais, é importante também para a compreensão do primeiro pensamento cristão, ou seja, da primeira

48. O primeiro método acaba por reduzir a exposição a um catálogo, como acontece mesmo na valiosíssima exposição de Praechter (*Die Philosopie des Altertums*, pp. 524-556). O segundo método só poderia valer se possuíssemos um maior número de obras dos vários médio-platônicos; Albino, por exemplo, que, a julgar pelo que nos restou, pareceria mais sensível às instâncias filosóficas, poderia aparecer-nos sob uma luz totalmente diferente, se possuíssemos a sua obra na qual, refere Tertuliano (De *anima*, 28, 1) "o antigo discurso" sobre a metempsicose era considerado *de origem divina*.

49. Cf. a já muitas vezes citada passagem de Porfírio, *Vida de Plotino*, 14, que apresenta os nomes de Severo, Gaio e Ático.

50. Cf. a nota precedente. Os nomes dos peripatéticos mencionados são: Aspásio, Alexandre e Adrasto. Em que sentido o médio-platonismo tenha exercido influxos sobre estes já dissemos, *supra*, pp. 29-44.

patrística, a qual, anteriormente ao nascimento do neoplatonismo, extraiu daquela corrente as categorias de pensamento com as quais tentou fundar filosoficamente a fé[51].

Um fato curioso deve ser observado a este respeito: assim como o neoplatonismo, depois de Plotino, será utilizado paralelamente pelos filósofos pagãos em favor do paganismo e pelos pensadores cristãos em favor do cristianismo, assim também aconteceu, embora em medida reduzida, com o médio-platonismo: Celso escreveu a primeira obra filosófica contra os cristãos, utilizando categorias médio-platônicas, enquanto, paralelamente, os cristãos, como se disse, deduziram do médio-platonismo os instrumentos para elaborar teoreticamente a própria visão do mundo e da vida.

O médio-platonismo representa, portanto, um dos elos de união essenciais na história do pensamento ocidental.

Os limites desse movimento são constituídos pelo fato de as tentativas de repensamento e de sistematização do platonismo terem permanecido oscilantes e, por assim dizer, na metade do caminho. Nenhum dos médio-platônicos, de fato, soube chegar a uma síntese, se não definitiva, pelo menos exemplar. Ao médio-platonismo não faltaram homens de engenho, mas faltou o gênio criador ou recriador, e, justamente por isso, ele permaneceu uma filosofia de transição, a meio caminho entre Platão e Plotino.

51. Deve-se reconhecer que os estudiosos do primitivo pensamento cristão tomaram consciência da importância do médio-platonismo e lançaram luz sobre o seu significado melhor do que o fizeram os estudiosos do pensamento antigo pagão desta época.

II. A METAFÍSICA DO MÉDIO-PLATONISMO

1. O ser incorpóreo, Deus e a sua transcendência

Já acenamos mais de uma vez à redescoberta do incorpóreo e da transcendência e a conseqüente nova concepção da realidade que dela deriva, e agora devemos examinar a maneira pela qual tal redescoberta efetuou-se. É evidente que a recuperação do incorpóreo devia comportar, em primeiro lugar, uma nova concepção de Deus e do divino, e que tal concepção devia confrontar-se sobretudo com as concepções dos estóicos, que eram muito mais refinadas, mais capciosas e, portanto, mais perigosas[1].

Já em Plutarco essa tomada de posição antiestóica é claríssima:

> [...] Vai-se divagando de emanações de Deus e de transformações tais que Deus se dissolveria em fogo com todo o universo e depois, novamente, se contrairia, aqui embaixo, e se distenderia pouco a pouco em terra, mar, vento, animais, e entraria nas formas pavorosas dos viventes e das plantas: tudo isso, até mesmo ouvi-lo, é impiedade![2]

E ainda:

> Não é verossímil nem conveniente, como afirmam alguns filósofos, que Deus se encontre misturado com alguma matéria sujeita a todas as afecções e com coisas que sofrem inumeráveis formas de necessidade, causalidade e mudança[3].

Deus, reafirma Plutarco, é transcendente no sentido em que Ele é a realidade imaterial e imutável, sempre idêntica a si:

> Mas Deus, em si mesmo, está muito longe da terra, incontaminado, incorruptível, puro de toda matéria que sofre destruição e morte[4].

---

1. Cf. vol. VI.
2. Plutarco, *De E ap. Delph.*, 393 e.
3. Plutarco, *Ad princ. iner.*, 781 e.
4. Plutarco, *De Is. et Osir.*, 382 f. Sobre as relações entre Plutarco e o estoicismo, uma boa contribuição foi dada por D. Babut, *Plutarque et le stoïcisme*, Paris 1969 (para o tema específico que estamos tratando, cf. pp. 453ss.).

Mas o texto de Plutarco mais importante é constituído pelo final do tratado *Sobre o E de Delfos*, no qual o nosso filósofo define Deus como o Ser, o verdadeiro Ser, contraposto ao ser próprio do homem e de todas as coisas do mundo físico, o qual, na realidade, não é "ser", mas antes "devir", ou seja, sempre em mudança e, portanto, quase não-ser. Deus é ser atemporal, não afetado pelas coisas do "era" e do "será": é o Ser imóvel na dimensão do eterno. O "E" do templo de Delfos, segundo Plutarco, significa "EI", que quer dizer, "Tu és". Por isso Deus acolhe no Seu templo o homem com o mote "conhece-te a ti mesmo", e o homem responde a Deus com o mote "Tu és", que significa "Tu és o Ser". Leiamos a página, verdadeiramente significativa, na qual parece até mesmo que se pode captar o eco do bíblico "Ego sum qui sum" (que, como vimos, estava em primeiro plano nos tratados filonianos), além do eco dos discursos parmenidiano e platônico:

> [...] Trata-se, ao contrário, de um modo, antes, do modo mais completo, em si e para si, de volver-se a deus e saudá-lo: pronunciar esta sílaba já significa instalar-se na inteligência do ser divino. Explico-me: deus, como para acolher cada um de nós no ato de nos aproximar daquele lugar, dirige-nos aquela sua advertência: "Conhece-te a ti mesmo", que é muito mais do que o costumeiro "Salve". E nós, em troca, confessamos a deus: "Tu és — *EI*", e assim pronunciamos o apelativo preciso, verídico e único que somente a ele se adapta. Na verdade, a nós homens não compete, rigorosamente falando, o ser. Toda mortal é, na verdade, a natureza, introduzida como é, entre o nascer e o morrer; ela oferece apenas um fantasma e uma aparência, frágil e lânguida, de si. Quando fixas a tua mente com a intenção de captá-la, é como se apertasses a água com a mão. Quanto mais a constranges e tentas recolhê-la, tanto mais os próprios dedos que a encerram fazem-na escorrer e perder-se. Do mesmo modo, também a razão insegura, por sua vez, sujeita a plena clareza de todas as coisas às várias influências e à mudança: ela fica desiludida, quer se volte para o seu nascer, quer para o seu perecer, pois nunca conseguirá captar nada de estável, nada que exista realmente. "Certo, não se pode entrar duas vezes no mesmo rio", como diz Heráclito, nem, portanto, se pode tocar duas vezes, na mesma situação, uma substância mortal. Ao contrário, súbitas e rápidas mudanças "distendem-na e de novo a contraem" ou, melhor, não "de novo", não "mais tarde", mas "ao mesmo tempo" ela se constitui e perece, "entra e sai". De onde se segue que tal substância mortal não leva a termo na via da existência tudo o que nela entra no devir, pelo simples fato de que justamente esse devir não conhece nunca trégua ou repouso. Assim, do germe, numa transformação incessante, ela produz o

embrião, depois o feto e depois a criança, em seguida, o adolescente, o jovem, e depois o homem, o ancião, o velho, destruindo pouco a pouco os estágios precedentes do desenvolvimento e das diferentes idades, para dar lugar às que se seguem. Entretanto nós — ó, que coisa mais ridícula! — não tememos senão uma só morte, enquanto, na realidade, sofremos e sofreremos infinitas mortes! Porque, não só "a morte do fogo — no dizer de Heráclito — nasce do ar, e a morte do ar nasce pela água", mas isso é muito mais claro no nosso caso: o homem maduro morre quando nasce o velho; e o jovem morreu para dar lugar ao homem maduro; e assim a criança para dar lugar ao jovem; e o feto para a criança. O homem de ontem é morto pelo homem de hoje; e o homem de hoje morre pelo homem de amanhã. Ninguém persevera, ninguém é uno; mas nós nos tornamos uma multidão: em torno a não sei que fantasma, em torno a um substrato comum de argila a matéria circula e se esvai. De resto, como é que, supondo perseverar numa identidade, alegramo-nos agora com coisas diferentes das que antes nos alegravam? Como é que objetos contrários suscitam ora amor, ora ódio, ora admiração, ora lástima? Por que usamos palavras sempre diferentes e estamos sujeitos a diferentes sentimentos? Por que não são nunca iguais em nós nem o aspecto, nem a figura, nem o pensamento? Sem mudança, com efeito, não se explicam esses estados constantemente diferentes; e quem muda, portanto, não é mais o mesmo. Mas se alguém não é o mesmo, simplesmente não é, mas se torna sempre novo e diferente do diferente de antes, justamente pelo fato de mudar. Erram os nossos sentidos, por ignorância do ser real, ao dar ser ao que apenas aparece. *Mas, então, que é o ser real? O eterno, Aquele que não nasce. Aquele que não morre. Aquele no qual nem sequer um instante de tempo pode introduzir mudança.* Algo que se move e que aparece simultâneo com a matéria em movimento; algo que flui perpétua e irresistivelmente, como um vaso de nascimento e de morte: eis o tempo! Até mesmo as palavras habituais, o "depois", o "antes", o "será", o "acontece" são a espontânea confissão do nosso não-ser. De fato, é ingênuo e absurdo dizer "é" de alguma coisa que ainda não entrou no ser, ou de alguma coisa que já cessou de ser. As nossas expressões habituais, sobre as quais se fundam, ademais, a nossa noção do tempo, isto é, "existe", "é presente", "agora", diluem-se todas quando o raciocínio se aprofunda nelas. O presente, de fato, distanciado como é, necessariamente, do futuro e do passado, dissipa-se como um raio para os que querem captá-lo. Mas se a natureza medida encontra-se na mesma relação com o tempo que a mede, nada existe nela que seja estável, nada que seja existente; antes, tudo está sujeito às vicissitudes do nascimento e da morte, sob o comum ritmo do tempo. De modo que, dizer do Ser verdadeiro, "ele foi" ou "ele será" é quase um sacrilégio. Tais determinações, na verdade, são flexões e alterações do que não nasceu para permanecer no ser. Mas deus (seria preciso dizê-lo?) "é"; é, digo, não já segundo o ritmo do tempo, mas no eterno, que é imóvel, atemporal, sem vicissitudes; e não admite nem antes, nem depois, nem futuro, nem passado, nem idade de velhice ou de juventude. Não, Ele é uno e na unidade do presente preenche o "sempre": o que nesse sentido existe realmente, o "é" unicamente: não advém, não será, não começou, não acabará[5].

Análoga ordem de conceitos encontramos em Albino e no assim chamado "círculo de Gaio". Albino polemiza expressamente contra a concepção pancorporeísta do Pórtico, segundo a qual só o que é corpóreo pode agir, e faz valer o princípio exatamente contrário. Ele escreve, entre outras coisas:

Além das causas eficientes, não podem existir senão as incorpóreas; de fato, os corpos são passivos e mutáveis e não se encontram sempre nas mesmas e idênticas condições, nem são fixos e imutáveis, e logo se descobre que são passivos também quando parece que neles existe uma atividade; assim, pois, como existe algo de puramente passivo, assim também é preciso que exista algo de absolutamente ativo; e isso não poderia ser outra coisa senão o incorpóreo[6].

Em particular, a propósito da incorporeidade de Deus, Albino fornece a seguinte demonstração:

Deus não tem partes porque não existe nada antes dele; de fato, a parte e aquilo do que as coisas são feitas existem antes daquilo de que são partes; com efeito, a superfície existe antes do sólido e a linha antes da superfície; não tendo, pois, partes, é imóvel seja no que diz respeito ao movimento espacial, seja no que diz respeito ao qualitativo. Se, de fato, mudasse, isso aconteceria ou por si mesmo ou por outro: se fosse por outro, mudaria ou para pior ou para melhor: ambas as possibilidades são, contudo, absurdas. Daí resulta também que ele é incorpóreo. Isso também se demonstra com os seguintes argumentos: se Deus tivesse corpo, seria constituído de matéria e de forma; todo corpo é, com efeito, um composto de matéria e da forma que lhe é imanente; esse composto é semelhante às Idéias e participa delas de um modo difícil de explicar; é absurdo, então, que Deus seja feito de matéria e de forma: não seria, com efeito, simples e originário. Conseqüentemente é incorpóreo. E ainda: se fosse corpo, seria feito de matéria, portanto, seria ou fogo, ou água, ou terra, ou ar ou qualquer coisa derivada desses elementos; mas nenhum desses tem caráter de princípio. Ademais, seria posterior à matéria, se de matéria fosse feito: dado o absurdo dessas

5. Plutarco, *De E ap. Delph.*, 392 a-393 b.
6. Albino, *Didascálico*, XII, 2.

conclusões, é necessário concebê-lo como incorpóreo; de fato, se é corpo, é corruptível e gerado e mutável: mas cada um desses atributos é absurdo com relação a ele[7].

Conceitos análogos são reafirmados também por Apuleio, o qual, entre outras coisas, assim resume a platônica "segunda navegação":

Segundo Platão existem duas realidades — que nós chamamos essências [= substâncias] — das quais todas as coisas e o próprio mundo derivam: a primeira é captada apenas com o pensamento, a segunda pode cair sob os sentidos. Mas a primeira, que é captada com os olhos da mente, encontra-se sempre na mesma condição, igual e semelhante a si própria, como a que verdadeiramente é; a segunda, ao invés, como afirma Platão, nasce e morre, e é captada pela opinião sensível e não-racional. E como a pimeira é considerada o verdadeiro ser, a segunda não é verdadeiro ser. A primeira substância ou essência é o primeiro Deus e a mente e a forma das coisas, e também a alma delas, a segunda subtância é tudo o que recebe uma forma e que se gera e tem origem do modelo da substância superior, que pode mudar e transformar-se confluindo e escorrendo como a água dos rios[8].

A marcada afirmação da transcendência de Deus devia comportar, como conseqüência, a negação da possibilidade para o homem de captar e determinar a essência de Deus, e, portanto, a negação da possibilidade de exprimi-la com palavras. Essa doutrina da incognoscibilidade e da inefabilidade de Deus, que encontramos em Filo de Alexandria[9], é afirmada por alguns médio-platônicos, sobretudo por Albino, de modo muito claro:

É inefável e captável apenas com o intelecto, como se disse, pois não é nem gênero, nem espécie, nem diferença específica e nem mesmo, por outro lado, lhe compete qualquer especificação, nem má (porque não é lícito dizer isso), nem boa (pois ele seria bom por participação em alguma coisa, e especificamente na bondade); nem é indiferente (porque isso não corresponde à sua noção). Nem se lhe atribui qualidade (porque não tem nada a ver com qualidades e é perfeito independentemente da qualidade), nem é sem

---

7. Albino, *Didascálico*, X, 7-8.

8. Apuleio, *De Platone*, I, 193. Deve-se notar que, embora de passagem, Apuleio, pouco antes (190), define Deus como "incorporeus, unus" e "ἀπερίμετρος", ou seja *infinito*, usando um termo grego inusitado, que tem um parelalelo semelhante (embora não idêntico), por exemplo, em Filo de Alexandria (cf., por exemplo, *Sacrif.*, 59, onde é usado o termo aperigrajoV).

9. Cf., *supra*, pp. 238-244.

qualidade (porque não é privado de qualidades que com ele possam competir). Não é parte de alguma coisa, nem tem partes como um todo, nem, por conseqüência, é igual a qualquer coisa, nem diferente; nada, com efeito, se lhe acrescenta por força da qual possa ser separado das outras coisas; nem move, nem é movido[10].

Apesar dessas afirmações, os médio-platônicos não chegaram, como, ao invés, alguns neoplatônicos, a ponto de pôr Deus também acima da Inteligência. A maioria deles considerou que Deus coincide com a suprema Inteligência[11].

Portanto, a metafísica platônica é retomada junto com as conquistas a ela aportadas por Aristóteles, o qual, como oportunamente vimos, ao absoluto entendido como Idéia inteligível, substituíra o absoluto entendido como suprema Inteligência[12]. Antes, essas conquistas foram ulteriormente enriquecidas pelos médio-platônicos com uma verdadeira tentativa de mediação e de superação das antíteses subsistentes, em matéria de ontologia, entre a posição platônica e a aristotélica, como agora veremos.

2. As Idéias como pensamentos de Deus e a distinção entre inteligíveis primeiros ou Idéias transcendentes e inteligíveis segundos ou formas imanentes às coisas

A concepção das Idéias como pensamentos de Deus tem, certamente, antecedentes históricos, como já dissemos ao falar de Filo de Alexandria[13]. Os estudiosos ressaltaram muitas vezes que em Xenócrates[14], no Pórtico[15] e em Antíoco de Ascalona[16] podemos

10. Albino, *Didascálico*, X, 4.

11. Ver, mais adiante, pp. 298ss.

12. Cf. o vol. IV, pp. 60ss.

13. Deve-se notar que alguns médio-platônicos chamaram a metafísica, com terminologia extraída dos mistérios de Elêusis, "epóptica", o que é muito significativo (cf. Plutarco *De Is. et Osir.*, 382 d; Teon de Esmirna, *Expositio*, p. 14 Hiller).

14. Cf., sobretudo, H. J. Krämer, *Der Ursprung der Geistmetaphisik*, Amsterdã 1967², pp. 21-45, o qual baseia-se especialmente nos frs. 15 e 16 da coleção de Heinze.

15. No estoicismo, o antecendente seria constituído pela doutrina das "razões seminais" (os *logoi spermatikoi*) inclusive no *Logos*; cf. vol. III, p. 321.

16. Cf., sobretudo, W. Theiler, *Die Vorbereitung des Neuplatonismus*, Berlim-Zurique 19642, pp. 16ss.

encontrar antecipações dessa doutrina. Contudo, em Xenócrates ela é apenas implícita, enquanto nos estóicos e em Antíoco falta totalmente a concepção do imaterial e, por conseqüência, a problemática desses filósofos situa-se num plano totalmente diferente. Também os traços que se encontram em Varrão não levam muito além (enquanto as afirmações de Sêneca não provam nada, porque este filósofo, como se depreende do que afirma sobre a doutrina platônica, já tinha lido os escritos médio-platônicos)[17].

Bem outro relevo e alcance, como se viu, assume essa doutrina, ao invés, em Fílom de Alexandria. Mas deve-se observar que Filo chegou à doutrina das Idéias como pensamentos divinos *através do conceito bíblico de criação*, e mediante o conceito de *Logos*, também este ligado ao conceito bíblico da Sapiência ou da Palavra criadora de Deus, *mais do que através das doutrinas helenísticas*. Em Albino, ao invés, a formulação da doutrina sobre a qual refletimos é feita com categorias extraídas exclusivamente do pensamento grego, e, portanto, de maneira parcialmente inédita.

Dada a grande importância dessas doutrinas na história posterior tanto do pensamento grego como do pensamento cristão, é oportuno expô-la de maneira pormenorizada. Para compreendê-la a fundo, é necessário remeter-se às posições de Platão e de Aristóteles, que, sobre esta questão, como sabemos, encontravam-se em antítese[18].

Platão estabelecera como Absoluto o mundo das Idéias, ou seja, o Inteligível, e o situara acima da Mente e da Inteligência (o Demiurgo, que é Inteligência, refere-se às Idéias como a entidades que o transcendem do ponto de vista ontológico e axiológico). Aristóteles, ao invés, estabelecera como absoluto a Inteligência entendida como pensamento de si mesmo (Pensamento de Pensamento), imanentizara as Idéias no sensível, transformando-as em "formas" (ειδη) intrínsecas às coisas, e sustentara que só dessa maneira a intuição eidética de Platão podia sustentar-se.

Com efeito, a maior parte das aporias da metafísica platônica, como vimos no volume III, dependiam, mais que dos motivos aduzidos por Aristóteles, do fato de ter posto as Idéias *acima da inteligência demiúrgica*. Por sua vez, uma série de aporias da ontologia aristotélica

---

17. Cf. Varrão, em Agostinho, *De civ. Dei*, VII, 28; Sêneca, *Epist.*, 65, 7.
18. Cf. vol. III, *passim*.

dependiam de ter situado as Idéias muito *abaixo da Inteligência divina*, mudando-as, justamente, em "formas" imanentes e introduzindo-as na matéria. O "lugar das formas", por conseqüência, só podia ser o intelecto humano enquanto as abstrai e as pensa, e não o Intelecto divino que só pensa a si mesmo.

Ora, os médio-platônicos deram-se conta de que era possível mediar as diferentes visões dos dois filósofos, corrigindo uma com a outra e integrando-as reciprocamente. Podiam-se admitir as conquistas aristotélicas e afirmar que o primeiro princípio é Pensamento; mas poder-se-ia igualmente manter o platônico mundo das Idéias, *fazendo deste o conteúdo daquele*. O Deus aristotélico é pensamento que pensa a si mesmo; mas *os pensamentos de Deus que pensa a si mesmo são, necessariamente, eternos e imutáveis, são o eterno paradigma e a regra de todas as coisas: são, justamente, o que Platão chama as Idéias*.

Escreve Albino:

> Dado que [...] o primeiro Intelecto é excelsamente belo, é necessário que também o seu inteligível seja excelsamente belo, *mas em nada mais belo que Ele*; portanto, pensa a si mesmo, *e os pensamentos de si mesmo e esta sua atividade é, justamente, a Idéia*[19].

E eis uma segunda passagem na qual, justamente sobre esta concepção das Idéias como *pensamentos de Deus*, é construída até mesmo uma demonstração da existência das próprias Idéias:

> Que as Idéias existam é provado com os seguintes argumentos: se Deus é um intelecto ou qualquer coisa pensante, então tem pensamentos e esses pensamentos são eternos e imutáveis; mas se isso é assim, existem Idéias. E se a matéria é, por sua própria natureza, sem medida, é necessário que encontre medida em algum outro, melhor e imaterial; mas a antecedente é verdadeira, portanto, também a conseqüente o é. Mas se é assim, então as Idéias existem como medidas imateriais[20].

É evidente que, assim concebidas, as *Idéias transcendentes* e as *formas imanentes* não só não se excluem mutuamente, mas as primeiras surgem como fundamentos e causas, as segundas, ao invés, conseqüências e efeitos. As formas imanentes às coisas individuais são as imagens

---

19. Albino, *Didascálico*, X, 3.
20. Albino, *Didascálico*, IX, 3.

ou os reflexos das Idéias impressos pelo Demiurgo na matéria. Albino chama, coerentemente, as Idéias consideradas como pensamentos divinos de "inteligíveis primeiros" e as formas imanentes às coisas de "inteligíveis segundos"[21].

A segurança com que Albino expõe essa tese demonstra que devia ter, então, atrás de si uma tradição consolidada, ou seja, que tais teses constituíam dogmas largamente consolidados[22]. A doutrina das

---

21. Albino, *Didascálico*, IV, 7.

22. Destaque-se a posição de Ático, que acolhe e reafirma essa interpretação das Idéias, polemizando, como é seu costume, contra Aristóteles, e dando à mesma um colorido nuançado, no qual as conquistas do Estagirita não parecem ter desempenhado qualquer papel. Eis o fr. 19: "A parte capital e o eixo da filosofia platônica, isto é, a teoria dos inteligíveis, foi combatida, violentada, e, enquanto foi possível a Aristóteles, desprezada. De fato, não podendo compreender que as coisas grandes, divinas, excelentes, têm necessidade, para ser conhecidas, de uma faculdade semelhante à sua natureza, ele, confiando na sua pequena e mesquinha capacidade de sutileza — que, se podia indagar na realidade física e captar nesta a verdade, não era por outro lado idônea para captar a puríssima luz do que é realmente a verdade —, e servindo-se de si mesmo como de cânon e de juiz de coisas acima dele, rejeitou a realidade daquelas naturezas ideais que Platão reconheceu, e ousou definir aquela altíssima realidade como coisa de pequeno valor, cantilenas e fábulas pueris: lá onde a suma, a suprema entre as verdades platônicas consiste no que diz respeito a essas inteligíveis e eternas essências das Idéias, onde a mais extrema e trabalhosa luta se apresenta diante da alma. Com efeito, quem aspirou a elas e as alcançou será plenamente feliz: enquanto quem não conseguiu chegar à contemplação permanece totalmente privado de felicidade. Por isso Platão se empenha de todos os modos em demonstrar o poder dessas naturezas ideais. Ele afirma que não se pode facilmente determinar a causa de qualquer coisa, a não ser recorrendo à teoria da 'participação' naquelas realidades, nem se pode ter, segundo ele, conhecimento da verdade senão em relação com elas; e também, a ninguém será dado participar da razão se não aceitar a realidade das idéias. Os que consideram dever sustentar a doutrina platônica, devem ver nesse argumento a base mais sólida para as suas discussões. De fato, nada mais fica de platônico se alguém não lhes conceder, em defesa de Platão, a existência daquelas naturezas primeiras e soberanas. Estas são as coisas nas quais ele supera maximamente a todos os outros. E na verdade, ele, concebendo um deus pai, demiurgo, senhor e protetor de todas as coisas, e compreendendo, por analogia com a própria atividade, que o artífice primeiro tem em mente tudo o que está para construir, de modo que a visão que ele teve no seu pensamento pode transformar-se em semelhança nas coisas; do mesmo modo concebeu os pensamentos de deus, mais antigos que as coisas, causas exemplares das realidades que são geradas, incorpóreas e inteligíveis, por si reais e sempre estáveis no mesmo estado — e, antes e acima de tudo, iguais a si mesmas —, e causa das outras coisas porque são tais, como elas se manifestam, justamente pela semelhança de cada uma dessas com aqueles princípios; e vendo ele, ademais, que aqueles entes não são facilmente visíveis, e que

Idéias como pensamentos divinos e a conexa distinção entre inteligíveis primeiros e inteligíveis segundos imanentes representam, provavelmente, a mais feliz das tentativas de síntese entre Platão e Aristóteles efetuadas até aquele momento e uma conquista essencial, da qual Plotino se beneficiará amplamente[23].

3. A hierarquia do divino: rumo à da doutrina das hipóstases

Uma tendência comum a muitos médio-platônicos, expressa de modo claro já pelos mais antigos dentre eles, é a de pôr o *nous* (ou seja, a mente ou intelecto) como superior à *psyché* (ou seja, a alma). Essa doutrina (com antecedentes em Platão e em Aristóteles)[24] tem um significado antimaterialista e antiestóico nos médio-platônicos[25]. Diferenciando claramente o intelecto da alma e pondo-o como superior a ela, queria-se romper definitivamente as pontes com o imanentismo. (A respeito disso, destaque-se o fato de Ático retroceder a posições pelo menos ambíguas, por querer a todo custo rejeitar Aristóteles e, portanto, também a distinção de palavras que é, justamente, aristotélica.)[26]

É claro que, por essa via, dever-se-ia caminhar para uma doutrina que antecipava as hipóstases plotinianas. Antes, *lidas em certa ótica, não poucas passagens de filósofos médio-platônicos parecem até mesmo conter, pelo menos em núcleo, todas as três hipóstases plotinianas, que são: o Uno, o Nous e a Alma.*

Assim, por exemplo, em Plutarco, se, ao lado da alma e do intelecto (que ele distingue com muita clareza), pomos o Deus supremo, que, para ele, é o Ser, mas também o Uno supremo, obtemos uma

---

tampouco se pode demonstrar claramente a sua existência por via de razão, tudo o que se podia dizer e excogitar sobre elas, para preparar o caminho aos que se dispusessem a segui-lo, e tendo-se preparado e dirigindo àquele objetivo todos os princípios da sua filosofia, sustentou que neles está posta tanto a inteligência, como a sapiência e a ciência, através das quais se alcança o fim humano e a vida feliz".

23. Cf., vol. VIII.

24. Cf. Aristóteles, De anim*a*, *passim*; cf. vol. II, pp. 386ss.

25. Cf. o que se disse, *supra*, pp. 259.

26. Convém ler por inteiro o fr. 7 de Ático, que é muito interessante (des Places, *Atticus*, pp. 61ss.).

tríade que prefigura, justamente, a plotiniana[27]. Análoga tríade se extrai de um texto de Apuleio, o qual distingue: Deus primeiro, Mente e Idéias, Alma[28]. Algum estudioso acreditou poder encontrar também a mesma hierarquia hipostática em Albino[29]. Deve-se, ademais, observar que essa construção hierárquica só é perceptível ao leitor que já tenha lido Plotino. De fato, a julgar pelo texto mais claro que nos chegou a respeito, que é uma passagem do *Didascálico* de Albino, a hierarquia do divino não parece culminar numa realidade acima do Intelecto, mas resulta do seguinte esquema:

1) Primeiro Deus ou Primeiro Intelecto;
2) Segundo Intelecto ou Intelecto da alma do mundo;
3) Alma do mundo.

O primeiro Intelecto — diz Albino — "desperta" a alma do mundo e a volta para si, e, voltando-a para si, gera nela o Intelecto. O cosmo é ordenado não diretamente pelo primeiro Intelecto, mas, mediatamente, pelo segundo Intelecto. Eis a passagem albiniana:

> Dado que o Intelecto é melhor que a alma e, do intelecto em potência, é melhor o que em ato pensa todas as coisas juntas e sempre, e mais excelente do que este é a causa dele e o que pode estar acima dele, tal é o primeiro Deus, que é a causa da eterna atividade do intelecto de todo o céu. Ele o faz mover-se, permanecendo ele mesmo imóvel, como faz o sol com relação à vista, quando esta o olha, e como o objeto do desejo move o desejo, permanecendo imóvel; assim, justamente, também esse intelecto moverá o intelecto de todo o céu. Porque o primeiro intelecto é excelsamente belo, é necessário que também o seu inteligível seja excelsamente belo, mas em nada mais belo que ele: portanto, pensa a si mesmo e os seus pensamentos, e esta sua atividade é, justamente, a Idéia. Ademais o primeiro Deus é eterno, inefável, perfeito em si, isto é, sem qualquer necessidade, eternamente realizado, isto é, eternamente perfeito, inteiramente realizado, isto é, inteiramente perfeito: é divindade, substancialidade, verdade, proporção, bem. Digo isso não pretendendo separar essas coisas, mas pretendendo pensar, mediante elas, uma unidade. É bem porque beneficia toda coisa enquanto é possível a ela, sendo causa de todo bem; é belo porque por sua natureza é perfeito e proporciona-

---

27. Cf. as passagens reportadas acima, pp. 289.

28. Apuleio, *De Plat.*, I, 193: "Et primae quidem substantiae vel essentiae 1) *primum deum* esse 2) et *mentem formasque rerum* 3) et *animam*".

29. Albino, *Didascálico*, X, 2 (cf. a passagem que logo reportamos no texto).

do; é verdade porque é princípio de toda verdade, como o sol é princípio de toda luz; é pai porque é causa de toda coisa e ordena o intelecto do céu e a alma do mundo em relação a si mesmo e às suas intelecções. Segundo a sua vontade, de fato, preencheu todas as coisas de si mesmo e, *tendo despertado a alma do mundo e tendo-a voltado para si mesmo, é causa do seu intelecto.* Esse intelecto, ordenado pelo pai, ordena toda a natureza nesse mundo[30].

Como se vê, Albino, por via puramente hipotética, fala de um Primeiro superior ao Intelecto, mas depois faz claramente coincidir o Primeiro Deus com o primeiro Intelecto[31].

A identificação de Deus supremo com o Intelecto supremo deve ser considerada como típica do médio-platonismo[32].

Celso parece, ao invés, pôr Deus acima da Inteligência e do próprio Ser[33]. Mas o seu discurso (que é julgado mais por interesses religiosos e místicos do que filosóficos) não parece ir muito além das conhecidas afirmações platônicas sobre a Idéia do Bem[34].

O predomínio desse enfoque, que deriva da mediação entre a aristotélica metafísica da Inteligência e a platônica doutrina das Idéias, explica, como já observamos acima, a razão pela qual as doutrinas pitagorizantes do Uno e da Díade do Platão esotérico permaneceram na sombra. De fato, explicada a origem das Idéias como pensamentos do Intelecto divino, a Mônada e a Díade, que tinham sido introduzidas por Platão justamente para poder deduzir o mundo ideal, como já acenamos, vinham a perder o seu originário significado e a sua importância. Eudoro, segundo alguns estudiosos, retomou essa doutrina. Mas Eudoro pertence à segunda metade do século I a.C. e, por outro lado, não é

30. Albino, *Didascálico*, X, 2-3; ver também a passagem reportada mais adiante, p. 305.

31. Cf. Invernizzi, *Il Didaskalikos...*, I, pp. 62s. e relativas notas.

32. Cf., por exemplo, Plutarco, *De def. orac.*, 425 f — 426 a: [...] um só Deus, que governa, com prioridade absoluta, todos os mundos [cf., mais adiante, a nota 46] e a cada um em particular e é guia de todo o universo, *dotado de espírito e de razão* [ἔχοντα καὶ νοῦν καὶ λόγον], de modo a ser chamado pelos homens senhor e pai de todas as coisas"; cf. Máximo de Tiro, *Orat.*, VIII, 10; XVII, 8, etc. Cf. Ático, fr. 19 (reportado na nota 22).

33. Cf. Orígenes, *Contra Celsum*, VII, 45: "O que o sol é no âmbito das realidades sensíveis [...] Deus o é no âmbito das realidades inteligíveis, o qual não é nem intelecto, nem intelecção, nem ciência, mas é causa para o intelecto do seu pensar [...] e para a própria substância é causa do ser; estando acima de tudo, é pensável com uma espécie de potência inefável".

34. Cf. Platão, *Rep.*, 509 b.

absolutamente certo que ele tenha feito própria a teoria do Uno e da Díade[35]. Em todo caso, depois dele, o médio-platonismo devia desinteressar-se progressivamente dessa doutrina. De resto, é muito indicativa a posição de Plutarco: também ele retomou a doutrina da Mônada e da Díade, mas confinou-a num contexto muito marginal[36]. Em Albino resulta até mesmo ausente (e, talvez, na maior parte dos médio-platônicos do século II d.C.). Essa doutrina derivada do filão esotérico do platonismo constitui, ao invés, o eixo de sustentação da especulação neopitagórica, como já dissemos e melhor veremos mais adiante[37].

---

35. Eis a passagem de Simplício, *In Arist. Phys.*, 181, 7ss., que reporta os fragmentos de Eudoro nos quais este parece mais expor e interpretar os pitagóricos do que apresentar uma doutrina própria: "Os pitagóricos, não só das coisas físicas, mas também de todas as coisas em absoluto, depois do Um, que diziam ser princípio de tudo, puseram como princípios secundários e elementares os contrários, e a estes, que não são mais princípios em sentido próprio, subordinavam as duas séries. Assim escreve Eudoro a respeito dessas coisas: 'Num primeiro e mais elevado sentido (κατὰ τὸν ἀνωτάτον λόγον) é preciso dizer que os pitagóricos afirmam o Um como princípio (ἀρχήν) de todas as coisas, enquanto num segundo sentido (κατὰ δέ τὸν δεύτερον λόγον) dizem ser dois os princípios das coisas existentes, o Um e a natureza a ele contrária. De todas as coisas pensadas como opostas dizem que o que é bom é subordinado ao Um, enquanto o que é mau é subordinado à natureza contraposta àquele. Por isso, segundo eles, não são estes os princípios gerais (τό σύνολον... ἀρχάς). Se, de fato, um é princípio de algumas coisas, o outro de outras, estes não são princípios universais (κοιναί) de toda a realidade, como é o Um'. E ainda: 'Por isso — diz ele — de outro ponto de vista (κατ'ἄλλον τρόπον) eles afirmam que o Um é princípio de todas as coisas, porque tanto a matéria como todos os seres são derivados dele. E a este chamavam também Deus supremo (τὸν ὑπεράνω θεόν)'. Portanto, falando com exatidão, Eudoro diz que eles põem o Um como princípio e que do Um são derivados os elementos (στοιχεῖα), que eles chamam com muitos nomes. Diz, com efeito: 'Digo, pois, que os pitagóricos tomam o Um por princípio de todas as coisas, mas de outro ponto de vista, introduzem dois, os mais elevados elementos. E chamam esses dois elementos com muitos nomes: o primeiro destes chamam, de fato, *ordenado, definido, cognoscível, macho, díspar, destro, luz,* o outro, contrário a este, *desordenado, indefinido, incognoscível, fêmea, esquerdo, par, sombra*, de modo que princípio é o Um, elementos do Um são o Um e a Díade indefinida, ambos sendo, por sua vez, princípios. E é claro que uma coisa é o Um, princípio de todas as coisas, e outra o Um que é contraposto à Díade e que chamam também Mônada'".

36. Cf. Plutarco, *De def. orac.*, 428 f ss.; *De Is. et Osir.*, 354 f.

37. Um enfoque "monista", mas de origem diferente, parece ter sido o de Severo. Proclo (*In Plat. Tim.*, I, 227, 15ss. Diehl) refere-nos que Severo sustentava que "[...] o *alguma coisa* (τό τί) é o gênero do *ser* e do *devir* e a este é aplicado o *tudo* (τὸ πᾶν); assim, este seria tanto *o que se torna*, como o que *é sempre* [...]". Essa doutrina do "alguma coisa" como gênero supremo tem, indubitavelmente, origem no Pórtico (cf. vol. VI.), mas vai muito além do Pórtico. De fato, o "alguma coisa" de

4. A cosmologia médio-platônica: a matéria e a origem do cosmo

O cosmo sensível, para os médio-platônicos, não é uma pura emanação ou um epifenômeno do supra-sensível. Para ser explicado, ele requer "três princípios", ou seja, além de Deus e das Idéias, um "terceiro princípio", constituído pela matéria[38].

A matéria é entendida seja na linha do *Timeu* platônico, seja na linha das conquistas aristotélicas ulteriores. Conseqüentemente, são retomadas as célebres imagens e expressões platônicas, como por exemplo "nutriz", "matriz", "espacialidade", passadas porém pelo filtro dos conceitos aristotélicos de "substrato" e de "potencialidade". Mais uma vez, são os filósofos do "círculo de Gaio" que fornecem os textos mais ilustrativos.

Escreve Albino:

> Ela é, pois, chamada por Platão de matriz impressionável, receptáculo, nutriz, mãe, espaço, substrato não-perceptível pela sensação e captável apenas por meio de um raciocínio bastardo. Ela tem a propriedade de receber tudo o que nasce, tendo a função de uma nutriz ao carregar e receber todas as figuras, mas é por si sem forma, sem qualidade e sem figura; embora sendo modelada e marcada por essas figuras como uma matriz impressionável que assume essas figuras, ela não possui em si nenhuma figura nem qualidade. De fato, não seria algo apto a receber marcas e formas variadas, se não

---

Severo, longe de ser o indeterminado e indeterminável *quid* do Pórtico, é *o Todo* (τὸ πᾶν) que inclui o ser (= o ser eterno, e, portanto, os inteligíveis) e o devir (= os seres sensíveis). Talvez (mas isso é pura conjetura) Severo deduzisse do *Tudo* o ser eterno (inteligível) e o ser que advém (sensível), de maneira hierárquico-hipostática. Sempre de Proclo (*In Plat. Tim.*, I, p. 225, 3ss. Diehl) sabemos que Severo entendia a *noesis* como órgão do *Logos* ou pensamento, e que a subordinava a ele (e, portanto, verossimilmente, dele deduzia). Também a posição do nosso filósofo sobre a origem do cosmo é particular (cf. o que dizemos, mais adiante, pp. 305s. e nota 49). Influenciado pelos pitagóricos, resulta o que nos é referido sobre a doutrina da alma em Severo (cf. testemunhos VI e ss. em Martano, *Due precursori...*, pp. 64s.; cf. *ibid.*, nas pp. 16ss. a exegese dos testemunhos). Infelizmente, todos estes testemunhos são demasiadamente pequenos e problemáticos para nos permitirem estabelecer se o "monismo" de Severo representa um avanço ou um atraso, comparado com o de outros médio-platônicos do século II d.C., com relação ao neoplatonismo. O fato de Plotino tê-lo lido nas suas lições é, em todo caso, muito significativo.

38. Sobre a "doutrina dos três princípios" e sobre a sua relevância no âmbito do médio-platonismo, cf. Invernizzi, *Il Didaskalikos...*, vol. I, pp. 31-42 e relativas notas, pp. 171-178, onde se encontram os documentos e bibliografia.

fosse privada de qualidade e daquelas figuras que ela acolhe; vemos, com efeito, que também os que preparam com óleo ungüentos perfumados usam o óleo inodor, e os que querem plasmar formas com cera e argila lixam e tornam esses materiais o quanto possível privados de qualquer figura. Portanto, é necessário que também a matéria, que tudo acolhe, se deve receber as formas em toda a sua extensão, não tenha em si qualquer natureza delas, mas seja sem qualidade e sem forma, para poder acolher, justamente, as formas; sendo tal, não é nem corpo, nem incorpóreo, mas é corpo em potência, como dizemos que o bronze é estátua em potência, enquanto se tornará estátua quando tiver recebido a forma[39].

Eis ulteriores especificações de Apuleio:

Platão observa que a matéria deve ser ingênita e incorruptível, que não é nem fogo, nem água, nem qualquer outro dos princípios ou elementos originários, mas entre todos é primeira, capaz de receber forma e de receber figura e, ademais, bruta e privada de qualificações formais: é o Deus artífice que a conforma na sua totalidade. Platão a considera infinita: de fato, o que é infinito não tem um limite determinado para a sua grandeza e, portanto, dado que a matéria é privada de termo, pode-se, justamente, considerá-la ilimitada. Mas Platão não admite nem que seja corpórea nem incorpórea; não a considera, com efeito, um corpo, porque nenhum corpo pode ser privado de forma; ademais, não se pode dizer que é sem corpo, porque nada do que é incorpóreo pode apresentar um corpo, enquanto potencialmente e racionalmente lhe parece ser corpo, e é por isso que ela não é captável nem só com o tato, nem só com a conjetura racional. De fato, os corpos se conhecem em virtude da sua evidência com um raciocínio que é congênere, enquanto o que é privado de matéria corpórea é captado com os raciocínios. Portanto, a característica dessa matéria se capta com uma conjetura espúria e como que ambígua[40].

A gênese do cosmo é interpretada segundo o esquema do *Timeu*, ou seja, como uma operação do Demiurgo que impõe ordem à desordem da matéria, com base no paradigma das Idéias. Escreve, por exemplo, Plutarco:

A gênese [do cosmo] não é mais que a imagem do ser na matéria; o devir é uma imitação do ser[41].

Também os pormenores da narração do *Timeu* são acolhidos e reafirmados quase literalmente.

---

39. Albino, *Didascálico,* VIII, 2-3.
40. Apuleio, *De Platone,* II, 191s.
41. Plutarco, *De Is. et Osir.*, 372 f.

Sobre um ponto fundamental, porém, acendeu-se uma grande polêmica. Quando Platão falou de "geração do cosmo" (e, portanto, também de geração da alma do cosmo), pretendeu dizer que o cosmo tem verdadeiramente uma origem, ou seja, um começo cronológico, ou descreveu a gênese do cosmo pretendendo simplesmente ilustrar, sob forma de imagens e de representações fantásticas, outra ordem de pensamentos? Em suma: a narração da gênese do cosmo deve ser tomada literalmente ou como alegoria?

Sabemos que já na antiga Academia o problema fora suscitado e debatido, por causa das críticas de Aristóteles que, por primeiro, sustentou a eternidade do mundo, reprovando a Platão o absurdo de pôr um cosmo que *nasceu* e, contudo, *não perecerá*[42]. E sabemos também que os antigos Acadêmicos tinham engenhosamente sustentado que a narração platônica era de caráter didático e que queria simplesmente esclarecer de modo plástico a estrutura ontológica do cosmo.

No âmbito do médio-platonismo, foram dadas três diferentes e contrastantes respostas ao problema.

a) Talvez já Eudoro tenha retomado a interpretação alegórica[43]. Albino, por sua vez, levou-a a maior grau de clareza. Ele escreve no *Didascálico*:

> Quando Platão diz que o mundo é gerado, não se deve entendê-lo no sentido em que houve um tempo no qual o mundo não existia, mas que o mundo está sempre em devir e manifesta um princípio mais originário do que o seu ser. E também a alma do mundo, que é eterna, nem mesmo a esta Deus cria, mas a ordena; e diz-se que a cria no seguinte sentido: despertando e voltando para si o intelecto dela e a ela mesma como de uma letargia e de um sono profundo, para que, olhando para os inteligíveis de Deus, acolha as Idéias e as formas, olhando para os pensamentos dele[44].

---

42. Cf. vol. V.

43. Cf. Plutarco, *De anim. procreat.*, 1013 A-B. A passagem de Plutarco é agora interpretada por H. Cherniss de outra maneira (*Plutarch's Moralia in Seventeen Volumes*, XIII, Part I 999C-1032 F with an English Translation by H. Cherniss, Cambridge, MA-Londres 1976, pp. 169ss.), de modo que a retomada dessa interpretação de Eudoro não pode mais ser considerada segura, como se acreditava no passado (cf. Mazzarelli, *Eudoro*, fr. 6).

44. Albino, *Didascálico,* XIV, 3.

Dizer que o cosmo nasceu (γέγονε) significa duas coisas: 1) que é perenemente arrastado no processo do nascer, 2) que ele não é autosuficiente e que, portanto, depende de um princípio superior (analogamente, dizer que a alma do mundo nasceu, significa dizer que ela depende de um princípio superior que a faz ser).

Apuleio, depois, especifica, remetendo-se a uma interpretação paralela a esta, que o mundo, na realidade ingênito, *pode parecer gerado*, porque todas as coisas que o constituem nascem. Esta tese, com diferentes nuances, é sustentada também por Calvísio Tauro e por outros médio-platônicos[45].

b) Plutarco retornou, ao invés, à interpretação literal, ou seja, à tese da origem temporal do cosmo, sustentando que eterna é a *matéria*, mas o cosmo é formado. Deve-se observar que, segundo Plutarco, a matéria, enquanto jaz em perene e caótico movimento, tem sempre uma alma: uma alma má e sem inteligência (alma e inteligência — recorde-se — são distintas para os médio-platônicos, como dissemos acima). Portanto, desde sempre existe corporeidade informe, dotada de animação e de vida irracional; Deus, portanto, não criou nem a matéria, nem a animação e a vida, mas gerou o cosmo dando *ordem à matéria*, ou seja, dando *inteligência à alma*[46].

Também Ático defendeu a interpretação literal e acrescentou que Platão sustentou a tese de que o mundo teve uma origem no tempo

45. Cf. Apuleio, *De Platone*, I, 198; Calvísio Tauro, em João Filipono, *De aeternitate mundi*, p. 145, 13ss. Rabe (para ulteriores particulares, ver: Moreschini, *La posizione de Apuleio...*, pp. 32-39).

46. Cf. Plutarco, *Plat. quaest.*, IV, 1002e ss.; *De anim. procreat.*, 1014b ss. É digna de relevo a posição de Plutarco sobre a pluralidade dos mundos (que ele considera platônica): "[...] é mais conforme à razão que Deus não se encontre diante de um único mundo e sozinho. De fato, sendo perfeitamente bom, não há virtude da qual ele esteja privado; menos ainda ele é privado de justiça e de amor (φιλία); virtudes belíssimas, estas, e que pertencem aos deuses. Mas não está na natureza de um deus possuir alguma coisa e não fazer uso dela. Então existem, além deste, outros deuses, outros mundos para os quais Deus exerce a virtude de natureza social [...]" (*De def. orac.*, 423 d). Esses mundos são em número de cinco. Às cinco categorias do *Sofista* (*ser, identidade, alteridade, movimento* e *quietude*) corresponderiam, segundo Plutarco, os cinco elementos, que corresponderiam, por sua vez, aos cinco sólidos geométricos primordiais (428c ss.) e os mundos seriam, justamente, "tantos quantos eram os corpos primordiais existentes" (430e). Todos os mundos são produzidos e governados pelo único Deus-razão (cf., *supra.*, nota 32).

com a finalidade de dar um adequado espaço para o desenvolvimento da Providência. De fato, segundo Ático, a tese da eternidade do cosmo exclui a Providência, enquanto a função essencial desta consistiria em garantir ao cosmo, por si corruptível, a incorruptibilidade[47].

c) Uma terceira posição é a de Severo, o qual, remetendo-se ao mito platônico do *Político*[48], sustentou que *o mundo enquanto tal* é ingênito, mas que *este nosso mundo atual* é gerado (ao qual outros já precederam e ao qual outros se seguirão)[49]. Enfim, Junco, que nos é conhecido unicamente por esta opinião, sustentou que o mundo, como foi gerado pelo Demiurgo, assim também perecerá quando Ele o quiser[50].

Destaca-se, ademais, o colorido "dualista", de caráter acentuadamente religioso (e, provavelmente, de origem oriental), que a cosmologia e em geral a visão do mundo assumem em alguns médio-platônicos (de modo particular, como é óbvio, nos que são mais sensíveis à problemática religiosa).

Já dissemos que Plutarco admite a existência de uma "alma má" ínsita à matéria informe[51]. Platão falara de "alma má" nas *Leis*, num contexto que, na verdade, parece ter mais um caráter hipotético-dialético do que assertório[52]. Plutarco, em todo caso, vai além das afirmações dessa passagem, chegando a uma visão da realidade na qual os dois princípios opostos do bem e do mal se afrontam eternamente. Essa visão dualista encontra a sua mais típica expressão no tratado *Ísis e Osíris*. Aqui Plutarco tenta demonstrar que a mitologia egípcia, entendida em sentido alegórico, representa exatamente a concepção dos dois princípios rivais, concepção que, segundo ele, exprime a convicção de todo mundo e de todos os filósofos[53].

---

47. Ler, a este respeito, o fr. 4 (des Places, *Atticus*, pp. 50-54).

48. Cf. Platão, *Pol.*, 269a ss.

49. Cf. Proclo, *In Plat. Tim.*, I, p. 289, 7 e II, p. 95, 29 Diehl (testemunhos III e IV, em Martano, *Due precursori...*, pp. 63s.).

50. Cf. Estobeu, *Anthol.*, IV, 1108, 7ss.

51. Cf. Plutarco, *Plat. quaest.*, IV, 103 a.

52. Cf. Platão, *Leis*, X, 896 d ss.

53. Cf., em particular, Plutarco, *De Is. et Osir.*, 370 f.

Também Ático admitiu a existência de uma alma má[54], enquanto Celso afirmou expressamente que o mal é "ínsito à matéria"[55], e considerou, portanto, a matéria como um princípio antitético a Deus, dado que Deus, por sua natureza, é Bem[56].

5. A demonologia médio-platônica

O forte relevo dado à transcendência do Deus supremo, como já observamos, comportava a necessidade de *hipóstases intermediárias*, ou seja, *a necessidade de conceber o divino e o supra-sensível de modo hierárquico.* Mas junto à concepção hierárquica de caráter metafísico e ontológico acima examinada, delineia-se, no âmbito do médio-platonismo, *uma segunda concepção hierárquica do divino de caráter propriamente místico-religioso*, estreitamente ligada ao politeísmo pagão, a qual, mais uma vez, encontra precisos pontos de ligação em Platão.

A hierarquia do divino, sob este aspecto, configura-se da seguinte maneira:

1) Deus supremo;

2) Deuses secundários;

3) Demônios.

Do Deus supremo falamos acima.

Os Deuses secundários são tanto as divindades incorpóreas e, portanto, invisíveis, como as divindades visíveis, tais como os astros, e são todos eles, a título diverso, potências subordinadas ao Deus supremo.

Os Demônios são inferiores aos Deuses, mas superiores aos homens. Eles são, portanto, uma natureza que pode ser chamada de "intermediária". Plutarco, por exemplo, assim os caracteriza:

---

54. Proclo (*In Plat. Tim.*, I, p. 391, 6 ss.) refere que Ático e seus seguidores "põem muitos princípios que ligam entre si o demiurgo e as idéias, e dizem que também a matéria, movida por uma alma ingênita, irracional, maléfica, sem ordem nem regra, se agita, e antepõem segundo o tempo a matéria ao sensível, a irracionalidade ao racional, a desordem à ordem" (des Places, *Atticus*, fr. 26, p. 76).

55. Cf. Orígenes, *Contra Celsum*, IV, 65.

56. Ver também o que nos é referido sobre Arpocracião em Estobeu, *Anthol.*, I, p. 375, 14ss.; p. 380, 14ss. Wachsmuth; cf. também Máximo de Tiro, *Orat.*, XLI, 4.

Platão, Pitágoras, Xenócrates, Crísipo, seguidores dos primitivos escritores de coisas sagradas, afirmam que os Demônios são dotados de força sobre-humana, antes, superam de muito, por extensão de potência, a nossa natureza, mas não possuem o elemento divino puro e incontaminado, mas participam, ao mesmo tempo, de uma dupla sorte, enquanto reúnem natureza espiritual e sensação corpórea, na qual acolhem prazer e trabalho; e tal elemento misto é, justamente, a fonte da perturbação[57].

Segundo os médio-platônicos, os Demônios não são todos iguais. No entanto, deve-se notar que eles são distinguíveis em duas grandes classes. Existem Demônios que nunca tiveram relação com os corpos e que constituem a espécie mais elevada, e existem Demônios que, ao invés, tiveram relação com o corpo e não são mais que almas, as quais, terminado o período das suas encarnações, libertaram-se dos corpos. Deve-se ainda notar que as próprias almas, mesmo quando estão nos corpos, podem ser chamadas Demônios[58].

Os Demônios também não são todos iguais em outro sentido: o elemento misto é maior em alguns e menor em outros. É por causa desse elemento misto que os Demônios estão submetidos a afecções e a mudanças, e, para Plutarco, até mesmo à morte[59].

Aos Demônios, ademais, é dada também a possibilidade de serem admitidos no nível dos Deuses[60].

A demonologia, como já acenamos, responde a uma problemática religiosa, mais que filosófica. Deus e os Deuses não podem "misturar-se com os homens" nem "ter comércio" com eles, por motivo da sua eminência. Portanto, era necessário introduzir entes que tivessem a função de mediadores, seja para executar e pôr em ato a vontade dos Deuses no mundo e entre os homens (mediadores de cima para baixo), seja para ligar, na medida do possível, os homens aos Deuses (mediadores de baixo para cima). Ademais, para Plutarco, era preciso introduzir os Demônios também para explicar o mal e o negativo que existe no mundo: enquanto os Deuses só podem ser bons e fontes de

---

57. Plutarco, *De Is. et Osir.*, 360 d-e. Cf. Apuleio, *De deo Socratis*, 147s.
58. Cf. Apuleio, *De deo Socratis*, 150 s.; Plutarco, *De def. orac.*, 415 b-c.
59. Cf. Plutarco, *De def. orac.*, 415 c-d, 419 a ss.
60. Cf. Apuleio, *De deo Socratis.*, 153s.; Plutarco, *De Is. et Osir.*, 361 e.

bem, os Demônios, pela sua constituição mista, podem ser também maus e fonte de mal[61].

Em Plutarco, a demonologia reveste uma importância toda particular enquanto ele explica, por meio dela, seja a diferença dos nomes e dos cultos dos Deuses, seja, em geral, a mitologia politeísta. O nosso filósofo observa, de fato, que mesmo existindo apenas um Deus supremo (só uma Providência), Ele é assistido por "potências subordinadas", cujas denominações (e relativos cultos) variam segundo os povos. A diferente mitologia dos vários povos, desse modo, segundo o nosso filósofo, recebe adequada explicação e justificação. Em particular, Plutarco destaca que os vários atos nefastos que muitos mitos pagãos atribuem aos Deuses na realidade devem ser atribuídos não aos Deuses, *mas aos Demônios*, porque os Deuses são sempre e somente bons, enquanto os Demônios, como sabemos, são também maus[62]. Ademais, dado que os Demônios podem ser sujeitos à morte, como já dissemos, segue-se conseqüentemente que, com a sua morte, podem desaparecer repentinamente aqueles efeitos dos quais eles eram a causa: assim se explicariam, por exemplo, o repentino ocaso e a extinção dos oráculos de alguns santuários, ou seja, com o desaparecimento do Demônio que os inspirava[63].

61. Cf. Plutarco, *De Is. et Osir.*, 360 e; 361 a-b.
62. Cf. Plutarco, *De Is. et Osir.*, *passim*.
63. Cf. Plutarco, *De def. orac.*, *passim*.

III. A ANTROPOLOGIA E A ÉTICA DO MÉDIO-PLATONISMO

1. O fim supremo do homem e a assimilação a Deus

A tese que, como já observamos, exprime o fundamento e a têmpera espiritual da ética médio-platônica é a que indica o fim supremo do homem na *assimilação a Deus e ao divino*. O princípio deriva de Platão, o qual, como vimos, o formulara de modo explícito; mas na especulação médio-platônica ele é aprofundado e enriquecido com corolários inéditos, como veremos. Em particular, deve-se observar que o *supremo imperativo: "Segue a Deus" apresenta-se como a programática inversão do princípio comum a todas as grandes filosofias helenísticas: "Segue a natureza"*. O novo princípio, olhando bem, exprime a ruptura dos horizontes materialistas daquela ética e a total recuperação do horizonte espiritualista[1].

Sobre este princípio consentem quase todos os médio-platônicos: Eudoro[2], Plutarco[3], Gaio[4], Albino[5], Apuleio[6], Teon de Esmirna[7], Máximo de Tiro[8], Junco[9], o Anônimo autor do *Comentário ao Teete-*

---

1. Este é um ponto que, a nosso ver, foi escassamente relevado pelos estudiosos. Sobre os antecedentes platônicos, cf. *Teeteto*, 176 a; *Fedro*, 253 a-b; *República*, X, 613 a; *Timeu*, 90 a; *Leis*, IV, 716 c.

2. Cf. Estobeu, *Anthol.*, II, p. 49, 8ss. Wachsmuth, sobre o qual, cf. H. Dörrie, *Der Platoniker Eudoros von Alexandreia*, in "Hermes", 79 (1944), pp. 28s. Cf. Mazzarelli, *Eudoro*, fr. 25.

3. Cf. Plutarco, *De superst.*, 169 e; *De sera num. vind.*, 550 d.

4. Isto é possível inferir, como conjetura, do fato de que a tese em questão é sustentada por todos os pensadores que parecem ter sido ligados a ele.

5. Ver a passagem que reportamos *infra*, pp. 311s.

6. Cf. Apuleio, *De Platone*, II, 25s.

7. Teon de Esmirna, na sua *Expositio*, considera que, para chegar à imitação de Deus, o homem deve percorrer como uma escada de cinco degraus, os quais vão da purificação através das ciências matemáticas, ao aprendizado das doutrinas filosóficas (lógica, política e física), ao conhecimento dos inteligíveis, à aquisição da capacidade de iniciar também outros nos supremos conhecimentos, à quinta e última etapa, que é "a mais perfeita", e que consiste na "imitação de Deus na medida do possível" (14, 18 ss. Hiller), segundo a expressão usada pelo próprio Platão (*Teeteto*, 176 a).

8. Cf. Máximo de Tiro, *Orat.*, XXVI, 9; XII, 1 Hobein.

9. Cf. Estobeu, *Anthol.*, IV, p. 1064, 4.

to[10], e mesmo as fontes doxográficas de extração médio-platônica o reafirmam de maneira inequívoca[11]. A seguinte citação de Albino constitui, provavelmente, o ponto mais avançado na elaboração dessa doutrina:

> Platão, em conseqüência de todas essas coisas, põe como fim o assimilar-se a Deus enquanto possível; esta doutrina é tratada de vários modos. Às vezes, de fato, diz que o assimilar-se a Deus é ser sábios, justos e santos, como no *Teeteto*; por isso é preciso também tentar fugir daqui para o alto, o quanto antes possível; a fuga é, com efeito, o assimilar-se a Deus enquanto possível. O assimilar-se é o tornar-se justo e santo com o pensamento, às vezes apenas o ser justo, como no último livro da *República*: não será nunca ignorado pelos deuses aquele que deseje ser justo e, ocupando-se da virtude, enquanto possível ao homem, queira assimilar-se a Deus. No *Fédon*, depois, diz que o assimilar-se a Deus é tornar-se ao mesmo tempo temperantes e justos, mais ou menos como se segue: "Portanto, serão os mais felizes e afortunados e irão para os melhores lugares os que praticam a virtude comum e a própria do bom cidadão, a que chamamos temperança e justiça". Às vezes diz que o fim é assimilar-se a Deus, às vezes que é segui-lo, como quando afirma: "Deus, segundo a antiga tradição, princípio e fim etc.". Às vezes diz as duas coisas, como quando afirma: "A alma que segue a Deus e que se assimila a ele etc.". O bem é o princípio do que convém fazer e também disso afirma-se que vem de Deus; portanto o fim que se segue ao princípio é assimilar-se a Deus, ao Deus celeste, evidentemente, e não, por Zeus, ao supraceleste, o qual não tem virtude, mas é melhor do que esta; por isso pode-se dizer que a infelicidade é uma má disposição da divindade interior, a felicidade, uma boa disposição. Podemos chegar a ser semelhantes a Deus, se tivermos uma natureza adaptada, costumes, uma educação e uma vida segundo as leis e, sobretudo, se usarmos a razão, o ensinamento e a tradição das doutrinas, de modo a manter-nos afastados da maioria das coisas humanas e de modo a estar sempre voltados às coisas inteligíveis. Se queremos ser iniciados nos conhecimentos mais elevados, a preparação e a purificação do demônio que existe em nós deverão acontecer através da música, da aritmética, da astronomia e da geometria, e deveremos nos ocupar também do corpo com a ginástica, a qual adestra e bem dispõe os corpos à guerra e à paz[12].

O autor anônimo do *Comentário ao Teeteto*, ademais, contrapõe expressamente a imitação de Deus como fundamento da justiça, ou seja, da virtude, à estóica *oikeiosis*:

---

10. Cf., *infra*, nota 13.
11. Cf. Diógenes Laércio, III, 78; Hipólito, *Philosoph.*, 19, 17 (Diels, *Doxographi Graeci*, p. 569, 14s.).
12. Albino, *Didascálico,* XXVIII, 1-4.

Platão não deduz da *oikeiosis* a justiça, mas da assimilação a Deus[13].

Ter-se-á notado, na passagem de Albino acima lida, a afirmação (que à primeira vista soa estranha) de que a assimilação a Deus não significa já assimilação ao Primeiro Deus, que é superior à própria virtude, mas assimilação ao Deus que está no céu, isto é, ao Deus segundo. O sentido de tal afirmação, comumente malcompreendida, é revelado pela seguinte afirmação de Albino:

> Procedendo ordenadamente, é preciso falar agora, sumariamente, das coisas ditas por Platão relativas à ética. Ele considerava que o bem mais valoroso e maior não fosse fácil de encontrar e, tendo-o encontrado, não seria prudente oferecê-lo a todos. Certamente pouquíssimos e seletos discípulos tornou participantes da sua lição sobre o Bem. Ademais, examinando acuradamente as suas obras, pode-se ver que *Platão pôs o nosso bem na ciência e na contemplação do primeiro bem, que pode ser chamado Deus e primeiro intelecto*[14].

Se o supremo bem é a contemplação do Deus supremo, o Intelecto primeiro, é claro que, nessa contemplação, justamente o Deus segundo ou Intelecto segundo (o Intelecto do céu) alcança a sua perfeição paradigmática, pelas razões das quais falamos ao tratar da doutrina albiniana das "hipóstases". É esta, justamente, a *virtude do Intelecto segundo* (contemplação de Deus sumo ou Intelecto primeiro), que é objeto de imitação por parte dos homens. Dito com outros termos: o fim supremo do homem é fazer, na medida em que é capaz, o que, de modo perfeito, faz o Intelecto segundo ou Deus segundo: contemplar o Absoluto e fazer dele a regra suprema.

2. A natureza espiritual do homem e a concepção dualista de alma e corpo

Esta concepção do fim supremo do homem como "assimilação a Deus" implica, obviamente, uma refundação espiritualista da antropologia, e, precisamente, uma reafirmação da presença no homem da dimensão incorpórea. Assim é energicamente sustentada a

13. *Anonymer Kommentar...*, col. 7, 14.

14. Albino, *Didascálico,* XIII, 1.

incorporeidade da alma, e o socrático "cuidado da alma" platonicamente entendido volta a se impor[15].

A alma provém do Deus primeiro, e, por isso, é imaterial e incorpórea e destinada a retornar à esfera do divino da qual provém, na medida em que tenha sabido purificar-se através dos supremos conhecimentos[16].

A este propósito é preciso observar que alguns médio-platônicos, os que alguns estudiosos chamam de "ortodoxos", sustentam a necessidade de retornar à concepção puramente platônica da alma, julgando depreciativamente a psicologia aristotélica. Em particular, Ático acusa Aristóteles de comprometer a doutrina da imortalidade da alma, fundamento da ética, com a sua distinção entre *alma* e *nous*. E se Aristóteles admite a imortalidade do *nous*, sublinha Ático, não sabe, contudo, explicar nem a origem, nem a natureza dele, nem as relações que tem com os indivíduos particulares[17].

Outros médio-platônicos, ao contrário, como já observamos, exploram aquela distinção aristotélica justamente em sentido antimaterialista e para chegar, embora de modo diferente e em nível mais elevado, aos mesmos objetivos que Ático se propunha.

Escreve, por exemplo, Plutarco:

> A parte imersa e presa nos movimentos do corpo é chamada alma; quanto à parte incorruptível, a maioria a chama *intelecto* e a crêem interior a si mesmos, como os reflexos num espelho; mas os que julgam melhor a chamam *Demônio*, como a parte que lhes é exterior[18].

Também segundo Albino, o intelecto deriva do Primeiro Deus e também por ele é denominado Demônio, enquanto as outras partes da alma derivam dos Deuses inferiores. Em particular, depois, deve-se observar que a própria possibilidade da "assimilação a Deus", em Albino, funda-se justamente nessa metafísica preeminência do *nous*:

> Só o intelecto e a razão em nós podem alcançar a semelhança do Bem [que é o Intelecto supremo][19].

---

15. Cf., por exemplo, Apuleio, *De deo Socratis*, 168.
16. Ver, por exemplo, a passagem de Albino reportada acima, pp. 311.
17. Cf. Ático, fr. 7, 13 (des Places, p. 64).
18. Plutarco, *De genio Socratis*, 391 e; cf. também *De facie*, 943 a.
19. Albino, *Didascálico,* XXVII, 3.

Um último ponto deve ser observado a respeito disso: a afirmação da liberdade da alma, a qual, como se repete com a célebre doutrina platônica, "não tem senhores", estando as suas escolhas básicas isentas da necessidade[20]. Os médio-platônicos, por conseqüência, polemizam contra a doutrina estóica do fato, e, embora aceitando algumas das suas instâncias, conseguem conciliar liberdade e necessidade muito melhor do que o conseguiu Crísipo. Eis a passagem mais significativa, a respeito disso, tirada do *Didascálico*:

> Sobre o fato, Platão pensa, aproximadamente, essas coisas. Diz que tudo está submetido ao fato, mas que nem tudo é predestinado. Com efeito, o fato é como uma lei e não estabelece, por exemplo, que uma pessoa fará determinada coisa, que outra sofrerá outra coisa: isso, com efeito, iria ao infinito, pois infinito é o número dos seres vivos e infinito o número das coisas que lhes acontecem; ademais, o que está em nosso poder não estaria mais e não existiriam louvores, lástimas e qualquer outra coisa do gênero; o fato estabelece, ao invés, que se uma alma escolhe uma vida e faz certas coisas, se lhes seguirão outras. A alma é, pois, sem senhor e dela dependem o fazer e o não fazer e isso não está submetido ao vínculo; as conseqüências das suas ações, ao invés, se cumprirão segundo o destino. Por exemplo: ao fato de Páris raptar Helena, fato que depende dele, seguir-se-á que os gregos farão guerra por Helena. Assim, com efeito, também Apolo predisse a Laio: "*Se gerares um filho, este te matará*". Na lei divina estão contidos Laio e o fato de que ele gere um filho, mas só o que se segue a isso é predestinado[21].

3. A tábua dos valores e a virtude

O médio-platonismo (e em particular a escola de Gaio) retoma a tábua dos valores que Platão fixara na sua última obra, ou seja, as *Leis*[22], contrapondo-a à redução estóica de todos os valores a um só, e reinterpretando alguns dogmas estóicos segundo esta tábua.

Apuleio, por exemplo, subdivide os "bens" em dois grandes gêneros: 1) os bens divinos e 2) os bens humanos. Ele divide, depois,

---

20. Cf. Albino, *Didascálico,* XXVI, 2; XXXI, 1; Apuleio., *De Platone*, II, 236.

21. Albino, *Didascálico,* XXVI, 1-2. Sobre esses temas, ver também Ps.-Plutarco, *De fato*, 5.

22. Cf. vol. III.

cada um desses gêneros de bens em duas espécies: 1a) Deus, 1b) a virtude, 2a) as boas qualidades do nosso corpo, 2b) a posse de riquezas, de poder e semelhantes. Os do segundo gênero só são bens se e na medida em que são subordinados aos primeiros, e são usados segundo a razão[23].

Albino apresenta uma sistematização ainda mais orgânica. Depois de ter dito que o bem supremo consiste na contemplação do Primeiro Bem, ou seja, do Primeiro Deus, que é o Primeiro Intelecto, ele escreve:

> Ele pensava que todas as coisas chamadas boas pelos homens tinham esse nome pela sua participação, de certo modo, no primeiro e mais valoroso bem, do mesmo modo que as coisas doces e quentes têm esse nome pela sua participação no primeiro doce e no primeiro quente. Só o nosso intelecto e a nossa razão podem chegar a assimilar-se ao bem; por isso também o nosso bem é belo, nobre, divino, amável, proporcionado e chamado com nomes dignos do divino. Dentre os que a maioria chama bens, por exemplo, a saúde, a beleza, a força, a riqueza e as outras coisas afins, nenhum em si é um bem, se não é usado virtuosamente; de fato, separados da virtude, estão apenas no nível da matéria e tornam-se males para os que os usam sem consideração; algumas vezes Platão os chama também de bens mortais [= bens por participação][24].

É, claro, portanto, que a virtude suprema do homem é a virtude contemplativa, da qual depende, justamente, a "assimilação a Deus". Todavia, os médio-platônicos não hesitam em abrir espaço também para as virtudes éticas, acolhendo, portanto, as conquistas aristotélicas, e considerando-as como as virtudes relativas às partes não-racionais da alma e como realização do "justo meio" entre excesso e falta e, portanto, como realização da "justa medida"[25].

A verdadeira felicidade não depende dos bens humanos, mas dos divinos: são esses, com efeito, e só eles que tornam a alma digna de voltar a ser companheira dos Deuses, e, com eles, a "contemplar a planície da verdade"[26].

---

23. Cf. Apuleio, *De Platone*, II, 219 ss.
24. Albino, *Didascálico,* XXVII, 2; cf. também o resto do capítulo.
25. Cf. Plutarco, *Quaest. plat.*, IX, 1009 a-b; cf. Albino, *Didascálico,* XXX.
26. Cf. Albino, *Didascálico,* XXVII, 3.

4. A ética médio-platônica e a ética estóica

Sublinhou-se amiúde o caráter eclético da ética médio-platônica, que, junto com as conquistas platônicas, não hesita em acolher as aristotélicas, assim como as do Pórtico. Com efeito, como prova de tal afirmação, poderíamos apresentar vários documentos. Todavia, não foi adequadamente observado o fato de *só raramente os médio-platônicos acolherem conquistas posteriores a Platão que contrastem com o espírito platônico*. De fato, na maior parte dos casos, eles repensam e refundam as novas conquistas segundo o espírito platônico.

Assim, por exemplo, Albino demonstra expressamente que o célebre dogma estóico segundo o qual "só o que é moralmente bom é bem" e a conseqüente redução de todos os valores restantes a "indiferentes", equivale à doutrina platônica segundo a qual o bem supremo consiste "no conhecimento da primeira causa" e que só este é "bem divino", enquanto todos os outros são apenas "bens por participação", ou seja, "bens humanos", e todas aquelas coisas que são "separadas da primeira causa" são males[27].

Também o dogma estóico segundo o qual "a virtude basta a si mesma", enquanto contém em si a razão da felicidade, é considerado por Albino perfeitamente platônico, pelas razões que ele resume da seguinte maneira:

> O que possui a ciência da qual falamos é o mais afortunado e feliz, contudo não pelas honras que, sendo tal, receberá, nem pelas recompensas, mas mesmo que devesse permanecer desconhecido a todos os homens e lhe acontecessem os que são chamados males, por exemplo, a perda de todos os direitos, o exílio, a morte. Ao invés, quem, sem ter essa ciência, possui todos os que são chamados bens, como a riqueza, o poder real, a saúde do corpo, o vigor, a beleza, em nada é mais feliz[28].

Quanto ao dogma da "apatia", já Plutarco mostra claramente, em primeiro lugar, que é um ideal inalcançável, e, depois, que é um ideal até mesmo desprezível, porque não leva em conta a realidade do ânimo humano, que, por sua própria natureza, não pode estar isento de paixões. Por conseqüência, as paixões podem ser moderadas, mas não erradicadas. A *metropatia* que deriva, em última análise, da

---

27. Cf. Albino, *Didascálico,* XXVII, *passim.*
28. Albino, *Didascálico,* XXVII, 5.

platônica "justa medida", torna-se assim o ideal de Plutarco. Eis a máxima que traduz perfeitamente o pensamento do nosso filósofo:

> As ações moralmente boas diferem das más pela sua *justa medida* (τῷ μετρίῳ)[29].

Também Albino polemiza contra a concepção estóica das paixões e contra a sua redução a juízos. Ademais, afirma, contra o paradoxo estóico que divide categoricamente os homens em bons e maus, a existência de uma posição intermediária e de um progresso para a virtude, e, também, a existência de uma graduação dos males[30].

Enfim, observemos que permanece a componente intelectualista também na ética médio-platônica. Albino afirma que a virtude é voluntária, mas não o vício:

E dado que, se existe algo dependente de nós e sem senhor, isso é a virtude (não deveria, de fato, ser louvado o moralmente bom se proviesse da natureza ou de algum divino destino), a virtude é voluntária e consiste num impulso ardente, nobre, durável: do fato de a virtude ser voluntária, segue-se a involuntariedade do vício. Quem, de fato, escolheria voluntariamente ter na parte mais bela e mais valiosa de si mesmo o pior dos males? Se, de fato, alguém aspira ao mal, em primeiro lugar, o faz acreditando aspirar não ao mal, mas ao bem; e se alguém recorre ao mal, tal pessoa está absolutamente enganada na sua intenção de afastar um mal maior através de um mal menor, e desse modo resultará involuntário o recurso ao mal; é impossível, de fato, que alguém aspire ao mal querendo encontrar o próprio mal, e não pela esperança de um bem ou por temor de um mal maior[31].

Afirmar que a virtude é "voluntária" e que, ao invés, o vício, que é o seu contrário, é "involuntário" é, evidentemente, contraditório. É claro que a hipoteca do intelectualismo socrático desempenha, mais uma vez, um papel determinante. O discurso de Filo com as suas bíblicas implicações, no que se refere a toda a área da temática moral, não foi minimamente acolhido pela cultura dos gregos[32].

---

29. Plutarco, *Vita Agesil.*, 36, 2.

30. Cf. Albino, *Didascálico,* XXX, *passim.*

31, Albino, *Didascálico,* XXXI, 1.

32. Para uma exposição analítica dos vários expoentes do médio-platonismo, cf. J. Dillon, *The Middle Platonists, 80 B.C. to A.D. 220,* Cornell Univ. Press, Ithaca-Nova Iorque 1977. Ver, ademais: P. L. Donini, *Le scuole, l'anima, l'impero: la filosofia antica da Antioco a Plotino,* Rosenberg e Sellier Editori, Turim, 1982.

TERCEIRA SEÇÃO

O RENASCIMENTO DA FILOSOFIA PITAGÓRICA, AS SUAS FASES SUCESSIVAS E A FUSÃO FINAL ENTRE NEOPITAGORISMO E MÉDIO-PLATONISMO

> [...] δεῖ τινα ἀπελθόντα πόρρω ἀπὸ τῶν αἰσθητῶν ὁμιλῆσαι τῷ ἀγαθῷ μόνῳ μόνον, ἔνθα μήτε τις ἄνθρωπος μήτε τι ζῷον ἕτερον μηδὲ σῶμα μέγα μηδὲ σμικρόν, ἀλλά τις ἄφατος καὶ ἀδιήγητος ἀτεχνῶς ἐρημία θεσπέσιος, ἔνθα τοῦ ἀγαθοῦ ἤθη [...]
>
> [...] É necessário que o homem, depois de ter-se afastado das coisas sensíveis, entre em íntima união com o Bem, de tu a Tu, lá onde não há nenhum homem, nem outro ser vivente, nem corpo algum nem grande nem pequeno, mas uma solidão maravilhosa, inefável e indescritível, lá onde está a morada do Bem [...].
>
> Numênio, fr. 2 (des Places)

Medalhão que representa a imagem de Apolônio de Tiana, reproduzido in G. Bellori, *Veterum philosophorum, poetarum, rhetorum et oratorum imagines,* obra publicada em Roma em 1685.

I. OS DOCUMENTOS, OS EXPOENTES, AS CORRENTES E AS CARACTERÍSTICAS DO PITAGORISMO DA ERA HELENÍSTICA E DA ERA IMPERIAL

1. As vicissitudes da escola pitagórica

A antiga escola pitagórica, como vimos no primeiro volume desta obra[1], esteve em atividade até os primeiros decênios do século IV a.C. O papel por ela desempenhado demonstrou-se essencial não só no desenvolvimento do pensamento pré-socrático, mas também na evolução do pensamento de Platão, que deve muitíssimo aos pitagóricos: do *Górgias* ao *Fédon*, da *República* ao *Filebo*, a incidência do pitagorismo faz-se sempre mais sensível e se torna determinante no *Timeu* e nas "doutrinas não-escritas".

A tradição diz que o primeiro pitagórico a tornar pública a doutrina (a qual tinha sido antes rigorosamente custodiada pelo sagrado vínculo do segredo) foi Filolau, na época de Sócrates, movido a isso pelas dificuldades econômicas nas quais se encontrava, e que Platão teria mandado comprar por cem minas os livros pitagóricos divulgados por Filolau[2]. Esta tradição, por mais inverídica que possa ser quanto aos pormenores, contém sem dúvida um núcleo de verdade, como o comprova o próprio desenvolvimento dos acontecimentos. Na época de Filolau, a escola pitagórica, sem dúvida, devia ser vítima de uma crise muito grave, tanto que depois de Filolau ela não deu mais significativos sinais de vida, o que explica que se tenha podido chegar a destruir o "segredo" da doutrina e a torná-la pública. Por outro lado, que Platão tenha chegado a conhecer as doutrinas mais íntimas da escola pitagórica é provado por seus próprios escritos. (Recordemos, entre outras coisas, que Platão conheceu pessoalmente, na sua primeira viagem à Magna Grécia, um pitagórico de excepcional estatura que

---

1. Cf. vol. I, pp.73-94.

2. Cf. Diógenes Laércio, VIII, 84 (= Diels-Kranz, 44 A 1); Diógenes Laércio, III, 9; Eusébio, *Adv. Hierocl.*, p. 64 (380, 8 Kayser); Jâmblico, *Vida de Pitágoras*, 199 (= Diels-Kranz, 44 A 8).

foi Arquita, e que, talvez, o tenha reencontrado também em 361 a.C., por ocasião da sua segunda viagem à Sicília. Platão deve a Arquita a sua libertação por ocasião da terceira viagem à Sicília, quando Dionísio II o mantinha prisioneiro, ameaçando-o de morte.)[3]

Pois bem, se a crise da escola pitagórica na Magna Grécia produziu uma ruptura da tradição e da linha de pensamento diretamente derivada de Pitágoras e dos seus imediatos seguidores, todavia não comportou o desaparecimento das instâncias espirituais e doutrinais do pitagorismo; antes, elas foram revigoradas, e, levadas ao novo plano metafísico conquistado por Platão com a "segunda navegação"[4], conduziram a êxitos de considerável alcance no âmbito da primeira Academia[5]. A respeito disso, convém recordar que já Aristóteles enfatizara explicitamente a forte incidência do pensamento pitagórico sobre o platônico, chegando (evidentemente com excessos polêmicos) até a afirmar que, em certos pontos-chave da sua ontologia, Platão simplesmente repetiu doutrinas pitagóricas, mudando apenas a terminologia[6]; ademais, ele denunciou firmemente a involução matematizante dos primeiros acadêmicos e polemizou asperamente contra tal tendência[7]. Mas o próprio Aristóteles foi atraído pelos pitagóricos em notável medida, a ponto de dedicar a eles estudos aprofundados com dois tratados monográficos[8].

Em suma, a filosofia "itálica" dos pitagóricos teve uma verdadeira estação ateniense na Academia platônica, e portanto, mediatamente, um papel essencial na determinação de uma série de categorias fundamentais do que podemos chamar de pensamento clássico da grecidade.

Até quando durou esse influxo do pensamento pitagórico?

Dado que ele estava estreitamente ligado sobretudo à ontologia platônico-acadêmica, sofreu, conseqüentemente, as mesmas vicissi-

---

3. Cf. vol. III, pp. 7ss, nota 1.

4. Cf. vol. III, pp.181ss., onde mostramos como o conceito pitagórico de "medida" é reavaliado com base na nova metafísica.

5. Cf. vol. V.

6. Cf. Aristóteles, *Met.*, A 6, 987 b 10ss.

7. Cf. Aristóteles, *Met.*, A 9, e livros M e N, *passim*.

8. Recordamos os tratados *Sobre os pitagóricos* e *Sobre a filosofia de Arquita*, infelizmente perdidos.

tudes. Depois do escolarcado de Espêusipo e de Xenócrates, já no final do século IV a.C., a Academia, como vimos, entrou em crise, que progressivamente cresceu por meio século, e depois com Arcesilau abraçou até mesmo posições céticas, totalmente estranhas ao pitagorismo. De fato, as instâncias pitagóricas estão praticamente ausentes do debate dos novos problemas suscitados pelas grandes escolas helenísticas. À sensibilidade da nova era não interessavam nem a ontologia do número, nem as doutrinas morais ligadas à concepção da transmigração das almas e à sua sorte escatológica. O discurso pitagórico caiu assim no esquecimento, *pelo menos na cultura dominante*, e aí esteve enquanto reinou incontrastada a visão do mundo e da vida de caráter materialista e imanentista comum a todas as novas escolas, vale dizer, durante os séculos III e II a.C., ou seja, por cerca de duzentos anos. Só nos círculos de pessoas que cultivavam os mistérios órfico-pitagóricos ou formas de culto ligadas a estes teriam permanecido em vida alguns elementos do pitagorismo, mas não de caráter filosófico[9].

Mas a partir do século I a.C., o pitagorismo, paralelamente às instâncias espiritualistas e religiosas, renasceu, como o prova uma série de testemunhos, seja no Oriente, particularmente em Alexandria, seja no Ocidente, em particular em Roma. Esse hiato, expressamente observado também pelos antigos, e as diferenças entre o velho pitagorismo e o renascido a partir do século I a.C., levaram os historiadores da filosofia a denominar este último "neopitagorismo"[10].

De algum tempo para cá, todavia, os estudiosos têm demonstrado que, justamente nesses séculos nos quais o pitagorismo parecia morto, devem ter sido compostos e devem ter circulado alguns escritos atribuídos a antigos pitagóricos, os assim chamados *pseudepigrapha* ou *pseudopythagorica*, dos quais logo falaremos, que no passado se

---

9. Esta é a tese tornada canônica sobretudo por Zeller, *Die Philosophie der Griechen*, III, 2, pp. 92ss.

10. Cf. Aristóxeno, em Jâmblico, *Vida de Pitágoras*, 248 ss.; cf. também Diógenes Laércio, VIII, 46 e Porfírio, *Vida de Pitágoras*, 54 ss. (= Wehrli, *Aristoxenos*, frs. 18 e 19; Wehrli, *Dikaiarkos*, fr. 34). Já alguns autores da era imperial falavam não só de "pitagóricos *antigos*" e de "pitagóricos *recentes*" (cf. Plutarco, *Quaest. conv.*, VIII, 8, 1), mas até mesmo de pitagóricos "antigos" e "neóteros", que é o mesmo que dizer neopitagóricos (cf. Siriano, *In Arist. Metaph.*, 151, 17ss.).

considerava terem sido compostos a partir do século I a.C. Ora, esse retardamento da data de composição dos *pseudepigrapha* parece pôr em crise (pelo menos sob certo aspecto) a convicção da existência daquele hiato, do qual falávamos, entre pitagorismo "velho" e "novo", e, portanto, os termos cronológicos relativos ao renascimento da filosofia pitagórica.

Dada a importância do problema e dado que as soluções que propomos pretendem introduzir novos elementos esclarecedores (ainda que no nível de hipóteses de trabalho e nos limites de uma obra de síntese), é necessário proceder a algumas observações de caráter analítico, relativas aos documentos e às fontes do pitagorismo da era helenística, começando, justamente, pelos *pseudepigrapha*, que constituem os documentos mais problemáticos.

2. As falsificações da era helenística e imperial de escritos atribuídos a antigos pitagóricos, a sua gênese e o seu provável significado

Sob o nome de Pitágoras e sob os nomes de membros pertencentes à sua família ou ao círculo dos seus discípulos e seguidores, quer tenham sido famosos, quer pouco conhecidos, ou até mesmo desconhecidos para nós (no conjunto contam-se mais de cinqüenta), circularam dezenas e dezenas de escritos (alguns dos quais nos chegaram por inteiro), que sabemos com certeza serem inautênticos, pelo fato de citarem doutrinas tardias e de diferentes origens, ligadas especialmente a escritos platônicos e acadêmicos, aristotélicos e peripatéticos, e às vezes também estóicos[11].

11. O complexo dos pseudepígrafos que nos chegaram, os fragmentos e os testemunhos a eles relativos foram recolhidos por H. Thesleff, *The Pythagorean Texts of the Hellenistic Period*, Abo 1965. Poucos anos antes, o próprio Thesleff publicara um volme introdutório: *An Introduction to the Pythagorean Writings of the Hellenistic Period*, Abo 1961, que contém o estado da questão, o catálogo dos nomes, uma descrição dos vários escritos e fragmentos e uma nova interpretação da gênese e da cronologia dos *pseudepigrapha*, bastante discutível, mas muito ilustrativa. Ver também: W. Burkert, *Hellenistische Pseudopythagorica*, in "Philologus", 105 (1961), pp. 16-43, 226-246; AA.VV., *Pseudepigrapha I*, vol. XVIII da coleção "Entretiens sur l'Antiquité Classique", Vandoeuvres-Genebra 1972, pp. 21-102, que contém ulteriores

Diante de tal massa de falsificações, os historiadores do pensamento antigo puseram-se os seguintes problemas: 1) Com que finalidade foram produzidos tais escritos? 2) Onde e quando foram produzidos? 3) Qual é o seu significado e o seu valor?

A resposta ao primeiro problema não pode ser unívoca. Todavia, se examinamos os "pedaços" mais amplos e mais notáveis que nos chegaram, a sua finalidade nos parece bastante clara.

Tomemos, por exemplo, alguns dos escritos atribuídos a Arquita. Um deles, que nos chegou integralmente, trata das categorias e extrai o material em grande parte da homônima e célebre obra aristotélica. Ora, o escopo ao qual devia mirar o falsificador que o compôs e o fez circular sob o nome de Arquita parece óbvio: ele pretendia demonstrar que a descoberta da doutrina das categorias devia ser considerada um mérito dos pitagóricos e que, portanto, Aristóteles só podia tê-la extraído deles[12]. Em outro tratado *Sobre os princípios* (do qual nos chegou um amplo fragmento), o falsificador atribui a Arquita uma doutrina dos "três princípios", análoga à que encontramos nos médio-platônicos, extraída do *Timeu* de Platão e reinterpretada em função de alguns conceitos aristotélicos. Os três princípios são: *a matéria, a forma e Deus considerado como causa motora*[13]. Deus, depois, é dito ser não só *Nous*, ou seja, Inteligência, mas superior à Inteligência[14],

---

contribuições de Burkert e de Thesleff. Ver também: Moraux, *Der Aristotelismus...*, vol. II, pp. 605-683.

12. Ver este tratado em Thesleff, pp. 21-32. A Arquita é atribuído também um segundo tratado sobre as categorias: *Sobre dez conceitos universais* (in Thesleff, pp. 3-8); mas tende-se agora a considerar este escrito uma falsificação da época humanista (cf. Th. A. Szlezák, *Pseudo-Archytas über die Kategorien*, Berlim 1972, pp. 19ss.), portanto, completamente fora do período histórico do qual falamos.

13. Cf. Thesleff, pp. 19s. Eis, por exemplo, a passagem mais significativa. Depois de ter dito que a matéria não tem condições por si de unir-se com a forma, nem vice-versa, e que, portanto, resulta necessária uma terceira causa, que é Deus, o autor escreve: "Assim são três os princípios: Deus, a substância material e a forma. Deus é o artífice e primeiro motor, a substância material é a matéria e o que é movido, e a forma é a arte e aquilo em função do qual a substância material é movida por parte do princípio motor" (Thesleff, p. 19, 25ss.).

14. Thesleff, p. 20, 11ss.: "Os princípios serão necessariamente três: a substância material das coisas, a forma e o que se move por si e que é primeiro pela sua potência. E esse princípio deve ser não só Intelecto, mas algo superior ao Intelecto: o que chamamos Deus, evidentemente, é superior ao Intelecto". Cf. Aristóteles, *Sobre a oração*, fr. 1 Ross.

segundo uma fórmula que recorda o Aristóteles exotérico e que antecipa já uma tendência que se afirmará mais tarde. Também nesse caso o falsificador queria, evidentemente, fazer crer que essas doutrinas eram de origem pitagórica. Analogamente, no tratado *Sobre o intelecto e a sensação* apresentam-se, sempre sob o nome de Arquita, doutrinas claramente extraídas da *República* de Platão[15].

Conclusões semelhantes podem-se extrair do tratado *Sobre a natureza do universo*, feito circular sob o nome de Ocelo Lucano, que visava atribuir à escola pitagórica doutrinas típicas da cosmologia e da física de Aristóteles, e, em particular, a doutrina da eternidade do cosmo[16].

O exemplo talvez mais claro é constituído pelo tratado *Sobre a natureza do cosmo*, feito circular sob o nome de Timeu de Locri, que reassume substancialmente o *Timeu* de Platão (com alguns coloridos aristotélicos), e que, antes, pretendia ser até mesmo aquele suposto escrito originário no qual o próprio Platão se teria inspirado para compor o seu grande diálogo[17].

Analogamente, um certo número desses pseudepígrafos visa fazer crer que são próprias de antigos pitagóricos doutrinas morais ou políticas extraídas de Platão e de Aristóteles[18].

---

15. Cf. Thesleff, pp. 36ss.

16. Cf. Thesleff, pp. 125-138. Desses textos há também uma excelente edição com comentário preparada por R. Harder, *Ocellus Lucanus. Text und Kommentar*, Berlim 1926.

17. Thesleff, pp. 203-225. Também nesse documento, o autor, depois de ter começado com a afirmação de que "duas são as causas da totalidade das coisas", ou seja, a matéria e a Idéia-paradigma, e depois de ter acrescentado, como terceiro, o resultado da conjunção delas, ou seja, a coisa sensível concreta, repropõe a doutrina dos três princípios, afirmando que antes do nascimento do céu "existiam a Idéia, a matéria e o Deus Demiurgo" (p. 206, 11s.). (Uma acurada edição crítica — com ampla introdução e tradução alemã — foi preparada recentemente por W. Marg: Timaeus Locrus, *De natura mundi et animae*, Leiden 1972.)

18. À ética aristotélica parece remeter-se o pseudo-Arquita no tratado *Sobre o homem bom e virtuoso* (Thesleff, pp. 8 ss.); a *metriopatia* é sustentada no tratado *Sobre a educação moral*, também atribuído a Arquita (Thesleff, pp. 40ss.). Ver, também, o *Tratado sobre a virtude* atribuído a Metopo (Thesleff, pp. 116ss.), particularmente significativo. Concepções políticas de origem platônica encontram-se nos *Proêmios às leis*, atribuído a Caronda (Thesleff, pp. 60ss.) e a Zaleuco (Theslef, pp. 225ss.), nos tratados *Sobre a arte régia* atribuídos a Diotógenes, Ecfanto e Stenida (Thesleff, pp. 71ss.; 79ss.; 187s.).

Em todos esses documentos, falta a séria tentativa de inserir as doutrinas que se pretendia apresentar como pitagóricas no contexto da teoria dos números e no da teoria dos princípios supremos.

Vice-versa, em outros pseudepígrafos aparece a doutrina dos dois princípios opostos do *Uno* ou *Mônada* e da *Díade*; a Mônada é entendida como "princípio gerador e determinante" e a Díade como princípio indeterminado, que é determinado pela Mônada[19]. A Mônada coincide com o princípio do bem, com Deus e com o *Nous* e, num par de testemunhos, tende-se até mesmo a pôr o Uno *acima do Nous*[20].

Ademais, deve-se logo observar que as passagens doutrinariamente mais avançadas não são originais, ou seja, não são fragmentos diretos, mas relatos doxográficos de autores posteriores e, portanto, são de valor incerto. Em todo caso, são tentativas que revelam maior consciência e maturidade com relação às primeiras[21].

Sobre essas doutrinas falaremos mais adiante. No entanto, devemos notar que os pseudepígrafos são documentos bastante heterogêneos entre si e que certo número deles tem seguramente uma gênese diferente da que foi indicada.

Alguns são simples tentativas de fixar por escrito doutrinas prevalentemente pitagóricas transmitidas oralmente (e, portanto, não revelam aquela ingênua e ambígua intenção de apropriar-se de doutrinas de outros), como, por exemplo, os célebres *Versos áureos* atribuídos a Pitágoras, que conservam em grande parte uma tradição genuinamente pitagórica[22].

Outros pseudepígrafos, ao invés, podem ser inclusive vulgares falsificações feitas com escopo venal, dado que nos é expressamente referido que o rei líbio Juba II, tendo-se entusiasmado pela filosofia pitagórica, fez estoque de escritos pitagóricos e que nessas circuns-

---

19. Cf. Pseudo-Calícrates, em Thesleff, p. 103, 11ss.

20. Cf. Pseudo-Brontino, em Thesleff, p. 56, 1-10, e o texto citado na nota 14. Cf. sobre a Mônada em geral, Pseudo-Butero, em Thesleff, p. 59; o texto citado na nota precedente; Pseudo-Opsimo, em Thesleff, p. 141; os textos atribuídos a Pitágoras, em Thesleff, pp. 164 s.;173, 11; 186.

21. É claro que a praxe de escrever livros atribuindo-os a antigos pitagóricos, uma vez consolidada, pôde continuar por muito tempo, mesmo quando alguns pitagóricos tinham entrado em cena com seus nomes e rostos, e, portanto, na era cristã, como já notamos acima.

22. Cf., mais adiante, pp. 353-359.

tâncias foram produzidos apócrifos com a única finalidade de serem vendidos ao rei Juba (século II a.C.)[23].

Para concluir esse assunto, diremos que muitos pseudepígrafos, em particular alguns "pedaços fortes" que nos chegaram (e que foram também os únicos a alcançar certa notoriedade), constituem uma tentativa de "relançamento" do pitagorismo, conduzida de maneira muito ingênua, ou seja, tentando fazer crer (se com boa ou má-fé não nos interessa) que famosas e conclamadas doutrinas platônicas e aristotélicas eram já próprias dos antigos pitagóricos. É óbvio que nos encontramos diante de homens que, por um lado, *não tinham mais* às costas uma tradição de "escola", da qual pudessem extrair uma precisa identidade, e que, por outro lado, *não tinham ainda* adquirido a consciência da possibilidade de uma reproposição e de um repensamento dos princípios pitagóricos capaz de subsumir as instâncias posteriores. Justamente por esse motivo tais escritores ocultaram-se atrás de nomes de velhos pitagóricos. Bem outra consciência e bem outro espírito, derivado de uma reconquistada identidade, demonstram, como veremos, os "neóteros", os novos pitagóricos, que, justamente por isso, apresentam-se sem máscara, ou seja, com o seu rosto e o seu nome e que merecem com exclusividade, portanto, a qualificação de "neopitagóricos". É preciso, pois, convir que *entre o antigo e o novo pitagorismo existiu uma fase intermediária* (que cronologicamente prossegue mesmo paralelamente ao novo), *que teve as características acima descritas, e que seria oportuno, a nosso ver, denominar "médio-pitagorismo"*[24].

Onde e quando surgiram os escritos médio-pitagóricos (e assim chegamos ao segundo problema acima indicado) não é possível estabelecer com segurança. Um ponto, todavia, parece estabelecido. Remetê-los todos ao ambiente alexandrino e situá-los todos no século I a.C., como queria Zeller, não parece possível, como os estudiosos recentes demonstraram de vários modos[25]. A tese de Zeller, a nosso

---

23. Cf. Olimpiodoro, *In Arist. Categ.*, 13, 13ss.

24. Propomos entender os termos seja em sentido cronológico (embora parcial), seja, também, em sentido filosófico; cf., mais adiante, pp. 336ss.

25. Thesleff peca pelo excesso oposto, situando *todos* os pseudepígrafos entre o os séculos IV e II a.C., mas tem o mérito de ter aberto de maneira frutuosa os termos da complexa questão. Em todo caso, é certo que a tendência geral é a de situar esses

ver, deve ser corrigida da seguinte maneira. O *neopitagorismo* parece efetivamente ter tido origem em Alexandria no século I a.C.; todavia, anteriormente ao século I a.C., além de Alexandria, também na Itália meridional, e, antes, talvez prevalentemente nesse ambiente[26], começaram a circular aqueles apócrifos que chamamos de "médio-pitagóricos". Estes, ademais, devem ter tido, pelo menos na origem, escassa difusão. De resto, o caráter "provincial", ou seja, o limitado horizonte especulativo e a pouca inspiração doutrinal que neles se encontra, são a prova disso.

Entre o velho e o novo pitagorismo, portanto, além daquela tênue ligação constituída pela sobrevivência na era helenística de certa espiritualidade pitagórica ligada aos mistérios e reconhecida por Zeller, existiu também essa outra ligação, a qual, se do ponto de vista especulativo (e assim respondemos ao último dos problemas acima levantados) tem valor muito escasso, do ponto de vista histórico é significativo na medida em que contribui para preparar o verdadeiro renascimento pitagórico, vale dizer, o verdadeiro "neopitagorismo".

3. Os relatos doxográficos extraídos de pitagóricos dos quais é referido o nome

Além dos apócrifos, chegaram-nos alguns relatos sobre doutrinas pitagóricas, de caráter prevalentemente expositivo, feitos por autores que não nos dizem a que fontes se remetem as suas notícias, e por esse motivo os estudiosos, para designar essas fontes, falam de "pitagóricos anônimos".

As doutrinas desses "Anônimos" são-nos referidas por Alexande Poliistore[27], Fócio[28] e Sexto Empírico[29] (aos quais se podem acrescentar

---

escritos em época anterior; cf. as posições dos vários estudiosos posteriores a Zeller em Thesleff, *Introduction...*, pp. 30ss.

26. Sobre a origem desses escritos na Itália meridional, cf. Thesleff, *Introduction...*, pp. 46ss.

27. Reportado por Diógenes Laércio, VIII, 24-33.

28. Fócio, *Biblioth.*, cód. 249, 438 b-441 b (reportado também por Thesleff, pp. 237-242).

29. Sexto Empírico, *Contra os matemáticos*, X, 249-284; cf. também *Esboços pirronianos*, III, 152-157.

as doutrinas que se remetem a Ovídio e Diodoro[30], embora de muito menor interesse)[31].

Alexandre Poliistore, que viveu no século I a.C., haure provavelmente da fonte mais antiga, o que se torna particularmente interessante pelo fato de tentar uma combinação, muito infeliz, entre doutrinas pitagóricas e doutrinas estóicas, *caindo de modo inequívoco no materialismo*.

As doutrinas pitagóricas são interpretadas em sentido monístico: de fato, da Mônada se deduz a Díade; desses dois princípios são deduzidos primeiro os números, depois os entes e os sólidos geométricos, em seguida os elementos materiais e o cosmo físico. Eis uma passagem significativa:

> Alexandre, nas *Sucessões dos filósofos*, diz ter encontrado também essas coisas nas *Memórias pitagóricas*. Princípio de todas as coisas é a Mônada; da Mônada nasce a Díade infinita, que é inferior à Mônada, que é causa; da Mônada e da Díade infinita nascem os números; dos números, os pontos; destes, as linhas, das quais nascem as figuras planas; das figuras planas, as sólidas; destas, os corpos sensíveis, cujos elementos são quatro: fogo, água, terra e ar, que mudam e se misturam, e desses resulta o cosmo animado, inteligente, que contém no centro a terra, redonda e habitada[32].

Depois de ter acenado aos pares de contrários (luz e trevas, quente e frio, seco e úmido) e à sua função na determinação dos fenômenos do cosmo, diz:

> O sol, a lua e os astros *são divindades, pois prevalece neles o quente, que é causa da vida. E a lua é iluminada pelo sol. Existe afinidade* (συγγένεια) *entre homens e Deuses, pelo fato de que o homem participa do quente; e esta é a razão pela qual a divindade é a nossa providência.* O fato governa o todo e as partes. Do sol se difunde um raio através do éter frio e do éter denso. Chamam o ar de éter frio, o mar e tudo o que é úmido, de éter denso. Esse

30. Ovídio, *Metam.*, XV, 1-478; Diodoro, X, 3-11 (reportado também por Thesleff, pp. 229-237).

31. Para completar devemos recordar também Eudoro (cf. *supra*, p. 292) e Filo de Alexandria (cf. pp. 215-267), cujas fontes nos são desconhecidas, mas certamente passíveis de serem circunscritas no ambiente alexandrino. O tratado *Sobre os números* de Filo foi reconstruído por K. Staehle, *Die Zahlenmystik bei Philon von Alexandreia*, Leipzig-Berlim 1931.

32. Diógenes Laércio, VIII, 25.

raio penetra até nos abismos e por isso vivifica todas as coisas. Tudo o que participa do quente vive, por isso também as plantas são seres animados: todavia, nem todos os seres animados possuem a alma. *A alma é uma parcela do éter quente e do éter frio, porque participa também do éter frio.* A alma difere da vida; ela é imortal, porque também aquilo do qual se destaca é imortal[33].

Nessas afirmações chama a atenção, sobretudo, a fundação da afinidade entre Deuses e homens *sobre o elemento do calor*, assim como a *redução da alma (imortal) a éter quente e frio*. As hipotecas materialistas são evidentíssimas. O autor ou os autores pitagóricos que sustentavam essas doutrinas situam-se aquém da descoberta do *incorpóreo*. Estamos, contudo, diante de um autor ou de alguns autores que se comportam de modo diferente dos apócrifos acima examinados. De fato, as doutrinas que pretendem subsumir e pitagorizar não são só as platônicas e aristotélicas, mas também as estóicas, que deviam ser, justamente, as então dominantes. Ademais, eles tentam certa mediação, fracassada na medida em que predomina o materialismo de matriz estóica, que produz uma considerável defasagem com relação à doutrina da Mônada, que nada tem a ver com o "quente" e o "éter". Deve-se observar que, na sua fase mais evoluída, o neopitagorismo desenvolverá acirrada polêmica contra o materialismo, e que, portanto, também os documentos condicionados por essa mentalidade dominada pelo materialismo e pelo imanentismo não podem ser considerados expressões da fase mais madura do neopitagorismo.

Maior consciência crítica e maior maturidade da problemática neopitagórica apresenta, ao invés, o Anônimo autor da *Vida de Pitágoras*, que Fócio nos transmitiu em resumo. Esse Anônimo apresenta um sistema que deduz toda a realidade da Mônada, mas distingue a Mônada, pertencente à esfera da *realidade inteligível*, da Unidade, que *é o princípio dos números*. Esse pitagórico, portanto, *superou nitidamente o materialismo*, enquanto deduz *toda* a realidade do Inteligível; mas ele se remete inteiramente às "doutrinas não-escritas" de Platão. Eis duas passagens:

Os seguidores de Pitágoras diziam que a Mônada e a Unidade são entre si diferentes. A Mônada, de fato, era considerada por eles como pertencente

33. Diógenes Laércio, VIII, 27s.

ao âmbito dos inteligíveis, a Unidade, ao invés, ao âmbito dos números. De maneira semelhante, também o Dois pertence ao âmbito das coisas numeráveis, ao invés, a Díade, diziam eles, é um indeterminado, enquanto a Mônada é entendida segundo a igualdade e a medida, e a Díade é entendida segundo o excesso e a falta; ora, a proporção e a medida não podem se tornar maior ou menor, enquanto, dado que o excesso e a falta tendem ao infinito, a Díade é por isso chamada indeterminada. E, porque reportam todas as coisas aos números, que faziam derivar da Mônada e da Díade, afirmavam que todas as coisas são números e que o número perfeito é o dez; ora o dez é composto pelos quatro primeiros números que contamos, procedendo por ordem [10 = 1 + 2 + 3 + 4], e por isso chamavam "Tetraktys" esse número no seu conjunto [...][34].

Os pitagóricos diziam que a Mônada é o princípio de tudo, pois diziam que o ponto é princípio da linha, a linha é princípio da superfície, e a superfície é princípio do sólido em três dimensões, ou seja, do corpo. Mas a Mônada se conhece antes do ponto, de modo que a Mônada é princípio dos corpos; por conseqüência, todos os corpos derivam da Mônada[35].

O Anônimo do qual falamos, ademais, mostra-se consciente das disputas em torno da questão sobre se Aristóteles admitia a imortalidade da alma, as quais só puderam ter lugar depois da edição dos esotéricos feita por Andrônico, e, portanto, deveriam ser posteriores a essa época[36].

Também o que ele diz a respeito da ética, cujo fim é indicado na "imitação de Deus" e na separação da alma do corpo, remete a uma época tardia[37].

O homem é considerado um "microcosmo", não porque é constituído por todos os elementos materiais, mas porque "tem em si todas as potências do cosmo", das mais baixas às mais divinas. A tangência com o divino, muito diferentemente do materialismo do Anônimo de Alexandre Poliistore, é aqui indicada nas faculdades racionais e, em particular, no intelecto[38].

O laço entre ética e ontologia é, depois, perfeitamente individuado na impossibilidade de conhecer a si próprio sem conhecer a realidade na sua totalidade.

---

34. Fócio, *Biblioth.*, cód. 249, 438 b 33 ss. - 493 a 8.
35. Fócio, *Biblioth.*, cód. 249, 439 a 19-24.
36. Cf. Fócio, *Biblioth.*, cód. 249, 440 a 30-33.
37. Cf. Fócio, *Biblioth.*, cód. 249, 438 b 8ss.
38. Cf. Fócio, *Biblioth.*, cód. 249, 440 a 33 ss.; 440 b 29ss.

Conhecer a si mesmo significa conhecer a natureza de todo o cosmo[39].

À fase mais madura pertencem os pitagóricos aos quais se remete Sexto Empírico[40]. O quadro que ele nos apresenta no seu escrito *Contra os físicos* é muito rico, porque fornece uma panorâmica das diferentes tendências e argumentações. O fulcro dos raciocínios dos pitagóricos, mesmo quando verdadeiros nas suas formulações, segundo Sexto Empírico, é um só, e consiste em deduzir do *incorpóreo* (dos números incorpóreos) toda a realidade. Essa dedução do incorpóreo, apenas mencionada em Fócio, é, ao invés, muito desenvolvida em Sexto Empírico. Sobre alguns dos argumentos que nos são fornecidos por Sexto Empírico voltaremos mais adiante. De momento, queremos somente ler o resumo que o próprio Sexto Empírico apresenta nos *Esboços pirronianos*:

> [...] Os pitagóricos dizem [...] que os números são os elementos do mundo. Acrescentam que as coisas que aparecem ao sentido são compostos, enquanto é necessário que os elementos sejam simples. Por isso os elementos se subtraem ao sentido. Mas das coisas que se subtraem ao sentido, algumas são corpóreas, como os vapores e os corpúsculos, outras, incorpóreas, como as formas, as Idéias, os números. Ora, as corpóreas são compostas, constando de cumprimento, largura, profundidade e resistência e também de gravidade (cf. Epicuro, fr. 275 Usener). Não só, portanto, se subtraem ao sentido, mas também incorpóreos são os elementos. Ademais, cada um dos incorpóreos considerados contém o número, pois ou é um, ou dois, ou mais. Com o que

39. Cf. Fócio, *Biblioth.*, cód. 249, 440 b 20-27.

40. Sexto Empírico, *Esboços pirronianos*, III, 152-157. Recordamos que *Contra os matemáticos*, X, 249-284, é considerado por todos (a partir de P. Wilpert, *Zwei aristotelische Frühschriften über die Ideenlehre*, Regensburg 1949) como testemunho referente às doutrinas não-escritas de Platão. Sexto Empírico fala de pitagóricos porque, evidentemente, a fonte da qual extrai (direta ou indiretamente) é um pitagórico que se apropria do material acadêmico, segundo a praxe que conhecemos bem. Por outro lado, deve-se observar que, em geral, os neopitagóricos não se remetem ao originário pitagorismo, mas ao da Academia. (Mesmo a redução, que lemos em Sexto Empírico, de todas as coisas a três supremas categorias, ou seja, às *coisas que são por si*, aos *opostos* e aos *relativos*, para poder depois reduzi-las à Mônada e à Díade, tem um paralelo, embora muito mais rústico, no pseudo-Calícrates [em Thesleff, p. 103, 12 ss.], e, portanto, não constitui problema). Sobre esse texto de Sexto Empírico é fundamental K. Gaiser, *Quellenkritische Probleme der indirekten Platonüberlieferung*, em AA.VV., Id*ee und Zahl*, Heildelberg 1968, pp. 31-84.

se conclui que os elementos dos seres são os números, subtraídos ao sentido e incorpóreos, observáveis em todas as coisas. E não os números pura e simplesmente, mas a unidade, e, gerando-se pelo acréscimo de uma unidade, a díade infinita, por participação na qual as díades particulares tornam-se díades. Destas, de fato, segundo dizem, geram-se também os outros números, os que se observam nas coisas numeradas, e é constituído o universo. E na verdade, o ponto contém a relação da unidade, a linha, a da díade (porque se observa esta entre dois pontos), a superfície contém a da tríade (dizem, de fato, ser a superfície um fluxo da linha, no sentido da largura, em direção a outro ponto posto ao lado), o corpo contém a da tétrade: o corpo é, de fato, a elevação da superfície em direção de um ponto posto acima. E assim dão a representação dos corpos de todo o universo [...][41].

4. Os novos pitagóricos que se apresentam com os seus nomes

Públio Nigídio Fígulo é o primeiro neopitagórico que conhecemos pelo seu verdadeiro nome, e pertence ao mundo romano. Cícero, que é seu contemporâneo, lhe atribui expressamente o mérito de ter dado nova vida à seita pitagórica, há muito tempo extinta[42]. Na verdade, o pitagorismo no mundo romano tinha continuado a viver, sobretudo nos seus aspectos éticos, religiosos e misteriosóficos, mesmo fora de uma verdadeira organização de seita ou de escola, como o prova sobretudo a lenda segundo a qual o rei Numa teria estado em contato com Pitágoras, e o conseqüente nascimento, nos inícios do século II a.C., de falsificações de livros pitagorizantes atribuídos ao próprio Numa[43]. Mas o mérito de Públio Nigídio Fígulo foi, justamente, ter reconstituído o pitagorismo como seita e como escola, embora esta, do ponto de

---

41. Sexto Empírico *Esboços pirronianos*, III, 152-155.

42. Nigídio Fígulo nasceu entre o final do século II e os inícios do século I a.C. e morreu em 45 a.C. Cícero diz dele expressamente no *Tim*, 1, 1: "Denique sic iudico, post illos nobiles Pythagoreos, *quorum disciplina extincta est quodammodo*, cum aliquot saecula in Italia Siciliaque viguisset, hunc extitisse, qui illam revocaret". Os fragmentos de Nigídio Fígulo foram recolhidos por A. Swoboda, *Publii Nigidi Figuli operum reliquae*, Praga 1889.

43. Sobre a tradição do pitagorismo romano, ver: L. Ferrero, *Storia del pitagorismo nel mondo romano (dalle origini alla fine della Repubblica)*, Turim 1955. Sobre a lenda de Numa e sobre o pseudo-Numa, cf. aí, pp. 142ss. A falsificação dos livros atribuídos a Numa pode ser situada em 181 a.C.

vista especulativo, não deva ter alcançado resultados particularmente significativos[44].

No início da era cristã, surgiu o assim chamado círculo dos Séstios, fundado por Quinto Séstio e, provavelmente, guiado depois por seu filho (ao qual pertenceram Sócion de Alexandria, Lúcio Crassício de Tarento e Fabiano Papírio), que teve notável sucesso, mas se dissolveu rapidamente[45]. Sêneca, sobre quem Séstio exerceu notável influência, atesta a afinidade da ética desse pensador com a estóica[46]. Do estoicismo, todavia, os Séstios se distanciaram, sustentando a *incorporeidade da alma* (Sócion retomou inclusive a doutrina da metempsicose)[47]. Uma característica típica da escola era a prática cotidiana do exame de consciência, que encontramos recomendada também nos *Versos áureos* atribuídos a Pitágoras[48].

O neopitagorismo metafísico foi representado por Moderado de Gades, que viveu no século I d.C.[49], por Nicômaco de Gerasa, que

---

44. Ao círculo pertenceram Públio Vatínio e Ápio Cláudio. Cícero dá um juízo decididamente negativo sobre o primeiro: cf. *In Vatin.*, 6, 14.

45. Quinto Séstio foi um contemporâneo (um pouco mais velho) de Augusto, como se depreende de Sêneca, *Epist.*, 98, 13. Nascido em nobre e rica família, deixou a vida ativa para dedicar-se inteiramente à filosofia (cf. Plutarco, *De profect. in virt.*, 77e). Sócion foi um dos mestres que entusiasmou o jovem Sêneca (cf. *Epist.*, 108, 17ss.). Crássico, antes de passar à escola de Séstio, foi um gramático (cf. Suetônio, *De gramm.*, 18). Também Fabiano Papírio foi ouvido por Sêneca (cf. *De brev. vitae*, 10, 1; *Epist.*, 11, 4, etc.).

46. Eis as palavras de Sêneca, *Epist.*, 64, 1: "Leu-se depois um livro de Quinto Séstio pai, homem, creia-me, grande e *profundamente estóico, mesmo que não o diga abertamente*. Que vigor de espírito há, santo Deus, naquele homem! Não encontrarás igual em todos os outros filósofos. Os escritos de alguns dentre estes têm clara fama, mas são pobres de vida. Ensinam, disputam e discutem com argumentos sutis, mas não conseguem infundir vitalidade espiritual, porque não a têm. Ao invés, quando lês Séstio não podes deixar de dizer: 'Ele está vivo, pleno de vigor, é livre, é superior ao nível humano, deixa-me o coração cheio de grande confiança'".

47. Cf. Claudiano Mamert., *De statu animae*, II, 8; para a doutrina de Sócion, cf. Sêneca *Epist.*, 108, 17ss. Para o caráter da alma, à qual é atribuída, além da *incorporeidade* também a *inlocalitas*, cf. F. Bömer, *Der lateinische Neuplatonismus und Neupythagoreismus und Claudianus Mamertus in Sprache und Philosophie*, Leipzig 1936, pp. 110 ss.

48. Cf. Sêneca, *De ira*, III, 36, 1; *Versos áureos*, 40 ss. (cf. Porfírio, *Vida de Pitágoras*, 40).

49. Calcula-se que Moderado tenha vivido nos tempos de Nero ou dos Flávios com base no fato de que Plutarco, nas *Quaest. conv.*, VIII, 7, 1, faz falar um discípulo

viveu na primeira metade do século II d.C.[50], por Numênio de Apaméia, que viveu na segunda metade do século II d.C.[51] e pelo seu seguidor Crônio[52].

O aspecto místico do neopitagorismo é representado por Apolônio de Tiana, que viveu no século I d.C.[53], do qual Filostrato, no século III d.C., por solicitação de Júlia Domna (mulher de Septímio Severo), escreveu a vida, com a intenção de apresentar Apolônio como fundador de um novo culto religioso, baseado na interioridade e na espiritualidade[54].

5. Características do pitagorismo das eras helenística e imperial

Segundo quanto dissemos até aqui, torna-se evidente a impossibilidade de considerar os vários documentos e os autores mencionados de modo global, situando-os todos no mesmo plano. Zeller, que tentou traçar uma síntese compreensiva de tudo, encontrou-se diante de

---

de Moderado. A sua obra, em onze livros sobre a doutrina pitagórica foi louvada por Porfírio, que, como veremos, a utilizou em alguns pontos essenciais da sua *Vida de Pitágoras*.

50. Nicômaco foi de origem árabe (Gerasa está na Arábia). Não pode ter vivido muito depois da primeira metade do século II d.C., dado que Apuleio traduziu a sua obra. Dele nos chegaram uma *Introdução à aritmética* (publicada por R. Hoche, Leipzig 1866) e um *Manual de harmonia* (publicado por C. Jan, Leipzig 1895), além de um resumo da *Teologia aritmética* feito por Fócio (*Biblioth.*, cód. 187).

51. Sobre Numênio, cf. mais adiante, p. 358, nota 1.

52. Crônio foi um contemporâneo e amigo de Numênio (cf. Porfírio, *De antr. Nymph.*, 21). É citado amiúde junto com Numênio. Dele sabemos pouquíssimo. Foi um dos autores lidos por Plotino nas suas lições (Porfírio, *Vida de Plotino*, 14).

53. Apolônio nasceu nos inícios do século I d.C. em Tiana, na Capadócia, e realizou estudos em Tarso. Fez numerosas viagens ao Oriente e ao Ocidente, pregando a doutrina pitagórica e realizando ações extraordinárias, levando o mesmo tipo de vida atribuído a Pitágoras. Dele nos chegou apenas um fragmento da obra *Sobre os sacrifícios*, enquanto as *Epístolas*, que nos chegaram sob o seu nome, parecem ser na maioria inautênticas. Parece que morreu sob o império de Nerva.

54. Júlia Domna morreu em 217 d.C. Entre as edições da *Vida de Apolônio*, recordamos a de F. C. Conybeare, *Philostratus. The Life of Apollonius of Tyana, the Epistles of Apollonius and te Treatise of Eusebius*, with an English Translation, 2 vols., Londres-Cambridge-MA 1912. O leitor italiano tem à disposição, além da velha tradução: *Le opere dei due Filostrati*, vulgarizadas por V. Lancetti, vol. I, Milão 1828, a nova de D. Del Corno: Filostrato, *Vita di Apollonio di Tiana*, Ed. Adelphi, Milão 1978.

soluções dos problemas essenciais não só diferentes, mas opostas e de tal modo a excluírem-se reciprocamente, e, portanto, acabou fazendo emergir uma substancial falta de unidade de fundo, contra a sua própria intenção[55].

Por outro lado, a pretensão de Zeller de considerar globalmente o complexo material dependia da sua conjetura de que toda essa literatura pertencesse à mesma época e proviesse em grande parte do mesmo ambiente, tese hoje em dia insustentável.

Como já dissemos, Zeller tem razão em situar o início do movimento neopitagórico no século I a.C. em Alexandria, porque a esta conclusão levam os documentos que possuímos[56]. (O momento da *acmé* do movimento cai, porém, na era imperial, nos primeiros dois séculos da era cristã, tanto é verdade que só nessa época — com a única exceção do círculo de Nigídio Fígulo em Roma — os pitagóricos se apresentam com seus nomes e seus rostos.) *Zeller, contudo, erra ao negar a existência de um pitagorismo anterior ao século I a.C., ou seja, na era propriamente helenística.* De fato, muitos dos pseudepígrafos pitagóricos, que por razões de caráter histórico-filológico são agora atribuídos aos séculos III e II (ou até mesmo ao IV) a.C., pertencem doutrinariamente a outro horizonte. *Será, pois, oportuno distinguir um pitagorismo da era propriamente helenística e um da era imperial: portanto, como dizíamos, um pitagorismo intermédio entre o antigo e o novo, que tinha as características das quais já falamos, não acomunáveis ou, pelo menos, não identificáveis com as do novo, ainda que não tenha desaparecido completamente com o aparecimento deste.*

Retomando tudo o que já dissemos no curso do presente capítulo e antecipando o que analiticamente diremos no próximo, queremos traçar um quadro sintético das características das duas fases do pitagorismo por nós distinguidas, que simplificará a compreensão dos seus muitos problemas.

Os traços peculiares do "médio-pitagorismo" são os seguintes:

---

55. Cf. Zeller, *Die Philosophie der Griechen*, III, 2, sobretudo pp. 129-151.
56. Cf. Zeller, *Die Philosophie der Griechen*, III, 2, pp. 113s.

1) Os autores médio-pitagóricos tendem a fazer crer que doutrinas posteriores são descobertas de antigos pitagóricos, produzindo uma série de escritos apócrifos contendo aquelas doutrinas e atribuindo-as a pitagóricos famosos.

2) Eles demonstram uma escassa consciência da própria identidade filosófica e, justamente por isso, sentem a necessidade de ocultar-se sob uma máscara. Nos seus escritos, falta um baricentro. Eles se limitam, amiúde, a retomar doutrinas de Platão e de Aristóteles, às vezes quase inteiramente.

3) A doutrina dos supremos princípios da Mônada e da Díade ou não está presente ou é escassamente explorada, e, sobretudo, não é ontologicamente aprofundada.

4) Encontram-se infiltrações materialistas e imanentistas; ou, quando são levantadas temáticas metafísicas, nota-se que os autores carecem do sentido específico da perspectiva ontológica e metafísica.

5) À mentalidade do pitagorismo médio talvez estejam também ligadas as tentativas que, com relação às dos pseudepígrafos, parecem mais evoluídas e em parte mais conscientes, como por exemplo a do Anônimo de Alexandre Poliistrone, no qual a doutrina da Mônada e da Díade e a conseqüente doutrina dos números são explicitamente desenvolvidas, mas são ao mesmo tempo combinadas com o materialismo estóico. O motivo pelo qual somos propensos a atribuir a tal tipo de pitagorismo tais documentos está no fato de que os pitagóricos mais recentes, os "neóteros", são antimaterialistas e estão em cerrada polêmica, seja contra o atomismo epicurista, seja contra o corporeísmo e o imanentismo do Pórtico, em plena sintonia com o paralelo movimento médio-platônico.

Quais são, então, as características que com exclusividade se podem denominar "neopitagóricas", ou seja, do pitagorismo seguramente datável entre o fim da era pagã e os primeiros dois séculos da era cristã?

1) Os neopitagóricos verdadeiros tendem, como se viu, a lançar fora a máscara e a apresentar-se com seus nomes e rostos. Mas isso acontece já na era imperial. Naturalmente, isso *não deve ter acontecido repentinamente, nem de modo exclusivo*. Alguns dos próprios pseudepígrafos, por exemplo, podem pertencer a esta época, enquanto recebem

algumas das características do pitagorismo dessa mesma época, embora mantendo os velhos traços.

2) Os neopitagóricos têm a precisa consciência da sua identidade, na medida em que a sua doutrina *revela um baricentro preciso*. Note-se que, paralelamente à aquisição dessa consciência, muda a atitude diante de Platão e de Aristóteles, assim como diante dos filósofos da era helenística: enquanto os mais antigos autores dos pseudepígrafos limitam-se ingenuamente a referir a antigos pitagóricos doutrinas de Platão e de Aristóteles, o Anônimo de Fócio já estabeleceu uma regular "diadoquia", ou seja, uma "sucessão", na qual Platão e Aristóteles figuram como membros da escola pitagórica:

> O nono sucessor de Pitágoras [...] foi Platão, o qual foi aluno de Arquita, o Velho; o décimo sucessor foi Aristóteles[57].

Moderado de Gades e os pitagóricos mais recentes aumentam a dose. Eles chegam até mesmo a acusar Platão, Aristóteles e os acadêmicos de mistificação, ou seja, de terem-se apropriado das doutrinas de Pitágoras com pequenas modificações, mas sem o declarar e, antes, citando a filosofia de Pitágoras só nos seus aspectos mais superficiais e frágeis, com o escopo de desacreditá-la. Refere Porfírio, remetendo a Moderado:

> [...] Platão, Aristóteles, Espêusipo, Aristóxeno e Xenócrates, no dizer dos pitagóricos, apropriaram-se com pequenas modificações do que havia de bom naquela filosofia; e reuniram as partes vulgares e pouco firmes, e tudo o que foi excogitado posteriormente pelos invejosos caluniadores com a finalidade de destruir e ridicularizar aquela escola e as deixaram num canto como exclusivas de tal seita[58].

Numênio, que, como veremos, tenta fundir pitagorismo e platonismo, considera Pitágoras não só inferior, mas, por certos aspectos, também superior a Platão, e afirma que o próprio Sócrates foi discípulo de Pitágoras[59].

---

57. Fócio, *Biblioth.*, cód. 249, 438 b 17-19.

58. Porfírio, *Vida de Pitágoras*, 53 (reportamos aqui e mais adiante a tradução de G. Pesenti, *Ps.-Pitagora. I Versi Aurei, i Simboli, le Lettere, seguite da frammenti ed estratti di Porfirio, dell'Anonimo Foziano, di Iamblico e di Ierocle relativi a Pitagora*, Lanciano 1913).

59. Cf., mais adiante, pp. 359s.

No que diz respeito, ao invés, à relação com as escolas helenísticas, os neopitagóricos têm plena consciência do que os divide irremediavelmente. Os Anônimos de Sexto polemizam expressamente, como sabemos, contra o materialismo de Epicuro, enquanto Numênio polemiza explicitamente contra o do Pórtico.

3) Tocamos assim numa das características mais qualificantes do neopitagorismo, vale dizer, *a redescoberta e a reafirmação do "incorpóreo" e do "imaterial", ou seja, a recuperação do horizonte perdido com os sistemas da era helenística*. Esse é um dos principais méritos dessa corrente, a qual, juntamente com o médio-platonismo, preparou as bases da grande síntese neoplatônica.

4) O incorpóreo não é entendido pelos neopitagóricos do mesmo modo que os médio-platônicos, ou seja, prevalentemente com base na metafísica do *Nous* de origem aristotélica, e com base na metafísica das Idéias de origem tipicamente platônica, mas com base na doutrina da Mônada, da Díade e dos números. Tal doutrina é só indiretamente pitagórica e se liga mais às especulações da antiga Academia de Espêusipo e de Xenócrates, que, partindo das doutrinas do Platão esotérico, como já observamos muitas vezes, tinham dado um corte acentuadamente matemático à metafísica (já Aristóteles lamentava que a filosofia do seu tempo tivesse se transformado, justamente, em matemática). Todavia, a doutrina dos números é retomada numa chave que, com relação à Academia, acentua mais o seu caráter simbólico. Os números exprimem algo metanumérico, ou seja, princípios mais profundos, que, pela sua dificuldade, pouco se prestam a ser por si mesmo representados, e que, ao invés, por meio dos números podem ser esclarecidos, no sentido que veremos mais adiante.

5) A doutrina da Mônada e da Díade é submetida a aprofundamentos de certa importância. A partir de uma originária formulação que via na Mônada e na Díade a suprema dupla de contrários, delineia-se uma tendência sempre mais acentuada a pôr a Mônada em posição de absoluto privilégio, distinguindo uma *primeira* de uma *segunda* Mônada e contrapondo só esta última à Díade, e também tentando deduzir toda a realidade a partir da Mônada suprema, inclusive a própria Díade (sobre este ponto, ademais, a terminologia é oscilante: enquanto alguns chamam Uno a primeira Mônada, outras chamam Uno a segunda).

6) À doutrina das Idéias é dado escasso relevo e só subordinadamente à doutrina dos números, os quais, além do modo acima acenado, são entendidos de modo teológico, antes, teosófico: desenvolve-se uma verdadeira aritmetologia ou aritmetosofia.

7) No que se refere à concepção do homem, os neopitagóricos elevam ao auge a doutrina da espiritualidade da alma e da imortalidade (e, conseqüentemente, também a doutrina da metempsicose é retomada e reafirmada). O fim do homem é indicado na separação do sensível e na união com o divino.

8) A ética neopitagórica assume fortes tintas místicas; a própria filosofia é entendida como revelação divina e a figura ideal do filósofo, identificada de maneira paradigmática em Pitágoras, mais que a de um homem perfeito, torna-se a de um ser próximo a um Demônio ou a um Deus, ou, pelo menos, a de um profeta ou de um homem superior que tem comércio com os Deuses.

Antes de passar à ilustração desses pontos individuais, devemos esclarecer uma última questão. Não é certamente exato considerar Numênio como um médio-platônico, como fazem muitos, mas tampouco é correto considerá-lo na linha dos outros neopitagóricos. De fato, como veremos, Numênio funde as duas correntes de pensamento, e, por tal motivo, deve ser tratado à parte na medida em que, com sua tentativa, antecipa, de certo modo, o neoplatonismo.

II. OS FUNDAMENTOS DOUTRINAIS DO NEOPITAGORISMO

1. A recuperação do incorpóreo e a reafirmação do seu primado ontológico

Como em parte já observamos, a redescoberta do incorpóreo e da transcendência e a afirmação de que o incorpóreo transcendente é causa do corpóreo assinalam a linha de demarcação entre o médio e o neopitagorismo propriamente dito. Como já dissemos, os documentos mais antigos, como por exemplo o tratado do pseudo-Ocelo, ignoram esta concepção e a problemática ligada a ela. O Anônimo de Alexandre Poliistore faz afirmações materialistas de caráter claramente estóico. E de sabor decididamente imanentista e estóico são também algumas afirmações de um ou de alguns pseudepígrafos atribuídos a Pitágoras, dos quais nos chegou notícia[1].

Mas já os neopitagóricos, dos quais fala o médio-platônico Eudoro na segunda metade do século I a.C., deduziam de um Uno absolutamente transcendente a própria matéria e todas as coisas[2].

O Anônimo de Fócio, como vimos, deduz da Mônada, que (como ele diz expressamente) "pertence ao âmbito dos inteligíveis", os corpos, e, portanto, do incorpóreo deduz o corpóreo[3].

O Anônimo ou os Anônimos de Sexto apresentam a temática do incorpóreo como o próprio fulcro da ontologia, numa intensa polêmica dirigida sobretudo contra o materialismo epicurista, como, além da passagem acima lida, prova esta outra passagem extremamente precisa. Depois de ter dito que os "seguidores de Pitágoras" atribuíam "grande poder" ao número, a ponto de fazer deles "os princípios de todas as coisas", Sexto escreve:

> Eles dizem que os que filosofam corretamente assemelham-se aos que estudam a linguagem. Como eles em primeiro lugar se ocupam das palavras

1. Cf. Thesleff, p. 186, 5-20; cf. também Sexto Empírico, *Contra os matemáticos*, IX, 127.
2. Ver a passagem reportada acima, p. 301, nota 35.
3. Fócio, *Biblioth.*, cód. 249, 438 b 34.

(de fato, a linguagem é constituída de palavras) e dado que as palavras são constituídas de sílabas, examinam em primeiro lugar as sílabas e, ulteriormente, dado que as sílabas se dissolvem nos elementos da palavra articulada, desenvolvem a sua pesquisa em primeiro lugar em torno a estas; pois bem, assim também os pitagóricos dizem que os que investigam verdadeiramente o real considerado na sua totalidade devem examinar em primeiro lugar quais são os elementos nos quais se dissolve o Todo. Afirmar que o princípio de todas as coisas é fenomênico, é contrário ao método da pesquisa sobre a realidade, porque tudo o que é fenômeno deve ser constituído de coisas não-fenomênicas e o que é composto de alguns elementos componentes não pode ser princípio, mas só pode ser princípio o que constitui aquele composto. Portanto não se deve dizer que as coisas fenomênicas são princípios de todas as coisas, mas deve-se dizer que os constitutivos dos fenômenos são princípios, e estes constitutivos não são mais fenômenos. Eles, portanto, afirmam que os princípios dos seres não são aparentes e não são visíveis, ainda que não do modo comumente entendido. De fato, os que afirmam que os átomos, ou as homeomerias, ou os corpúsculos ou, em geral, os corpos só captáveis com o pensamento constituem os princípios dos seres têm em parte razão e em parte não. Enquanto consideram os princípios como não-aparentes, procedem corretamente, mas enquanto consideram esses princípios como *corpóreos* erram. De fato, como os corpos captáveis só com o pensamento e não-aparentes precedem os corpos sensíveis, assim os *incorpóreos* (τὰ ἀσώματα) devem ser princípios dos corpos que são captáveis só com o pensamento. De fato, como os elementos das palavras não são palavras, *assim também os elementos dos corpos não são corpos*; mas estes só podem ser corpos ou entes incorpóreos, *portanto devem ser, sem dúvida, entes incorpóreos*. Na verdade, não é possível dizer que os átomos têm a característica de serem *eternos* e que eles, mesmo sendo corpóreos, podem ser princípios de todas as coisas. Com efeito, em primero lugar, mesmo os que sustentam que as homeomerias, os corpúsculos ou os mínimos invisíveis são elementos, atribuem a estes uma subsistência eterna, de modo que os átomos não são elementos por maior título que estes. Ademais, suponhamos que os átomos sejam eternos. Pois bem, nesse caso, do mesmo modo em que os que admitem o universo ingênito e eterno buscam, todavia, princípios primeiros que o constituam, assim também nós, dizem os pitagóricos (que fazem parte dos filósofos que investigam sobre a natureza), buscamos os constitutivos dos quais são feitos esses corpos eternos e que se concebem com o pensamento. Os constitutivos desses corpos deverão ser ou corpos ou entes incorpóreos. Mas não poderemos afirmar que são corpos, porque, em tal caso, deveremos dizer que também desses corpos existem corpos constitutivos e, assim, dado que esse raciocínio procede ao infinito, o Todo resultaria sem princípio. Portanto, não resta senão concluir que os corpos que se captam só com o pensamento são constituídos de incorpóreos, o que o admitiu o próprio Epicuro, dizendo que o corpo se concebe como um conjunto de forma, grandeza, resistência e peso. Depreende-se, portanto, do que se disse, que os princípios dos corpos captáveis só com o pensamento *são incorpóreos*[4].

A afirmação da transcendência do princípio supremo e a distinção entre inteligível e sensível é claríssima em Moderado, como veremos[5].

Também Nicômaco de Gerasa concebe como fundamento de todas as coisas o que é imutável e permanece sempre idêntico a si, e afirma expressamente que tais são "os entes imateriais" (τὰ ἄυλα), por participação nos quais cada coisa assume uma realidade determinada[6].

Em Numênio, como em parte já dissemos e como veremos melhor adiante, a doutrina do incorpóreo é central e desenvolvida com amplidão em expressa polêmica com o Pórtico[7].

Recordemos que até no círculo dos Séstios em Roma, embora ligado às idéias morais do Pórtico, a temática do imaterial vem a primeiro plano, pelo menos no que se refere à interpretação da alma, que é declarada, justamente, "incorpórea"[8].

2. O significado metodológico, metafísico e teológico dos números no neopitagorismo

O incorpóreo, para os neopitagóricos, não pode ser constituído só pelas Idéias (como o próprio Platão concluíra na sua especulação esotérica). A passagem acima lida de Sexto Empírico prossegue motivando tais conclusões desse modo:

> Se, ademais, há entes incorpóreos que existem anteriormente aos corpos, não por isso eles são necessariamente elementos das coisas que existem e princípios primeiros. Consideremos, por exemplo, como as Idéias que, segundo Platão, são incorpóreas, preexistem aos corpos e como cada coisa que se

4. Sexto Empírico, *Contra os matemáticos*, X, 249-258.
5. Cf., mais adiante, a passagem reportada na p. 351.
6. Nicômaco, *Intr. arithm.*, I, 1-2.
7. Cf., mais adiante, pp. 360ss.
8. Cf. *supra*, p. 335 e nota 47.

gera, se gere em relação com elas. Ora, elas não são princípios das coisas, enquanto cada Idéia considerada isoladamente se diz ser uma, e, considerada junto com outra ou com outras, é dita *duas, três, quatro*, de modo que existe algo que está ainda acima da sua realidade, ou seja, o *número*, por participação no qual o um, o dois, o três ou um número maior se predica delas[9].

É claro que as próprias Idéias não são, para os neopitagóricos, princípios primeiros, mas princípios principiados e secundários. Princípios primeiros são os números. Mas o que entendem quando falam de número? Não entendem, certamente, o número à maneira arcaica (ou seja, de modo "aritmo-geométrico"), própria dos pitagóricos das origens[10], mas, antes, o número no sentido platônico e proto-acadêmico, e, antes, de maneira ainda mais sofisticada.

O número, nos neopitagóricos, assume três valências: 1) uma que podemos chamar de metodológica; 2) uma ontológico-metafísica; e 3) uma teológico-teosófica.

1) O primeiro aspecto, que é muito importante, é posto em relevo sobretudo por Moderado de Gades (com o qual Sexto Empírico tem muitas relações) nos seus *Comentários pitagóricos*, referidos por Porfírio[11]. Os pitagóricos se comportam, diz Moderado, como os gramáticos e os geômetras. Os primeiros, de fato, devendo explicar ao aluno o significado e o valor dos elementos (vogais e consoantes) da palavra e da linguagem, valem-se das letras do alfabeto e sucessivamente especificam que estas não são os próprios elementos, mas "sinais" e "indícios" dos elementos. Analogamente, os geômetras, para introduzir os alunos à geometria, desenham as figuras, por exemplo um triângulo, sobre uma folha; mas, depois, explicam que o triângulo não é aquele desenho particular, mas o conceito do qual aquele desenho é representação sensível. Com esse mesmo método procedem também os pitagóricos: eles tentam superar as dificuldades de exprimir com palavras os princípios supremos valendo-se, justamente, dos números, *os quais não são, portanto, eles mesmos princípios, mas, antes, sinais e indícios dos princípios.*

---

9. Sexto Empírico, *Contra os matemáticos*, X, 258.
10. Cf. vol. I, pp. 79ss.
11. Cf. Moderado, em Porfírio, *Vida de Pitágoras*, 48ss.

Leiamos a explicação de Moderado, que ajuda muito a penetrar no modo de pensar típico dessa corrente, tão freqüentemente malinterpretada, justamente porque não compreendida:

Porque, diz, não podendo eles exprimir claramente com palavras as idéias primeiras e os primeiros princípios, pelas dificuldades de serem concebidos e expressos, refugiam-se nos números, como de mais fácil exposição, do mesmo modo que os geômetras e os gramáticos. Porque, como estes, pretendendo ensinar o valor dos elementos e os próprios elementos, recorrem aos caracteres do alfabeto e dizem, para dar deles uma primeira idéia, que estes são os elementos, e só em seguida explicam que esses sinais não são os primeiros elementos, mas apenas indícios dos verdadeiros elementos; e os geômetras, não podendo exprimir com palavras as coisas espirituais, contentam-se com desenhar figuras, e dizem que por exemplo este [imagine-se um triângulo desenhado] é um triângulo, não pretendendo dizer que este sinal que cai sob os olhos seja um triângulo, mas que o triângulo tem tal forma; o mesmo fizeram para os primeiros princípios e idéias os pitagóricos, os quais, impotentes para exprimir com palavras as formas espirituais e os primeiros princípios, recorreram à demonstração por via dos números[12].

Moderado aduz, depois, alguns exemplos muito instrutivos. A Mônada indica, por exemplo, o conceito de unidade, de identidade, de igualdade, exprime a razão pela qual as coisas têm uma recíproca ligação e se harmonizam entre si, por causa da conservação do universo. A Díade indica o conceito de desigualdade, o princípio da divisibilidade, da mudança, da diversidade. Dizer Díade e duplo, para os pitagóricos, significa dizer desigual e diverso:

E assim chamavam "uno" o conceito de unidade e o de identidade e igualdade, e a causa da conspiração, harmonia, simpatia e conservação do universo, que tem sempre a mesma forma e essência, enquanto o "uno" que existe nos particulares é tal, unido e unificador das partes, por participação na causa primeira. E o conceito da diversidade e da desigualdade e de toda coisa divisível e mutável e de variáveis formas, chamavam de conceito biforme e díade; tal é, de fato, também nos pormenores, a natureza da díade. Mas essas noções não são propriedade exclusiva desses filósofos e desconhecidas dos outros; mas vemos também transmitida por outros a teoria de certas forças unitivas e fusionais do grande todo, e também neles encontramos os conceitos de identidade, de desigualdade e diversidade. Estes são, portanto,

12. Moderado, em Porfírio, *Vida de Pitágoras*, 48.

os conceitos que para maior facilidade expositiva os pitagóricos indicam com o nome de mônada e de díade. E para eles é a mesma coisa dizer duplo ou desigual ou diverso[13].

Analogamente, os pitagóricos com a Tríade ou o Três, indicam o que por natureza tem *princípio, fim e meio*. E ainda, quando falam da Década como número perfeito, pretendem dizer que, dado que o Dez contém todos os números e os números (no sentido especificado) são causa de tudo, a Década encerra em si a causa de tudo e, portanto, tudo[14].

2) É evidente, todavia, que os números, para os neopitagóricos, não são um símbolo convencional, como são, ao invés, as letras do alfabeto, e tampouco são abstrações e conceitos puramente nominais. Os números exprimem *o ser mesmo das coisas, a estrutura metafísica do universo*. O próprio Moderado, no mesmo texto no qual esclarece os conceitos acima expostos, o reafirma:

> [...] A natureza do grande todo define-se por via de espécie e de analogias de números, e qualquer coisa que nasce e cresce e chega ao fim procede segundo conceitos numéricos [...][15].

Mas sobre o aspecto ontológico do número é sobretudo iluminadora a *Introdução aritmética* de Nicômaco[16], da qual logo falaremos.

3) Importa, enfim, sublinhar uma terceira valência do número, que chamamos teológica ou teosófica, a qual representa, sem dúvida, o aspecto mais desconcertante, e, em certo sentido, decepcionante do neopitagorismo, mas que deve ser ilustrado, se queremos compreender historicamente e situar teoreticamente de modo correto essa corrente de pensamento.

Nicômaco, que na sua *Introdução aritmética* nos oferece quase uma *suma* do saber matemático do seu tempo e, portanto, mostra um notável conhecimento da matemática, não hesita, na sua *Teologia aritmética* (da qual Fócio nos transmitiu um resumo), em sobrepor

---

13. Moderado, em Porfírio, *Vida de Pitágoras*, 49s.
14. Cf. Moderado, em Porfírio, *Vida de Pitágoras*, 51s.
15. Moderado, em Porfírio, *Vida de Pitágoras*, 52.
16. Cf. Nicômaco, *Intr. arithm.*, *passim*.

aos raciocínios da primeira obra, conduzidos, seja do ponto de vista metodológico, seja do ponto de vista ontológico de modo preciso, considerações que desembocam largamente no fantástico e na mera superstição. Na *Teologia aritmética*, Nicômaco, levando às extremas conseqüências um modo muito antigo de entender os números, identificava os números do Um ao Dez com Deuses e Deusas e, portanto, "adorava os números como Deuses"[17]. Fócio, ao resumir o livro, diz que Nicômaco procedia com extrema arbitrariedade ao operar aquelas identificações (para ele o livro valia apenas pelos notáveis conhecimentos matemáticos que implicava), e infelizmente não refere as origens e motivações, que, todavia, em parte, conseguimos ainda reconstruir com base em outros documentos.

Vejamos alguns exemplos relativos à Mônada, que se apresentam como paradigmáticos. Refere Fócio:

> [Nicômaco de Gerasa] diz da Mônada, misturando ao que é verdade sobre ela e às características ontológicas que lhe são peculiares não poucas fantasias, que ela seria Intelecto, ademais Macho-fêmea, Deus, e em certo sentido Matéria — misturando verdadeiramente tudo — Acolhedora de tudo, Receptáculo, Caos, Confusão, Mistura, Trevas, Obscuridade [...][18].

Deixando de lado toda a outra série de epítetos que se segue, tentemos explicar estes. Quem parasse na leitura de Fócio dificilmente conseguiria superar o sentimento de desgosto com que esse autor leu e resumiu a obra de Nicômaco. Se, ao invés, integra-se esse resumo com a *Teologia aritmética* atribuída a Jâmblico[19], que remete largamente a Nicômaco, aqueles epítetos tornam-se muito significativos. Que a Mônada seja chamada de Intelecto, compreende-se perfeitamente com base na tendência, que já vimos ser difusa nessa época, a fazer coincidir o supremo princípio com a suprema Inteligência. Pela mesma razão é chamada também de Deus. Diz-se, depois, que a Mônada é Macho e Fêmea ao mesmo tempo, enquanto é pai e mãe de tudo, tendo função de forma e matéria de tudo, ou seja, enquanto, como já acenamos e se verá melhor depois, os neopitagóricos tendem a deduzir da Mônada a própria Díade, ou seja, também a

17. Fócio, *Biblioth.*, cód. 187, 142 b 40s.

18. Fócio, *Biblioth.*, cód. 187, 143 a 22-28.

19. Cf., vol. VIII.

matéria além da forma. (De resto, já o Deus órfico era dito Macho e Fêmea.) Ademais, diz-se Matéria "em certo sentido", porque, como acabamos de mencionar, é geradora da própria matéria. Diz-se acolhedora de tudo e Receptáculo, não só por essa mesma razão, mas também porque é "Receptáculo de todas as razões seminais", dado que dela derivam todas as formas. Diz-se que é Caos, porque dela tudo deriva como do caos hesiodiano. Diz-se que é Confusão, Mistura, Trevas, Obscuridade, porque "o que em seguida se diferenciará, na Mônada é ainda indiferenciado e indistinto"[20].

Como bem se vê, as que Fócio lamenta serem fantásticas são representações alegóricas tendo esses precisos significados, que exprimem, por assim dizer, a "mística" do número, na ausência da qual não se pode compreender certo aspecto do neopitagorismo, que teve larga influência sobre o pensamento filosófico posterior, especialmente sobre o neoplatonismo e, em geral, sobre a mística pagã.

3. A doutrina dos princípios supremos da Mônada e da Díade e a tentativa de dedução de toda a realidade de uma Unidade suprema

A doutrina central dos neopitagóricos é a dos supremos princípios da Mônada e da Díade, como já o dissemos. À Mônada faz-se corresponder tudo o que há de positivo e diz-se também ser ela Intelecto e Deus, enquanto à Díade são ligados o negativo e o mal. Ademais, a primeira é apresentada como "princípio ativo" e a segunda como "princípio passivo" (segundo uma terminologia estóica, que é, contudo, progressivamente esvaziada do seu significado imanentista e materialista)[21]. Eis alguns textos doxográficos:

[Pitágoras] põe entre os princípios a Mônada e a Díade indeterminada. Estes princípios tendem, segundo ele, um à causa eficiente e eterna,

20. Cf. Jâmblico, *Theol. arithm.*, p. 3, 21ss. De Falco.

21. O erro de muitos estudiosos consiste em considerar que as tangências lexicais implicam também, necessariamente, tangências conceituais. Aqui nos neopitagóricos, assim como acontece também nos autores do médio-platonismo, à identidade de alguns termos extraídos do vocabulário do Pórtico acrescenta-se uma novidade de conteúdo filosófico, que dista do estoicismo tanto quanto a metafísica do incorpóreo dista da ontologia materialista.

que é o intelecto ou Deus, o outro à causa passiva e material, que é o mundo visível[22].

Pitágoras crê que, entre os princípios, a Mônada e o bem sejam Deus, ou seja, a natureza do Uno, o próprio Intelecto. Diz depois que o mal é a Díade indeterminada, em torno à qual está o cosmo visível[23].

Os princípios supremos de todas as coisas são a primeira Mônada e a Díade indefinida [...]. Destes princípios, a Mônada desempenha o papel de causa eficiente e a Díade de matéria passiva, e como constituíram os números a partir destas, assim constituíram também o universo e todas as coisas[24].

Todavia, note-se que logo deve ter-se imposto e, enfim, deve ter-se tornado decididamente determinante a *tendência a deduzir toda a realidade da Mônada, inclusive a Díade*. Essa tendência, que se pode indubitavelmente definir como uma forma de "monismo", tem evidentemente a característica oposta com relação ao monismo do Pórtico, já que constitui uma forma de *monismo espiritualista* (a Mônada é o incorpóreo, como vimos, e do incorpóreo deriva o corpóreo; a Mônada é imaterial, e dela é gerada a matéria), contrário ao do Pórtico, que é um monismo materialista.

Como se projeta essa tentativa de dedução, verdadeiramente radical, de toda a realidade a partir de uma suprema Unidade?

A primeira tentativa que conhecemos é do Anônimo de Alexandre Poliistore, o qual, porém, parece ter-se limitado a indicar o *quê* e não o *como*, dizendo simplesmente "que da Mônada se gera a Díade"[25].

Também Eudoro, numa passagem que já lemos acima, confirma que, para os pitagóricos, o Uno era princípio "*tanto* da matéria *como* de todas as coisas Dele derivadas"[26]. Sexto Empírico nos fornece uma explicação mais precisa:

Pitágoras diz que o princípio dos seres é a Mônada, por participação na qual diz-se que todo ente é uno. Esta, quando pensada na identidade consigo mesma, é pensada justamente como Mônada; ao invés, combinada consigo mesma segundo a alteridade (ἐπισυντεθεῖσαν δ' ἑαυτῇ

22. Aécio, *Plac.*, I, 3, 8 (Diels, *Doxographi Graeci*, p. 281 b 5ss.).
23. Pseudo-Galeno, *Hist. philos.*, 35 (Diels, *Doxographi Graeci*, p. 618, 12ss.).
24. Sexto Empírico *Contra os matemáticos*, X, 277.
25. Diógenes Laércio, VII, 25.
26. Cf. *supra*, p. 301, nota 35.

καθ'ἑτερότητα) produz a Díade indefinida, assim chamada porque não é alguma das Díades aritméticas e definidas, mas todas as Díades são pensadas por participação nela, do mesmo modo como demonstram no caso das coisas que são ditas unas. Os princípios dos seres são, portanto, dois, a primeira Mônada, por participação na qual todas as unidades que se contam são concebidas, justamente, como unidades, e a Díade, por participação na qual todas as Díades são, justamente, Díades[27].

As afirmações mais interessantes são as de Moderado e de Nicômaco. Estes, com efeito, não só tendem a deduzir a Díade de um supremo Uno, mas, levando às extremas conseqüências uma tendência já difusa no final do século I a.C., distinguem inclusive terminologicamente a primeira Mônada, que é princípio supremo, da segunda Mônada que, opondo-se à Díade, gera a série dos números, e chamam a primeira Mônada "Uno". Seguindo esta via, eles parecem ter prefigurado, embora confusamente, as hipóstases plotinianas.

Refere Siriano:

Nos pitagóricos há diferença entre o Uno e a Mônada, sobre a qual discutiram muitos dos antigos pitagóricos, como Arquita [entenda-se pseudo-Arquita], o qual disse que, embora sendo congêneres, o Uno e a Mônada diferem entre si, e entre os pitagóricos mais recentes, Moderado e Nicômaco[28].

Mas eis o testemunho mais significativo, que fala até mesmo de "Uno" em três níveis:

Parece que os primeiros entre os gregos a terem esta concepção da matéria tenham sido os pitagóricos, e depois deles Platão, como também Moderado atesta. Este, de fato, seguindo os pitagóricos, demonstra que o Primeiro Uno está acima do ser e de toda essência; diz depois que o Segundo Uno, que é o ser em sentido absoluto, e o inteligível [= o mundo do ser inteligível] são as Formas, enquanto o Terceiro Uno, no qual consiste a alma, participa do Primeiro Uno e das Formas, e que a natureza que vem por último depois deste [= depois do Terceiro Uno], ou seja, a natureza das coisas sensíveis, não participa deles, mas recebe a sua ordem por um reflexo daqueles (κατ'ἔμφασιν ἐκείνων), pois a matéria das coisas sensíveis é uma sobra do não-ser que se encontra em primeiro lugar na quantidade (= na matéria inteligível) e é ainda inferior àquele, sendo derivado dele[29].

---

27. Sexto Empírico *Contra os matemáticos*, X, 261.
28. Siriano, *In Arist. Metaph.*, p. 151, 17ss.
29. Simplício, *In Arist. Phys.*, 230, 34ss.

Simplício, que refere essas idéias de Moderado, sem dúvida as explicita em sentido neoplatônico, mas não pode tê-las inventado completamente. Segundo Simplício, portanto, Moderado teria distinguido as seguintes hipóstases:

1) Acima de tudo teria posto o Primeiro Uno, considerando-o absolutamente transcendente.

2) Em segundo lugar, teria posto o Segundo Uno, que constitui o mundo inteligível, ou seja, o mundo das formas. Deve-se observar que a Díade, que é a *matéria inteligível*, se situaria nesse nível. Moderado, de fato, como o próprio Simplício refere logo depois, concebia a matéria (inteligível) como pura "quantidade" privada de forma, produzida pelo Primeiro Uno a partir de si, "separando-a" de si, depois de tê-la privado, justamente, de todas as determinações formais[30].

3) Em terceiro lugar teria posto o Uno-alma.

4) Enfim, teria concebido o sensível como *reverberação do inteligível* e a matéria do sensível como *a sombra da pura quanti-dade inteligível* (ou seja, a *matéria sensível* como *sombra da matéria inteligível*).

Ora, a tendência a pôr o primeiro Princípio como transcendente ao próprio Intelecto e à própria essência está presente em alguns pseudepígrafos ou, pelo menos, em testemunhos que parecem remeter aos pseudepígrafos: o pseudo-Arquita põe Deus *acima do Nous*[31] e o pseudo-Brontino o põe *acima do ser e da essência*[32], de modo que a distinção das duas primeiras hipóstases é plausível, e, entre outras coisas, parece confirmada também por Nicômaco[33]. No que se refere à dedução da *matéria*, se a notícia de Simplício for exata, teremos, até mesmo, em Moderado, uma surpreendente antecipação da posição plotiniana.

---

30. Leia-se por inteiro a passagem de Simplício, *In Arist. Phys.*, pp. 230, 34-231, 27 Diels. Sobre a exegese dessa passagem, ver: E. R. Dodds, *The Parmenides of Plato and the Origin of the Neoplatonic "One"*, em "Classical Quarterly", 22 (1928), pp. 129-142; A. J. Festugière, *La Révélation d'Hermès Trismegiste*, vol. IV, Paris 1954, pp. 22s.; 38s.

31. Cf., *supra*, p. 325, nota 14.

32. Cf., *supra*, p. 327, nota 20.

33. Cf. Nicômaco, em Jâmblico, *Theol. arithm.*, p. 57, 21ss. De Falco, onde se fala de Uno "primogênito" que procede por imitação do Belo supremo (isto é, de um Uno que está acima).

O enfoque fortemente matematizante da metafísica devia levar necessariamente os neopitagóricos a descuidar ou, em todo caso, a confinar em segundo plano a teoria das Idéias. Do Uno derivam Mônada e Díade, desses dois princípios os números e, dos números dependem as Idéias. É evidente que, na medida em que do primeiro princípio derivam todas as coisas, como vimos, nele tudo está presente, e, portanto, *além dos números*, também a totalidade das Idéias. É, portanto, lógico que alguns textos neopitagóricos considerem os números (e as Idéias) presentes "como arquétipos" no pensamento divino[34], ou, com linguagem estóica carregada, porém, de novo significado, como "razões seminais" (λόγοι σπερματικοί) presentes na suprema Unidade[35].

Deve-se, depois, observar que, nos neopitagóricos, está presente também a crença nos Demônios, sem novidades de relevo com relação à que já examinamos a propósito dos médio-platônicos, à qual pertence ao aspecto mais propriamente religioso da doutrina[36].

4. O ideal místico da vida humana

Quanto às concepções antropológicas e morais, já dissemos que o quadro se apresenta muito diferente nos textos mais antigos (médio-pitagóricos) em comparação com os mais recentes (neopitagóricos). Nos primeiros, apresentam-se como pitagóricas doutrinas platônicas ou aristotélicas[37] ou estoicizantes[38], enquanto raramente se men-

---

34. Cf. Nicômaco, *Intr. arithm.*, I, 4, 1-2 Hoche; Jâmblico, *In Nicom. arithm. introd.*, p. 10 Pistelli (= Thesleff, p. 165, 1-5).

35. Cf. *supra*, p. 348; cf. Fócio, *Biblioth.*, cód. 187, 143 a 32s.

36. Cf. *supra*, pp. 307-309.

37. Cf. *supra*, p. 326, nota 18.

38. É estoicizante, por exemplo, a *Tábua de Cebes*, que distingue *bens, males e indiferentes*, mas insere essa doutrina num clima carregado de misticismo, apresentando-a como explicação de uma pintura alegórica, para concluir, no final, com a reafirmação do princípio socrático que só a sapiência é bem e a ignorância é mal. Da *Tábua de Cebes* o leitor italiano tem, finalmente, à disposição uma ótima tradução com o texto grego ao lado, com notas, uma ampla Introdução e um *Index verborum*, preparada por D. Pesce (*La Tavola di Cebete*, Testo, traduzione, introduzione e commento di D. Pesce, Paideia, Brescia 1982; o texto grego reproduzido é o da edição de Praechter).

ciona a doutrina tipicamente pitagórica da metempsicose[39]. Nos segundos, recupera-se o sentido da espiritualidade da alma e a crença nos seus destinos escatológicos, põe-se o fim do homem no cuidado do divino que existe em nós, na imitação de Deus, e, até mesmo, numa união mística com o divino.

Um lugar particular na história da ética pitagórica ocupam os famosos *Versos áureos*, que pretendem ser uma *suma* do ensinamento moral de Pitágoras, um verdadeiro breviário de vida espiritual ou, até mesmo, uma tábua de mandamentos. Infelizmente, a data é incertíssima e a diferença que se registra entre as propostas dos estudiosos é de cerca de oito séculos (sem contar aqueles estudiosos que os consideram autênticos, porque, nesse caso, a diferença seria de quase um milênio)[40]. A data que a maioria propõe situa-se entre o fim da era pagã e os inícios da era cristã (tendemos a uma datação um pouco mais antiga). O seu conteúdo, em todo caso, revela uma mentalidade mais próxima ao procedimento sentencioso que à dedução filosófica. Grande parte do material provém do velho pitagorismo e só em alguns pontos se colore (mas muito levemente) da mentalidade do novo. Dada a larga notoriedade e a fama que o carme teve no passado, queremos lê-lo por inteiro:

> Honra em primeiro lugar os deuses, como o quer a lei, e respeita o juramento. Honra em seguida os heróis gloriosos e os gênios terrestres, agindo em conformidade com as leis.
>
> Respeita os teus genitores e todos os que te são ligados por parentesco. Dentre os outros, faz amigo quem é melhor em virtude. Cede aos bons conselhos e sustenta as ações vantajosas. Enquanto possas, não discutas com teu amigo por pequenos erros; de fato, a Potência habita próximo à Necessidade.
>
> Ora, aprende isso e esmera-te em dominar essas paixões: sobretudo o ventre e o sono, depois a luxúria e a ira.
>
> Nunca faças nada de torpe, nem acompanhado, nem quando estejas só: envergonha-te sobretudo de ti mesmo.
>
> Pratica, ademais, a justiça tanto no agir como no falar; não te habitues a comportamentos desmedidos em nada, mas aprende que o destino de todos é morrer. Aprende a conquistar e a perder as riquezas.

39. Cf. Zeller, *Die Philosophie der Griechen*, III, 2, p. 153 e nota 5.

40. Thesleff os situa no século IV a.C., Nauck, que fez uma valiosa edição deles, situa-os no século IV d.C.

Dentre as dores que padecem os homens pelo divino querer, suporta as que te tocam de bom ânimo e não te atormentes. Convém que trates delas enquanto é possível, e que digas a ti mesmo: aos bons a sorte não envia muitas destas.

Ocorre aos homens ouvir muitas palavras más e boas; mas não deves admirar-te por elas, nem deves deixar-te desviar. Se te é dita alguma mentira, suporta-a de bom ânimo. O que te direi, cumpre-o em tudo: ninguém, nem os fatos nem as palavras, te induza a fazer ou a dizer o que não seja o melhor para ti. Delibera antes de agir, para que não se sigam ações estultas. É próprio do homem estulto, com efeito, agir e falar desmedidamente. Mas tu, realiza as coisas das quais não tenhas de arrepender-te.

Não faças nada do que não saibas, mas aprende tudo o que é necessário, e assim viverás uma vida feliz.

Não se deve descuidar da saúde do corpo, mas é preciso ser moderado no beber, no comer e nos exercícios.

Considera medida aquela que não te prejudicará.

Acostuma-te a um teor de vida simples, imune às facilidades, e guarda-te de fazer coisas que atraem a inveja.

Não gastes desmedidamente como quem não conhece o justo, mas não sejas avaro: em todas as coisas ótima é a moderação.

Faze as coisas que não podem trazer-te dano, e reflete antes de agir.

Não acolhas nos olhos lânguidos o sono, sem antes ter passado em resenha três vezes as ações do dia: "Em que pequei? que fiz? que dever não cumpri?".

Começando pela primeira, examina as tuas ações; em seguida reprova-te pelas más e alegra-te pelas boas.

Nestas, esforça-te, nelas coloca todo cuidado, a elas deves amar. Tais ações te colocarão nas fileiras da virtude divina. Sim, diante Daquele que revelou à nossa alma a Tétrade, fonte da eterna natureza.

Empreende uma ação depois de ter orado aos deuses, para que possas levá-la a termo. Agindo assim, conhecerás a essência dos deuses imortais e dos homens mortais, e como todas as coisas procedem e como subsistem. Conhecerás, como é justo que conheças, que em tudo existe uma mesma natureza, de modo que nada consideres impossível e nada te espante.

E aprenderás que os homens sofrem por males que eles mesmos buscam para si; infelizes os que, tendo os bens próximos, não os vêem e não os ouvem, e poucos sabem como libertar-se dos males.

Tal destino se abate sobre as mentes dos homens, e estes, como cilindros, são arrastados ora aqui, ora ali, sofrendo males infinitos.

Funesta companheira, de fato, ocultamente lhes arruína a inata discórdia, a qual não se deve provocar, mas dela fugir.

Ó pai Zeus, certamente poderias libertar a todos de muitos males, se a todos mostrasses qual é o seu Demônio.

Mas, tu, permanece firme, porque divina é a estirpe dos homens, aos quais a natureza, desvelando os seus mistérios, mostra todas as coisas.

E se em parte aprenderes essas coisas, conseguirás o que te prescrevo, e serás curado, e libertarás a alma desses trabalhos.

Abstém-te dos alimentos dos quais te falei; agindo com justiça, nas purificações e na libertação da alma, e considera todas as coisas pondo acima de tudo a razão, ótima guia.

Pois se, deixando o corpo, chegares ao éter livre, serás um deus imortal e incorruptível, não mais um mortal[41].

Os conceitos de *seguir as fileiras divinas* e de *tornar-se Deus*, que estão na base desses *Versos áureos*, emerge a primeiro plano em outros documentos, como por exemplo na *Vida pitagórica* do Anônimo de Fócio, onde assume tons decididamente místicos. O homem alcança o seu fim através de três etapas: 1) mantendo-se em intimidade com os Deuses, 2) fazendo o bem como fazem os Deuses, 3) separando inteiramente a alma do corpo:

[...] Os pitagóricos diziam que o homem pode se tornar melhor de três maneiras: em primeiro lugar, com uma estreita relação com os Deuses (de fato, estando em contato com eles, por esta circunstância, é necessário que se afastem de toda forma de maldade, tornando-se semelhantes a Deus), em segundo lugar, fazendo o bem (isso, de fato, é próprio dos Deuses e da imitação divina), em terceiro lugar, morrendo: de fato, se a alma, ao separar-se do corpo por algum tempo enquanto ainda está em vida, torna-se melhor, e no sono, mediante os sonhos e os delírios [em grego existe o termo ἔκστασις] das doenças se torna profética, em grau muito maior torna-se melhor quando se tenha separado completamente do corpo[42].

Ainda mais acentuado em sentido religioso e místico é o ideal de vida que se extrai da *Vida de Apolônio*, escrita por Filostrato, e das *Vidas de Pitágoras* de Porfírio e Jâmblico, cujo material é de origem claramente neopitagórica.

Apolônio, mesmo não levando em conta as ampliações em parte romanceadas de Filostrato, demonstra ter-se elevado a um nível de religiosidade espiritualizada muito notável[43].

---

41. A tradução italiana é de A. Farina, I *Versi Aurei di Pitagora*, introduzione, testo critico, testimonianze, commento, Nápoles 1962.

42. Fócio, *Biblioth.*, cód. 249, 439 a 8-19.

43. Cf. Apolônio, em Eusébio, *Praep. evang.*, IV, 13.

A vida de Apolônio foi considerada um verdadeiro modelo, e como tal a apresentou Filostrato.

Apolônio foi o filósofo que, como Pitágoras, conheceu e aprendeu muito dos magos da Babilônia, dos brâmanes da Índia, dos ginosofistas do Egito, que falou amiúde com os Deuses e com eles se relacionou, que foi mediador entre os Deuses e os homens, que conheceu o futuro, que comunicou aos homens uma mensagem de verdadeira sapiência e que, com base neste saber, cumpriu ações maravilhosas. (Filostrato mostra muito bem que esse saber e essas ações maravilhosas não têm nada a ver com a bruxaria e a magia, mas dependem justamente da verdadeira filosofia.)[44]

Ainda mais interessantes são a maneira pela qual Pitágoras foi idealizado e o paradigma que se extraiu dessa idealização e que é apresentado nas várias *Vidas de Pitágoras*.

Eis, por exemplo, o que escreve Filostrato:

> Os que fazem o elogio de Pitágoras de Samos narram que ele, antes de nascer na Jônia, tinha sido Euforbo em Tróia, que, morto, revivia, e que morreu como canta Homero [...]. Acrescentam que ele teve relação com os Deuses, e que deles aprendeu as coisas que agradam aos homens, as que não e, inspirado pelos Deuses, discutiu sobre a natureza, dizendo que todos os outros se deixam guiar por falsas conjeturas a respeito das coisas divinas, e caem em contrárias opiniões, mas que a ele Apolo revelou a doutrina que deveria professar, e que com ele conversaram também Palas e as Musas, nunca simuladoras da verdade, e outros Deuses, dos quais ninguém conhecia nem os rostos nem os nomes. Tudo o que foi ensinado por Pitágoras os seus discípulos consideravam como uma lei, venerando-o como se tivesse sido gerado e descendesse de Zeus [...][45].

Porfírio refere até mesmo que alguns consideravam Pitágoras filho de Apolo, e que era filho putativo de Mnesarco[46].

Jâmblico, extraindo dessas fontes, narra que Abari, sacerdote cita de Apolo, quando viu Pitágoras, convenceu-se de que ela era o próprio Apolo[47].

Para os neopitagóricos, Pitágoras tornou-se o que Cristo era para os cristãos: um filho de Deus em vestes humanas, e a sua filosofia tornou-se uma divina revelação.

---

44. Filostrato, *Vida de Apolônio*, I, 2.
45. Filostrato, *Vida de Apolônio*, I, 1.
46. Cf. Porfírio, *Vida de Pitágoras*, 2 (Porfírio diz que extrai de Apolônio).
47. Cf. Jâmblico, *Vida de Pitágoras*, 90ss.

III. NUMÊNIO DE APAMÉIA E A FUSÃO ENTRE O NEOPITAGORISMO E O MÉDIO-PLATONISMO

1. A posição filosófica de Numênio

Com Numênio[1] o neopitagorismo alcança o seu vértice mais elevado, mas, ao mesmo tempo, se dissolve, fundindo-se com o movimento médio-platônico paralelo.

Os historiadores da filosofia antiga, na verdade, mostram-se um tanto incertos em dar a Numênio uma posição precisa: alguns o consideram mais um platônico, outros, ao invés, um neopitagórico; mas análoga oscilação encontra-se também entre os antigos, embora a maioria tenda a considerá-lo um pitagórico[2].

---

1. Sobre a vida de Numênio sabemos muito pouco. Ele nasceu em Apaméia, na Síria, ou seja, na mesma cidade de Possidônio. A única referência cronológica que possuímos e que nos serve de *terminus ante quem* é a menção a ele feita por Clemente de Alexandria. Provavelmente Numênio viveu na segunda metade do século II d.C. O seu conhecimento de Filo e da sapiência egípcia postula uma estada sua em Alexandria, onde presumivelmente estudou, ou até mesmo ensinou (mas isso é apenas uma conjetura que se pode extrair do fato de que a escola de Amônio, do qual falaremos na seção seguinte, teve ligações doutrinais com Numênio). Alguns pensam que Numênio deve ter vivido por algum tempo em Atenas, dado que mostra conhecer muito bem a história da Academia, à qual dedicou uma obra com o título *Sobre a infidelidade dos acadêmicos a Platão*, da qual nos chegaram amplos fragmentos. Importantes fragmentos foram conservados também de outra obra sua, que devia ser a sua obra maior, o *Tratado sobre o bem*. Os testemunhos e os fragmentos foram recolhidos por F. Thedinga (*De Numenio philosopho Platonico*, Bonn 1875), por E. A. Leemans (*Studie over den Wijsgeer Numenius van Apamea met Uitgave der Fragmenten*, Bruxelas 1937) e, recentemente, por É. des Places, com tradução francesa ao lado e notas (Numénius, *Fragments*, Société d'Éditions "Les Belles Lettres", Paris 1973). A primeira edição hoje em dia está amplamente superada; muito boas são as de Leemans e de des Places. Como todos os estudos modernos citam com base em Leemans, também nós daremos a numeração de Leemans, por comodidade para o leitor, junto com a de des Places, que, para o futuro, está destinada a ser um ponto de referência, sobretudo pelo comentário e pelo índice dos termos gregos, que falta na edição de Leemans, embora esta última, pelo seu enfoque diferente, em certos casos mais cômodo, não seja inteiramente substituída pela outra. Na edição de des Places devem-se ainda assinalar as referências bibliográficas no que se refere à interpretação de cada um dos fragmentos.

2. Cf. testemunhos 4 e 5 Leemans (não reportados por des Places).

Pelo que constatamos dos testemunhos e dos fragmentos que nos chegaram, Numênio considerava-se prevalentemente um seguidor de Pitágoras, e, ao mesmo tempo, também de Sócrates e de Platão, já que estava convencido de que tanto Sócrates como Platão dependiam substancialmente de Pitágoras, e que Platão, por conseqüência, não era superior àquele a quem devia a sua sapiência. Todavia, embora com essas convicções, Numênio sentiu a necessidade de defender Platão contra os mal-entendidos de numerosos discípulos que, a partir de Arcesilau, o tinham traído. Tal defesa foi feita com uma obra de título muito significativo: *A infidelidade dos acadêmicos a Platão*. Os acadêmicos não se esforçaram em nada por manter intacto o ensinamento do mestre. Contudo, observa Numênio, Platão merecia, no fundo, a mesma fidelidade e veneração dos discípulos com as quais Pitágoras foi elevado a tão grandes honras, dado que "embora não sendo melhor do que o grande Pitágoras, tampouco lhe era inferior"[3].

O Sócrates de Numênio professa a "doutrina dos três Deuses", que aprendera de Pitágoras, e Platão, discípulo de Sócrates, é um Platão "pitagorizante". A traição dos discípulos de Platão dever-se-ia, em larga medida, ao fato de Platão ter escrito de modo incomum, ocultando as coisas que dizia, em certo sentido, "a meio caminho entre o claro e o escuro".

A posição assumida pelo nosso filósofo não poderia, portanto, ser mais explícita: ele pretendia fazer o discurso platônico emergir das incompreensões ceticizantes e estoicizantes e demonstrar que este coincidia com o discurso pitagórico.

A doutrina desenvolvida por Numênio nos fragmentos que nos chegaram, como veremos, confirma amplamente essas intenções programáticas: ele tenta, com efeito, fundir, mesmo sem o conseguir plenamente, as doutrinas teológico-metafísicas que os médio-platônicos tinham extraído da leitura do *Timeu* com a doutrina da Mônada, da Díade e dos números, que os neopitagóricos tinham devolvido à ordem do dia.

Além dessas, uma terceira componente é essencial para a compreensão da posição de Numênio, a assim chamada "componente oriental", sobre a qual muito se discutiu[4].

---

3. Cf. Leemans, frs. 1-8 = des Places, frs. 24-28. Ver, particularmente, o primeiro desses fragmentos.

4. Sobre este problema, ver, sobretudo: H. C. Puech, *Numénius d'Apamée et les théologiens orientales au second siècle*, em *Mélanges Bidez*, II, Bruxelas 1934,

Com efeito, não só a origem síria do nosso filósofo, mas as suas expressas e repetidas afirmações comprovam o influxo do Oriente. Numênio conheceu a sapiência bíblica e as interpretações alegóricas de Filo de Alexandria, e ele mesmo interpretou alegoricamente Moisés e os Profetas; conheceu também as doutrinas cristãs, e sabemos que interpretou alegoricamente pelo menos um episódio da vida de Jesus. Ele também conheceu a sapiência de outros povos orientais, e, entre outras coisas, apropriou-se da doutrina de derivação persa, que admitia no homem duas almas (uma boa e uma má). Mas, talvez, muito mais que nas doutrinas particulares, o influxo do Oriente deve ser visto na atitude místico-religiosa, que primeiro encontrou expressão em Alexandria, e que, então, no século II d.C. era dominante[5].

Desse modo, com a fusão das duas principais correntes de pensamento que tinham criado a nova têmpera teorética com a componente mística derivada do Oriente, vinham a realizar-se todas as condições que deviam levar ao nascimento do neoplatonismo. Numênio até mesmo antecipa, embora de maneira imperfeita, a formulação de alguns dos fundamentos do sistema plotiniano, como veremos.

2. A proclamação da absoluta preeminência do incorpóreo

O movimento médio-platônico distinguira-se já nas suas origens, justamente pela *redescoberta do incorpóreo*, e muito depressa (ou, talvez, contemporaneamente) também o neopitagorismo alinhou-se com esta posição. Ora, Numênio não só a reafirma, mas lhe dá um relevo inédito.

O problema metafísico por excelência para os filósofos gregos, como sabemos, resume-se na pergunta "que é o ser?". Exatamente dessa maneira Numênio o repropõe[6].

---

pp. 745-778. Ver, ademais, a diferente perspectiva do problema feita por E. R. Dodds, *Numenius and Ammonius*, in AA.VV., *Les sources de Plotin*, "Entretiens sur l'Antiquité Classique", tomo V, Vandoeuvres-Genebra 1960, pp. 1-61.

5. Cf. Leemans, textos. 17, 36, 43; frs. 9 a, 9 b, 17, 18, 19, 22, 36, 39 = des Places, frs. 1 c, 44, 31, 1 a, 1 b, 8, 9, 10, 13, 1 s, 55, 60.

6. Cf. Leemans, frs. 11-16 = des Places, frs. 2-7.

A resposta que ele dá à pergunta pressupõe não só uma genérica superação do materialismo, mas até mesmo a sistemática inversão deste.

O ser não pode identificar-se com a matéria, porque esta é indeterminada, desordenada, irracional, incognoscível, enquanto o ser deve ter as características exatamente opostas.

O ser não pode também coincidir com os quatro elementos (água, ar, terra e fogo) ou com um deles, porque eles nascem uns dos outros, transformam-se e mudam, enquanto o ser não muda.

O ser não pode, em geral, identificar-se com um corpo, dado que os corpos por si estão submetidos a contínua mudança e têm necessidade, em todo caso, de algo que os faça durar. Esse algo não pode ser, por sua vez, um corpo, porque, se assim fosse, também este teria necessidade de um princípio ulterior que lhe garantisse a estabilidade e a permanência. Deverá, pois, ser um incorpóreo.

O ser, então, será a realidade imutável e eterna do incorpóreo.

Eis duas eloqüentes passagens, que reafirmam essas conclusões:

O ser, portanto, é eterno, estável, sempre igual a si mesmo e idêntico. O ser não está sujeito nem ao nascimento nem à morte, nem ao acréscimo nem à diminuição, nem a se tornar de algum modo maior nem menor. Ademais, o ser não se moverá nunca de modo algum, nem mesmo no sentido espacial. De fato, não lhe é permitido mover-se, nem para trás nem para frente, nem para cima nem para baixo; o ser não se deslocará nem para a direita nem para a esquerda, e nem poderá mover-se em torno a um centro, mas permanecerá imóvel, será fixo e estável segundo os mesmos modos e sempre da mesma maneira[7].

Não fingirei mais e não direi ignorar o nome do *incorpóreo*: agora, de fato, é mais agradável nomeá-lo, antes que calar sobre ele. E digo que o seu nome é o que se buscou já desde muito tempo. E não comeceis a rir se afirmo que o nome do incorpóreo é "substância" e "ser". E a razão pela qual o nome do incorpóreo corresponde a "ser" está no fato de que não nasceu, nem morrerá, nem admite qualquer tipo de movimento ou mudança para melhor ou para pior, mas é simples e inalterável, fixo numa idêntica idéia, não abandona a própria identidade, nem por sua vontade, nem constrangido por outro [...]. Fique, pois, estabelecido e todos convenham que o ser é incorpóreo[8].

---

7. Leemans, fr. 14 = des Places, fr. 5.
8. Leemans, fr. 15 = des Places, fr. 6.

É evidente que o ser entendido como o incorpóreo do qual fala Numênio não é toda a realidade, mas só o ser que transcende o sensível, vale dizer, a esfera do inteligível:

> Disse que o ser é incorpóreo, mas este é o inteligível[9].

O sensível, ou seja, o corpóreo, não é *ser*, mas *devir*, reafirma com Platão o nosso filósofo:

> Platão fez a pergunta: "Que é o ser?", e respondeu que ele é seguramente o que não advém. De fato, o devir, segundo Platão, não pode referir-se ao ser, porque estaria sujeito à mudança; mas se estivesse sujeito à mudança, não seria eterno[10].

Não nos encontramos aqui, como à primeira vista poder-se-ia pensar ao ler estes textos, simplesmente diante da antiga ontologia de Parmênides, reformada mediante as conquistas da "segunda navegação" de Platão. Com efeito, o Ser que realmente é e nunca advém nem perece, ou seja, o Incorpóreo, é também o bíblico "Aquele que é". Numênio estava, de fato, convencido de que o ensinamento de Platão correspondia ao ensinamento de Moisés, que ele conhecia bem e que, como já dissemos, interpretava de maneira alegórica, como nos referem as nossas fontes[11].

Antes, Numênio ia muito além de Filo: de fato, não só estava convencido de que a concepção do Incorpóreo e do Ser professada por Platão correspondia à de Moisés, mas afirmava que Platão, no fundo, não era senão um "Moisés aticizante", ou seja, um Moisés que falava em ático. Eis o testemunho mais significativo:

Numênio escreve essas coisas [= que o Ser é puramente inteligível, que não advém e não perece etc.], quando interpreta e esclarece as dourinas de Platão e as muito anteriores de Moisés. Com boa razão, portanto, lhe vem atribuído aquele dito que se nos transmite e que soa assim: "Quem é Platão, senão um Moisés que fala ático?"[12].

---

9. Leemans, fr. 16 = des Places, fr. 7.
10. Leemans, fr. 16 = des Places, fr. 7.
11. Cf. Leemans, test. 17 = des Places, fr. 1 c.
12. Leemans, fr. 17 = des Places, fr. 8 (p. 51, 9-13).

3. A estrutura do ser incorpóreo e a doutrina dos três Deuses

Qual é a estrutura do ser e do incorpóreo?

Vimos que em muitos autores, sobretudo do século II d.C., encontra-se claramente uma tendência a conceber a realidade imaterial *em sentido hierárquico-hipostático*, e uma certa configuração dessa hierarquia *em sentido triádico*. Numênio leva essa tendência ao máximo grau de clareza, antes de Plotino.

Refere Proclo:

> Numênio proclama três Deuses e chama "Pai" o Primeiro, "Criador" o Segundo, "Criação" o Terceiro; de fato, segundo ele, o cosmo é o Terceiro Deus. Assim, o Demiurgo, para ele, é duplo: o Primeiro e o Segundo Deus, e o cosmo produzido pelo Demiurgo é o Terceiro. É melhor exprimir-se assim do que, como ele mesmo diz, com linguagem da tragédia, o "avô", o "filho", o "descendente"[13].

O testemunho de Proclo necessita de uma série de explicações, que nos vêm de numerosos fragmentos textuais do próprio Numênio.

Contudo, deve-se observar que, tanto quanto os médio-platônicos, Numênio sente necessidade de distinguir o Primeiro Deus do Segundo, com a finalidade de garantir a Sua absoluta transcendência e eliminar qualquer relação Dele com o mundo do devir. O Primeiro Deus relaciona-se exclusivamente com as puras essências, ou seja, com as Idéias; ao invés, o Segundo Deus ocupa-se da constituição do cosmo. Numênio considera, precisamente, que a Idéia do Bem ou Bem em si, da qual fala Platão na *República* e da qual faz depender as outras Idéias, coincide justamente com o Primeiro Deus. Ao invés, diz-se que o Demiurgo que constitui o cosmo, do qual fala Platão no *Timeu*, é "bom", *mas não "Bem"*; este, portanto, é diferente do Deus Supremo e é, justamente, o Segundo Deus. Dele não depende o mundo das Idéias supremas, que depende do Primeiro, mas o mundo da gênese. O Segundo Deus *imita o Primeiro*, pensa as essências produzidas pelo Primeiro e as reproduz no cosmo. O Primeiro Deus é superior à essência, mas não ao Intelecto, como já diziam os médio-platônicos, enquanto o Segundo é Intelecto segundo.

---

13. Proclo, *In Plat. Tim.*, I, p. 303, 27 ss. Diehl (= Leemans, test. 24 = des Places, fr. 21).

Eis, a respeito, o fragmento mais significativo:

A essência (οὐσία) e a Idéia são inteligíveis e se, como se conviu, o Intelecto (νοῦς) é superior a elas e a sua causa, resulta, pois, ser ele unicamente o Bem. De fato, se o Deus Demiurgo é o princípio da geração, basta que o Bem seja princípio da essência (= das Idéias). Ora, a relação que existe entre o Deus Demiurgo e o Bem, do qual ele é imitador, é análoga à relação que existe entre a essência e o devir, sendo esta imitação daquela. Se, de fato, o Demiurgo da geração é bom, o Demiurgo da essência deverá ser o Bem em si, conatural à essência. O Segundo, sendo duplo, produz de si a própria Idéia e o cosmo, enquanto Demiurgo; depois permanece inteiramente dedicado à contemplação. Para concluir o nosso raciocínio, eis os quatro nomes das quatro realidades distintas: [1] O Primeiro Deus, que é Bem em si, [2] o Demiurgo, seu imitador, que é bom, [3] a essência (οὐσία), uma do Primeiro e outra do Segundo, [4] a imitação desta, o belo universo, tornado belo pela participação no Belo[14].

O Primeiro Deus, que é absolutamente simples, é estável e imóvel, ou, melhor dizendo, tem uma imobilidade que é "movimento conatural". Aristóteles falava de "atividade sem movimento", e é substancialmente isso que Numênio quer dizer. O Primeiro Deus age e produz sem mudar, e desse imutável agir dependem, em última análise, a ordem, a estabilidade e a salvação de todos os seres:

Estes são os modos de viver, um do Primeiro, outro do Segundo Deus. É evidente que o Primeiro Deus deverá ser estável, e que o Segundo, ao contrário, está em movimento: o primeiro, portanto, ocupa-se dos inteligíveis, enquanto o segundo se ocupa seja dos inteligíveis, seja dos sensíveis. E não te admires que eu tenha dito isso, porque ouvirás coisas ainda mais admiráveis. Em vez do movimento, que pertence ao Segundo, eu digo que a imobilidade, própria do Primeiro, é um *movimento conatural*, do qual a ordem do cosmo, a sua permanência eterna e a conservação se expandem sobre a totalidade das coisas[15].

Numênio diz também que o Primeiro Deus é como Aquele que "semeia a semente de toda vida" em tudo o que toca, e que o Segundo Deus a distribui, planta e transplanta em cada ser[16].

---

14. Leemans, fr. 25 = des Places, fr. 16.
15. Leemans, fr. 24 = des Places, fr. 15.
16. Cf. Leemans, fr. 22 = des Places, fr. 13.

O Segundo Deus, ao invés, como já dissemos, em certo sentido é duplo. Por um lado, "contempla" os inteligíveis, e, por outro, age sobre a matéria, constrói o cosmo e o governa. Numênio diz expressamente que a ordem que ele imprime à matéria deriva da esfera das Idéias e que o termo da contemplação, da qual provém ao Demiurgo a sua capacidade de juízo, é o Primeiro Deus, enquanto o impulso à ação lhe vem do desejo:

> Ele garante a harmonia, governando [a matéria] com as Idéias, e olha [...] para o Deus que está acima, que atrai os seus olhos, e recebe da contemplação a sua capacidade de julgar e do desejo o seu impulso a agir[17].

Emerge aqui, embora de modo embrionário, o conceito de "contemplação" (θεωρία) como fundamento da atividade criadora, que, como veremos, constitui o fulcro da metafísica plotiniana[18].

No testemunho de Proclo do qual partimos, o Terceiro Deus coincidia com o cosmo. É, contudo, provável que Numênio entendesse por cosmo só o seu aspecto formal (dado que, como veremos, para ele a matéria é má), e que, portanto, o identificasse com o segundo aspecto do Segundo Deus, que (a julgar pelos testemunhos que nos chegaram) parece coincidir com a alma do mundo, ou, melhor dizendo, com a *alma boa* do mundo. Mas, para compreender este ponto, devemos examinar antes outras concepções próprias do nosso filósofo.

---

17. Leemans, fr. 27 = des Places, fr. 18.

18. Deve-se observar, ademais, que esse enfoque de Numênio, segundo o qual o Demiurgo, que é "bom", é assim por imitação do Bem, ou seja, do Primeiro Deus, e extrai a sua capacidade de julgar da contemplação do Primeiro Deus, ou seja, das eternas Idéias que são produzidas por Ele, comporta, como observam as próprias fontes antigas, que não só as coisas sensíveis, mas também as coisas inteligíveis (o Segundo Deus e os conteúdos do seu pensamento) "participem" das Idéias supremas, e que, portanto, também entre as coisas inteligíveis existam, além de modelos, imagens daquelas, ou seja, imagens *eternas* dos modelos eternos (cf. Siriano, *In Arist. Metaph.*, 109, 12-14; Proclo, *In Plat. Tim.*, III, p. 33, 33-34, 3 Diehl = Leemans, test. 27 = des Places, frs. 46 b e 46 c). Isso se explica bem remetendo-se ao enfoque de Filo de Alexandria (a quem Numênio deve muito, como sabemos), o qual por primeiro introduziu essa concepção hierárquica do inteligível, na qual tudo o que vem depois de Deus é uma *imagem Dele*, e, por sua vez, é *modelo das realidades sucessivas*.

4. A doutrina neopitagórica da Mônada e da Díade no contexto da ontologia numeniana

Numênio se diferencia dos médio-platônicos sobretudo por subsumir a doutrina da Mônada e da Díade, que, como vimos, é típica dos neopitagóricos. Todavia, é preciso observar que a fusão dessa doutrina com a sua teologia trinitária torna-se bastante problemática, a julgar pelos testemunhos que nos chegaram, e, ademais, só ao preço de uma ruptura com a corrente "monista" dos neopitagóricos, que era a mais nova e original.

Segundo Numênio, a Mônada é Deus, enquanto a Díade indefinida é a matéria *sensível*. A Díade indefinida ou indeterminada *não* foi gerada e é coeterna com a Mônada, enquanto foi gerada a Díade determinada, quando foi determinada e ordenada por Deus (pela Mônada), ou seja, quando foi criado o cosmo. Deduzir a Díade da Mônada, segundo o nosso filósofo, é um contra-senso, enquanto, para produzir a Díade (ou seja, para reduplicar-se) a Mônada deveria perder a própria natureza. Eis um testemunho de Calcídio:

> Numênio, que segue o ensinamento de Pitágoras [...] com o qual afirma estar de acordo o de Platão, diz que Pitágoras designou Deus com o nome de Mônada, a matéria com o de Díade. Essa Díade indeterminada não foi gerada. Noutros termos: antes que fosse ordenada e que recebesse a forma e a ordem, não teve nascimento nem geração, mas, uma vez ornada e embelezada pelo Demiurgo, é gerada; e assim, porque a geração é um acontecimento posterior, aquele princípio ainda não ordenado deve ser entendido como ingênito e coeterno com Deus, pelo qual foi depois ordenado. Mas alguns pitagóricos não compreenderam corretamente o valor dessa doutrina, afirmando que também a Díade indeterminada e isenta de mistura foi produzida pela única Mônada, no momento em que a Mônada abandona a sua natureza própria para assumir a configuração da Díade. E isso não é correto, uma vez que a Mônada existente devia cessar de ser, e mais ainda, Deus devia transformar-se em matéria e a Mônada em Díade sem mistura e determinação: concepção, esta, inaceitável inclusive por pessoas de cultura medíocre[19].

Deixando a polêmica de Numênio contra os pitagóricos "monistas", que nos levaria muito longe, perguntemo-nos, em primeiro

---

19. Calcídio, *In Plat. Tim.*, caps. 295ss., p. 297, 7ss. Waszink (= Leemans, test. 30 = des Places, fr. 52).

lugar, a qual das hipóstases corresponde a Mônada? Naturalmente pensaríamos no Primeiro Deus, que, entre outras coisas, é expressamente chamado, além de Bem, também "Uno", com a célebre afirmação platônica "o Bem é Uno". Mas a leitura atenta dos fragmentos não parece justificar essa identificação, dado que o Primeiro Deus permanece em si mesmo, absolutamente simples e indivisível, muito longe de qualquer relação com a Díade, ou seja, com a matéria. O Deus que entra em contato com a Díade-matéria e lhe dá forma é, ao invés, o Segundo, o qual, justamente por causa dessa relação com a matéria, se duplica, exatamente porque a matéria é Díade, e enquanto tal produz uma duplicação, como já dissemos acima. Eis um fragmento explícito sobre isso:

> O Primeiro Deus, permanecendo em si mesmo, é simples, porque não pode nunca ser divisível, encontrando-se em total comunhão consigo mesmo. O Segundo e o Terceiro Deus são um só; todavia, entrando em contato com a matéria, que é uma Díade, unifica-a, mas por obra dela Ele é dividido, tendo esta caráter concupiscível e estando em perene fluxo. Enquanto não se volta para o mundo inteligível (já que, nesse caso, estaria voltado para si mesmo), pelo fato de olhar para a matéria, cuida dela e se descuida de si próprio. E entra assim em contato com o sensível, cuida dele e o eleva ao seu próprio caráter, estando voltado para a matéria[20].

O Terceiro Deus, que é o Segundo na sua função especificamente demiúrgica, ou seja, na sua função ordenadora da matéria informe (Díade), é evidentemente o que o próprio Numênio chama de "alma do mundo", ou, mais precisamente, pelas razões que logo veremos, "alma boa" do mundo[21].

Antes de deixar o assunto, queremos fazer ainda duas observações.

Se Numênio distinguiu a Unidade da Mônada, como fizeram alguns pitagóricos, não o sabemos, mas é possível. Neste caso, a dou-

20. Leemans, fr. 20 = des Places, fr. 11.

21. Cf. Jâmblico, em Estobeu, *Anthol.*, I, 49, 32, p. 365, 5-21 Wachsmuth (= Leemans, text. 33 = des Places, fr. 41). Notável, mas muito discutido, é o testemunho de Proclo, *In Plat. Tim.*, III, p. 103, 28-32 Diehl (= Leemans, test. 25 = des Places, fr. 22), no qual se diz que o Primeiro Deus é o *vivente em si*, o qual pensa servindo-se do auxílio do Segundo, que é o *Nous*, o qual exercita, por sua vez, a atividade demiúrgica servindo-se do auxílio do Terceiro, que é Pensamento discursivo. Ora, o pensamento discursivo (*dianoia*) é, justamente, característica peculiar da alma.

trina dos princípios poderia concordar com a sua teologia trinitária. O Primeiro Deus ou o Bem em si seria o Um (e isso é, efetivamente, dito). A Mônada seria o Segundo Deus e derivaria da imitação do Um (o Segundo Deus é bom, como sabemos, por imitação do Bem, e, portanto, poderia ser Mônada por imitação do Um), enquanto o Terceiro Deus nasceria do modo acima examinado, ou seja, do contato da Mônada com a Díade[22].

Parece certo que Numênio tenha considerado a Díade somente como *matéria sensível* e não também como matéria inteligível. Segundo os fragmentos que nos chegaram, de fato, parece que o nosso filósofo não se serviu da Díade para a dedução das Idéias e dos Números, mas só para a dedução do cosmo. Para ele, a Díade é o princípio sensível oposto ao mundo inteligível, princípio por si mau e fonte de todo mal.

5. A matéria, a alma má e a alma boa

A matéria como princípio mau não é algo inanimado, mas (como já vimos em Plutarco) dotada de uma alma própria (de um princípio de movimento e de vida), que também é má e tenta se opor à obra do Demiurgo e da Providência, ou seja, tenta frear a ação de Deus que imprime ordem e racionalidade na matéria.

Ora, porque, como já vimos, a duplicação do Segundo Deus dá lugar a um Terceiro, isto é, ao aspecto ou momento propriamente demiúrgico do Segundo, o qual tem, portanto, a função de alma do mundo, então se compreende bem que Numênio, interpretando literalmente uma passagem das *Leis* de Platão, proclame a existência de *duas almas do mundo*. Refere Calcídio:

> Numênio louva Platão, o qual sustenta a existência de duas almas do mundo, uma em sumo grau benéfica e a segunda má, ou seja, a matéria, a

22. O Primeiro Deus é dito Uno = Bem no fr. 28 Leemans (= des Places, fr. 19), o Segundo Deus é dito imitador do Primeiro no fr. 25 Leemans (= des Places, fr. 16) e *só* o Segundo Deus diz-se que entra em contato com a Díade (tornando-se, assim, ele mesmo duplo) no fr. 20 Leemans (= des Places, fr. 11), de modo que a Mônada que ordena a Díade, da qual fala o testemunho 30 Leemans (= des Places, fr. 52), *não pode em nenhum caso ser o Primeiro Deus*. E, portanto, a hipótese que propomos parece ser a mais lógica.

qual, ainda que flua de modo descomposto, todavia, porque se move por um motor próprio, é necessário que possua a vida e seja vivificada pela alma, como todos os seres que se movem com movimento natural[23].

Ora, se a alma má é o princípio da vida irracional e do movimento caótico da matéria, a alma boa é princípio de racionalidade e de ordem: ela, pois, não pode ser senão intelecto, como é atestado explicitamente[24].

Compreende-se, portanto, que Numênio tenha considerado esta alma como "intermédia" entre o sensível e o supra-sensível e que a tenha definido como "número derivado da Mônada indivisível e da Díade divisível"[25]. Este modo de se exprimir indica, com terminologia pitagórica, aquilo que, com linguagem platônica, o próprio Numênio definiu como o Intelecto que se volta para a matéria para ordená-la.

Com base nessas doutrinas, Numênio constrói a sua visão do homem, sobre a qual, infelizmente, chegaram-nos escassos testemunhos.

Deve-se observar, de modo particular, o fato de que o nosso filósofo atribui também ao homem *duas almas*, uma má, na medida em que possui matéria, e uma boa, isto é, racional.

Note-se, ademais, que, dada a concepção da alma como absolutamente incorpórea, Numênio considerou necessário supor a existência de uma fase intermediária na qual a alma, antes de "revestir-se da lama dos corpos", *gradativamente se afasta da sua pureza originária passando através das esferas celestes e, assim, revestindo-se de substância etérea, que lhe permite entrar nos corpos propriamente ditos*. Numênio sustenta, ademais, a doutrina da metempsicose[26].

É evidente, portanto, que a visão de fundo dominante deve ter sido aquela acentuadamente mística do *Fédon*, sob certos aspectos até mesmo exasperada pelos elementos dualistas de origem oriental.

---

23. Calcídio, *In Plat. Tim.*, cap. 297, p. 299, 14 ss Waszink (= Leemans, test. 30 = des Places, fr. 52).

24. Cf. Leemans, test. 33 (= des Places, fr. 41).

25. Cf. Proclo, *In Plat. Tim.*, II, p. 153, 17 ss. Diehl (= Leemans, test. 31 = des Places, fr. 39).

26. Sobre a concepção da alma devem-se ver todos os testemunhos que Leemans recolhe sob os números 31-51.

A libertação da alma da prisão do corpo, através da purificação da ciência, a vitória do bem sobre o mal que está em nós como no universo, constituem a tarefa moral do homem, e a meta suprema é a união extática com o Absoluto na qual se "entra em íntima união com o Bem, estando a sós com Ele"[27].

6. Numênio nos propileus do neoplatonismo

As tangências que se poderiam observar entre Numênio e Plotino são numerosas, algumas relativas a alguns corolários, outras referentes aos próprios fundamentos do sistema.

Em primeiro lugar, é preciso reconhecer que os três Deuses numenianos têm uma série de características encontráveis nas três hipóstases plotinianas. Todavia, por mais importantes que sejam, não são estas as tangências mais iluminadoras.

Ao contrário, são determinantes, certas antecipações, embora imperfeitamente formuladas e expressas, de alguns dos princípios que constituem os eixos da metafísica plotiniana.

Em primeiro lugar, Numênio antecipa o princípio que inspira as "processões" das hipóstases plotinianas, segundo as quais o Divino *dá sem que o seu dar o empobreça*. Eis o fragmento numeniano mais significativo a respeito:

> Todas as coisas que, oferecidas em dom, passam à posse de quem as recebe, afastando-se do doador (como, por exemplo, escravos, riquezas, moedas talhadas ou cunhadas), são, na verdade, coisas mortais e humanas; as coisas divinas, ao invés, são tais que, transmitidas como dom aqui embaixo, permanecem lá em cima e não se afastam de lá, e, permanecendo lá em cima, trazem vantagem a quem as recebe sem trazer dano a quem as dá [...]. Assim podes ver uma tocha acesa por outra tocha, que tem luz, mesmo sem tê-la extraído da primeira, mas porque se acendeu a sua matéria pela aproximação daquele fogo[28].

Já destacamos, e aqui nos limitamos a relembrar, a afirmação de Numênio segundo a qual a *contemplação* do Deus Segundo que olha

27. Cf. a passagem que reportamos na página seguinte.

28. Leemans, fr. 23 = des Places, fr. 14.

para o Primeiro constitui a base da qual deriva a possibilidade da criação do cosmo.

Ademais, o nosso filósofo formula o princípio segundo o qual se pode afirmar que, em certo sentido, *tudo está em tudo*, princípio que, com algum redimensionamento, torna-se central em Plotino:

Eia, pois, elevemo-nos à realidade incorpórea em si mesma, para julgar com base nela, em ordem, todas as doutrinas sobre a alma. Alguns afirmam que essa realidade é totalmente de natureza homeômera [= constituída de partes iguais umas às outras], idêntica a si mesma e una, de modo que em todas as suas partes está presente o todo. Estes chegam a pôr na alma particular o mundo inteligível, os Deuses, os Demônios, o Bem e todas as realidades superiores e afirmam que tudo está presente do mesmo modo em tudo, mas em cada coisa segundo a própria essência. Dessa opinião participa certamente Numênio, Plotino com alguma diferença [...]. Segundo essa opinião a alma em toda a sua essência não é em nada diferente do intelecto, dos Deuses, dos gêneros supremos[29].

Enfim, uma impressionante antecipação da doutrina plotiniana da *unio mystica* com o Bem está contida nesse esplêndido fragmento do *Tratado sobre o Bem*:

[...] É preciso que o homem, depois de ter-se afastado das coisas sensíveis, entre em íntima união com o Bem, a sós com Ele, lá onde não há nenhum homem, nem outro ser vivo, nem algum corpo, nem grande nem pequeno, mas há uma solidão maravilhosa, inefável e indescritível, lá onde está a morada do Bem, as suas ocupações e os seus esplendores, o próprio Bem na paz e na benignidade, Ele, o Tranqüilo e o Senhor, que, benévolo, transcende a própria essência. E se alguém, ficando agarrado às coisas sensíveis, imagina que o Bem vem até ele, e, vivendo nos prazeres, crê alcançar o Bem, este está completamente enganado[30].

Com Numênio chegamos, verdadeiramente, aos propileus do neoplatonismo.

---

29. Jâmblico, em Estobeu, *Anthol.*, I, p. 365, 5-21 ss. Wachsmuth (= Leemans, test. 33 = des Places, fr. 41).

30. Leemans, fr. 11 = des Places, fr. 2.

QUARTA SEÇÃO

OS ESCRITOS HERMÉTICOS E OS ORÁCULOS CALDAICOS

τοῦτό ἐστι τὸ ἀγαθὸν τέλος τοῖς γνῶσιν ἐσχηκόσι, θεωθῆναι

Este é o fim feliz ao qual chegam os que perseguem o conhecimento: tornar-se deus.

Corpus Hermeticum, I, 26

οὐ γὰρ ὑφ' εἱμαρτὴν ἀγέλην πίπτουσι θεουργοί

Os teurgos não pertencem à multidão sujeita à fatalidade.

Oráculos Caldaicos, fr. 153

Hermes Trimegisto, em quem se inspira toda a literatura hermética, foi identificado pelos antigos com o egípcio Thot, e corresponde ao grego Hermes e ao romano Mercúrio. Os escritos atribuídos a ele, célebres na era imperial, são falsificações que combinam elementos platônicos, pitagóricos, uma forma de gnose mágico-pagã e alguns elementos extraídos da teologia cristã. O Renascimento considerou Hermes uma espécie de profeta pagão, aproximadamente do tempo de Moisés, e neste sentido foi até mesmo representado num mosaico na catedral de Sena (no último quarto do século XV), que reproduzimos aqui.

I. O FENÔMENO DO HERMETISMO E OS SEUS DIFERENTES ASPECTOS

1. Hermes Trimegisto e a literatura hermética

Segundo as crenças religiosas egípcias, Thot era o Deus inventor de numerosas ciências e artes e, em particular, das letras do alfabeto, ou seja, da escritura[1]; ele era, portanto, considerado escriba dos Deuses e, assim, intérprete, revelador e profeta da divina sapiência e do divino *logos*. Ora, os gregos, quando tomaram conhecimento da teologia egípcia, assimilaram a Thot o seu Deus Hermes, dado que este tinha, justamente, as prerrogativas de ser "intérprete e mensageiro" dos Deuses. Antes, para melhor qualificar esse Hermes identificado ao Grande Thot egípcio, designaram-no com o apelativo Trimegisto, que significa superlativamente grande (τρισμέγιστος quer dizer, literalmente, três vezes grandíssimo). E sob o nome desse Deus, na era helenística (talvez já a partir da primeira metade do século III a.C.) e, sobretudo, na era imperial (em particular nos séculos II e III d.C.), nasceu e se desenvolveu uma rica literatura, de características variadas e de conteúdos diferentes, acomunada, todavia, pela pretensão de ser diretamente inspirada pelo Grande Hermes e, portanto, uma "revelação" desse Deus.

Aos Padres da Igreja, a começar por Tertuliano e Lactâncio, por causa da altura das concepções teológicas e morais que se encontram em alguns dos escritos herméticos (os compostos nos primeiros séculos da era imperial), Hermes Trimegisto pareceu ser, senão um Deus, pelo menos um profeta, uma espécie de profeta pagão de Cristo, que teria vivido na época de Moisés. E, justamente como profeta pagão de Cristo foi depois considerado durante a Idade Média e durante a época do Humanismo e do Renascimento[2].

---

1. Cf. Platão, *Fedro*, 274c ss.

2. É muito interessante, a propósito disso, a representação de Hermes que se encontra no pavimento da Catedral de Sena (fins do século XV) com a inscrição *Hermes Mercurius Trimegistus Contemporaneus Moysi*, onde é representado no ato de

As modernas pesquisas, já a partir do século XVIII, apuraram que os escritos herméticos são pseudepígrafos, compostos por autores diferentes, que se ocultam sob a máscara do Deus egípcio. No nosso século, depois, conclui-se que justamente os mais significativos desses escritos não são sequer expressão de uma sapiência propriamente "egípcia", mas concepções do helenismo tardio. Enfim, concluiu-se que eles não podem se remeter nem sequer a determinada seita religiosa, dado que falta todo aceno a tudo o que é próprio de uma seita religiosa[3].

A literatura hermética é constituída por escritos que se podem dividir em dois grandes grupos:

1) as obras que Festugière denomina "do hermetismo popular", que se referem às assim chamadas ciências ocultas, algumas das quais podem ser situadas até mesmo no século III a.C.[4];

2) os tratados que o mesmo estudioso denomina "do hermetismo douto", que tratam de temáticas filosóficas e, sobretudo, teológicas e místico-religiosas, a maior parte das quais parece ter sido composta entre os séculos II e III da era cristã.

O segundo grupo de escritos, que é o mais interessante, subdivide-se como segue:

a) o *Corpus Hermeticum*, que consta de dezesseis tratados (o primeiro dos quais, intitulado *Poimandres*, é o mais orgânico e o mais famoso);

b) o *Asclépio*, que é uma tradução latina (no passado atribuída erroneamente a Apuleio) de um *Discurso perfeito*, originariamente

---

entregar a um oriental um livro com a inscrição: *Suscipe* [...] *litteras et leges Aegyptii*. Cf. A. J. Festugière, *Hermétisme et mystique païenne*, Aubier-Montaigne, Paris 1967, p. 28.

3. Todos os problemas relativos aos escritos herméticos em todas as suas implicações e influxos foram estudados por A. J. Festugière, na monumental obra *La Révélation d'Hermes Trimégiste*, Gabalda, 4 vols., Paris 1944-1954. Ver ainda, do mesmo autor, o volume citado na nota precedente (onde, nas pp. 28-87, encontram-se brevemente, e de maneira eficaz, resumidos os resultados dos estudos do autor) e os citados na nota 5. Nos volumes de Festugière encontra-se a indicação da literatura precedente.

4. Para tudo o que concerne a esses escritos (que interessam apenas marginalmente à história da filosofia) remetemos à obra de Festugière, *La Révélation*..., cujo primeiro volume, que traz o subtítulo *L'astrologie et les sciences occultes*, é inteiramente dedicado a eles.

composto em língua grega e que pertence, provavelmente, ao século IV d.C.;

c) numerosas citações de extratos (alguns até mesmo consistentes) que encontramos em Estobeu;

d) testemunhos e fragmentos que encontramos em numerosos escritores cristãos[5].

Existe nesse complexo de escritos, compostos em tempos diferentes e de conteúdo tão variado, um vínculo preciso e, se existe, qual é? Eis o primeiro dos problemas ao qual é preciso responder.

2. As características fundamentais do hermetismo

Retomando e completando alguns dos destaques acima, diremos o seguinte:

a) O hermetismo apresenta-se como uma doutrina esotérica.

b) Ele pretende ser "divina revelação".

c) A divindade reveladora é, justamente, Hermes.

d) O hermetismo, em geral, não comunica as suas mensagens mediante demonstrações racionais ou deduções lógicas, mas mediante uma espécie de "iniciação" mistérica.

Estas características são comuns seja aos escritos do hermetismo popular, seja aos do hermetismo douto e constituem, portanto, quase

5. Esses escritos foram publicados, com tradução inglesa e comentário por W. Scott e A. D. Ferguson (Oxford 1924-1936). Ainda melhor é a edição posterior, preparada (no que diz respeito ao texto crítico) por A. D. Nock e (no que se refere à tradução, assim como às introduções particulares aos tratados individuais e às notas e comentários) por A. J. Festugière, em 4 vols., para a coleção "Les Belles Lettres", Paris 1945-1954. Um excelente instrumento é o *Index du Corpus Hermeticum*, preparado por L. Delatte, S. Govaerts, J. Denooz, Ed. dell'Ateneo e Bizzarri, Roma 1977. Do *Corpus Hermeticum* há uma recente tradução italiana de B. M. Tordini Portogalli: *Discorsi di Ermete Trimegisto*, Boringhieri, Turim 1965, da qual extraímos os trechos reportados. (Recordamos que os escritos do *Corpus Hermeticum*, que são 17, como dissemos, são numerados como se fossem 18. Isso é devido ao fato de que na *editio princeps* de Turnèbe do século XVI foi inserido como tratado XV um escrito constituído de extratos tirados de Estobeu, que faltava na tradição manuscrita. As modernas edições eliminaram, e justamente, essa indevida inserção de Turnèbe, mas, para manter a numeração da *editio princeps*, que se tornou canônica, deixou-se o décimo quinto lugar vazio, com a conseqüente numeração de I ao XIV e depois do XVI ao XVIII.)

um mínimo denominador comum, ainda que genérico. Festugière nota justamente a este respeito: "Um traço é [...] comum ao próprio fato da revelação aqui e ali [i.é, nos dois grupos de escritos]: o fato de, tanto para compreender e ordenar os fenômenos, como para conhecer e se aproximar de Deus, apelar-se não mais exclusivamente para os procedimentos do pensamento e para o esforço da reflexão pessoal, mas para um oráculo divino, a uma revelação que se espera e que se obtém da divindade; numa palavra, o fato de, seja para a ciência, seja para a vida espiritual, se ter passado do plano da razão ao da crença, da fé, *é um grande sinal da profunda revolução realizada nos espíritos e nos ânimos no final da era helenística*. E é sobretudo isso que merece ser posto às claras"[6].

No que se refere às características mais específicas dessa "revelação" e o seu significado, como já acenamos, é preciso fazer dois diferentes discursos para os dois grupos de escritos.

1) Os escritos do primeiro grupo, que tratam de astrologia, de alquimia, de magia e de ciências ocultas em geral, revelam talvez ainda mais e melhor que os escritos do segundo grupo a grande crise do racionalismo característico da era precedente. Estes, de fato, sob muitos aspectos, constituem *a negação do espírito que caracterizara a ciência dos gregos*.

Eles constituem a negação do aspecto *teorético-contemplativo* tipicamente grego. De fato, com a astrologia se quer conhecer e predizer o futuro com o objetivo de tirar disso as relativas vantagens; com a alquimia se quer o procedimento idôneo para produzir o ouro e, portanto, a riqueza; com a magia se quer dominar as forças da natureza com a finalidade de conquistar o poder sobre as coisas e, portanto, sobre os homens.

Ademais, esses escritos constituem a negação do aspecto *especulativo-racional* da ciência grega, que visava à descoberta do *porquê*, da *causa*, e, portanto, do *universal* (obviamente do universal próprio das ciências particulares). De fato, essas "ciências ocultas" estão interessadas sobretudo no *particular*, no *singular*, no *maravilhoso*. Especifica Festugière: "A ciência aristotélica descuidava o

6. Festugière, *Hermétisme...*, pp. 39s.

particular pelo geral, o indivíduo pelo universal. O que, ao contrário, atrai o novo sapiente é a propriedade peculiar de cada ser da natureza, e de preferência a propriedade singular, maravilhosa, o *admirável*. A partir do momento em que essa ciência visa agir sobre a natureza, ela busca sobretudo conhecer as forças ocultas dos seres, essas forças misteriosas que fazem com que certos seres atraiam certos outros (o ímã e o ferro) ou, vice-versa, os rejeitem; que tal planta, ou tal parte de um animal, possua virtudes terapêuticas ou, ao contrário, virtudes nocivas; em poucas palavras, tudo o que os autores de *mirabilia* e também Plínio chamam de leis de simpatia ou de antipatia entre os seres"[7].

Enfim, esses escritos representam a negação da diamantina confiança que os gregos nutriam na capacidade da razão humana de alcançar *sozinha* a verdade. Com efeito, as ocultas peculiaridades e virtudes das coisas e as relações de simpatia e de antipatia são "segredos" da natureza e, como tais, inalcançáveis à razão humana, sem o socorro dos Deuses. A "revelação", portanto, devia ser invocada justamente no âmbito específico no qual, no passado, tinha sido declarada soberana absoluta a razão. Festugière recorda[8], a este propósito, uma afirmação de Xenofonte (de indubitável origem socrática) verdadeiramente paradigmática, segundo a qual devem ser considerados loucos os que pedem ao oráculo o que está em poder do engenho humano, ou seja, o que se pode conhecer com o estudo, com o cálculo, com a medida[9]. É justamente esta, que Sócrates chama de louca, a atitude que, ao invés, caracteriza os escritos herméticos.

As conseqüências que derivam de tudo isso são evidentes, e Festugière as indicou de maneira perfeita: "A nova ciência será necessariamente um mistério, a transmissão de um mistério. Os que sabem serão os eleitos, e haverá uma distância infinita entre esses eleitos e a gente comum. Ademais, o meio para obter a ciência não será mais a pesquisa, o exercício da razão, mas a oração, o ato de culto, ou, num nível inferior, a prática mágica: passa-se do plano intelectual ao plano da religião ou da magia"[10].

---

7. Festugière, *Hermétisme...*, p. 42.
8. Cf. Festugière, *Hermétisme...*, p. 41
9. Cf. Xenofonte, *Memoráveis*, I, 1, 9.
10. Festugière, *Hermétisme...*, p. 44.

2) O segundo grupo de escritos apresenta, pelo seu conteúdo, notáveis analogias com as correntes filosóficas do médio-platonismo e do neopitagorismo, acentuando os apectos místicos e alógicos. Exaspera-se o dualismo Deus-mundo, enfatiza-se o caráter da transcendência e, portanto, o caráter da incognoscibilidade e da inefabilidade de Deus. Filo, como vimos, entrara por uma via análoga, e também entre os médio-platônicos e os neopitagóricos manifestam-se tendências desse gênero, mas nos escritos do *Corpus Hermeticum* chega-se a posições ainda mais radicais por causa da insistência no dualismo. Em todo caso, o enfoque tradicional do problema teológico é invertido e impõe-se um novo modo de conhecimento de Deus (*gnose*), não mais fundado sobre a razão humana, mas sobre a revelação de Deus ligada à oração e ao culto, sobre a direta iluminação e sobre o êxtase. Só quando os sentidos, a razão e a palavra se calam, então, no *divino silêncio*, conhecemos a Deus numa união extática, num verdadeiro "endeusamento". Eis um texto que ilustra de maneira exemplar essa união extática:

> [...] A visão do bem não acontece como pelo raio de sol que, sendo flamejante, fere os olhos e os faz fecharem-se; ao contrário, aquela visão tanto mais ilumina, quanto mais pode acolhê-la quem é capaz de receber a emanação da luz inteligível. Esta é mais aguda que o raio solar ao penetrar em nós, mas não faz mal e é plena de imortalidade. Os que podem extrair um pouco mais dessa visão, quando caem no sono e se separam do corpo, chegam à mais bela de todas as visões [...]. Quando não puderes mais dizer nada dele, só então o verás; porque o conhecimento de Deus é divino silêncio e fim de todas as nossas sensações. De fato, quem compreendeu a Deus não pode aprender nada mais, quem o contemplou, não pode contemplar outro, nem pode ouvir falar de outro, e não pode nem sequer mover o próprio corpo, porque, privado de toda sensação, de todo movimento do corpo, permanece imóvel. Essa beleza divina, depois de ter iluminado com a sua luz todo o intelecto, ilumina também toda a alma e, atraindo-a para fora do corpo em direção a si, transforma o homem na essência. É, de fato, impossível [...] que a alma que contemplou a beleza do bem seja alçada até Deus enquanto está no corpo[11].

---

11. *Corpus Hermeticum*, X, 4-6.

3. Deus, a hierarquia do divino, a gênese do cosmo e do homem no *Corpus Hermeticum*

O *Corpus Hermeticum*, como foi há tempo observado pelos estudiosos, não contém uma doutrina rigorosa nem muito coerente. Todavia, talvez se tenha exagerado um pouco neste ponto, dado que algumas contradições explicam-se facilmente com base na diferença de época de composição dos vários tratados, enquanto outras oscilações e antinomias encontram-se também nas correntes filosóficas paralelas e verossimilmente derivam, pelo menos em parte, das fontes às quais os autores herméticos se remetem.

No que se refere a Deus, deve-se observar o seguinte. Ele é concebido, além de em conexão com a idéia, ou melhor, com a imagem da luz, em função dos conceitos do incorpóreo, da transcendência e da infinitude (como já acenamos), expressos com módulos e fórmulas que relembram, em muitos casos, Filo e a sua "filosofia mosaica", além dos médio-platônicos. Também o neopitagórico conceito de Mônada e de Uno como "princípio e raiz de todas as coisas" é utilizado para caracterizar Deus[12].

Também como em Filo e em alguns médio-platônicos (e depois, como veremos, no próprio Plotino), no *Corpus Hermeticum* situam-se lado a lado a teologia positiva e a teologia negativa. De um lado, tende-se a pôr Deus acima de tudo e a concebê-lo como totalmente outro de tudo o que é, ou seja, como "sem forma nem figura", e, portanto, até mesmo como "privado de essência" e, por isso, totalmente inefável[13]. De outro, reconhece-se que Deus é Bem e Pai de todas as coisas, e, portanto, causa de tudo, e, enquanto tal, tende-se a representá-lo em função de alguns dos cânones da teologia positiva. O quinto tratado, por exemplo, apresenta um interessante cruzamento dessas duas posições, sustentando a tese de que Deus é invisível e, ao mesmo tempo, o que é o mais visível[14].

---

12. No que concerne à Mônada, ver: *Corpus Hermeticum*, IV, 10s. No que concerne às tangências entre médio-platonismo, filonismo e teologia hermética.

13. Cf. *Corpus Hermeticum*, II, 5, IV, 9.

14. Cf. *Corpus Hermeticum*, V, *passim*.

Ademais, aqui predomina a identificação, tipicamente médio-platônica, do Deus supremo com o Intelecto supremo, ainda que, por exemplo no segundo tratado, pareça projetar-se a tese de que Deus está acima do próprio Intelecto e é causa do mesmo:

> Deus não [...] é o Intelecto, mas a causa da existência do intelecto, não é o sopro vital, mas a causa da existência do sopro vital, não é a luz, mas a causa da existência da luz[15].

Todavia, deve-se notar que, embora no nível de hipótese, análogas afirmações encontram-se também em Albino, como vimos, e que, em todo caso, não se vai além desses acenos.

No que se refere ao conhecimento da hierarquia do divino, deve-se assinalar um fato muito interessante. O *Poimandres*, que é o mais orgânico dos tratados, apresenta uma série de intermediários entre o Primeiro Deus e o Mundo, evidentemente extraídos de Filo, por um lado, e dos médio-platônicos, por outro, que denotam a *tendência típica de toda gnose* (seja a pagã, seja a herético-cristã) *a multiplicar esses intermediários.*

Eis o quadro de conjunto que se extrai desse tratado.

1) No vértice está Deus supremo, Luz suprema e Intelecto supremo, que tem natureza masculina-e-feminina e, portanto, é capaz de gerar por si só.

2) Segue-se o *Logos*, que é filho primogênito do Deus supremo.

3) Do Primeiro Deus deriva também um Intelecto demiúrgico, que é, portanto, um segundogênito, mas é expressamente dito "consubstancial" com relação ao *Logos*.

4) Segue-se o *Anthropos*, ou seja, o Homem incorpóreo, também este derivado de Deus e "imagem de Deus".

5) Segue-se, enfim, o Intelecto que é dado ao homem terreno (rigorosamente distinto da alma e nitidamente superior a ela), que é o que de Divino há no homem (e, antes, em certo sentido, é o próprio Deus no homem) e que desempenha um papel essencial na ética e na mística herméticas.

O Deus supremo é, ademais, concebido como explicitando-se "num número infinito de potências", e também como "forma arquetípica", e

---

15. *Corpus Hermeticum*, II, 14.

como "o princípio do princípio, que não tem fim"[16] (mais uma vez com evidentes relações com Filo e com o médio-platonismo).

O *Logos* e o Intelecto demiúrgico são os criadores do cosmo.

Eles agem diversamente sobre a *obscuridade* ou *treva*, que, originariamente se separa e dualisticamente se opõe ao Deus-luz (assim como agem também sobre uma *Boulé* ou Vontade, que deriva de Deus de um modo não definido e cuja relação com a *obscuridade* não é determinada), e constroem um mundo ordenado. São produzidas as sete esferas celestes e postas em movimento. Pelo movimento dessas esferas são, depois, produzidos os seres vivos privados de razão (que num primeiro momento nascem todos bissexuais).

Mais complexa é a geração do homem terrestre. O *Anthropos* ou Homem incorpóreo, terceirogênito do Deus supremo, quer imitar o Intelecto demiúrgico e criar, também ele, algo. Obtido o consentimento do Pai, o *Anthropos* atravessa as sete esferas celestes até a lua, recebendo, por participação, as potências de cada uma delas, e depois olha da esfera da lua e vê a natureza sublunar. Logo o *Anthropos* se enamora dessa natureza e, vice-versa, a natureza se enamora do Homem. Mais precisamente, o Homem se enamora da própria imagem refletida na natureza (na água), é tomado pelo desejo de unir-se a esta, e, assim, unindo-se a ela, cai. Nasce, desse modo, o homem terrestre, com a sua dupla natureza, espiritual e corporal.

O autor hermético do *Poimandres*, na verdade, complica notavelmente a sua antropogonia. De fato, da união do Homem incorpóreo com a natureza corpórea não nasce imediatamente o homem comum, mas nascem sete homens (sete como as esferas dos planetas), cada um homem-e-mulher ao mesmo tempo. Tudo fica nessa condição até quando, por vontade do Deus supremo[17], os dois sexos dos seres humanos (e dos animais, já nascidos por efeito do movimento dos planetas) são divididos e recebem o bíblico mandamento de crescer e multiplicar-se e de salvar-se:

> Crescei, fazendo-vos crescer, e multiplicai-vos em quantidade todos vós que fostes criados e produzidos, e quem possui o intelecto reconheça a si

---

16. Cf. *Corpus Hermeticum*, I, 7-8.

17. Cf. *Corpus Hermeticum*, I, 18. Sobre o significado dessa intervenção do Deus supremo, cf. Festugière, *Hermétisme...*, p. 55.

mesmo como imortal, saiba que a causa da morte é amor [*eros*] e conheça tudo o que existe[18].

4. O Intelecto, o conhecimento e a salvação

A mensagem do "hermetismo douto", da qual depende todo o seu sucesso, resume-se, substancialmente, numa *doutrina de salvação* e as suas teorias metafísico-telógico-cosmológico-antropológicas não são mais que os suportes dessa soteriologia.

Na base dos mais significativos tratados do *Corpus Hermeticum*, como já dissemos, existe uma concepção dualista muito acentuada e, conseqüentemente, existe também uma concepção pessimista, que estava ausente ou só limitadamente presente no pensamento grego clássico e no do primeiro helenismo[19].

O nascimento do homem terrestre é, pois, devido a uma queda do *Anthropos*, que quis unir-se à natureza material[20]. E assim o Homem, de "Vida e Luz que era", transformou-se em "alma e intelecto" no sentido em que a Vida originária tornou-se a alma e a luz tornou-se o intelecto. Mas o mundo material no qual caiu o Homem é o "pleroma de todo mal"[21], vale dizer, a totalidade do mal, ou seja, o mal radical. Portanto, a "salvação" não poderá consistir senão *na libertação e no destacamento da matéria*.

Ora, o meio para realizar essa libertação é, segundo a doutrina do *Corpus Hermeticum*, o conhecimento (*gnose*), enquanto a ignorância mantém o homem encadeado na matéria e é, portanto, o pior dos males. Portanto, a salvação coincide com a *gnose*[22].

Mas que é, exatamente, essa *gnose* hermética e como se a atua?

Antes de tudo, o homem deve *conhecer a si próprio*, convencer-se de que *a sua verdadeira natureza consiste no intelecto*, e, conse-

---

18. *Corpus Hermeticum*, I, 18.

19. Sobre este ponto, cf. as observações de Festugière, *Hermétisme...*, pp. 72ss.

20. Trata-se de uma espécie de queda pelo pecado de "narcisismo" (*Anthropos* que se enamora da própria imagem refletida na natureza), como foi justamente observado.

21. *Corpus Hermeticum*, VI, 4.

22. Cf., entre outros, *Corpus Hermeticum*, VII, *passim*.

qüentemente, deve buscar separar-se de tudo o que nele está ligado à matéria, que é trevas e mal. Mas *porque*, como sabemos, *o Intelecto é parte de Deus* (Deus em nós), *reconhecer a si mesmo deste modo significa reconhecer a Deus.*

Eis uma passagem significativa do *Poimandres*:

— [...] Mas por que o que conheceu a si próprio dirige-se para Deus, segundo o discurso de Deus?

— Porque [...] de luz e de vida é constituído o pai de todos os seres, do qual nasceu o homem.

— [...] Luz e vida, este é Deus e pai, do qual foi gerado o homem. Se, pois, o reconheces na sua verdadeira natureza, isto é, constituído de luz e de vida, e se compreendes que derivas de tais elementos, retornarás à vida[23].

Nessa *gnose* são reconhecíveis idéias filonianas, ainda que transformadas no novo contexto no qual são inseridas. Mas também a conexa concepção do Intelecto, interpretado quase como *dom divino* que o homem recebe em favor da sua vida moral, ou como fruto de uma escolha ética fundamental, recorda a concepção filoniana do Espírito divino que é dado ao homem pela divina graça.

Mas convém fazer algumas especificações a respeito disso.

De um lado, o *Corpus Hermeticum* concebe o intelecto como o Divino no homem, quase como se fosse uma faculdade estruturalmente presente em todos os homens, como, por exemplo, nestas passagens:

A alma do homem é transportada desse modo: *o intelecto* é nela razão discursiva, a razão na alma, a alma no sopro vital; o sopro vital, passando através das veias, das artérias e do sangue, põe em movimento o ser vivente e de certo modo o transporta[24].

Onde há alma, há também intelecto, como onde há vida, há também alma; mas nos animais privados de razão a alma é apenas vida pura sem intelecto. O intelecto, de fato, distribui os seus benefícios apenas às almas dos homens: ele as forma em função do bem; e enquanto nos animais sem razão colabora com o instinto natural, nas almas dos homens age em contraste com ele[25].

23. *Corpus Hermeticum*, I, 21.
24. *Corpus Hermeticum*, X, 13.
25. *Corpus Hermeticum*, XII, 2.

Em outras passagens, ao invés, diz-se que o Intelecto não é próprio de todos os homens, mas apenas dos que honram a Deus[26].

As duas concepções, na verdade, podem ser mediadas. Festugière explicou, de fato, que todos os homens possuem o intelecto, mas como *em estado potencial*; depende de cada um deles pô-lo *em ato*, e, portanto, possuí-lo verdadeiramente, ou não pô-lo em ato e perdê-lo. Com efeito, parece ser esta a justa chave de leitura da complexa doutrina hermética do intelecto[27].

Se o intelecto abandona o homem, é só por causa da vida má que o homem leva, e, portanto, é por culpa do próprio homem:

> Amiúde o intelecto se afasta da alma, e naquele momento esta não é mais capaz nem de ver, nem de ouvir, mas se torna semelhante a um ser sem razão: tal é o poder do intelecto! Por outro lado, o intelecto não pode suportar uma alma torpe, mas a abandona ao corpo, que a oprime aqui embaixo na terra. Tal alma, filho meu, não possui o intelecto; portanto, não se deve chamar homem a tal ser[28].

Se, ao invés, está presente no homem, é por causa da escolha do bem que ele opera e que o torna digno de tal dom divino:

> Deus distribuiu a razão a todos os homens [...], não assim fez com o intelecto. [...] Quis, ó filho, que ele fosse apresentado às almas como um prêmio a conquistar[29].

5. O êxtase e a escatologia no hermetismo

O homem não deve esperar a morte física para alcançar o seu *telos*, ou seja, para "endeusar-se". De fato, pode regenerar-se, libertando-se das potências negativas e más e dos "tormentos das trevas", mediante as divinas potências do bem, até obter uma separação do corpo, purificando assim o seu intelecto, unindo-se, desse modo, extaticamente ao Intelecto divino, por graça divina:

---

26. Cf., por exemplo, *Corpus Hermeticum*, I, 21; X, 21-24.
27. Cf. Festugière, *Hermétisme...*, pp. 58-61.
28. *Corpus Hermeticum*, X, 24.
29. *Corpus Hermeticum*, IV, 3.

> Que te posso dizer, filho meu? Não tenho senão isso a te dizer: contemplando em mim mesmo uma visão imaterial, realizada por graça divina, saí de mim mesmo para entrar num corpo imortal e agora não sou mais o de antes, mas fui gerado no intelecto. Isso não pode ser objeto de ensinamento, e não é objeto daquele elemento material mediante o qual podemos ver; por isso não me preocupo com a minha forma composta que possuía antes. Não tenho mais cor, nem tato, nem medida: tudo isso me é estranho. Agora, filho meu, me vês com os olhos, mas não podes compreender o que eu sou, olhando-me com os olhos e com a visão do corpo, não com esses olhos podes ver-me agora, filho meu[30].

Com a morte física, ao invés, o homem, em primeiro lugar, se desfaz do seu corpo, o qual volta, dissolvendo-se, a misturar-se com os elementos do cosmo. Também as forças irracionais da alma voltam à natureza privada de razão. Em seguida a alma, subindo através das esferas celestes, desfaz-se progressivamente das faculdades que delas tinha recebido, alcança o oitavo céu, que é de puro éter, e aqui conserva apenas as suas potências puras. Posteriormente une-se às Potências divinas e, tornada ela mesma Potência divina, por último "entra em Deus"[31].

---

30. *Corpus Hermeticum*, XIII, 3.
31. *Corpus Hermeticum*, I, 26.

II. OS "ORÁCULOS CALDAICOS" E A SUA IMPORTÂNCIA HISTÓRICA

1. A gênese dos "*Oráculos Caldaicos*"

Um documento que apresenta muitas analogias com os escritos herméticos é constituído pelos assim chamados *Oráculos Caldaicos* (χαλδαικὰ λόγια), uma obra em hexâmetros, da qual nos chegaram numerosos fragmentos[1]. De fato, tanto nos primeiros como nos segundos encontramos a mesma mistura de filosofemas (extraídos do médio-platonismo e do neopitagorismo) e de representações míticas e fantásticas, um tipo análogo de descomposta religiosidade de inspiração oriental, característica do último paganismo, uma pretensão análoga de comunicar uma mensagem "revelada". Nos *Oráculos Caldaicos*, antes, o irracional predomina ainda mais que no *Corpus Hermeticum* e a componente especulativa se obscurece e se põe a serviço de escopos prático-religiosos, até perder toda autonomia. Todavia, dada a grande importância que essas *Loguia* tiveram, sobretudo no âmbito do neoplatonismo pós-plotiniano, não podemos limitar-nos a simples acenos.

Qual é a gênese desta obra?

---

1. Os *Oráculos Caldaicos* foram editados por W. Kroll, *De Oraculus Chaldaicis*, Breslau 1894 (reimpressão anastática, Hildescheim 1962). Uma nova edição crítica, com tradução francesa e comentário, foi recentemente preparada por É. des Places, *Oracles Chaldaïques, avec un choix de commentaires anciens*, para a coleção "Les Belles Lettres", Paris 1971. Uma excelente interpretação da doutrina dos *Oráculos Caldaicos* encontra-se em H. Lewey, *Chaldaean Oracles and Theurgy*, Paris 1978[3]. Sobre a teurgia dos *Oráculos Caldaicos* e os seus desenvolvimentos é fundamental o ensaio de D. Dodds, *Theurgy and its Relationship to Neoplatonism*, em "Journal of Roman Studies", 37 (1947), pp. 55ss., impresso também como apêndice a *The Greeks and the Irrational*, Berkeley-Los Angeles 1951; traduzido por V. Vacca de Bosis, La Nuova Italia, Florença 1959, pp. 335-369 (citaremos dessa tradução). A tradução dos fragmentos que reportamos é de É. des Places (alguns já se encontram em língua italiana no recente volume deste autor *Platonismo e tradizione cristiana*, aos cuidados de P. A. Carozzi, Celuc, Milão 1976; outros os traduzimos nós mesmos, atendo-nos à versão francesa de des Places, que se encontra na edição crítica acima citada).

Das fontes antigas parece que se pode extrair que o autor tenha sido Juliano, cognominado "o Teurgo", filho de Juliano, dito "o Caldeu", que viveu na época de Marco Aurélio, ou seja no século II d.C. Com efeito, dado que já no século III d.C. esses *Oráculos* são mencionados tanto por escritores cristãos como por filósofos pagãos, e dado que, como quase todos os estudiosos reconhecem, o seu conteúdo é a expressão de uma mentalidade e de um clima espirituais típicos da era dos Antoninos, não é impossível que o autor tenha sido verdadeiramente Juliano, o Teurgo, como hoje em dia muitos estudiosos tendem a admitir, ainda que com as devidas cautelas[2].

Esses *Oráculos,* antes que à tradição egípcia (à qual se ligam os escritos herméticos), remetem-se à sapiência babilônica. Com efeito, a heliolatria caldaica (o culto do sol e do fogo) tem neles um papel fundamental. Sobre a sua efetiva origem, Dodds observa o seguinte: "Juliano declara ter recebido esses oráculos dos deuses: eram θεοπαράδοτα. De onde os tenha verdadeiramente obtido, não o sabemos [...]. Naturalmente é possível que Juliano os tenha falsificado, mas a sua linguagem é de tal maneira bizarra e empolada, o seu pensamento de tal modo obscuro e incoerente, que sugere mais a idéia de discursos pronunciados em estado de transe pelos "espíritos-guia" dos médiuns modernos, mais do que a obra meditada de um falsificador. Antes, não parece mesmo impossível, à luz do que sabemos sobre a teurgia posterior, que eles tenham tido origem nas "revelações" de algum visionário ou de algum médium extático, e que a tarefa de Juliano tenha-se reduzido a pô-los em versos, como afirma Pselo, ou a sua fonte, Proclo. O que corresponderia à práxis dos oráculos oficiais, tal como a conhecemos, e a transposição em hexâmetros ofereceria a possibilidade de introduzir na ladainha uma aparência de significado e de sistema filosófico"[3].

Provavelmente, as "revelações" dos *Oráculos* eram atribuídas à Deusa Técate, que, na antigüidade tardia, era identificada com a Deusa

---

2. Cf. os documentos em Lewy, *Chaldaean Oracles...*, pp. 3ss. Na sua edição crítica, des Places prefere manter uma posição de *epoché*: "Feitas as contas, não parece temerário admitir que a coleta provenha de Juliano, o Teurgo, contemporâneo de Marco Aurélio; mas continua sendo mais seguro manter aos *Oráculos* o anonimato" (p. 7).

3. Dodds, *I greci e l'irrazionale*, pp. 337s.

da magia e dos encantamentos, e que, a julgar pelos fragmentos, devia ter na obra um papel muito importante.

2. As doutrinas filosóficas dos "Oráculos Caldaicos"

As doutrinas filosóficas que nos *Oráculos* se podem muito facilmente separar da "sapiência caldaica", como já acenamos, são afins às do *Corpus Hermeticum*, e, de modo particular, são afins à forma de médio-platonismo que absorvera as instâncias neopitagóricas e que encontra a mais típica expressão em Numênio de Apaméia. (Antes, os *Oráculos* e Numênio apresentam tangências de tal relevância que alguns consideraram só poder explicá-las supondo que este filósofo tenha simplesmente racionalizado o sistema dos *Oráculos*, ou que os *Oráculos* tenham posto em versos as idéias de Numênio.)[4]

No vértice da hierarquia do Divino, os *Oráculos* põem o Pai, que parece identificar-se com o Primeiro Intelecto (ou *Nous patrikós*) e identificam as Idéias platônicas com os pensamentos desse Intelecto. Eis um fragmento (que é o mais amplo dos que nos chegaram), no qual esta concepção é expressa, com uma curiosa mistura de pensamento e imaginação:

> O intelecto do Pai produziu um sussurro, quando pensou, com vigoroso propósito, as Idéias de todas as formas, e de uma só fonte todas brotaram; pois do Pai procediam, ao mesmo tempo, intenção e cumprimento. Mas separadas do fogo inteligível, as Idéias se repartiram em outras Idéias inteligentes; pois o Soberano fez preexistir ao mundo multiforme um modelo inteligente imperecedouro, do qual o mundo se apressou em seguir os rastros na sua desordem, e apareceu com a sua forma, cinzelado por Idéias de toda espécie; a fonte é única, em torno da qual três outras Idéias brotam, divididas em partes, inacessíveis, repartindo-se sobre os corpos cósmicos; semelhantes a chamas, situam-se em torno a um seio tremendo, refulgindo por todos os lados e muito de perto, de todos os modos, pensamentos inteligentes, que extraem abundantemente da fonte paterna a flor do fogo, no ponto mais elevado do tempo, sem repouso. A fonte original do Pai, perfeita em si mesma, é que faz brotar essas Idéias primordiais[5].

---

4. Cf. des Places, *Oracles Chaldaïques,* p. 11.
5. Des Places, *Oracles Chaldaïques,* fr. 37, pp. 75s.

Deve-se notar que alguns estudiosos manifestam certa perplexidade ante a coincidência entre o *Pai* e o *Intelecto paterno* e pensam que se possa tratar de duas diferentes hipóstases ou, pelo menos, que se deva conceber o segundo como subordinado ao primeiro. Na realidade, o início e o fim do fragmento lido mostram que se trata da mesma realidade, e outro fragmento diz claramente que o Intelecto paterno "nasceu de si mesmo" (αὐτογένεθος)[6]. Encontramo-nos, pois, diante das mesmas posições típicas dos médio-platônicos, em certo sentido até mesmo acentuadas, como veremos.

Também nos médio-platônicos, não é o Intelecto primeiro o artífice do mundo, mas um segundo Intelecto que deriva do primeiro. Eis dois fragmentos explícitos sobre este ponto:

> Não é com uma ação direta, mas graças a um Intelecto, que o Fogo primeiro e transcendente inclui a sua Potência na matéria, de fato, é um Intelecto, nascido do Intelecto [= primeiro], o artífice do mundo ígneo[7].

> O Pai criou perfeitamente todas as coisas e as confiou ao segundo Intelecto, que vós chamais "o primeiro", vós todos que sois estirpe do homem[8].

Este último fragmento relembra quase literalmente um fragmento paralelo de Numênio, assim como a caracterização do segundo Intelecto como "Díade", ou seja, como tendo caráter diádico, na medida em que, detentor da *dupla função* de "conter os inteligíveis" e de "introduzir a sensação no mundo", tem, mais uma vez, o correlativo em Numênio[9].

Em terceiro lugar na ordem hierárquica, vem a Alma, com a qual, provavelmente, é identificada a Deusa Hécate:

> Depois dos Pensamentos do Pai, venho eu, a alma, que com o meu calor animo todas as coisas[10].

Nesse sistema, encontram lugar, naturalmente, além dos Deuses, também os Demônios; as próprias almas humanas, consideradas de

---

6. Cf. des Places, *Oracles Chaldaïques,* fr. 39, p. 77.
7. Des Places, *Oracles Chaldaïques,* fr. 5, p. 67.
8. Des Places, *Oracles Chaldaïques,* fr. 7, p. 68.
9. Cf. des Places, *Oracles Chaldaïques,* fr. 8, p. 68; para os paralelos com Numênio, cf. *supra*, pp. 358-371.
10. Des Places, *Oracles Chaldaïques,* fr. 53, p. 80. Para o problema da identificação de Hécate com a Alma hipóstase e do papel de Hécate, cf. des Places, *Oracles Chaldaïques,* p. 13 e relativas notas; cf. também p. 133.

origem divina, são capazes de retornar, quando se tenham perfeitamente purificado, ao Deus supremo. Deve-se notar que, na sua descida através dos céus, as almas se revestem como de sutis túnicas materiais, que constituem como uma espécie de matéria pneumática ou de "veículo" (ὄχημα), antes mesmo de cair nos corpos materiais. Esta é uma crença de origem oriental, que também os médio-platônicos, já a partir de Porfírio, não hesitaram em assumir[11].

Merece, ademais, especial menção um fragmento que diz textualmente:

> [O Pai] é todas as coisas, mas inteligivelmente[12].

Essa precisa afirmação, assim como a análoga que já assinalamos ao falar de Numênio[13], antecipa um princípio que se tornará um dos eixos do neoplatonismo.

As doutrinas dos *Oráculos* até aqui examinadas são-nos bem conhecidas. Mas junto a essas encontramos outras, de origem neopitagórica, referidas à idéia de "tríade", que constituem novidades destinadas a ter, ao serem adequadamente desenvolvidas, um notável sucesso. Infelizmente os fragmentos que nos chegaram sobre isso são muito obscuros, sobretudo por causa da sua brevidade (enquanto os autores antigos que os reportam e comentam vão muito além dos originais).

Depois de ter qualificado o Pai, ou seja, o Deus supremo, além de "Bem", também como Mônada e, precisamente, como "Mônada paterna", e depois de ter qualificado o segundo Deus ou segundo Intelecto como "Díade" (no sentido acima explicado), o autor dos *Oráculos* especifica que o Deus supremo é uma "Mônada triádica", *ou seja, que é uno e trino*:

> De fato, vendo-te como Mônada triádica, o mundo te reverenciou[14].

É Mônada, ou seja, Uno, como realidade, e é Tríade, ou seja, trino, pelas suas *faculdades*, enquanto é Pai, Potência e Intelecto.

Mas depois ele parece estender o esquema da concepção triádica ao segundo Intelecto:

---

11. Para a documentação cf. Des Places, *Oracles Chaldaïques*, pp. 14s.
12. Des Places, *Oracles Chaldaïques*, fr. 21, p. 71.
13. Cf. *supra*, p. 371.
14. Des Places, *Oracles Chaldaïques*, fr. 26, p. 72.

Desses dois primeiros [i.é, a Mônada paterna e a Díade] deriva o laço da Primeira tríade, que, na verdade, não é primeira, mas na qual os inteligíveis são medidos[15].

Deve-se, ademais, notar que o nosso autor parece aplicar o esquema triádico também à esfera dos inteligíveis, ou seja, as Idéias. De fato, ele diz, por um lado, que o Pai dá ao segundo Intelecto os inteligíveis (ou seja, as Idéias) produzidas por ele[16], e, por outro, afirma expressamente:

De fato, o Intelecto do Pai disse que *todas as coisas fossem divididas em três* [...][17].

Conseqüentemente, a organização triádica parece refletir-se sobre toda a realidade:

Uma Tríade contém todas as coisas e a todas mede[18].

De fato, em todo o cosmo resplandece uma Tríade, comandada pela Mônada[19].

O significado dessas doutrinas parece-nos bem esclarecido, de maneira complexiva, por Hadot (na linha de Lewy), como se segue: "Parece, verdadeiramente, que os *Oráculos* forneceram a matéria-prima dessa organização triádica [i.é, que é própria dos neoplatônicos]. Com efeito, eles continham muitos elementos neopitagóricos e, em particular, punham no vértice das coisas uma mônada, uma díade e uma tríade, as quais continham, cada uma, um aspecto triádico. A mônada primeiro era o próprio Pai, e essa mônada era triádica, porque possuía em si a Potência e o Intelecto. A díade correspondia a um segundo Intelecto, diferente do Intelecto do Pai: este era diádico na medida em que estava voltado, ao mesmo tempo, para o inteligível e para o sensível, mas era também triádico, na medida em que já continha em si a tríade. A própria tríade era depois também o número interior às Idéias produzidas pelo Intelecto [supremo]"[20].

---

15. Des Places, *Oracles Chaldaïques*, fr. 31, p. 73.
16. Cf. Des Places, *Oracles Chaldaïques*, fr. 7, p. 68.
17. Des Places, *Oracles Chaldaïques*, fr. 22, p. 71.
18. Des Places, *Oracles Chaldaïques*, fr. 23, p. 72.
19. Des Places, *Oracles Chaldaïques*, fr. 27, p. 73.
20. P. Hadot, *Porphyre et Victorinus*, 2 vols., Paris 1968; a passagem reportada está no vol. I, p. 261 (cf. *ibid.*, nas notas, a documentação).

É evidente que o conhecimento do Divino assim concebido e, de modo particular, do Deus supremo, ou seja, da Mônada triádica, devia ser considerado inalcançável com os métodos da filosofia tradicional, que visavam *definir a natureza e a essência de Deus*. Conhecer a Deus desse modo, ou seja, defini-lo, significaria determiná-lo, enquanto Deus escapa a qualquer determinação. Deus, segundo os *Oráculos* (assim como vimos também segundo o *Corpus Hermeticum*), é alcançável através de uma espécie de união supra-racional, que se obtém fazendo o vazio dentro de nós, vale dizer, esvaziando a alma e o intelecto dos conteúdos e dos pensamentos ligados ao sensível e ao finito.

A esse respeito é ilustrativo o seguinte fragmento:

> Existe um certo Inteligível [i.é, o Deus supremo] que deves conceber com *o mais fino intelecto* (νόου ἄνθος); *porque se o teu intelecto se dirige a ele e tentas concebê-lo como se concebesse um objeto determinado, tu não o conceberás*; pois ele é a força de uma espada luminosa que brilha com talhos intelectivos. Não se deve, pois, conceber esse Inteligível com veemência, *mas graças à chama sutil de um sutil intelecto*, que mede todas as coisas, exceto esse Inteligível; e não se deve concebê-lo com intensidade, mas, voltando para ele o olhar da tua alma separada [do sensível], *lançar para o Inteligível um intelecto vazio* [do pensamento], para aprender a conhecer o Inteligível, dado que subsiste fora [das apreensões] do intelecto [humano][21].

Esse "mais fino intelecto" é, em substância, a faculdade supra-racional da alma de unir-se e assimilar-se a Deus, aquela que os neoplatônicos tardios considerarão a capacidade extática de unir-se ao Uno e, com todas as devidas diferenças, aquela que os místicos medievais chamarão de *apex mentis*.

E o "intelecto mais fino" pressupõe, justamente, o esvaziamento da alma e do intelecto de que falamos, isto é, o total "silêncio", porque, dizem os *Oráculos*, do Silêncio "Deus se nutre".

Mas, enquanto nos neoplatônicos a concepção dessa faculdade supra-racional é afinada filosoficamente, e nos místicos cristãos é transposta ao plano da doutrina da Graça, nos *Oráculos Caldaicos* permanece fundamentalmente condicionada por uma mentalidade mágica, como veremos.

---

21. Des Places, *Oracles Chaldaïques*, fr. 1, p. 66.

Damásio, que nos conservou o fragmento acima, para ilustrá-lo apresenta também este outro:

> Fortalecido da cabeça aos pés por uma luz fúlgida, armado, intelecto e alma, pela espada de três pontas [outros traduzem: por uma tríplice força], lança no teu espírito todo símbolo da tríade e não freqüentes canais de fogo dispersando-te, mas concentrando-te[22].

E aqui, evidentemente, entramos na esfera da "sapiência teúrgica", da qual devemos agora falar.

3. A sapiência mágica e a teurgia dos *Oráculos Caldaicos*

O Juliano que, como vimos, pode ser, verossimilmente, considerado autor dos *Oráculos Caldaicos* é também o primeiro a ter sido denominado (ou que se fez denominar) "teurgo". O "teurgo" difere essencialmente do "teólogo", pois este, como foi há tempos notado, limita-se a *falar sobre os Deuses*, aquele, ao invés, *evoca os Deuses e age sobre eles.*

Mas o que é, exatamente, a "teurgia"?

Ela é a "sapiência" e a "arte" da magia *utilizada para finalidades místico-religiosas*. Justamente essas finalidades constituem a nota característica que distingue a teurgia da magia comum. Como já vimos, Juliano a considerava fruto de divina revelação. Dodds explicou muito bem que "enquanto a magia vulgar usa nomes e fórmulas de origem religiosa para fins profanos, a teurgia usa os procedimentos da magia vulgar acima de tudo para fins religiosos"[23]. E esses fins são, como sabemos, a libertação da alma do corpóreo e da fatalidade a ele ligada, e a união com o divino.

Dodds buscou também mostrar que, provavelmente, os procedimentos da teurgia se distinguiam (analogamente aos da magia comum) em dois tipos: *a*) os que dependiam simplemente do uso de "símbolos" (dos quais logo falaremos) e *b*) os que, para dizer com linguagem moderna, usam uma forma de *transe* mediúnico.

---

22. Des Places, *Oracles Chaldaïques,* fr. 2, p. 66s.
23. Dodds, *I Greci e l'irrazionale*, p. 352.

a) Os procedimentos do primeiro tipo constituíam, provavelmente, a que era chamada *telestiké*, isto é, a prática que se ocupava "especialmente de consagrar (τελεῖν...) e animar estátuas mágicas para obter oráculos". Fabricavam-se estatuetas mágicas com procedimentos especiais, enchendo-as com animais, ervas, pedras e perfumes (ou também gemas incisas e fórmulas escritas), considerados como dotados de poderes particulares, especialmente se reunidos e misturados de determinado modo. Toda divindade, explica Dodds, "tem o seu representante 'simpático' no mundo animal, vegetal e mineral; este é, ou contém, um símbolo (σύμβολον) da sua divina causa e, portanto, está em relação com ela"[24]. A esta prática de fabricar estátuas mágicas se acompanhavam, ademais, também invocações orais, nas quais se pronunciavam nomes e epítetos divinos (alguns dos quais se considerava que deviam ser mantidos em língua bárbara, pois afirmava-se que, traduzidos para o grego, perdiam a sua divina eficácia). A arte de fabricar essas *imagens mágicas* difundiu-se largamente no paganismo tardio e foi até mesmo defendida pelos últimos neoplatônicos como uma arte de honrar as potências superiores.

b) O segundo modo de operar a teurgia é explicado, por Dodds, do seguinte modo: "Enquanto a *telestiké* tentava inserir a presença de uma divindade num 'receptáculo' (ὑποδοχή) *inanimado*, outro ramo da teurgia visava *encarnar temporariamente* (εἰσκρίνειν) *a divindade num ser humano* (κάτοχος ou, com termo técnico mais específico, δοχεύς). Como a primeira arte baseia-se sobre o conceito mais amplo de uma simpatia (συμπάθεια) natural e espontânea entre a imagem e a origem, assim a segunda fundava-se sobre a crença muito difundida de que as alterações espontâneas da personalidade se devessem a possessões por parte de uma divindade, um demônio ou também de um morto". Em particular, deve-se notar que o ingresso de uma Divindade numa pessoa, que ocorria na prática teúrgica, diferia daquele dos oráculos oficiais pelo fato de "considerar-se que a divindade penetrava no corpo do médium, não por um ato de graça espontâneo, mas respondendo ao chamado do operador (πλήτωρ) ou até mesmo sofrendo a sua coerção"[25].

---

24. Dodds, *I Greci e l'irrazionale*, pp. 353s (ver aí os documentos).
25. Dodds, *I Greci e l'irrazionale*, pp. 360-362 (ver aí os documentos).

Nos fragmentos que nos chegaram dos *Oráculos*, indubitavelmente deviam estar presentes estes dois ramos da teurgia, como muitos indícios e o uso de termos técnicos deixam entender, mas não podemos saber até que ponto foram desenvolvidos.

Nesta sede não nos interessa discutir os diferentes problemas conexos com essas técnicas. Interessa-nos, ao invés, reafirmar um ponto muito importante. Essas práticas teúrgicas são apresentadas não só como dirigidas à purificação da alma e à união com o divino, mas são também enquadradas no esquema filosófico do qual falamos acima, e apresentadas como *instrumento necessário* a ser usado *junto com a faculdade mais elevada que existe em nós*, ou seja, junto com aquele "intelecto mais fino", que, sozinho, parece não bastar. O autor dos *Oráculos* impõe, de fato, para libertar a alma, "juntar a ação [teúrgica] com o logos sagrado"[26]. E Miguel Pselo (que conhecia muito bem os *Oráculos*) explica-nos que o "logos sagrado" ou "pensamento sagrado" corresponde, justamente, ao "intelecto mais fino", e que *por si este é incapaz de levar-nos ao ponto de captar o divino*, e que, segundo o autor dos *Oráculos*, a prática do rito teúrgico é *indispensável*. Pselo faz em seguida uma comparação muito interessante entre a doutrina cristã de Gregório Nazianzeno, a puramente filosófica de Platão e a dos *Oráculos*, escrevendo textualmente:

> O nosso teólogo Gregório faz subir, também ele, a alma ao divino mediante a razão e a contemplação: mediante a razão, enquanto esta é em nós o que há de mais intelectivo e melhor; mediante a contemplação, pela iluminação que está acima de nós. Platão, por sua vez, nos faz captar com a razão e a intuição a essência inteligível. *Ao invés, o Caldeu diz que não podemos subir a Deus a não ser fortalecendo o veículo da alma mediante ritos materiais*. Ele considera, de fato, que a alma é purificada por pedras, por ervas, e por encantamentos e que assim se move mais facilmente na sua subida[27].

Esses *Oráculos Caldaicos* podem suscitar no leitor moderno uma série de dúvidas das mais diferentes espécies sobre o seu valor; todavia, constituem um documento de notável importância histórica, na medida em que tanto pelo esquema triádico que introduzem na con-

---

26. Des Places, *Oracles Chaldaïques*, fr. 110, p. 94.

27. M. Pselo, *Commentario degli Oracoli Caldaici*, in "Patrologia Graeca", CXXII, 1132a, reportado em des Places, *Oracles Chaldaïques*, p. 169.

cepção da realidade como, mais ainda, pela "sapiência" teúrgica "revelada" que tentam conjugar com a especulação filosófica, constituirão um ponto de referência obrigatório para os neoplatônicos tardios. Os *Loguia* serão considerados tão importantes quanto os diálogos platônicos.

Podemos até mesmo dizer que, se esses *Oráculos* fossem desconsiderados, seríamos privados de um dos parâmetros essenciais para caracterizar as várias escolas e correntes do neoplatonismo, que, como veremos, distinguem-se entre as que não aceitam a teurgia, concentrando-se no aspecto racional típico da especulação grega (Plotino e a sua escola), e as que a aceitam, seja procurando encontrar uma fusão mais orgânica com as instâncias da especulação grega do passado (Jâmblico e alguns dos seus discípulos, bem como todos os expoentes da escola de Atenas), seja privilegiando a teurgia em total detrimento da componente racional (como a escola de Pérgamo e Juliano, o Apóstata).

CIDADES DE NASCIMENTO E SEDES DAS ESCOLAS DOS FILÓSOFOS ESTUDADOS NESTE VOLUME

● Cidades natais dos filósofos

N.B. Apolônia, onde nasceu o naturalista Diógenes talvez seja — entre

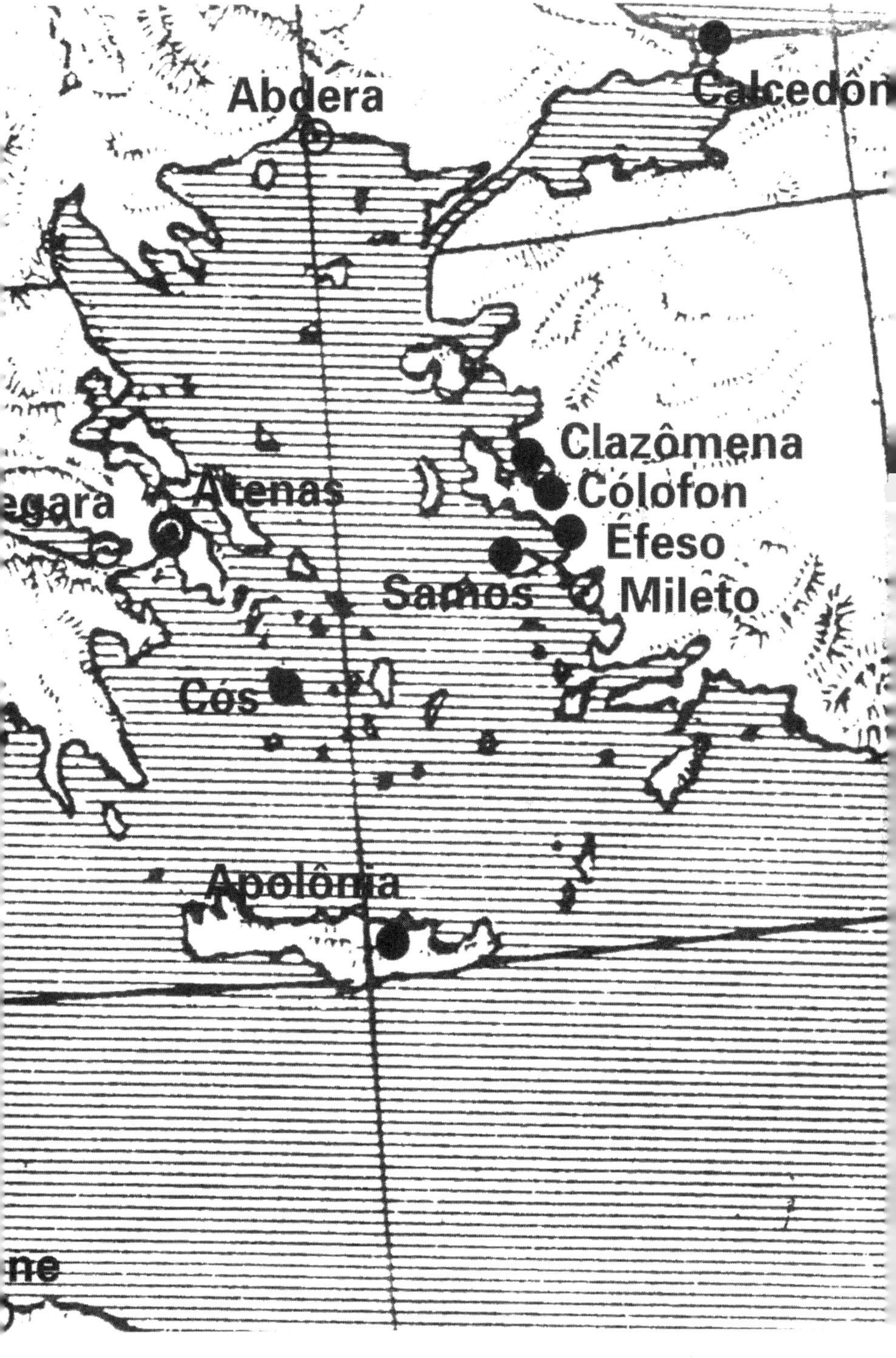

idades sedes de escolas filosóficas

lônia cretense referida por Estêvão de Bizâncio, mas isso não é seguro.

Edições Loyola

editoração impressão acabamento

rua 1822 n° 341
04216-000 são paulo sp
T 55 11 3385 8500/8501 • 2063 4275
www.loyola.com.br